U0664570

当代西方政治哲学读本

应奇 刘训练 主编

代表理论

问题与挑战

聂智琪 谈火生 编

The Theory of Representation

Issues and Challenges

SPM 南方出版传媒 广东人民出版社

·广州·

图书在版编目（CIP）数据

代表理论:问题与挑战/聂智琪，谈火生编.—广州：广东人民出版社，2018.10

（当代西方政治哲学读本）

ISBN 978－7－218－13158－0

Ⅰ. ①代… Ⅱ. ①聂… ②谈… Ⅲ. ①议会制—研究—西方国家 Ⅳ. ①D521

中国版本图书馆 CIP 数据核字（2016）第 202296 号

DAIBIAO LILUN：WENTI YU TIAOZHAN

代表理论：问题与挑战

聂智琪　谈火生　编

版权所有　翻印必究

出 版 人：肖风华

责任编辑：陈泽航　梁　茵
封面设计：周伟伟
责任技编：周　杰　吴彦斌

出版发行：广东人民出版社
地　　址：广州市大沙头四马路 10 号（邮政编码：510102）
电　　话：（020）83798714（总编室）
传　　真：（020）83780199
网　　址：http：//www.gdpph.com
印　　刷：广东信源彩色印务有限公司
开　　本：787 毫米×1092 毫米　1/16
印　　张：25.75　　字　数：360 千
版　　次：2018 年 10 月第 1 版　2018 年 10 月第 1 次印刷
定　　价：88.00 元

如发现印装质量问题,影响阅读,请与出版社（020－83795749)联系调换。
售书热线:（020）83795240

　　本书的编写得到了国家社科基金青年项目"社会选择理论视阈下西方国家票决民主制度的内在机理研究"（项目号：14CZZ008）和清华大学人文社科振兴基金后期资助项目"代表理论：问题与挑战"（项目号：20119990023）的支持。

目　录

选编说明

为什么编写这本文集?

众所周知,代议制民主作为现代国家普遍采取的民主形式,其核心即在于人民是通过代表来间接行使统治权力的。由此,代表自然构成代议制民主的关键环节。不过遗憾的是,与"民主""自由""宪政"等关键词相比,"代表"这一概念却长期受到学界的冷落。这可能是因为"代表"一词的适用范围并不局限于政治领域,其在日常言说中的广泛使用容易导致专业学者的忽视。当然更重要的原因或许在于,人们通常以为代表的含义甚为简单,且倾向于将代表视为一种具体的操作程序甚至是权宜之计,其本身并不具有什么内在的价值。

不过令人欣慰的是,在皮特金等学者的推动下,人们日益意识到代表实际上关乎民主的理念和制度,进而尝试梳理和反思之前对于代表的诸种看法,以至于"代表"的重新发现正成为当今民主理论界的一大热点。正如台湾学者张福建所言:"如果没有代表,自由、平等、人权这些价值都不可能实现;代表虽不是政治哲学中的核心概念,但却是政治思想史以及政治制度史中最关键性的理念与制度。"① 不过即使代表的重要性日益获得学界的认同,人们却发现"代表"一词的含义因历史语境的变迁和不同理论流派的影响而变得晦暗不明,而我们在"代表与被代表者的关系""好代表的评判标准"以及"如何建构具体的代表制度"等一系列问题上也还存在诸多的分歧。也正因此,当代代表理论的开创者皮特金才会慨叹:"考虑到自 17 世纪(如果不

---

① 张福建:《代表与议会政治——一个政治思想史的探索与反省》,台湾《行政暨政策学报》2007 年 12 月第 45 期,第 3 页。

是中世纪的话）以来代表概念已成为我们文化的一部分，而且代表制度在我们的政治生活中占有越来越重要的地位，代表理论的发展确实令人沮丧。在某种程度上，这一领域的理论文献最让人吃惊之处在于，它们永远含混不清，到处看起来都是无法解决的冲突和论辩。人们甚至对'什么是代表'这样的问题都无法达成共识，这实在是无法令人满意。"①

正是意识到上述问题，包括皮特金在内的诸多学者围绕代表展开了一系列富有成效的开创性研究。尤其是自20世纪90年代以来，随着协商民主等新的理论视角的逐渐勃兴以及新的政治实践不断涌现，越来越多的学者被代表问题吸引。他们突然发现，经对"代表"概念及其制度的重新梳理，有助于回应当代民主理论与实践中的诸多关键问题，因此纷纷转向对代表的研究，就"代表的含义""新的代表模式""民主与代表的关系""选举与代表的关系"和"群体代表权"等问题展开理论辩驳，其中一些文献业已成为"代表"理论中的经典。② 有鉴于此，且考虑到我国的人民代表大会制度依然不脱代议制

---

① Hanna F. Pitkin, "The Concept of Representation," in Hanna F. Pitkin, *Representation* (New York, Atherton Press, 1969).

② 除了本文集所选文献外，其他相关的重要著作和论文集可参见：Hanna F. Pitkin, *The Concept of Representation* (Berkeley: University of California, 1967); J. Roland Pennock and John Chapman eds., *Representation* (New York: Atherton Press, 1968); Anthony Harold Birch, *Representation* (Macmillan, 1979); Bernard Manin, *The Principles of Representative Government* (Cambridge: Cambridge University Press, 1998); Melissa Williams, *Voice, Trust, and Memory: Marginalized Groups and the Failings of Liberal Representation* (Princeton, NJ: Princeton University, 1998); Adam Przworksi, Susan C. Stokes, and Bernard Manin eds., *Democracy, Accountability, and Representation* (Cambridge: Cambridge University Press, 1999); Andrew Rehfeld, *The Concept of Constituency: Political Representation, Democratic Legitimacy and Institutional Design* (Cambridge: Cambridge University Press, 2005); Nadia Urbinati, *Representative Democracy: Principles and Genealogy* (Chicago: University of Chicago Press, 2006); Monica Vieira, and David Runciman, *Representation* (Cambridge: Polity Press, 2008); Ian Shapiro, Susan C. Stokes, Elisabeth Jean Wood and Alexander S. Kirshner eds., *Political Representation* (Cambridge: Cambridge University Press, 2009).

民主之框架,而国内相关学术研究尚显薄弱,① 本文集尽力选取反映当代"代表"理论前沿成果的重要文献,为进一步的学术探讨提供智识支持。为使读者更清晰地了解代表理论的发展脉络及其关键性的争议,这里有必要对其进行一个大致的梳理。

代表理论概述

(1) 皮特金的开创性工作

虽然之前的霍布斯、卢梭、柏克、麦迪逊、密尔等理论大家对代表问题都有所论述,但学界公认皮特金在 1967 年所著的《代表的概念》是第一部全面系统地研究代表概念且影响最为广泛的著作。鉴于

① 国内的研究主要是围绕人民代表大会制度展开,对作为其根基的代表理论较少关注。不过最近这些年局面有所改善,出现了一些相关的中文译作和研究论文。关于中文译作,可参见《代表的概念》(皮特金著、唐海华译,吉林出版集团有限责任公司 2014 年版)、《代表理论与代议民主》(应奇选编,吉林出版集团有限责任公司 2008 年版)以及王绍光选编的五篇论文(详见《北大法律评论》第 13 卷第 2 辑,北京大学出版社 2012 年版)。研究论文可参阅翟小波、刘刚:《什么是代表制》(公法评论网 http://www.gongfa.com/zhaixbdaibiao.htm);景跃进:《代表理论与中国政治》(《社会科学研究》2007 年第 3 期);陈伟:《政治代表论——兼论我国人民代表大会制度的理论基础》(《中国人民大学学报》2007 年第 6 期);杨光斌、尹冬华:《我国人民代表大会制度的民主理论基础》(《中国人民大学学报》2008 年第 6 期);黄小钫:《实质代表制与实际代制——美国制宪时期的代表理念之争》(《浙江学刊》2009 年第 1 期);冉昊:《"代表"的概念理解》(《浙江学刊》2009 年第 5 期);聂智琪:《左翼民主的代表观》(《文化纵横》2012 年第 1 期);林奇富:《为描述性代表辩护》(《当代中国政治研究报告》第 10 辑,社会科学文献出版社 2012 年版);闫飞飞、李作鹏:《代表的概念:西方代表理论面面观》(《天津行政学院学报》2013 年第 2 期);段德敏:《重新认识代表制在协商民主中的地位和作用》(《国外理论动态》2014 年第 9 期);聂智琪:《代表性危机与民主的未来》(《读书》2016 年第 8 期)以及翟志勇选编的论文集《代议制的基本原理》(中央编译出版社 2014 年 10 月)等。值得一提的是,近年来国内已出现以代表理论为主题的博士论文,如周建明的《卢梭与密尔代表理论比较研究》(2011)、王晓姗的《代表的逻辑》(2011)、马华峰的《中世纪议会代表观念研究》(2012)和闫飞飞的《理解代表:从主权、政府和社会三个层面深化对代表的认识》(2013)等。此外,台湾学界对代表理论的研究也非常值得关注,如张福建的《北美立宪前后"代表理念"的争议:一个革命式的转折》(《政治科学论丛》1999 年 6 月第 10 期)和《代表与议会政治——一个政治思想史的探索与反省》(台湾《行政暨政策学报》2007 年 12 月第 45 期)等。

"代表"一词在使用上的多歧性，皮特金受维特根斯坦的启发，主张对代表的理解必须将其置于相应的语境下来思考。皮特金指出，从词源上看，代表的含义就是"再现，即将缺席之物呈现出来"①。这似乎是一个简单明了的定义，但皮特金认为其实存在不同的再现方式，这主要取决于要呈现的对象、呈现的中介以及呈现的环境。如一个城市可以通过一个符号呈现在一张地图上，一个诉讼当事人可以通过其律师呈现在法庭上。同理，政治代表虽然可以被界定为"在政治决策的过程中使公民的利益、意见与视角呈现出来的活动"，但是到底如何才算以及怎样才能确保其呈现出来，这些关键的问题并没有得到澄清。

正基于此，皮特金主张进一步从形式与实质两个维度来理解政治代表。形式代表论关注的是授权与负责，即代表是否得到了被代表者的授权，以及代表是否要对被代表者负责，前者关乎代表关系的建立，后者涉及代表关系的完成。在政治思想史上，霍布斯对于形式代表论的建构非常关键。他不仅明确提出人可以成为被代表的对象，而且进一步强调代表的权威必须来源于民众的授权。不过皮特金认为，霍布斯的代表理论还不是真正的形式代表论，因为他主张代表一旦获得授权就拥有无限的权威与自由，其行动所产生的后果和责任都要由被代表者来承担，这显然违背了现代的政治代表理念。在形式代表论的支持者看来，除了获得授权，代表必须向被代表者负责这一点甚至更为重要，否则代表就不具备合法性权威。至于具体的问责手段，在代议制民主的框架下，最主要的便是民众必须拥有定期选举和更换代表的权利。因此，霍布斯所设想的拥有无限权威且无需向民众负责的主权者，算不上真正的代表。

这种从授权与负责的角度来界定代表的做法，对于澄清现代的政治代表制与传统的代表制实践②之间的根本性差异，非常重要。但在

---

① Hanna F. Pitkin, "The Concept of Representation," in Hanna F. Pitkin, *Representation* (New York, Atherton Press, 1969).

② 例如中世纪的教皇被视为上帝的代表，未经民众选举授权的君主也常常宣称是人民的代表。

皮特金看来，这种形式代表论没有关注到"谁才应该是代表"和"代表到底应该如何行动"这样的实质性维度。关注"谁才应该是代表"的人，并不像形式代表论那样将代表理解为代替他人行动，而是视为某种缺席者的象征。这种象征性代表可以通过符号代表（symbolic representation）与描述性代表（descriptive representation）① 两种方式实现。

就符号代表而言，正如一面国旗可以用来象征某个国家，一个君主也可以被视为代表其国家的符号。不过这种符号代表既不需要符号与被代表者拥有某种客观的相似性，也不一定需要通过选举等方式来加以确认，因此它实际上在代表与被代表者之间预设了一种偶然的甚至是非理性的关联。这就给独裁者利用民众的非理性狂热将自己打扮成人民的代表留下了操作空间。因此和霍布斯的代表理论一样，符号代表并不一定与代议制民主的实践相关，甚至有违我们一般谈到的政治代表的含义。

与符号代表相比，描述性代表与代议制民主有更为紧密的关联。所谓描述性代表，是指代表本身必须与被代表者共享某种描述性的客观特征。例如女性群体的代表必须也是女性。这种观点通常被进一步演绎成一种镜像代表观或缩微代表观，即要求代议机构在性别、民族、地区、职业等方面的构成必须像一面镜子一样精确反映其所要代表的社会结构。描述性代表最易受到主张直接民主但因规模所限而不得不接受代议制民主的人的推崇。因为在他们看来，由社会缩微而成的代议机构是对古代公民大会的最佳模拟。不过皮特金认为："将议会想象为一种逼真的代表形式或者是整个国家的代表性样本，你将几乎肯定是专注于它的构成而不是它的行为。"② 而一个复制了社会结构却无法采取向选民负责的行动的代议机关，又有什么意义呢？顺着皮特金的思路我们可以进一步合理地推定，在如今拥有大规模人口和多样化

---

① descriptive representation 有时还被翻译为描绘性代表或相似代表。

② Hanna F. Pitkin, *The Concept of Representation* (Berkeley: University of California, 1967), p. 226.

群体的社会，如果完全按照描述性代表的理念来组织一个代议机关，看似更为民主，其实会造成代表数量庞大，以至于代议机关根本无法进行决策和采取有效的行动，只能沦落为一种象征性的存在，甚至是民主的装饰品。

因此，对代表的理解还应该涉及行动层面。换言之，只有代表采取了恰当的向选民负责的行动，才能合理地推定代表关系的存在。不过人们在"代表采取何种行动才是恰当的"这一问题上一直争议不断。其中最为关键的分歧就是"指令与独立之争"（mandate-independence controversy）。指令模式视代表为选民的代理人（delegate），一切行事都必须严格遵从选民的意愿，以确保民意的准确传达。独立模式则认为代表是选民的受托人（trustee），一旦被选民选举为代表，就应该根据自己的良知与智慧对政治事务进行独立的判断。在主张独立模式的人看来，政治事务可能瞬息万变，紧急情况下代表不可能有时间去听从选民的指令，此外选民观点本身也可能充满分歧，甚至无法就一些问题给出明确的意见，这都是指令模式在现实中必定会遭遇的困境。当然，反对代表严格听从选民的指令，还有更为重要的理由。例如独立模式的主要倡导者柏克就认为，议员之所以被选为代表，乃是因为议员拥有常人所没有的智慧与胆识。故在当选之后，议员应勇于任事，而无需对选民的要求亦步亦趋，这才不负选民之托。柏克还强调，议员虽由各自的选区选出，但这并不意味着他就是该选区的代表，更准确地说应该是整个国家的代表。而为了排除选区意志的干扰以谋整体的国家利益，代表当然要拥有独立判断的空间。①

可见，指令模式不足以构成对一个好代表的评判标准。但是如果将独立模式的逻辑推至极端，代表可以任意行动而不需向选民负责，

————————

① 严格讲，根据代表的目标指向的不同，独立模式其实应该分为独立地判断国家利益和独立地判断选区利益，指令模式也可细分为听从选区的指令和听从整体国民的指令。因此，柏克的观点虽常被用来论证独立模式，但细究起来，他谈的是独立地为国家利益而判断。不过鉴于要搞清楚整体国民的指令其实难度很大，以及凭一己智慧来独立判断的代表更有可能超越选区而为国家利益着想，指令与独立之争往往被简化为在听从选区的指令与独立地为国家利益做判断之间的选择。

显然也失去了代表的本意。因此多数人可能会同意在指令与独立之间维持一个平衡，既要赋予代表一定的自主性，又要确保选民对其的问责。事实上正如曼宁所指出的，在当今代议制民主国家，法律上通常并没有强行规定代表必须有义务遵守选举时的承诺，也不会仅仅因为代表的行为与选民的意志发生冲突就赋予选民中途将其罢免的权利。①这都是为了使代表拥有一定的自主权，以更好地履行代表的职能。当然，选民可以在选举时对代表的行为予以惩罚或支持，以确保对代表的最终控制。

以上便是对皮特金的开创性研究的简要概括。值得指出的是，虽然皮特金的研究存在一些尚未厘清的问题，例如她并没有明确解释不同的代表定义之间的关系，但她确实为当代的代表理论提供了基础性的分析框架，尤其是以她提出的形式代表论为基础扩展而成的代表观被认为提供了一套关于代表理论的标准解释。这种标准版本的代表理论大致可以这样界定：代表与被代表者之间是一种委托代理关系，其中作为委托人的选民通过选举授权特定的代表者来代表自己，并且根据代表履职期间的表现在下一次选举时对代表予以惩罚或支持，以此确保代表向选民负责。

此后的三十年，人们基本上是在默认这一标准解释的前提下展开对代表的进一步研究。大体而言，这些后续研究主要关注如何在技术上对代表制度予以改进，具体包括不同选举制度对代表制的影响以及代表如何更好地回应选民的偏好。就前者而言，人们主要研究诸如比例代表制和多数决这样的选举制度如何影响不同政党的议席分配，是否存在更好的有助于公平代表的选举制度；就后者而言，研究者重点考察代表的行动与选民政策偏好的一致程度以及增强代表对选民偏好

---

① Bernard Manin, Adam Przeworski and Susan C. Stokes, "Elections and Representation," in Adam Przeworski, Susan C. Stokes and Bernard Manin eds., *Democracy, Accountability and Representation* (Cambridge University Press, 1999), pp. 29 – 54. 不过严格说，曼宁指的是实行代议制的西方民主国家。在中国，恰恰在法律上规定选民可以中途罢免代表。这"似乎"表明中国的人大代表有义务严格听从选民的指令。而之所以用"似乎"一词，是因为其他一些法律规定又倾向于将全国人大代表视为国家利益的代表而非各自选区利益的代理人。

的回应性的问责机制。

毋庸置疑，上述研究有助于代表制度的进一步完善。但这种研究思路在彰显皮特金代表理论的持久影响力的同时，也使代表理论的发展表现出过于技术化的倾向，导致关于代表的规范分析几乎陷于停滞。虽然皮特金本人并不热衷于这种技术化的导向，但悖谬之处在于，正是因为人们不曾怀疑她的分析框架的解释力，才使后续的研究被限制在技术化的层面。

但是到了20世纪90年代，标准版本的代表理论越来越无法有效地解释和回应日益变化的政治现实，同时像协商民主这样的新兴理论的出现也使人们重新审视代表问题。这些因素再一次激起当代政治理论界对代表问题的热情，而其中首要的工作就是清理和批判标准版本的代表理论。就目前已有文献来看，这种批判主要围绕民主与代表的关系、选举与代表的关系和群体代表权三大问题来展开。

（2）民主与代表

应该说，民主与代表的关系是代表理论中最为核心的一个问题。但是这一问题却长期被皮特金开创的标准版本的代表理论所遮蔽。这并非因为他们认为民主与代表的关系不重要，而是缘于他们预设了现代社会早已就这个问题达成了基本的共识。这个共识的内容大致包括两个方面：就民主之于代表的重要性而言，民主合法性构成代表关系成立的必要条件，换言之，不存在非民主的代表；就代表之于民主的重要性而言，代表制度不仅是在大规模的现代社会安顿民主的伟大发明，而且是限制大众参与以避免民主蜕变为暴民政治的有效方式。但是随着理论研究的深入和政治实践的变化，这两方面的共识都受到了挑战。

就第一个方面而言，当代一些论者认为非民主的代表同样存在。这方面最有影响的一篇力作当属雷菲尔德于2006年发表的《朝向一种政治代表的普遍理论》。① 他认为，标准版本的代表理论预先假定代表

---

① Andrew Rehfeld, "Towards a General Theory of Political Representation," *Journal of Politics* 68, no. 1 (February 2006), pp. 1 – 21.

关系能成立是因为代表获得了被代表者各种形式的授权，需要向被代表者负责，或者致力于推进被代表者的实质利益。这些条件意味着代表必须符合某种民主合法性的标准，舍此就不是真正的代表。此外，几乎所有重要的理论家包括哈贝马斯、杨、曼斯布里奇、曼宁等人，无论他们对皮特金开创的标准性解释持何种态度，都潜在地认为代表必须符合某种民主规范。

但在雷菲尔德看来，这种对代表的界定实际上错误地将代表与其合法性捆绑在了一起。这就使其承担了双重任务：除了要告诉我们一个人在什么情况下才是政治代表，还要进一步辨明一个代表在什么候才是合法的和民主的。之所以如此，一个很重要的原因在于，历史上对代表的研究都是在民主体制的背景下进行的，这使我们难以将代表与民主分开来。但是在当今世界，如果扩大我们的视野，会发现继续采纳这种混同事实与规范的视角，将无法解释很多不具备合法性的事实上的代表。例如在联合国和世界贸易组织等国际组织，一些国家的派驻代表无论是否经过民主程序产生，都被视为派遣国的政治代表。①

为此，雷菲尔德提出我们需要构想一种全新的关于政治代表的普遍理论，用以包容民主与非民主的代表。他认为一个人是不是代表，仅仅取决于相关的监察者是否承认他为代表。而所谓的监察者，"是一个相关的人民群体，他们有责任确认某些申请者是代表，而这个群体的相关性依赖于在具体情景中代表所发挥的特定功能"②。比如，为了在全国性的议会就法律草案投票，相关的监察者就是全国性的议会；为了在世贸组织面前申诉加入世贸组织的理由，监察者就是世贸组织。这里最为关键的问题在于，监察者未必等同于被代表者，而代表的资

---

① 值得指出的是，在列举的非民主代表中，雷菲尔德还谈到了国际红十字会这样的非政府组织。如果根据沃伦等人的观点，国际红十字会虽然未经被代表者正式授权，但依然有其特殊的授权与负责的机制，因此也应该属于民主代表。之所以会造成这种分歧，最主要的是雷菲尔德有将民主化约为选举的倾向。

② Andrew Rehfeld, "Towards a General Theory of Political Representation," *Journal of Politics* 68, no. 1 (February 2006), pp. 1–21.

格是否获得承认，取决于监察者而非被代表者。换言之，一个受到监察者的承认但没有获得被代表者授权的人，依然是代表，而且是非民主的代表。当然，如果监察者所运用的承认规则恰恰符合民主合法性的标准，也即监察者所承认的代表同时也获得了被代表者的授权，这个代表就是民主的代表。

雷菲尔德所提出的更具包容性的代表理论，将代表的实证维度与规范维度剥离，开辟了当代代表理论的新方向。不过，其理论的解释力尚有待检验。其中最关键的问题在于，我们是否能完全抛开规范来谈论代表？代表本身的含义就是指要代表他人的利益和观点，这已经带有了民主责任这样的规范性因素。如果是这样，被监察者承认但未获得被代表者认可或根本不为其利益考虑的代表，能算真正的代表吗？

不过即使上述问题不存在，在直接民主和参与式民主的倡导者看来，雷菲尔德的努力至多是表明存在非民主的代表，但他依然认为有民主的代表，这说明他还是认同代表之于民主的潜在价值，而这一点与标准版本的代表理论并无二致。换言之，这些批评者认为，无论什么样的代表都意味着对民主的偏离甚至否定。这实际上是对前面所说的共识的第二个方面的质疑。

当然，严格来说这种质疑并不新鲜，卢梭早就指出民主的本质在于自主，任何一个人的意志都不可能被别人代表，代表制度的出现实际上是对民主的压制。他甚至嘲讽英国人只有在选举的时候才是自由的。因此，在卢梭传统的追随者看来，直接民主才是真正的民主，代议制民主在最好的情况下也只是因为规模所限而采用的权宜之计，在最坏的情况下根本就不是民主。

为证明这一点，他们还追溯到代表制度的起源。在他们看来，作为一种政治思想和政治实践，代表的产生有自己独立的起源，起初与民主并没有交集。例如在英国，代表刚开始是由贵族担任，其义务是帮助国王征税，即代表地方对税收做出承诺。因此，代表在当时是一种强制性的义务，本质上是王室控制地方的一种方式。之后除了缴税，这些代表逐渐承担了向国王表达地方民意的任务，虽然他们还不需要由民众选举。直到 17 世纪的英国内战以及随后 18 世纪的民主革命，代表才逐渐与民主结盟成为代议制民主。

可见，代表的起源与民主并无关联，甚至可以说起初的代表是一种非民主的制度安排。而即使代表与民主后来结合成了代议制民主，也不能就此认定代表之于民主的正面价值。在有些论者看来，代议制民主的出现恰是为了防止民众广泛地参与政治，因而其本质是为了阻止而非实现民主。在他们看来，麦迪逊在《联邦党人文集》中就表达了对大众广泛参与政治的怀疑态度，认为选举的目的在于选出德才兼备的自然贵族来替代民众做决策。如此，代表就绝非是现代社会安顿民主的伟大发明，而只是少数精英规避民主的一种策略而已。

这实际上是对代表的最根本的批判，同时也是对标准版本的代表理论最严重的挑战。因为标准性解释对代表之于民主的正面价值的认可是不言而喻的。后来转向参与式民主的皮特金就承认，关于代表和民主的关系，"在我早期的研究中从未提出过这个问题，因为当时我认为这种关系是理所当然、无可置疑的。即使在今天，大部分人还和当时的我一样，将民主等同于代表或者代议制政府"①。

当然，针对这种质疑，标准性解释不是没有给出辩护。例如不少论者试图从技术层面通过诉诸现代社会的规模特征来消解这一问题。在他们看来，无论代表是否意味着对民主价值的某种背离，若要在广土众民的现代国家实现民主，只能采取代议制民主的形式。这种辩护看似简洁有力，其实并没有终结争论，因为这是否意味着，一旦技术条件允许，例如通过电子投票可以实现所有公民的直接参与，代议制民主就应该抛弃，代之以直接民主？因此，真正的关键问题在于，代表是否真的只是一种权宜之计？还是拥有不同于甚至优于直接民主的内在价值？

其实对这一问题，早在代议制民主刚刚起步的阶段，诸如麦迪逊等人就指出过代表有助于过滤狂热、提炼民意和防止多数暴政，而这

---

① Hannah F. Pitkin, "Representation and Democracy: Uneasy Alliance," *Scandinavian Political Studies* 27, no. 3 (2004), pp. 335 – 342.

些都是直接民主难以摆脱的顽疾。基于多数暴政一直是困扰民主的阿基里斯之踵，这种辩护思路的重要性自然不言而喻，因而也长期主导了自由民主论者对于代表的认识。

但是正如沃伦和乌尔比娜提所指出的，这种辩护基本上仍沿循熊彼特的精英民主论，认为民众有可能陷入非理性狂热进而导致暴民政治，因此民众的参与只能限制在选出更优秀的能代表自己的精英。这两位作者认为，熊彼特主义者与卢梭主义者虽然针锋相对，却共享一个理念：代表意味着对大众参与的限制。只不过前者将此认定为代表的优点，后者视为代表的问题所在。①

熊彼特主义者对代表的辩护当然有其价值，但是在民众参与政治的价值日渐受到重视的今天，其立场已越来越难以赢得广泛的赞同。所以乌尔比娜提才会感叹："直接统治一般被认为是民主的榜样，因为它既保证了'对话'（talking）和'行动'（doing）融合在政治行动中，也保证全体公民能够广泛参与决策。近代代议制的'发现'，并未使得直接统治的规范价值受到挑战。通常，代议制仅仅是作为一种工具性的自我辩护和应对大型领土国家的有效手段，或者是一种通过劳动分工以适应政府功能的有益的'虚构'……对代议制民主的核心价值规范而言，我们仍然缺乏系统和全面的辩护。"②

正是在这一问题的激发下，波拉克在1997年发表了《代表是民主》一文，提出"代表的对立面并非参与"的观点。在他看来，代表绝非一种权宜之计，其本身具有非常重要的价值；它也不是对参与的限制，而恰恰有助于扩展公民的参与。③随后乌尔比娜提等人进一步挖掘代表对于民主的价值，以证明代议制民主绝非民主的次优方案。

---

① Nadia Urbinati1 and Mark E. Warren, "The Concept of Representation in Contemporary Democratic Theory," *Annual Review of Political Science* Vol. 11, pp. 387 – 412 (Volume publication date June 2008).

② Nadia Urbinati, "Representation as Advocacy: A Study of Democratic Deliberation," *Political Theory* 28 (2000), pp. 758 – 786.

③ David Plotke, "Representation is Democracy," *Constellations* 4 (November 1, 1997), pp. 19 – 34.

具体而言，这些对代议制民主的辩护主要着眼于两个方面：一是对直接民主的批判；二是对代表之于民主的正面价值的论证。

对直接民主的批判，传统上主要基于三个理由：现代社会的规模使直接民主沦落为一种空想；大众直接参与容易导致暴民政治和治理效果的低下；现代的自由理念不允许强迫公民去参与政治。这些理由固然重要，但是依然潜在地认为直接民主与代表毫无关联。而这一点日益遭到质疑。例如罗伯特·达尔就指出，人人平等地参与政治，只能发生在小规模的委员会中，即使在数百人参加的大会上，多数人也只是消极的参与者，听一下少数善于演讲和辩论的人的意见，然后就投票。这其实是让那些飞扬跋扈、嗓门大的少数人成为事实上的代表。① 但与现代的代议制民主相比，这种代表是任意性的，也缺乏正当性基础，因为人们并没有选择他们做自己的代表。

乌尔比娜提更是进一步指出，雅典伯里克利时期及之后的相关改革，其目的只是为了防止公民的缺席，而不是他们在大会上的沉默，因此当时古希腊的直接民主还是产生了精英统治。照此讲，那种将代议制民主等同于"间接民主"的通常做法并不准确。代议制民主与古希腊的直接民主实际上都是某种形式的"间接民主"，其真正的区别在于间接性的本质与广度。显然，与代议制民主因其间接参与的特征所受到的批评相比，直接民主所产生的间接性及其对参与的妨碍却长期被我们忽视了。

正是意识到直接的"在场"反而会导致少数人的支配，人们才会进而反思到底什么才是"参与"？波拉克就指出关键在于参与实际上表现为两种"在场"。直接民主论者认为只有公民亲自到场才是真正的"在场"和参与，但这只是一种物理性的"在场"，它并不能确保另外一种在场——政治性的"在场"，即自己的利益和意见在公共领域得到展现，而后者更应该是参与的应有之义。② 进而言之，这种政

① 罗伯特·达尔：《民主及其批评者》，吉林人民出版社 2006 年版。
② David Plotke, "Representation is Democracy," *Constellations* 4 (November 1, 1997), pp. 19–34.

治性的"在场"恰可以通过正式的政治代表来实现。例如借助于代表，公民可以免受演说家的蛊惑，从而使自己真正的意志和利益参与到相关的决策中。再有，包括选举式代表、自我授权的代表和公民代表在内的多种代表形式能为公民提供更多的政治参与的渠道。此外，根据协商民主，参与的目的不应该是简单聚合所有参与者的既定偏好，而是通过讨论与协商来转变偏好以促进对政治的理性反思。在赋予民主以更充分的协商特征方面，代表恰恰有其独特的优势。这主要表现在：通过减少参与协商的人数，代表有助于提升协商的质量；通过促使公民在面临即时性的客观事实时推迟自己的判断，代表培育了一种面向未来的政治思考方式和审慎反思的政治品质；最后，通过与公民的相互启发，代表在提炼公民既定偏好以重塑公众意见的同时，也使自己的判断时刻能受到公民的修正，从而使传统的精英式协商扩展到更大的范围。

如此，代表绝非一种权宜之计和民主的次优方案，相反具有诸多不可替代的优势。"代表"的重新发现使我们洞见到长期被遮蔽的代表在扩大公民参与上的潜力，也揭示出参与式民主在批判代议制民主上的某些失当之处。但同时也应该注意，代表的上述潜力并不意味着实际运行的代表制度一定有助于扩大公民的政治参与。换言之，不是所有类型的代表形式都是对民主的促进。事实上协商民主的一个重要批判就是指向现有代议制民主过于注重聚合既定偏好的弊病。因此在一般性地阐明代表之于民主的价值后，还必须进一步勘定什么样的代表制度有助于这一目标的实现。及至目前，当代代表理论家的研究重点主要可归结为两个方面：一是探究选举与代表的关系，主要考察选举在实现代表职能上的具体机制以及选举式代表的优缺点；二是论证一种基于群体的代表权，重点揭示现有代表制度对于某些群体的不利影响和群体代表权可能遇到的挑战及其应对思路。下面我们就对这两个问题逐一予以论说。

（3）选举与代表

作为现代民主的实践形态，代议制民主的内涵常被简化为公民通过定期选举代表来代替自己做决策。这种界定虽不准确，但至少反映出选举对于代表的重要性。标准版本的代表理论就认为，代表关系的核心在于授权与问责，而选举是实现授权与问责的必要手段。至于具体的表现机制，则是选民分别利用两次选举对代表予以授权和问责。不过这一观点日益受到多方面的挑战和质疑。

首先，在确保授权与问责的实现上，选举的运作机制并非如标准性解释所描述的那样单一，相应的评价标准也应该多元化。在标准性解释看来，选民在第一次选举时通过投票授权给某个代表，然后在下一次选举时根据代表履职期间的行为对其予以惩罚或支持，以此分别实现对代表的授权与问责。但是在现实中这两个环节往往相互缠绕在一起。选民在投票时未必仅仅是回溯现任代表的过去行为并予以奖惩，还有可能为了挑选新的符合自己偏好的代表并向其授权，这就使同一次选举承担了授权与问责两个目的，其发挥作用的机制显然更为复杂。

当然，选民本身也在变化。标准性解释预设进行授权和问责的主体是同一批选民，但事实上随着时间的演变，问责阶段的选民很可能已经不同于先前授权阶段的选民。如此，代表该向哪个选民群体负责呢？显然，理性的代表会选择迎合未来问责阶段的选民，即使这将违背授权阶段时对先前选民许下的诺言。曼斯布里奇将这种新的代表模式称为预期式代表（anticipatory representation），与之对比的则是传统的承诺式代表（promissory representation）。在承诺式代表下，代表必须严格依照授权阶段所许下的诺言行事，否则将被视为有违代表职责并遭到选民的惩罚。但是在预期式代表那里，"代表们所关注的，是他们认为其选民在下一次选举中将会同意的那些事情，而不是他们自己在上一次选举中做出的那些承诺"①。而鉴于问责阶段的选民的偏好尚处于还未定型且可被塑造的状态，代表可以通过和选民的不断沟通甚至某些操纵手段以影响选民的偏好。在曼斯布里奇看来，对于预期式代表而言，什么才是一个好的代表，其标准显然不同于承诺式代表。

---

① Jane Mansbridge, "Rethinking Representation," *American Political Science Review* 97, 4 (2003), pp. 515 –528.

此外，代表由谁选举就意味着向谁负责或者天然就是谁的代表，一直以来都被视为代议制民主的基本原则。但曼斯布里奇认为存在一种新的代表模式——替代式代表（surrogate representation），它挑战了在选民与代表之间通常预设的一种基于选举的直接的二元关系，即由特定选区的选民所选举的代表被理所当然地视为该选区的代表。在实际政治中，有可能出现"由与某一选民不存在选举关系的代表履行的代表活动——也即是说，他是其他选区的选民的代表"①。例如经由特定选区选举的国会议员可能宣称自己是某个少数族群的代表，即使他与该群体之间并无选举上的联系。

这种代表模式与柏克所主张的实质代表制（virtual representation）非常相似。柏克认为，一个地区即使在实际上没有推选出自己的代表，也可能因为与其他有代表的地区的利益或意见的一致而得到实质上的代表。柏克举例说，伯明翰城市虽然没有实际参与选举代表，但是因为和伯明翰具有共同商业利益的布里斯托尔在国会中拥有议员，伯明翰在实质上就被代表了。② 显然，柏克同样将选民与代表之间的选举联系与他们之间的代表关系分开来。

如果说柏克和曼斯布里奇的论证更多是从规范层面展开，韦斯伯格则从经验验证的角度论证了这一新的代表模式（他将其称为集体代表）在实现整体性的代表上的优势。在他看来，美国传统的研究几乎都是关注特定的国会议员与其选区之间的代表关系。这种对偶代表观忽视了美国政治中同样存在集体代表模式，后者关注的是"国会作为一个机构是否代表所有的美国民众，而不是国会的每个成员是否代表

---

① Jane Mansbridge, "Rethinking Representation," *American Political Science Review* 97, 4 (2003), pp. 515–528.

② 柏克的实质代表制后来受到美国革命的挑战。"无代表不纳税"的主张其实指向的是另外一种代表模式——实际代表制（actual representation）。这种观点认为，如果没有推选出自己的代表，仅寄希望于别的地区的议员来代表自己，其实是不切实际的幻想。而且实质代表制为公然地剥夺某些选民的选举权辩护，这显然与现代的民主政治原则相违背。关于实质代表制与实际代表制在历史上的争议，可看黄小钫：《实质代表制与实际代表制——美国制宪时期的代表理念之争》，《浙江学刊》2009年第1期。

他或她的特定选区"①。例如，按照对偶代表的标准来衡量，如果所有议员都被认为没有代表与自己有选举联系的选区利益，那么民众就没有得到代表。但是在集体代表观看来，如果这些议员实际上都代表了其他某个选区的利益，整个议会依然实现了对民众的代表。韦斯伯格甚至在经验分析的基础上得出结论，通过代表那些与自己没有选举联系的选区利益，集体代表很可能比对偶代表更能提高对民众的代表程度。

显然，这种代表模式中的授权与问责的实现机制与标准性解释大为不同，而且传统上用以评判好的代表的标准也将发生改变。在对偶代表模式下，只有每个选区通过严格的问责机制来约束各自的代表才能确保代表的实现。但是如果人们接受了集体代表模式，通过选举手段对代表予以严密控制的做法就未必妥当了，它甚至还可能构成对集体代表的障碍。进而，选民在监督自己的代表上表现出的政治冷漠，反倒可以看作是选民为提高集体代表程度采取的理性行为。

可见，选举本身并不构成两个主体之间代表关系成立的必要前提。不过严格讲，上述质疑依然认为代表的产生离不开选举，它们更多地是在争辩经由选举产生的代表是否只能代表自己的选区。但是正如沃伦所指出的，在如今的民主国家甚至是超国家层面，越来越多的非选举式代表在发挥作用。② 在一些论者看来，选举式代表一直存在难以克服的痼疾。这主要表现在：

第一，选举式代表倾向于向多数选民负责，对边缘群体、少数选民乃至自然环境的利益缺乏回应；第二，多数选民即使是代表迎合的对象，但基于信息不对称、集体非理性等因素，也无法仅凭选举实现对代表的有效监督和问责；第三，在选战的压力下，代表成为讨好多

① Robert Weissberg, "Collective vs. Dyadic Representation in Congress," *The American Political Science Review* 72 (1978), pp. 535 – 547.

② Nadia Urbinati1 and Mark E. Warren, "The Concept of Representation in Contemporary Democratic Theory," *Annual Review of Political Science* Vol. 11, pp. 387 – 412 (Volume publication date June 2008).

数选民的精于算计的政客而非富有远见的有责任感的政治家；第四，选举产生的代表往往是社会精英，而非普通大众；第五，按地域选出的代表，难以回应因经济全球化、生态危机等一系列事务产生的跨地区甚至跨国家的利益诉求。[①]

选举式代表的上述弊病或许会让有些人怀念古希腊的直接民主，但更多的人试图在代议制民主的框架内思考应对之道，他们追问的是，代表是否只能通过选举产生？换言之，是否存在非选举式代表，且这种代表还可能优于选举式代表？

当代不少代表理论家认为，民主社会已出现了多种形式的非选举式代表，这些代表虽没有得到被代表者正式的选举授权，但同样承担着民主代表的功能。大体而言，非选举式代表分为自我授权的代表和公民代表两类。自我授权的代表是指没有获得正式授权但能代表被代表者实质利益的非政府组织和个人，例如为特定群体呼吁的利益集团，宣称代表自然环境的环保组织及各种国际性的非政府组织等。[②] 对于那些在选举上处于少数甚至根本无法参与选举的对象（例如大自然、未成年人等）而言，这种代表确实有助于弥补选举式代表的不足。但是自我授权的代表自身也面临一些难题：

首先，没有正式的选举机制的保障，自我授权的代表如何体现代表关系中的授权与问责？一些论者试图阐明其中特殊的授权与问责机制。例如在拉托诺里看来，这种代表的授权机制可以分为话语授权与组织授权，前者主要表现为被代表者通过媒体等渠道表达的认可和授权，后者通过捐赠者或者组织内部的成员以投票等方式来表达。与此对应，问责方式也可以表现为话语与组织两个层面。他进一步指出，

---

① 关于对地域选区制的批判，参见 Andrew Rehfeld, *The Concept of Constituency：Political Representation，Democratic Legitimacy and Institutional Design* (Cambridge：Cambridge University Press，2005).

② 在民主体制下，自我授权的代表依然存在多种形式的授权与问责机制，只是这种机制与正式的选举不同。关于自我授权的代表的授权与问责机制，可参见 Nadia Urbinati1 and Mark E. Warren, "The Concept of Representation in Contemporary Democratic Theory," *Annual Review of Political Science* Vol. 11. pp. 387 –412 (Volume publication date June 2008).

与选举式代表相比，自我授权代表的一个重要优势在于，被代表者与代表者之间的授权与问责活动是持续性的，而前者只是一次性的。[①]但在批评者看来，这些特殊形式的授权与问责机制可能因其非正式的特征而导致操作上缺乏清晰的判别尺度，例如这种代表到底在什么样的情况下才算获得了授权，又是基于何种情况可以判定受到了问责？

其次，与利益集团政治常常受到的批评类似，资源和禀赋上的不平等在现实中往往导致强势群体更能获得这种自我授权的代表。而在"一人一票"的选举原则下，弱势群体的利益尚有一定的保障。与此相关的是，自我授权的代表也多由精英担任，在表达普通大众的偏好上难免会有扭曲。

这些难题的存在加上协商民主理论的推动，促使人们日益关注另一种非选举式代表——公民代表。公民代表直接从大众中间随机抽签产生，据称该制度最早可上溯至古希腊的公民陪审团，在现代则主要表现为公民会议和协商式民意调查等形式。例如由学者费什金倡导并在美、英等国家付诸实践的协商式民意调查，其一般的操作程序是：首先对公民进行随机抽样，然后让抽中的公民代表就某项政策予以充分的讨论和协商，同时聘请相关专家提供必要的指导，最后将代表们在此基础上形成的深思熟虑的判断提交给相关决策机构。[②]

显然，与自我授权的代表不同，公民代表是一种更为正式的代表，而且有其确定的也更为公平的挑选机制——抽签[③]。抽签的好处在于有助于屏蔽资源、禀赋的不当影响，由其产生的代表在讨论议题时也更有可能摆脱各种社会压力，为独立、理性的判断留下空间。而对于

---

① Laura Montanaro, "The Democratic Legitimacy of 'self-authorized' Representatives," prepared for delivery at the Workshop on "Rethinking Representation": A North-South Dialogue Bellagio Study and Conference Center, September 30-October 03, 2008; Michael Saward, "Authorisation and Authenticity: Representation and the Unelected," *Journal of Political Philosophy* 2008 (forthcoming).

② 关于具体的操作流程，可参见谈火生、霍伟岸、何包钢：《协商民主的技术》，社会科学文献出版社 2014 年版。

③ 关于抽签制度的更为详尽的论述，可参见 Bernard Manin, *The Principles of Representative Government* (Cambridge: Cambridge University Press, 1997).

参与式民主和共和主义的倡导者而言，公民代表不仅有助于防止现代民主蜕变为变相的精英独裁，还能激发公民参与政治的热情，培育公民美德。

不过与选举式代表相比，公民代表也有其自身难以克服的短板。最为常见的一种批评是，抽签所选出的代表，无论在从政能力还是意愿上通常都比不上竞选产生的代表，因此由非专业的公民对复杂的政策进行讨论是否妥当？此外，这种实践是否会引发正式的权力机构与公民代表之间的职能混淆甚至是冲突？而更为重要的是，公民代表虽然通过排除金钱、权力等因素的干扰扩大了普通公民的参与，但抽签也使绝大多数公民无法实现对这些代表的授权与问责。而在沃伦看来，种种这些缺陷甚至为政府官员操纵政策制定以逃避选举问责提供了方便之门。①

可见，非选举式代表虽有助于提醒我们警惕"选举至上主义"的谬误，但也不能就此否定选举的价值。事实上以倡导"超越'选主'（Electocracy）"闻名的吉尼尔也承认，对于现代民主而言，选举是必要的，虽然它是不充分的。很多当代的制度创新只是用以弥补选举式民主的不足，甚至其本身就是为了增强选举责任而设计的。②

（4）群体代表权

在多元文化主义和协商民主等理论的推动下，群体代表权日益成为当代代表理论中的热点话题。在群体代表权论者看来，诸如女性、工人阶级、少数族裔等弱势群体并没有获得充分的代表，这不仅导致其在政治上缺乏影响力进而强化了自身的弱势处境，也限制了协商民主的广度和深度。他们将这一问题的根源归结为一系列不公正的代表制度及其背后的理念。例如威廉姆斯·梅利莎重点批判了占据支配地

① Mark E Warren, "Citizen Representatives," in Warren and Pearse eds., *Designing Deliberative Democracy* (Cambridge University Press, 2008), pp. 50 – 69.
② Lani Guiniern, "Beyond Electocracy: Rethinking the Political Representative as Powerful Stranger," *The Modern Law Review* Vol. 71 No. 1 (January 2008).

位的自由主义代表模式，后者假定仅凭"一人一票"的选举原则、自由公开的选举程序以及利益集团上的多元主义就能实现对所有人的平等代表，而事实上这种形式上的平等只注重个人的角度，忽视了基于群体处境的不平等。① 再如雷菲尔德反思了现有的地域代表制对某些群体的不利影响，认为当下以地域为基础划分选区进而选择代表的做法，可能造成某些弱势群体在多数选区处于永久性的少数地位，进而难以获得充分的代表。②

应当指出，来自群体代表权论者的批判确实有助于提醒我们反思当下主流的代表制度的缺陷进而意识到保障群体代表权的重要性。不过从目前的理论争辩来看，群体代表权论者在正面的制度建构以及相关的论证进路上仍存在诸多争议，其中一些关键问题尚待进一步廓清。

首先，我们应该依据何种标准来挑选需要给予特殊代表的群体？或许有人会主张社会上的所有群体都应得到相应的代表。但是多数群体代表权论者都明确反对这种缩微式代表模式，认为基于公平的需要，只有某些群体如女性、黑人才应该获得特殊代表。但是这一标准还是显得过于宽泛。曼斯布里奇就建议应进一步根据民主的协商与聚合功能来决定。例如，当左撇子的视角与决策相关时，应该在协商过程中使其视角得到代表；而当他们的利益与其他人有冲突的时候，则应该在聚合过程中使其利益得到代表。③ 当然，这里依然存在不少操作上的困难。例如，我们有时难以判断某项决策会涉及什么群体；即使能够列出这些群体，也可能因数量太大而无法操作；而每项决策都要临时举行代表的选举显然成本太大，也不符合通行的代表制度。这再一次印证了曼斯布里奇自己说的一句话："就何种群体应该得到代表或

---

① Melissa S. Williams, *Marginalized Groups and the Failings of Liberal Representation* (Princeton: Princeton University Press, 1998).

② Andrew Rehfeld, *The Concept of Constituency: Political Representation, Democratic Legitimacy and Institutional Design* (Cambridge: Cambridge University Press, 2005).

③ Jane Mansbridge, "Should Blacks Represent Blacks And Women Represent Women? A Contingent 'Yes'," *Journal of Politics* 61, 3 (August 1999), pp. 628 – 657.

者何时实行这种代表这些问题，并不曾有阐明了的原则性的指导方针。"①

其次，担任群体代表的人是否一定要是本群体的成员？这个问题有一个更为直白的表达：是否应该由女性来代表女性，黑人来代表黑人？如果答案是肯定的，群体代表权的主张就与此前的描述性代表有相似之处。不过群体代表权论者在这方面存有分歧。大多数群体代表权论者的确主张要由描述性代表来担任群体代表，事实上他们也常常依据拥有某种群体身份的代表数量的多寡来判定该群体被代表的程度，例如议会中的女性代表明显偏低这一事实就被视为该群体缺乏代表的证据。在他们看来，除非代表与被代表者共享特定的经验和身份，否则无法有效地发挥其代表的职能。为此他们举出不少历史上的例子，比如主要由白人代表组成的议会往往制定偏袒白人的政策等等。

但是有些群体代表权论者如金里卡对此持反对态度，认为一个好的代表绝不是基于他的外在身份，而是看其行动是否真的促进了被代表者的利益。一些研究美国国会的政治学者的实证调查也表明：女性或黑人代表的增加并没有自动导致各自所属群体的实质利益的增进。对此可能有多种解释：在政党政治发达的现代社会，代表可能更多地将自己视为某个政党而非特定选民的代表；赋予某些群体以特殊代表降低了代表的竞争性，反而减弱了他们回应选民的意愿；某些群体的成员的政治实践能力较差，难以胜任代表的职位等。正基于此，有些群体代表权论者认为不必苛求代表必须与被代表者同属一个群体，关键要看代表有无能力和意愿为被代表者的利益服务。在健全的问责机制下，那些更有能力的非描述性代表可能会做得更好。

此外，在其他一些论者看来，主张一定要由本群体的成员担任代表的观点还陷入了"本质主义"的陷阱。"这种本质主义预设了特定群体的成员拥有一种本质性的身份，这种身份只是这个群体所有成员享有的，其他人都不可能具有。比如坚持要女性代表女性、黑人代表

---

① Jane Mansbridge, "Should Blacks Represent Blacks And Women Represent Women? A Contingent 'Yes'," *Journal of Politics* 61, 3 (August 1999), pp. 628–657.

黑人，其实暗含了一种该群体所有成员共享的女人性或黑人性这样的本质属性。"① 但事实上所有群体的内部都可能存在多元化甚至相互冲突的意见和利益。例如同为女性，黑人女性与白人女性，富有的女性与贫穷的女性，在很多方面都可能会有分歧。如此选上的描述性代表更可能代表了某一个亚群体甚至是占据支配地位的亚群体的利益，而这可能造成对其他亚群体的新的压迫。

面对上述批判，一些群体代表权论者也试图给出回应。杨就指出，在明确的问责压力下，非描述性代表可以在利益和意见方面实现好的代表，但却难以代表基于特定群体经验而形成的视角。在她看来，存在三个需要代表的方面：利益、意见和视角。前两者一般较为明确，非描述性的代表较容易理解并将其反映到决策机构。而看待问题的视角，一则本身难以明确，二则只有与被代表者拥有共同经历才可能拥有，所以更需要描述性的代表。② 曼斯布里奇则进一步指出被代表者的利益也可能处于尚未明确的状态，在敏锐地捕捉并阐明这种利益上，描述性代表应该更具优势。此外，基于历史上曾遭遇强势群体的歧视和压迫，某些弱势群体对来自于该强势群体的代表缺乏信任，这无疑会妨碍代表与选民之间的有效沟通，进而影响代表职能的发挥。③

至于"本质主义"的指责，杨认为那些批评者也难逃"本质主义"的嫌疑。因为他们实际上认为，如果一个群体有一个确定的本质，那么由描述性代表来担任群体代表的做法就是合理的。换言之，他们将代表视为一种同质性的关系，认为代表只有与被代表者共享一个本质属性才能发挥好代表的职能。但事实上所有类型的代表都不可能有这样一种同质性的关系。美国国会选区的选民数量都超过 50 万。

---

① Jane Mansbridge, "Should Blacks Represent Blacks And Women Represent Women? A Contingent 'Yes'," *Journal of Politics* 61: 3 (August 1999), pp. 628 – 657.

② Iris Marion Young, "Deferring Group Representation," *Nomos: ethnicity and Group Rights*. eds. Will Kymlicka and Ian Shapiro (New York: New York University Press, 1986), pp. 349 – 376.

③ Jane Mansbridge, "Should Blacks Represent Blacks And Women Represent Women? A Contingent 'Yes'," *Journal of Politics* 61: 3 (August 1999), pp. 628 – 657.

一个议员如何能代表那么多在利益、经历和需求诸方面都非常多元化的选民？因此代表与被代表者未能共享一个确定的本质，并不妨碍代表关系的成立。在杨看来，代表本就应该是一种差异关系。①

最后，关于具体的保障群体代表权的制度建构（如重新划分选区、比例代表制、固定的配额制等），人们也存在诸多争议。例如，通过重划选区使某个弱势群体取得多数地位进而选出自己的代表，虽然看上去有助于保障某些群体的代表权，但也可能造成诸如代表对选民的回应性不强以及该群体在其他选区影响力的下降等问题。曼斯布里奇就指出，如果白人民主党人比白人共和党人更能代表黑人选民的利益，虽然将黑人选民集中到黑人选区会使黑人议员多一些，但代价可能是更多的共和党人在其他选区当选，这反倒在整体上降低了黑人获得代表的程度。

与重划选区一样，比例代表制也受到不少群体代表权论者的青睐。他们认为按照人口比例确定各群体的代表名额才是最公平的制度。但即使实行比例代表制，有些人数很少的群体依然产生不了自己的代表。而在某些协商民主的倡导者看来，任何一种不违背基本社会规范的群体性视角都应纳入协商范围，比例代表制显然还不足以实现这一目标。至于直接给某些群体分配固定名额的配额制，又显得过于僵化。看来，如何根据具体的情境选择更具弹性的制度，以及探索新的群体代表权的实现形式，仍有待于群体代表权论者做进一步的探讨。

综上可见，自皮特金开创标准版本的代表理论以来，学界围绕"民主与代表""选举与代表"和"群体代表权"等关键问题展开了激烈的理论辩驳。这些争论不仅加深了我们对代表以及民主的理解，也发现不少有待进一步研究的问题。不过需要指出的是，上述讨论基本上没有脱离代议制民主的框架。但是撰诸思想史，对代表的理解还存在另一种不可忽视的脉络，也就是霍布斯和施米特等发展出的迥异于

---

① Iris Marion Young, "Deferring Group Representation," *Nomos：ethnicity and Group Rights*. eds. Will Kymlicka and Ian Shapiro（New York：New York University Press, 1986），pp. 349–376.

自由主义民主的代表理论。这一理论从主权抑或是国家对社会的统合层面理解代表，强调代表对于人民和政治统一体的整合作用。此种代表理念虽与当下的代议制民主大异其趣，却也提供了一种不可或缺的批判性视角。为此我们也选编了两篇较有代表性的研究文章，以使读者能更为全面地了解代表理论的发展谱系。当然最后还需说明的是，限于篇幅和编者的学识，书中错漏之处还请各位读者不吝指正。

编辑宗旨及翻译事项

本文集共选文章十三篇，分为五个专题，即"代表的概念""民主与代表""选举与代表""群体代表选举与代表"和"思想史视野中的代表"。文章的选定与专题的编排由两位编者共同商定。此外参与翻译的同仁包括：王江伟、黄小钫、钟金燕、李德满、陈高华、高春芽、尹钛、都静、屈从文、李石。译稿出来以后，由两位编者分别予以校订，并共同定稿。

在此，我们要感谢丛书主编应奇先生、刘训练先生以及广东人民出版社的信任与支持，还要感谢各位译者的鼎力加盟。尤其需要提及的是，乌尔比娜提教授在获知我们要选编这样一本文集时慷慨地将其新著《代议制民主：原则与谱系》（*Representative Democracy：Principles and Genealogy*）惠赠，使我们能及时准确地把握当代代表理论的前沿进展，在此一并感谢！

编　者

2017 年 1 月改定于北京

一、代表的概念

代表的概念[*]

汉娜·费尼切尔·皮特金／文　谈火生／译

"代表"概念的演进

自有文字记载以来,人类在相当长的时间内都不知"代表"为何物。在古希腊就没有"代表"的观念,其语言中压根就没有类似的词汇,在他们的政治生活中,代表性制度没什么作用。诚然,他们有时会派遣某人代表某个组织化的群体发言,例如,某个城邦派往另一个城邦的使者;有时,他们也会通过抽签的方式来挑选法庭或公民大会的成员。[①] 他们间或还将一些事件搬上舞台,通过雕塑和绘画来描写人物或物体。但是,希腊人在看待这些活动时,并不会像我们一样用一个概念将它们统摄起来。希腊人在谈论这些事务时所使用的词汇是无法对译为我们的"代表"概念的。

罗马人倒是有一个动词"repraesentare",该词是我们今天所使用的"代表"一词的源头,但该词进入英语是转道古法语,而不是直接从拉丁语中转化而来。在古典时期的拉丁语中,"repraesentare"一词的意思比较简单,它仅意味着在场、呈现或再现,它几乎完全只能用于无生命的物体。例如,它可以表示将某个对象真实地呈现出来,这种含义进一步延伸,可以是某人接受法官的传唤而出现在法庭之上——将他自己呈现出来;它也可以是通过某个物体来表达某种观念,如用人像雕塑来体现美德;它还可以是用一个东西来替代另外一个东

* Hanna Fenichel Pitkin, "The Concept of Representation," Hanna Fenichel Pitkin, ed., *Representation* (New York: Atherton Press, 1969), pp. 1 – 23. ——译注

① J. A. O. Larsen, *Representative Government in Greek and Roman History* (Berkeley and Los Angeles: University of California Press, 1955).

西，或者，促进某个事件的进程，使之呈现出来。[1] 但是，它不可能用来指某人代表其他的人，或代表罗马这个国家。尽管罗马元老院有时倒是被视为为人民说话的，罗马皇帝也是以国家的身份发言的，而且，罗马法中亦发展出了相对完善的代理（agency）概念。但这些观念都从来没有和"repraesentare"一词发生什么关联，它们对我们现代的"代表"概念也没有做出什么贡献。

真正说来，现代的代表概念及其制度起源于中世纪。拉丁语中的"repraesentare"一词逐渐进入基督教的宗教文献中，以一种神秘的方式具体体现了"基督教共同体精神性的一面"。[2] 教皇和红衣大主教们被认为是基督和使徒的代表（representing）——不是他们的代理人，而是他们的象征和化身，是他们的神秘再现。中世纪的法学家们也开始运用该词来表示集体的化身：一个共同体被当成是一个能像人一样行动的代表——尽管它并不真的是一个人，但是，它被当成了一个人一样来对待。最后，这些观念汇聚为这样一种认识：一个共同体的代表者就是其化身，是其象征性人格的承受者。在这个意义上，国王就被认为是其王国的代表。

与此同时，在中世纪欧洲的很多地方还产生了政治代表制度的早期萌芽。国王和教皇开始扩大其顾问班子，其成员由其治下不同的领地或教区选派而来。最初，这些政治实践不包含任何民主的含义，参与国是咨询不是权利，而是义务。例如，在英格兰那些骑士和城市自由民蒙国王的召唤，前来参加由国王和领主们组成的国事会议，这在开始时是国王出于行政和政治上的需要而采取的权宜之计。[3] 那时所

---

① Georges de Lagarde, "L'Idée de Représentation," International Committee of the Historical Science, *Bulletin*, Ⅳ (December 1937), pp. 425 – 451; Albert Hauck, "Die Rezeption und Umbidung der allgemeinen Synode im Mittelalter," *Historische Vierteljahrschrift*, Ⅹ (1907), pp. 465 – 482.

② Lagarde, *op. cit.*, p. 429, my translation.

③ A. F. Pollard, *The Evolution of Parliament* (London: Longman Green, 1926); Helen M. Cam, *Liberties and Communities in Medieval England* (Cambridge, England: Cambridge University Press, 1944).

谓的议会也不是我们今天所理解的立法机构，而是最高法庭，其任务是讨论如何将习惯法应用于特殊的案例之中。第一个蒙诏出席议会的平民，其任务很显然是将地方的"案卷"带到最高法院，同时，认可由国王强加的特殊税种；当然，他还得将这些相关的意见和通告带回去。他们对税收的"同意"在很大程度上是走一个行政程序，而与权利无关。

但是，无论是代表的观念还是其制度都在缓慢地演化。公众对税收的同意开始和罗马法的下述信条结合在了一起——在民事案件中，与之有利害关系的各方均有权参与（或至少是出席）案件的审判。①由于议会最初是被当做一个法庭，因此，罗马法的观念很容易地就被嫁接了过来：各个共同体有权利参与税收标准的制定，因为征税的决定与他们的利益息息相关。与此同时，那些平民出席议会越来越频繁，往返的次数越来越多，呆在议会里的时间也越来越长。他们相互之间也开始慢慢熟悉起来，并将自己当做议会的"成员"了。由于他们的费用是由他们所在的地方承担的，因此，当他们回到家乡时，就需要向父老乡亲们报告他们在议会里的所作所为。渐渐地，他们开始以拒绝同意提高税收来威胁国王，并迫使国王考虑地方的请求和冤情。这些平民代表们开始从议会的整体中分化出来，单立一"院"，单独开会，联合起来提出他们的要求，并宣称他们才代表人民，而不是国王代表人民。

到 16 世纪末，托马斯·史密斯男爵可以宣称："英国的议会代表整个王国，并具有相应的权力，它既是王国的大脑，亦是王国的身体。每个英国人都可以成为其中的一员，无论是亲自出席，还是他们所委托的代表……议会的同意即被视为人民的同意。"②在史密斯生活的

---

① Gaines Post, "A Roman Legal Theory of Consent, *Quod Omnes Tangit* in Medieval Representation," *Wisconsin Law Review*, January 1950, pp. 66 – 78; "*Plena Potestas* and Consent in Medieval Assemblies," *Traditio*, Ⅰ (1943), pp. 355 – 408.

② Sir Thomas Smith, *De Republica Anglorum*, ed. L. Alston (Cambridge, England: Cambridge University Press, 1906), p. 49.

年代，代表的观念（一如上文所示）仍是一个神秘的化身，而不是一个代理人。但是，国家的象征已经从单独由国王来承担扩展为由"国王—议会"来承担。议会中的平民被视为他们所在地方的代理人，但是，他们和其家乡之间的关系还没有被称为"代表"。因此，当史密斯想说议会可以代表（act for）并统治王国时，他不得不用一个独立的分句来表达这个意思：议会"代表整个王国，**并具有相应的权力**"。

现代意义的代表观念产生的最后一步是在 17 世纪发生的，在观念形态上，代表与代理人和代替他人行动的观念联系在了一起；在制度形态上，代表则与民主制度和权利相关的事务关联在一起。因为在英国内战中，议会第一次抛开了国王，并将其处死，在没有国王的情况下单独理政。在内战时期出现的广泛争论和各种宣传小册子中，与"代表"相关的各种词汇突然之间涌现出来，它们变成了政治概念。而且，普选权的主张也是在这一时期第一次被提了出来，这项权利的提出要将史密斯的信条——"每个人都可以成为议会的一员"——付诸实践。

当然，17 世纪英国的议会还谈不上是民主的。但这一观念提出以后就永远无法被抹掉了，而且，从英国内战的激进派到美国革命的战斗口号中，我们都可以清晰地辨识出这一思想传统："没有经过代表同意的税收就是暴政。"代表已经变成了值得英国人誓死捍卫的传统权利之一（美洲殖民地的人民也将自己看做是英国人，并继承了这一传统）。在美国革命和法国大革命中，代表已经成为普遍的"人权"。

直到 19 世纪，代表权的制度化仍是一个有待解决的问题，人们仍需要为完成如下的使命而奋斗：将代表制度推广到其足迹未到之处；将普选权尽可能地扩展到每一个人；让行政机构对代表机构负责；让世袭制的贵族院向选举产生的平民院低头。这个时代也是对代表制度进行革新的时代，各种代表制度相互竞争：单一选区代表制、比例代表制、职能代表制①等。除了主张君主制的反动分子之外，几乎没有人怀疑代表制的价值。那些赞成民主制度的人也几乎没有人会怀疑，代议制这种间接民主制度是现代民主制度的必然选择。人们相信，如果代议制政府犯了错，那这些错误一定是由选举制度或政党组织造成的；或者，是由于有些阶级没有获得普选权所造成的。即使是对资产阶级的自由民主持批判态度的社会主义者，他们也不质疑代表制本身，他们质疑的只是其具体的实现形式——被剥削阶级是否能在选举中发出自己的声音，他们是否能获得相应的信息和权力。

只是到了最近，人们才对上述观念提出质疑，并重新发现了少数人发出的那些微弱的声音。这少数人中有些是社会主义者，有些是无政府主义者，他们多少显得有些离经叛道，一直在挑战代表制理想本身，他们倡导一种更为古老的理想——直接的参与民主。我们已经开始重新发掘政治思想中的其他传统，它们不是将政治生活理解为实现非政治的实用性目标的手段，而是将政治参与本身视为一种具有正面价值的东西，认为政治参与对于好生活（the good life）和人的全面发展而言是不可或缺的。从这种亚里士多德的视角出发，以往的一些观念——代议制是有价值的，现代民主必然采取代议制的形式——就不再是那么不证自明了。只要政府和政治被视为一种手段，一种促进个体私人利益、保护被统治者个体权利的实践机制，那么，核心的问题似乎就是：如何设计出一种真正具有充分代表性的机制。这一问题有两个方面：一是如何选出适当的代表；二是如何控制这些代表，使之能有效地回应人民的需要和利益。如果问题只是找到一个能有效打理民众事务的办法，那么，代议制无疑是一个很好的选择。但是，如果问题是让所有的人都能参与到公共生活

① 所谓"职能代表制"（functional representation）是一种类似于中世纪行会（guild）的制度，它主张各种社会职能（如国防）都可以由一些协会来承担，而这些协会的成员则由各个行业委派的代表组成，因代表是由行业的职能决定的，故称"职能代表制"。——译注

中来，能参与到一个永恒的公共事业中，并通过它来开阔自己的视野、提升自己的境界，甚至使自己获得不朽，那么，代议制显然是远远不够的。一个人可能将他人的事务打理得干净利落，但有些事情是需要本人亲历亲为才能体味其价值的。直到最近，我们才开始追问：政治行动是不是如此？如果是，它意味着什么？①

在本文集所收诸文中，只有卢梭曾经问过自己这一问题，而他的回答是清晰而毫不含糊的。对于卢梭来说，政治自由预设了普遍参与，而且，一个自由国度里的公民资格，每个成员都渴望永远获得它。从这一视角出发，卢梭的结论是：代议制是一个弥天大谎，它对自由是致命的。但卢梭的理想是源于日内瓦这样一个小小的城市国家，以及古典的希腊民主（在这种民主体制下，人类集合的形式都是有限的城邦）。而我们的时代所展示给我们的是完全不同的规模，从组织和人口规模上讲，是百万以上人口和超大规模的城市。只要不发生核灾难，我们似乎很难想象，政治事件或政治权力的有效场所还会是地方性的那种小规模、面对面的共同体。那么，代议制是我们所能期望的最佳形式吗？直接参与尽管有意义，但它是否是一种毫无希望，甚至有些危险的理想呢？或者，我们可以设计出什么新的政治生活方式？在政治代表理论这一领域到处都是潜在的生长点，到处都是未开垦的处女地。

各种竞争性观点一瞥

考虑到自 17 世纪（如果不是中世纪的话）以来代表概念已成为我们文化的一部分，而且代表制度在我们的政治生活中占有越来越重

---

① "但代表所关乎的不过是'自我保存'或自我利益，它之所以必要，乃是为了保护劳动者的生命，保护他们免遭政府的侵犯。这些本质上消极的保障绝不会向多数人开启政治领域，也不会在他们当中激起'追求独特性的激情'——'不仅渴望平等或相似，而且渴望卓越'——按照约翰·亚当斯的说法，这种激情'仅次于自我保存，永远是人类行动的伟大源泉'。" Hannah Arendt, *On Revolution* (New York：The Viking Press, 1963), p. 69. 亦可参见 Hannah Arendt, *The Human Condition* (New Yorfk：Doubleday & Company, 1958).

要的地位，代表理论的发展着实令人沮丧。在某种程度上，这一领域的理论文献最让人吃惊之处在于，它们永远含混不清，到处看起来都是无法解决的冲突和论辩。人们甚至对"什么是代表"这样的问题都无法达成共识，这实在无法令人满意。不同的理论家都会给我们一个令人惊奇的关于"代表"的定义，但它们之间相互对抗、互不相容。当我们孤立地看待这些界定时，它们每一个似乎都有理；但是，一旦我们碰到另外一个定义，我们马上会发现它们相互冲突；如果再碰到第三个定义，它会与这两个定义很不相同，并且，它们似乎都有些道理。更有甚者，相关的争论不仅数量庞大，常说常新，而且，似乎永远都无法获得澄清和解决。一些人试图将代议制政府从其他的政府形式中分离出来；另一些人则坚持认为，只要是一个有效的政府，它最起码能代表其治下的人民；还有一些人则认为没有任何政府能真正地承担起代表的功能。此外，在代表的角色和行为问题上，人们也存在分歧：代表是应该按照自己对于什么是国家利益的判断来行动呢，还是应该严格按照其选民的意志来行动呢？那些深思熟虑而富有洞察力的理论家们会采取其中的某种立场，尽管他们之间的争论已经过去，但分歧依然存在。本书的目标就是将各种不同的关于代表问题的观点（既包括古典时期的，也包括当代的）收集在一起，以便读者能亲酌这些互不相让的视角。

我们将从霍布斯的名著《利维坦》开始，这是 17 世纪英国哲学的一部名著。本来，"利维坦"乃《圣经》所载的一个怪兽，它被称为"骄傲之王"。但是，霍布斯将它变成了国家的象征，他认为国家作为政治体是由其公民创造出来的。霍布斯常常被人们当做一位社会契约论者，因为他认为无数的个体是通过同意，通过相互之间的契约而结成一个整体的。但很少有人注意到，霍布斯还是一位对代表问题做出重要贡献的理论家。人们借以创造一个国家的社会契约的内容是建立了一种代表机制——一个主权者将一群乌合之众结成一个整体，并由他来统治这个政治体，由他来代表这个政治体的权威。

作为这种政治信条的基础，霍布斯发展出一套复杂而又有说服力的论证，用以阐明代表的含义与性质。他认为代表就是甲以乙的名义行动，此时，乙授权给甲，让他以自己的名义行动，这样，无论甲做了什么，其行为都被认为是乙的行动。换句话说，甲采取行动，而行动的后果则由乙来承担，就像乙自己在行动一样。代表就是一种被授权的权威（authority），它是一种能做出承诺并由授权者来承担责任的权利。因此，如果代表扩大自己的行动权限的话，被代表者就应承担新的责任。在其被授权的范围之内，代表有完全的行动自由。

霍布斯认为代表的授权（authorization）既可能是在时间和空间上都受到限制，也可能其授权是没有限制的。当人们授权给一个主权者，让他来代表自己时，他们必须赋予这个主权者以无限的权威，无论何时何地，还是在何种情况下，都由这个主权者来代表他们。不管主权者做什么，或者作出何种决定，它们马上就变成他们自己的行为，并对他们产生约束力。在霍布斯看来，只有以这种方式才能将一盘散沙式的个体结合成一个政治体，并实现和平与秩序，这是他们结合的首要目标。很显然，霍布斯并没有打算谈代表性的政府形式和其他的政府形式（如君主制或贵族制）之间的区别何在，他想澄清的是所有有效政府和主权的性质是什么。对他来说，任何一个政府都是代表性的。

但是，当霍布斯完成其论证时，我们却被弄糊涂了。尽管当他介绍其关于代表的定义似乎言之有理，但是，在我们看来，他所想象的主权者好像根本就算不上代表。霍布斯笔下的主权者既不需要考虑人民的愿望，又不需要保护人民的利益，或对人民负责。而且，有时候霍布斯所举的代表的例子与他自己的定义并不相符。例如，他说一个演员在舞台上代表了某种人物角色。这种说法我们当然并不陌生，但是，这种代表和权威或权利却没什么关系，因此，霍布斯的代表定义一定是在哪里出了问题。

如果我们了解那些和霍布斯绝然相反的关于代表的各种定义，这一点就变得更加清晰了。有论者曾指出霍布斯的代表概念遗失了代表最本质的属性：代表首先是要对那些他所代表的人负责，他必须向被代表者证明其行为的正当性。代表之所以能被称之为代表，不是因为一个授权的行为就使之成为代表的，而是因为其恪尽职守的行动（act of holding-to-account）才最终完成了代表的职能。① 当霍布斯认为代表可以自由地做他想做的事情时，而他的批评者则认为代表有特定的新义务和责任；当霍布斯将特殊的义务强加在被代表者身上的时候，他的批评者则认为被代表者获得了新的权利和特权。这两种无法兼容的观点可能同时正确吗？我们注意到霍布斯和他的批评者其实共享着一些基本前提：他们都是从形式性的（formalistic）角度来界定代表关系，霍布斯的代表定义强调的是代表关系的建立，而其批评者强调的则是代表关系的完成。双方都不进一步追问代表对其职责的履行究竟是好是坏，也不进一步追问代表究竟应该怎样做才能真正代表选民。在霍布斯的论证中这一点是显而易见的，那些强调代表责任（account-ability）的人亦是如此，因为当他们强调代表应对选民负责时，他们并没有指出代表应该怎样做。双方都没有告诉我们在代表职责的履行过程中究竟会发生什么。

也有人在回应霍布斯的代表观念时采取了完全不同的路径，他们接受霍布斯对代表的界定，勉强承认主权者是代表，但是，他们认为代表和自由、民主、自治或公共利益无关。简而言之，他们会认为传统的代议制民主理想是一个神话、一个幻觉，它在实践中是不可能实现的。在政治实践中，代表就是暴政。这种立场在卢梭那里表现最为明显。对于卢梭而言，代表能够实现自由或自治，但其前提是代表的意志永远和被代表者的实际意志相吻合。这当然是不可能的。尽管有时一个人的意志可能碰巧和另一个人的意志是一样的，但是，我们无法通过制度化的方式来保证这种吻合。我们能够做的制度安排是让一

---

① 在本文集所收诸文中没有人是持这种立场的，有兴趣的读者可以参见：Arthur W. Bromage, "Political Representation in Metropolitan Areas," *American Political Science Review*, LII (Jun 1958), pp. 406 – 418; Carl Friedrich, *Constitutional Government of Democracy* (Boston: Ginn, 1950), pp. 263 – 264; Henry J. Ford, *Representative Government* (New York: Holt, 1924), pp. 157 – 158.

些人**代替**其他的人做决定，对卢梭来说这无疑是一种暴政①。因此，没有哪种政治体系能真正实现理想意义上的代表观念。一旦人民设立了代表，它就不再是人民（a people）了，因为它不再有公意（General Will）。在霍布斯那里一个使政治体得以建立的行动，在卢梭看来恰好会导致政治体的解体。

除此而外，人们还可以从另外一些完全不同的角度来理解代表的观念。例如，不是将代表理解为代替其他的人行动（acting for），而是将其理解为某种缺席的东西的象征（standing for）。某物或某人能代表其他的物或人，能代替其他的物或人，只要它们/他们之间足够地相似，就可以基于这种相似性来代表。因此，代表机构和其他团体之间的差别就在于，它能精确地反映它所代表的广大人口的结构。如果我们是在这种技术意义上来理解政治代表，那么，它似乎是建立在代表和被代表者之间在"描述意义上的相似性"（descriptive likeness）。作为代表，立法机构必须是整个国家的精确地图，是人民的画像，是人民呼声的忠实传声筒，它还是一面镜子，能准确地反映公众的各个组成部分。一个人之所以能被称为代表，是因为其代表性——不是他做了什么，而是他是什么，或者说，他像什么。西蒙·斯特内（Simon Sterne）早期在为比例代表制进行辩护时就将这种观点奉为圭臬②，后来，主张比例代表制的约翰·斯图尔特·密尔又将这种代表观念发展为一种更加精致的形式。玛丽·科林斯·斯韦比（Marie Collins Swabey）则将这种代表观念稍稍做了一点修正，他认为应该用数学的抽样理论来解释代议制民主，并提出了代表样本的概念。③ 哈罗德·

---

① 卢梭认为，意志是不能被代表的。因为代表都来自特定的等级，代表的是各自等级的意志。相对于公意，它们都是特殊意志。因此，代表制会导致公意的消亡。见卢梭：《社会契约论》第三卷第 15 章。——译注

② 指该文集中斯特内的《比例代表制》一文。S. Sterne, "Proportional representation," in Hanna Fenichel Pitkin, ed., *Representation*（New York：Atherton Press, 1969），pp. 73 - 82. ——译注

③ 指该文集中斯韦比的《一个量化的观点》一文。M. C. Swabey, "A quantitative view," in Hanna Fenichel Pitkin, ed., *Representation*（New York：Atherton Press, 1969），pp. 83 - 97. ——译注

富特·戈斯内尔（Harold Foote Gosnell）也采用镜像式的代表观念，他试图找出政治代表观念和代表性（或典型性）之间的真实关联。①

　　这种观念将代表建立在描述意义的相似性之上，它可以以很多种方式同政治生活发生关联，每种关联方式都有其独特的内涵。我们可以将代表机构理解为一张地图或一面镜子，它从本质上讲纯粹是一种客观的人民代表观念，也就是说，它就像一幅图画一样表现出它所要描绘的东西。这种关联方式强调的重心完全是：立法机构如何构成才算正确。而立法机构一旦建立，它应该如何做的问题马上就出来了。斯特内和斯韦比的代表观念就是沿着这一思路展开的。我们也可以用另外一种思路来理解描述性代表的观念，我们会注意到即使是艺术表现，它也不仅仅是对对象的再现，而是融入了艺术家自己的理解。因此，表现意味着要去描绘，要去创造，而不能满足于惟妙惟肖。一个人可以在这种意义上"代表"他人，在某些情况下甚至可以"代表他自己"，就像做出某项宣言一样。按照这样的理解，政治代表就不复是一个死气沉沉的客体，而是一个雕刻家，他要主动地对信息进行提炼，他代表其选民，但他又有自己的愿望、观点或利益。密尔曾按照这一思路对政治代表进行过相当精致的阐释，他将描述意义上的相似性置于民主自治的核心。代议制政府被视为直接民主的次优选择，但其正当性需要证明。一种证明思路是强调代议制立法机构与整个国家之间的高度相似性，以至于立法机构的行为就等同于国家可能采取的行为。在此，代表再次意味着准确地反映，该观念的功能是用以证明用代表的行动来代替当事人亲历亲为的正当性。斯特内在某种程度上采用了这样的论证方式，而这一点在斯韦比那里则至为明显。

　　但是，要证明代表可以代表某种缺席之物，相似或反映并非唯一的思路。某种观念或某个人可以不以地图或图像的方式，而依靠符号（symbol），以象征的形式被表现或再现出来。在这个意义上，代表似

---

　　① 指该文集中戈斯内尔的《代议民主》一文。H. F. Gosnell, "Representative democracy," in Hanna Fenichel Pitkin, ed., *Representation* (New York: Atherton Press, 1969), pp. 98 –118.——译注

乎仅仅只"关乎一个早已存在的事实，只是在某个特定的时刻它'发生'了，并为人们所接受……一块布可能象征着巨大的权力结构，就像星条旗象征着美国一样"①。与此类似，一位现代的君主（或者任何一个国家的元首）作为一个符号，他"象征或体现了国家的全体人民，国旗、国歌和军服则以具体的方式体现了这一点"②。

尽管一个符号可以象征某种东西，但它和它所象征的东西之间毫无相似之处。符号的某些特点也许有助于人们合理地联想到其象征之物，就像美国的星条旗上星星的数目对应着美国建立时的十三个州一样，但是，旗帜本身和它所代表的美国之间并无相似之处。因此，符号本身不能为我们提供任何关于它所代表之物的信息，它既没有对之进行描绘，也没有宣称什么。这就是为什么不会发生如下的事情：使用一个错误的符号来不恰当地象征某物（"missymbolizing" to correspond to misrepresentation）。符号似乎不是信息的提供者，而是信息的接受者，或者说，感知的对象不是符号，而是它所象征的东西。因此，当我们对旗帜敬礼或焚烧旗帜时，我们所敬奉或亵渎的并不是旗帜本身。因为符号与其指示物之间的关联并不是建立在任何"客观"的事物（如相似性）之上，而是任意的、偶然的和非理性的，这一点是令人吃惊的。如果象征性可以作为理解政治代表的一种模式，那么，我们所关注的问题亦将随之发生转移，我们将不再追问"合格的代表应该是怎样的？"或"代表性立法机构应该如何构成？"，而是要追问"怎样才能使人民相信某种象征，相信某人应成为领导人，相信他是国家的化身？"代表似乎变成了"主要是一种思想框架"，我们并不指望它能证明代表机构的正当性，而是希望借此来解释其原因。

如果符号所指涉的是人或群体，那么，人或群体自身的活动就可以成为这样的解释性因素，它们有助于其象征性地位的确立。因此，

---

① Friedrich, *op. cit.*, p. 267.

② Rudolf Smend, *Verfassung und Verfassungsrecht*（Munich: Duncker und Humblot, 1928），p. 28；my translation.

当符号性代表的观念被应用于政治时，它倾向于将其注意力集中在政治领袖的活动上，因为正是他们的活动创造了超凡的感召力，强化了信仰，并刺激了民众非理性和情绪性的反应。和描述性代表的创造性不同的是，符号性代表的创造性要求打动观众的心灵，而不是局限于符号本身。在政治生活中，这意味着符号要能打动选民。就此而言，非理性的诉求和理性的诉求具有同等的效力，甚至有过之而无不及。如果代表性是统治者和被统治者之间非理性的、偶然的关联，那么，我们可以合理地认为，无论是调整统治者还是调整被统治者，都可以创造并维持他们之间的代表性。

这种观点可以作为民主的代表理论的基础，就像戈斯内尔所做的那样，他认为代表从本质上讲要取悦被代表者，或者说，应为被代表者所接受。但是，要取悦民众或创造超凡的感召力，一位君主或独裁者可能比选举产生的议员更内行。只要采取更强有力和更有趣味的方式（就像国旗和国歌一样），他就可以在人们的内心深处唤起忠诚和信仰。法西斯主义就采用了这种代表观念，并将其推至极端，本文集中所收威廉姆森（René de Visme Williamson）的文章对此有清晰的论述①。在法西斯政权中，领袖可以完全操控民众的思想，让民众接受他们，并和他们达成共识。领袖可以让民众将领袖的意愿当做自己的意愿。代表变成了一种权力关系——领袖将自己的权力强加在他所代表的民众身上。但是，当这种代表观念被清晰地阐释出来时，我们会感到有些不自在，就像霍布斯的代表理论一样。我们似乎莫名其妙地将代表观念抛在了脑后，或者，扭曲了代表观念，以至于它变得我们完全都不认识了。如果领袖的象征性地位依赖于其追随者对其观念的映现，那么，很明显是民众在代表领袖，而不是相反。而且，我们在日常话语中可以将描述性代表的活动称之为"代表"，但却不会将符号制造的活动称之为"代表"。

①　指该文集中威廉姆森的《法西斯主义的代表观》一文。R. de V. Williamson, "Fascist views of representation", in Hanna Fenichel Pitkin, ed., *Representation* (New York: Atherton Press, 1969), pp. 119 – 133. ——译注

对于代表问题，我们还可以采用其他的视角。例如，我们可以抛开那种以"授权"或"问责"来理解代表的典型思路，也可以抛开那种以相似性或象征性来再现缺席之物的思路，而是将其视为一种特定的典型性活动或行为方式。事实上，所有的代表理论家们都希望能从他们的论证中得出结论，代表做什么才是恰当的，他应该做什么。但到此为止我们所考察的各种观点都无法实现这一目标。在前面我们已经考察过霍布斯的形式主义理论对此的论述，以及以责任为核心建立起来的代表理论的相关观点。对于这些代表理论而言，严格来讲它们在逻辑上并不能推演出这种代表关系如何进行下去，以及它应该如何操作。当代表被视为他者的象征时，问题比较复杂一点；如果代表被认为是一个消极被动的客体，无论是描述性的还是符号性的，它也不会告诉我们代表必须如何做。事实上，这种代表观念对代表的行为不置一词。但是，如果代表要像画家那样描绘，那么，他似乎有义务描绘得准确些，不能传递错误信息。有人也许会争辩道，如果代表是符号的制造者，他有义务尽可能地使之有效，以加强其自身的超凡魅力。

但是，上面所讲的这些象征性的活动所暗含的代表观念中并没有包含行动性（acting for）的维度——不是去描绘，也不是将自己变成一个符号，甚至也不是在获得授权的情况下仅仅在形式性的意义上以他人的名义进行活动，或对他人负责，而是在代表的形式背后有真正的实质性内容：能体现代表性的活动。只有这种行动性的维度可以帮助我们将一个人形式性的法律地位和其"真正的"表现（既他的行为）区分开来。这样，当我们说某位议员"代表了德克萨斯州的石油利益"时，不是说他具有形式上的授权或他对德克萨斯州负责，也不是说他是该州的象征或他与该州具有相似的特征，是该州的一个缩影；而仅仅意味着他的行为能在实质性的意义上推进该州的石油利益。也只有站在这种行动性的维度上，我们才能说一个人可以通过其活动成为某种抽象之物（如世界和平）的代表，而不仅仅是其象征。代表的这种行动性维度在菲利普斯·格里菲思（A. Phillips Griffiths）那里曾有深入的讨论①，它也构成了密尔和柏克代表观念的基本预设。②

　　面对如此众多的代表定义或代表观念，每个似乎都有些道理、有一定的说服力，每个都与政治有一定的关联，但它们之间又互不相容，我们到底该如何抉择？一个办法是假定这些定义中只有一个是正确的，其余的都错了，并从中选择一个我们认为是正确的观点，誓死捍卫之；或者，假定它们全都错了，然后自己提出一个替代性的定义。但是，这些办法无助于解释，为什么这么多绝顶聪明、学富五车的学者们会沿着这些错误的方向走得如此之远；也无助于解释，为什么我们会追随其思路并为它所吸引。也许，我们应该换一个思路，并认识到我们无法给"代表"一个确切的界定，它是一个含糊不清的词汇。我们甚至可以像某些论者所建议的那样，应该停止使用该词。但是，这样是无济于事的，不仅人们不会停止使用该词，我们自己也会继续使用它，并为其所迷惑。

　　幸运的是，最近的一些哲学著作为代表问题开辟出一些新的思考路径，并提供了一些颇有助益的分析技术。哲学家们越来越清醒地意识到，在主要的经典哲学问题中大量的困惑是源于日常概念的含混不

---

　　①　指该文集中格里菲思《一个人如何可能代表他人》一文。A. P. Griffiths, "How can one person represent another?" in Hanna Fenichel Pitkin, ed., *Representation* (New York: Atherton Press, 1969), pp. 134 - 156. ——译注

　　②　至此，皮特金将她关于代表的分类思路基本澄清，有人曾根据她在1967年出版的《代表的概念》一书的第三章的论述绘制了一幅图将其思路清晰地呈现出来，抄录如下以便于读者理解。弗兰克·坎宁安：《民主理论异论》，谈火生等译，吉林出版集团有限责任公司2010年版，第122页。——译注

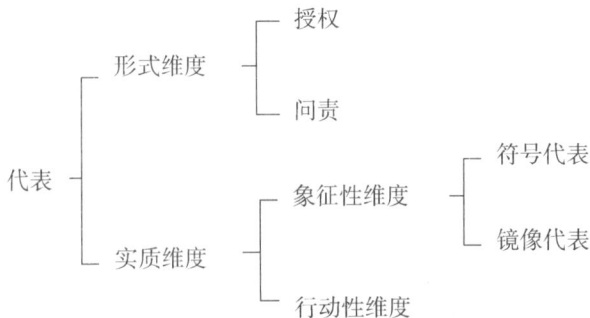

清，例如时间、自由、知识、视觉、现实等概念。当然，一旦我们对它们感到困惑，我们就不再将它们当做一个日常的概念了；我们会认为它们充满了歧义，并认为这些概念所指涉的现象蕴含着重要的意义。但问题在于，在我们的日常生活中，我们在使用这些概念时——例如，当我们说我们知道时间是什么时；或者，当我们看到一头真正的灰熊时；或者，当我们抓住一次搭便车的机会时——我们并没有觉得它们含糊不清或有什么深意存焉。最近，哲学家们提出，如下的现象是再常见不过了：我们在日常的环境中可以毫不费力地准确理解和使用一个词汇，但是，一旦我们试图界定其本质并找出它所代表的普遍意义时，我们就会陷入深深的困惑。他们还进一步认为，之所以会出现这种麻烦，是因为每一个词都有十分不同的一组用法，尽管这些用法之间存在关联，但它们各自都有特定的适用语境，都有着特定的预设和内涵。作为整体的概念非常勉强地将所有的用法整合在一起，但是，其中的一些日常用法所包含的预设和内涵和另外一些日常用法所包含的预设和内涵可能是不相容的。当我们在日常生活中使用一个词汇时一般不会出现麻烦，因为有特定的语境帮助我们识别究竟应该使用该词的何种用法。但是，当我们试图将一个词汇从特定的语境中抽离出来，在抽象的意义上找出一个具有普遍性和内在一致性的含义时，问题就产生了。

关于代表问题，哲学家们的建议是：就像其他的词一样，"代表"一词也有一般的词典定义，这是其基本含义，也是其最核心的含义，这个定义并不难把握。从词源学上讲，"代表"最基本的含义是"再现"（re-presentation），即将缺席之物呈现出来——但绝不是直接地呈现出来。它必须是通过某种中介间接地呈现；在某种意义上，它必须在呈现的同时仍然保持表面上的缺席。但这种基本观念可以表现为非常不同的形式，这要取决于它要呈现的对象和它借以呈现的中介是什么类型，以及它是在什么样的环境下呈现的。不仅任何东西都可以被呈现出来，而且，它可以在任何时间、地点，以任何方式得以呈现。一个城市可以通过一个符号呈现在一张地图上，一个诉讼当事人也可以通过其律师被呈现在法庭之上，但是，这两种呈现的方式是非常不同的。而且，它们又和将《麦克白》呈现在舞台上的方式判然有别。一个词的用法不是含混，而是复杂而多变的，而且每种用法都有其特定的语境和内涵。

因此，对政治代表问题的理解存在广泛的分歧，其原因可能在于每个理论家脑中都有一些代表的范例（这些例子当然是真实的），但他们却忽视了大量其他的范例（这些例子是同样有效，但却非常不同的）。他太过匆忙，也太过宽泛地对这些真理的结晶进行了抽象。在这种情况下，我们既无需从既有的这些定义中挑选一个所谓正确的定义，也无需创造一个新的定义出来，而只需将它们各安其位，还原为真理结晶的状态即可。只有通过这种方式，我们才能揭示其预设和内涵，并对之进行检验，考量其与政治生活的关联，明了其重要性究竟何在。本文集所收诸文就是试图邀请读者对各种代表理论进行探究。

代表的角色

在行动维度的代表理论中，有一个核心问题一直困扰着该理论：代表的角色到底应该是怎样的，我们能希望代表干什么，代表是如何开展工作的。理论家们"借用了大量的比拟性说法和状语性词语"，但并没有真正阐明代表的角色。理论家们会说，代表在行动之时是被代表者的代理人，站在被代表者的立场上，代替被代表者行动；他是以被代表者的名义，为了被代表者的利益，并与被代表者的愿望、意志或欲望保持一致；代表的行动是为了促进被代表者的福利，满足他们的需要，乃至于取悦被代表者，以使他们满意，感觉就像是他们自己在行动一样。理论家们还会说，代表就像是演员、代理人、大使、代理律师、特派员、副手、使者、外交特使、经销商、监护人、助理、诉讼代理人、管家、候补选手、受托人、代理主教……类似的说法太多了，而且每一个说法都有不同的内涵，以至于当我们试图从中进行选择时无从下手。

关于这些术语的理论讨论常常会使代表角色问题走向一种两极化模式，我将其称之为"指令与独立之争"（mandate-independence controversy）。这种模式可以用一种两分法的方式归纳如下：代表是应该（必须）按照选民的愿望来行动，还是应该（必须）按照他认为最佳的方式来行动？一方面，那些强调民众指令的理论家认为，代表的行动应该为了民众的利益，代表有义务按照选民的愿望行动，使其行动就像是选民自己在行动一样；另一方面，那些强调代表行动之独立性的理论家则认为，代表的行动应基于他自己的判断，他之所以被选为代表就是因为他具有特殊的能力，他的职责就是将通过他的转换，使选民们特殊而分散的需求凝聚成国家的福利。

在某种意义上，"指令与独立之争"最令人吃惊之处在于，这一争论一直在持续，但却没有找到令人满意的解决办法。双方的支持者们都亮出了自己的观点，但各自的论证都是自说自话，缺乏真正的交锋，其结果就是什么问题也没有解决。有些学者将这一争论没有取得进展的原因归结为该问题的"规范性"特征，或者说，是由于它承载着"价值的负担"（value-laden）。根据这一判断，他们建议不要再在此问题上刨根问底了，应该满足于经验和历史的探究，看看代表们实际上是如何行动的即可①。但是，不幸的是，历史的和经验的证据同理论分析一样含混不清。在某些时候和某些地方，议员们受到授权的约束；但在另外一些时候，人们又期望他们能独立行动。在对当代的议员们进行调查时发现，有些议员支持指令的立场，有些议员则支持独立的立场；在对普通民众进行调查时，当他们被问到"您希望代表如何行动"时，同样出现了两极分化。

对代表进行概念分析的人认为，这种持续而似乎不可解的矛盾状态源于一个哲学悖论，源于"代表"概念本身含义的复杂性。将指令和独立这二者对立起来，这种方式本身就使得对这一问题的回答很难

---

① Heinz Rulau *et al.*, "The Role of the Representative: Some Empirical Observations on the Theory of Edmund Burke," *American Political Science Review*, LIII（Jun 1959）, p. 748; John C. Wahlke and Heinz Rulau, eds., *Legislative Behavior*（New York: The free Press, 1959）, p. 6.

让人满意。在这种情况下，历史研究和经验研究亦难以有所助益，因为它们会遭遇同样的困境，将概念本身的复杂性编织到欲探究的问题当中。很显然，指令与独立之争不仅仅是一个概念上的混乱问题，它与现实政治行动和政治制度的一些重大议题关联在一起。但是，概念上的困难确实存在，而且，它还会影响我们明智地把握那些现实的议题。

我倒愿意认为这是事实，但令人吃惊的是，争论的双方常常真的是求助于概念上的界定。他们拒绝对方的立场，似乎对方的立场理所当然地与代表的实际状况及其含义无法相容。站在指令立场上的人会说，如果代表所为老是与其选民的愿望相违背，那他就不是真正的代表；这样的人即使仍有正式的代表身份，他也并没有真正代表选民，徒有其表，并无其实。同样，那些站在独立立场上的人会反驳道，如果代表毫无按照自己独立的判断来进行决定的自由，而仅仅只是其选民的一个傀儡，根本不能采取真正的行动，那他真的不能算是代表。如果选民们想要直接采取行动，将代表当做一个毫无生命的工具，那么代表就不是真正的代表，这就像我在拾起地上的一只铅笔时，说那只手在代表我行动一样。尽管一个代表不采取任何行动也能作为一个符号或基于描述意义上的相似性而成为选民的象征，但就我们此处所关心的行动意义上的代表而言，他是不称职的。

面对这种局面，有人可能会认为双方都有一定道理。一个代表如果其行为和选民毫无关联，他不能算是代表；如果他根本就没有什么行动，那他也不能算是代表。当然，在这两种情况下，他在形式上可能仍是某个群体的代表，但其实质已然流失。但这两种似乎无法相容的立场怎么可能同时为真呢？前文已述，在某种意义上"代表"最核心的内涵是使人或物呈现出来，而无需他/它真正在场。我相信这个自相矛盾的要求——它要求一个东西既出现又不出现——就是"指令与独立之争"中一再出现的问题所在。那些支持指令立场的理论家们努力向我们证明，除非缺席之物以某种有意义的方式真的出现，否则无物能被称为代表。如果代表的行为与其选民的需求、利益、愿望或福利没有任何真正的关联，乃至与之相冲突，那么，他的行为是无法将选民的需求、利益、愿望或福利呈现出来的。而那些支持独立立场的理论家们则一再强调，如果缺席之物真的出现，自己代表自己，那就没有什么东西能被称为代表了。它只能通过某种中介之物呈现出来，它必须在某种意义上保持缺席状态。除非代表有足够的独立性，可以自由地采取行动，否则，其选民就无法被代表，而仅仅是在行动中被呈现出来。

代表的概念仅仅只是划定了代表的外部边界，一旦超出这个边界，我们就不再承认正在发生的活动属于代表行为。但在此界线之内仍有很大的空间，就代表的角色和代表—选民关系而言，可以有各种不同的立场。在此范围之内，一个人会采取什么立场要取决于他如何看待和理解相关的一些实质性政治议题：利益、福利或愿望的性质；代表和被代表者的能力；国家与其各部分之间的关系；政党与选举的角色；以及政治议题的真正性质。简而言之，取决于一个人如何理解所谓的"元政治"（metapolitics）问题。这些元政治问题是如何影响理论家们对代表问题的理解的呢？我们可以以密尔和柏克为例来说明该问题的复杂性。

一个理论家越是认为代表在智力和经验上比其选民更胜一筹，他就越会倾向于强调独立判断之必要性；他越是认为政治问题有客观、正确和确定无疑的解决方案，而且这种方案可以通过理性的探究来获得，他就越倾向于独立的立场。如果一个问题的技术性很强，需要专业知识才能解决，那么，通过在选民中点人头的方式来寻找答案就越不靠谱。一个理论家越是强调国家利益和国家整体的福利，他就越会反对让代表对选民的要求亦步亦趋。所有这些倾向我们都可以在柏克的著作中找到。柏克认为作为精英的领导阶层所代表的不是他们个人所在阶层的利益，而是构成国家利益的那些重大而稳定的核心利益。这些利益可以通过智慧过人的政治家们的深思熟虑理性地加以把握。在他看来，政治问题均有正确的答案，但这些正确的答案与民众的愿望或人数无关。因此，代表就像一个受托人（trustee），他有义务照看好其选民的利益，但没有义务向他们咨询，更没有义务听命于他们。但是，即使是柏克也承认这种托管关系"必须通过选举来获得立足之基"，并需征求民众的意见。

相反，一个理论家越是认为代表和选民之间在能力和才智上相差无几，他越会认为代表忽视人民的意见和愿望是专横而无理的；他越是认为政治问题包含着诸多非理性的因素和个人的偏好，其解决更多地要取决于抉择而非审慎，他就越会认为代表应该征询民众的偏好，并追随人民的选择。一个理论家越是认为应该捍卫个人和地方的利益，防止其受到中央权力的威胁，他就越会认为代表的职责是对政府进行批评，而不是与之相互唱和，因此，他就越有可能站在指令的立场上。以上的倾向绝大部分（尽管不是全部）我们都可以在密尔的著作中找到。关于代表和被代表者之间能力的差异问题，密尔的立场非常模糊。一方面，他有强烈的精英主义倾向，强调不管如何都应该将那些智力超群的人选入议会之中；但与此同时，他又分享着功利主义的观点：利益从本质上讲是私人性的，每个人的那一票都应享有平等的价值，因为没有人能像自己那样了解其利益之所在，并坚决捍卫之。密尔清楚地了解代议机构的功能更多的是批评而非建设，是捍卫者而非协商者。但是，他同时又像格里菲思一样强调代议机构是准确了解民众意愿的一个渠道，并认为它可以在描述性的意义上作为人民的象征。就总体而言，密尔倾向于认为代表是一个代理人（agent）而非受托人，但是一个相对"自由"的代理人，而不是一个"惟命是从"的代理人。

就像很多其他的描述人类社会关系的概念一样，"代表"概念体现了理想与实践、实质与形式、理论目标和制度化程度之间持续性的紧张。一方面，我们对代表的真正实质怀着复杂而苛刻的期望：认为代表必须有独立行动的自由，同时，还必须假定被代表者也是有行动能力和判断能力的，而且，尽管如此，被代表者还不能老是对代表的所作所为指手画脚。只有所有这些条件都得到满足之后，我们才会认为代表真正地实现了。另一方面，我们又规划代表的制度和实践来实现这一理想，而且，无论它们在特定的情况下是否真的实现了实质性的代表理想，我们都会将其称之为代表制度和代表实践。这种状况有些类似于"惩罚"概念，一方面，从概念和理想的角度讲，"惩罚"是对那些破坏规范的人予以打击。在这个意义上，就其逻辑而言它不可能去惩罚一个无辜的人。如果一个人没有触犯任何戒条，无论什么样的行为加之其身都不能算是惩罚。另一方面，我们已经建立了各种制度化的惩罚方式，既有私人的惩罚方式，也有公共的惩罚方式。而且，只要是运用这些方式，我们就将其称之为"惩罚"。于是，当一个不公正的处罚执行之后，我们完全可以说"我们惩罚了一个无辜的人"。

就像惩罚一样，"代表"既有实质的成分，亦有形式的成分，而这二者都是我们所需要的。如果忽视了其实质性的核心，仅仅从制度安排的角度来界定代表，那将会放弃对这些制度进行批评和改革的可能性，乃至无从告诉人们代表制度应该如何运作。如果忽视了制度安排的维度，仅仅抓住代表概念的实质内容，那将会放弃从长远来看将其付诸实践的希望。没有制度化，理想只能寄望于偶然的运气，但这种偶然的好运不是人力所能为，即使真有这种好运降临，它亦无法持之久远。尽管没有哪种制度安排能保证代表的理想能完全得以实现，但是，没有制度化，理想将永远只是一个可望不可即的梦想。我们需要做的，也是能做的是，坚持不懈地进行制度创新，并训练我们的代表；按照代表的理想，不断地对制度进行修正，对代表进行提升。

二、民主与代表

代表与民主：不可靠的联盟[*]

汉娜·费尼切尔·皮特金/文　　王江伟/译　　聂智琪/校

　　"代表"这个概念之所以令人费解，不是因为它缺乏一个核心定义，而是因为它的定义包含一个悖论（既在场又不在场），而且这个定义过于笼统，无助于协调这个词语有时相互冲突的众多义项。

　　我们经常轻率地将代表和民主等同起来，但是它们的关系是有问题的。这两个概念有着完全不同、甚至相互冲突的起源。民主源于古希腊，是通过自下而上的斗争赢得的。希腊民主是参与式（participatory）的，与代表毫无关系。而代表——至少作为一个政治概念和一种政治实践来说——则要追溯到中世纪晚期，当时的君主将其作为一项义务强制推行。只有到了英国内战以及随后18世纪的民主革命中，这两个概念才开始有所关联。

　　民主主义者认为，代表——借助选举权的扩展——使大范围的民主成为可能；因循守旧者反而把代表视为规避民主的一种手段。卢梭也比较过这两种观念，而他更倾向于民主自治（democratic self-government）。

　　富有先见之明的卢梭看到了代表对民主的威胁，将平民百姓排斥在公共生活之外的代议制政府已经蜕变为一种新式的寡头政治。而这本来是可以避免的。代表确实可以让大范围的民主成为可能，但是它必须要以地方的参与式民主政治为基础。

　　今天有三大障碍阻碍实现这种可能性：公共问题和私人权力的边界；金钱，或者说财富；电子传媒时代的观念及其塑造。

---

* Hannah F, Pitkin, "Representation and Democracy: Uneasy Alliance," *Scandinavian Political Studies* 27, no. 3 (2004), pp. 335 – 342. ——译注

　　最近代表这个概念再度受到关注，尤其是在致力于成立某种——介于国家和联盟之间的——区域性机构的欧洲。欧洲的这种努力在理论基础和政治可行性两个层面都引起了无数的争议，而其中的许多争议都牵涉到代表问题。应当有个什么样的机构，被赋予什么样的权力以及如何设置具体的部门？是任命，还是选举？以何为据以及由谁决定？官员们代表哪些人或者哪些方面？欧洲人的关心也反映出了更广泛的问题，而这些问题都是由我们当前毫无节制的全球化（globalization）与死灰复燃的地方主义（localism）和民族分裂主义（ethnic separatism）构成的特殊联合体所导致的。什么样的政治组织、什么样的代表制度方能适用于此种状况呢？

　　考虑到这些问题的严重性、复杂性和迫切性，再加上我们这个时代强烈的技术倾向，一位参与一场关于代表问题的讲座的听众，势必期待一位专家提供技术和制度方面的建议：统一选举还是分区选举，赢者通吃还是比例代表制，多数统治还是保留少数配额。这些问题的确很重要，但我却不是一位这样的专家，恐怕我的言论将会让大家失望。

　　我自己对代表的研究并不是以技术为导向，而是侧重于概念和理论（Pitkin 1967）。诚然，我的论证也会有一些技术性细节，因为要依托于"日常语言"哲学（"ordinary-language" philosophy）和语义学分析（semantic analysis）的一些方法。但是它并不针对任何技术问题，最多只是为令人困扰的概念上的多样性提供一种概述。

　　代表概念的确有一个核心的含意：其实并不在场的某人或某物，在某种非真实的意义上又是在场的。但是这样并没有多少帮助。第一，这个定义自身内含了一个不可避免的悖论：既不在场又以某种方式在场（not present yet somehow present）。第二，在几个世纪的使用中，代表这个词语已经产生了众多特殊的义项，上述定义过于宽泛模糊，从而无助于理顺这些常常带有互相矛盾的含意或假定的特殊义项。

　　一座城市或一座山通过地图所展现出的在场方式，完全不同于诉讼当事人通过律师所展现的在场方式。《麦克白》通过舞台所展现的在场方式，不同于一个国家通过一位外交官所展现的在场方式，这种在场也不同于某个人就某些事情表示的抗议，或艺术再现、抽取代表性样本这样的事情。而且所有这些还只限于英语范围，如果有人不仅想了解这个单词，还想了解"代表"在不同时代和不同文化中的实践，事情就变得更复杂了。即使在德语——毕竟已经非常接近英语的一种语言——里面，艺术或戏院中的"代表"和法庭或政府中的"代表"之间也已经失去了概念上的联系（Pitkin 1989：132）。

这就是我在四十年前研究代表问题时首先注意到的一点。自那以后，我又有了其他方面的兴趣追求，不过为了从事至少其中一项研究，我打算谈一下代表和民主的关系，在我早期的研究中从未提出过这个问题，因为当时我认为这种关系是理所当然、无可置疑的。即使在今天，大部分人还和当时的我一样，将民主等同于代表或者代议制政府。在现代境况下，只有代表才能让民主成为可能，这一点似乎是不证自明的。这种臆断并非完全错误，但却是一种严重的误导，因为潜在的后果是，如果有人把它看作公理，就不会再关注基本的理论问题，而只会询问一些技术的细枝末节。

"民主"概念的复杂和麻烦程度不亚于"代表"。从词源来看，民主就是人民（demos）统治（kratein）。但是 demos 的含义含糊不清。是所有人共同统治他们自己，还是平民（demotic）统治贵族（former）？而且依据什么标准来确定是否是这些人在进行实际统治呢？像"民主""代表"以及其他更为广泛的人类制度的词汇都具有如下特性：它们的用法在以下两个方面之间变动不居，令人困惑。一方面是表述一种思想或理念；另一方面是未经批判就指定当下的一些政治安排体现了这种思想观念（Pitkin 1967）。

今天当我在这里谈到民主的时候，我打算提出并承认这些难题，而非压制它们。让我们只从人民自治（popular self-government）意义上的"民主"来展开论述，也就是亚伯拉罕·林肯曾经提出的——尽管五个世纪前的约翰·威克里夫（John Wycliffe）已经用过这样的表述——"民有，民治，民享"（Lincoln 1980：231）。这是一个程度的问题，即一种思想或者理念在不同的环境、条件和制度安排中或多或少得到实现的程度。正如谢尔登·沃林（Sheldon Wolin）对它的称呼："难以捉摸的"（fugitive）（Wolin 1996）。

这样理解的民主和代表之间的关系是存在问题的，这一点在两种概念各自迥异甚至相互冲突的历史中已经有所暗示。民主起源于古希腊。至少这个概念是这样。至于这种实践，则肯定要追溯到更加古老的部落和小定居点。雅典民主是通过自下而上的政治斗争赢得的，它的直接性和参与性都达到了令人吃惊的程度。当然根据我们的标准，它还是极其狭隘的，与任何普遍人权的概念都不相关。希腊人认为其他民族（野蛮人）和妇女通常都缺乏政治能力。他们的民主也和代表没有任何关系，在他们的语言中甚至没有表示代表这种观念的词语。

代表——至少作为一种政治思想和政治实践来说——在近代初期才崭露头角，而且和民主毫不相关。以英国为例，国王需要王室财产和传统封建税收之外的额外收入，于是要求每个郡和自治镇派出一名代表，以代表地方对特别增加的税收做出承诺。所以代表是自上强制推行的一种义务，是为王室提供方便和行政控制的一种方式。随着这种做法的一再重复，它逐渐被制度化了。有时代表们会带着他们社区的指示，有时他们会被期望在回来的时候报告一下发生了什么事情。慢慢地，他们开始以获得申诉作为表示同意的条件，开始把他们自己看作一个单一、延续的集体的成员，有时甚至还合力对抗国王。因此代表慢慢地被看作一种权利，而不再是一种负担，尽管选择代表成员的方式毫不民主，甚至常常不是由选举产生。

只有当国王与议会之间的斗争最终导致 17 世纪的英国内战和随后 18 世纪晚期的伟大民主革命的时候，民主与代表的联盟才得以形成。民主主义者对中世纪的如下两种假定表示质疑：其一，每个人在神圣等级制度中的位置，是一出生就由上帝指定的；其二，王国只是地理意义上的土地，其事务只应受到国王和拥有土地的贵族的关注。与之相反，民主主义者认为，每个出生和生活在这片土地上的人都与公共生活休戚相关，"在英国，最贫穷的人也和最伟大的人一样拥有自己的生活"，每个人自出生就有权在公共事务中发出自己的"声音"，人们不必服从一个"置身其下却无发言权"的政府（Woodhouse 1951：51，69）。民主主义者认为"不证自明"的是"人人生而平等"，而非置身等级制度之中，"他们的造物主赋予他们某些不可剥夺的权利"，只有"使这些权利得到保障"的政府才是合法的（美国《独立宣言》）。王国远远不止包括地理意义上的土地，它还是公民的国家，所有人同为祖国（la patrie）的子女。老百姓不需要任何特殊的、选定的统治者或者任何特殊阶级来统治他们。我们都有参与政治生活的能力，也有这样做的权利和资格。

因而民主在现代世界（再次）崭露头角。但是，因为它出现在大的民族国家，而不再是小的城邦，并且也因为那时（不民主的）代表的做法已经得到确认，所以这种联盟似乎非常明显。选举权得到扩展，代表使民主成为可能。因为正如约翰·塞尔登（John Selden）所说，"房间容纳不下所有的人"，人们将会通过他们的代表间接地统治他们自己（Arendt 1972：238）。

除了少数死硬的君主专制主义义者之外，民主派的保守对手此时也接受了（不民主的）代表传统。但他们完全不是将其等同于民主，而是把它作为一种缓解民主冲动和控制难以驾驭的下等阶层的工具。在与英国内战相伴随的争论中，保守派说，一旦你开始让选拔议会成员的传统方式受到原则的挑战，"你必须飞起来……直到满足绝对的自然权利"，而且没有任何限制，任何人都能够提任何要求。在这个王国里面，没有（土地）财产的人是有财产的人的五倍多，"如果主人和仆人都是平等的选民……多数人可能通过法律……（实施）商品和地产上的平等"。这将导致混乱（Woodhouse 1951：53，63，57）。

在美国也是同样，詹姆士·麦迪逊（James Madison）在《联邦党人文集》（The Federalist）中将代议制政府——他称之为"共和政体"——和民主政体做了对比，而没有将它们联系在一起。他说古希腊的纯粹民主以小型城邦为先决条件，其特点是不断的"动乱和争论"以及草率、冲动和愚蠢的决定。与其相比,新宪法中提议的代议制政府,不仅顾及一个大的、成长中的共和国,而且通过明智尽责的精英的过滤,将使普通公民的意见得到"提炼和扩大"——即转移和替换,以便能够更好地"辨别国家的真正利益"(Hamilton et al. 2003: 43 - 45)。

但如果据此就认为民主派将代表与民主相结合,而保守派将二者加以对比的话,就未免太简单了。至少在民主派中,还有一种独特的观点对代表提出了质疑——这就是让·雅克·卢梭提出的观点。尽管现在一般认为,卢梭谈及的不是被他仅仅视为一种行政形式的"民主",而是合法国家中的自由。但他所说的内容依然体现了典型的民主精神:自由需要所有人积极的参与,齐聚一堂,共同决定公共政策。因此它和代议制是不相容的。卢梭评价道,英国人设想自己是自由的,但实际上他们只有在选举投票的那一时刻才是自由的,随后便立即又陷入奴役状态,不再作为一个人而存在(Rousseau 1968: 101 - 102, 110, 141)。

当然,卢梭是个浪漫的人,也是一位乌托邦式的空想家,他的不切实际到了无可救药的程度。根据他的论调,自由只有在一个很小的共同体内才有可能实现,而且其中的人们必须具有英勇和自我牺牲的公益精神。卢梭写道,"一旦公共服务不再成为公民的主要事情",或者公民在谈到公共利益的时候开始说"这和我有什么相干",自由便消失了(Rousseau 1968: 140 - 141)。

然而,尽管有某种浪漫的姿态,但在关于代表的一些问题上,卢梭是对的。其间的几个世纪似乎已经证明了他至少在这方面是正确的。尽管不断努力实现代议制的民主化,但显著的结果却是代议制已经取代了民主,而不再服务于民主。我们的统治者已经变成了一种自我赓续(self-perpetuating)的精英,统治着——确切地说是管理着——消极被动或者私人化(privatized)的民众。代表们不再充当人民的代理人,而是完全取代了人民。

我们像聘请专家一样,派遣这些代表去照料公共事务,他们是盘踞在办公室和政党结构中的专业人士。他们沉浸在自己的独特文化之中，被其他专家围绕着，与选民生活的普通现状相隔绝，按照美国的说法，他们从肉体到精神都生活在"环线圈内"（即环绕华盛顿特区的高速公路圈之内）。他们的选民对此感到无力和愤慨。在派遣专家去照管公共事务之后，选民们便将自己的注意和精力放在其他与家庭关系更加密切的事项上。因为缺乏政治经验，他们常常感到一无所知和无能为力。（最近几个月里我一再听到这样的话："总统可以访问各种机密信息，而我们却不能"，"他一定知道他在做什么"。）

这并不是说人们崇拜他们的统治者，或者信任所有的官方声明。恰恰相反，愤世嫉俗和满怀愠怒的人们对以官方之名所做的一切及其从事者都表示极度的疏远。但是在行为上，他们继续支持——即避免破坏——这种制度。大多数人甚至懒得投票，更不用说为自己国家的公共生活承担任何积极责任了。他们偶尔会不守规矩，即使在接受和要求政府援助的时候，也不信任政治家，并且厌恶"这个政府"，他们仿佛把这些政策和条件当成注定的结果。他们从不认为政府是公器（their shared instrument），也不认为公众仅仅是由他们自己集体构成的（还有，在事情已经如此的情况下，为什么要求他们去那样认为呢）。

很明显，代表并非导致这一令人遗憾的状况的唯一原因，但它毕竟是其中一个原因。选举权的一再扩大和代表制度中的许多技术改进，带来的既不是保守派所担心的财产再分配和社会混乱，也不是改革派所期望的有效民主。我们称之为"代议制民主"的这套安排已经成为人民自治的代用品，而不是它的设定。称它们为"民主"只会让情况变得更加糟糕。已故的汉娜·阿伦特针对这些问题展开过雄辩而深刻的论述，她说"代议制政府事实上已经变成了寡头政府"，因为"（美国和法国的）革命打算通过成立一个共和国来废除统治者与被统治者之间由来已久的区别，可它却死灰复燃；人民再度被拒于公共领域大门之外，政府事务再度成为少数人的特权"（Arendt 1965：273，240）。

我们是否要把这看作一种必然从而必须接受？我们是否必须默认

卢梭的观点，它暗示着民主在一个全球化的世界里是无关紧要的？阿伦特认为不是。通过她自己关于现代革命和"社会运动"的研究以及托克维尔关于19世纪30年代的美国的研究，她的结论是争取民主的抗争还没有白费。她认为，集中、大规模、具有一定抽象性的代表制度要建立在地方活跃的、参与的、具体的直接民主的基础上，在这种条件下，真正民主的代表制度仍有可能。

在积极参与地方政治生活的过程中，人们了解到公民身份（citizenship）的真实含义。他们发现自己的（一些）个人烦恼获得了广泛认同，表面的私人问题与公共政策和公共问题实际也有牵连。因此他们发现一种可能性，这种可能性既不是基于私人竞争性的自私，也不是基于英勇的自我牺牲，尽管人们对下一步怎么办还持有不同意见，但他们共同是受益的公众。通过和他人分享自己的思虑，公民们修正了自己对个人私利、公共利益以及二者关系的理解（Pitkin & Shumer 1982）。

拥有以行动和责任为背景的这些经验，同时看到最后的实际结果，使他们也认识到（即他们不但完善了而且意识到）自己自主决断、深思熟虑和有效行动的能力。看到集体行动中的自己，他们注意到他们各自的权力和他们共享的权力。邻里之间拥有这种面对面的经历的人们，在更远的、国家的代表问题上，也同样会是切实有效的民主公民。地方的直接民主制（local direct democracy）使国家的间接民主制（national representative democracy）得到巩固。

托克维尔声称在杰克逊时代的美国就观察到了这种现象。他看到人们以一种与自我牺牲相迥异的方式热诚地参与公共生活。他说，如果从一个美国人那里拿走政治，仿佛"他们的生存就将有一半失去乐趣；他们将会在日常生活中感到无限空虚，觉得有难以忍受的痛苦"（Tocqueville 1969：243）。

在最近的20世纪60年代，类似的这种政治参与在许多地方似乎仍然是可能的。但是今天这种前景明显变得更加暗淡，我们民主主义者有理由为此感到忧虑。最后，我要提到阻碍这条道路的三大障碍。

第一个涉及公共问题和私人权力的边界。为了能够提供积极公民（active citizenship）的经验，地方政治活动必须是真实的。对人们来说，和他们自身关系重大的事或者他们现实生活中的一些问题肯定是利害攸关的。而纯粹虚假的政治以及没有实质性内容或结果的政治行动却并非如此。但是在我们这个世界里，困扰人们生活的那些条件却越来越来自更大规模的领域。无论是全国性的黑手党、跨国公司，还是政府官僚机构和军队，它们都是庞大的、不民主组织的活动的副产品。如果当地社区的唯一供水为一个总部设在别处（或者事实上，不在任何地方）的跨国公司所拥有，而年度预算比许多州的都多，那么这可能会引起一些具有绝对重要性以至于其他事情都无法与之相比的地方纠纷，但是却无法在当地得到处理。

第二个障碍涉及金钱或者财富。近来美国的选举成为关注的焦点，金钱在其中的腐蚀作用并不是那么大，但是金钱权力和"人民权力"（people power）之间由来已久的紧张关系却更加普遍，而后者意味着数量和承诺的力量（不幸的是，在前苏联解体之后，便不再有人读马克思了；虽然有这样那样的错误，但是他的著作有益于我们对这些问题的思考）。

第三个障碍很难用一个恰当的名字来命名。它关系到思想观念及其塑造。欺骗、宣传和灌输在现实政治生活的混战中一直在发挥作用，但是在我们这个电子媒体和卫星监测以及"炒作"（hype）、"导向性陈述"（spin）、"电视购物"（infomercial）、"图像"（image）、"信用"（credibility）、"虚拟现实"（virtual reality）充斥其间的时代，它们呈现出新的、令人不安的方面。从婴儿时期就开始看电视的人不仅获得了种种错误信息，而且开始变得习惯于观众的角色。幻想和现实之间的界线模糊了（实际上是，电视图像和个人幻想之间的界线模糊了）。至于那些制定政策和塑造图像的人，为了避免受到任何现实的核查（reality check），他们很快也变成自身幻想的俘虏。对于民主来说，所有这些都不是好兆头。

我是否过于悲观了？或许在其他地方，事情看起来会更加明朗一点？今天作为一个美国人来谈代表和民主，真是具有讽刺意味的事，而意识到这一点尤其让我感到痛苦。我的意思是，美国早期是如此充满希望，条件是如此优越，世界上还有哪个地方的间接民主制能够拥有比美国更好的机会？但是看看现在的它！或许美国扭曲了我的视野。毕竟，事实证明民主冲动具有惊人的弹性，况且即使股份有限责任公司也只是人类的一种发明，也是人力所能改变，并非无可避免。

民主能被拯救吗？我老了，由你们决定！

参考文献

Arendt，H. 1965. *On Revolution.* New York：Viking Press.

Arendt，H. 1972. *Crises of the Republic.* New York：Harcourt Brace Jovanovich.

Arendt，H. 1974. *The Human Condition.* Chicago：University of Chicago Press.

Hamilton，A.，Madison，J. & Jay，J. 2003. *The Federalist with the Letters of "Brutus"*，ed. T. Ball. Cambridge：Cambridge University Press.

Lincoln，A. 1980. *Selected Writings and Speeches of Abraham Lincoln*，ed. T. H. Williams. Hendricks House.

Madison，J. 2003. "Federalist paper no. 10." in Hamilton，A.，Madison，J. & Jay，J. 2003. *The federalist with the Letters of "Brutus"*，ed. T. Ball. Cambridge：Cambridge University Press.

Pitkin，H. F. 1967. *The Concept of Representation.* Berkeley：University of California Press.

Pitkin，H. F. 1989. "Representation." in Ball，T.，Farr，J. & Hanson，R. L.，eds，*Political Innovation and Conceptual Change.* Cambridge：Cambridge University Press.

Pitkin，H. F. & Shumer，S. M. 1982. "On Participation." *Democracy* 2，pp. 43－54.

Rousseau，J. -J. 1968. *The Social Contract*，trans. M. Cranston. Harmondsworth, England: Penguin.

Tocqueville, A. de. 1969. *Democracy in America*, ed. J. P. Mayer, trans. G. Lawrence. Garden City, NY: Doubleday.

Wolin, S. S. 1996. "Fugitive Democracy." in Benhabib, S. , ed. , *Democracy and Difference: Contesting the Boundaries of the Political*. Princeton: Princeton University Press.

Woodhouse, A. S. P. 1951. *Puritanism and Liberty*. London: J. M. Dent.

作为辩论的代表——关于协商民主的研究*

纳迪娅·乌尔比娜提/文　黄小钫、钟金燕/译　聂智琪/校

在民主理论中，政治中的间接性从来没有获得好运。相反，直接统治一般被认为是民主的榜样，因为它既保证了"对话"（talking）和"行动"（doing）融合在政治行动中，也保证全体公民能够广泛参与决策。① 近代代议制的"发现"，并未使得直接统治的规范价值受到挑战。通常，代议制仅仅是作为一种工具性的自我辩护和应对大型领土国家的有效手段，或者是一种通过劳动分工以适应政府功能的有益的"虚构"。②

特别是自法国大革命以来，民主成为了——像雅典那样——一种令现代人羡慕和期望但却无法实现的完美状态："在当今政治生活中，

---

*　Nadia Urbinati，"Representation as Advocacy：A Study of Democratic Deliberation，"*Political Theory* 28 （2000），pp. 758 – 786. ——译注

这篇文章曾经提交给由美国政治科学联合会、政治理论新流派讨论会、哥伦比亚政治理论研讨会、芝加哥大学政治理论研讨会等机构于 1998 年在波士顿联合召开的年度会议。我非常感谢与会者的有价值的评论，尤其是简·科恩（Jean L. Cohen）、桑卡尔·马舒（Sankar Muthu）、大卫·普洛特克（David Plotke）、乔恩·埃尔斯特（Jon Elster）、杰克·斯奈德（Jack Snyder）、伯纳德·曼宁（Bernard Manin）、安德列亚斯·卡拉法斯（Andreas Kalyvas）、查尔斯·拉莫尔（Chlarles Larmore）和安德鲁·雷菲尔德（Andrew Rehfeld）。同时，我要特别感谢简·曼斯布里奇，她的建议对文章的最后修改发挥了作用。——原注

①　Jane J. Mansbrige，*Beyond Adversarial Democracy*，with a revised preface （Chicago：University of Chicago Press，1983），pp. 279 – 281. 曼斯布里奇质疑直接民主会比间接民主允许更多参与和控制的观念的准确性。"小规模的组织确实能增加普通个人在他或她所属组织中的权力，但与世界的其他部分相比较，它同样减少了团体的权力。不过，对结果的直接分析表明穷人的利益在大组织中会得到更好的保护。"

②　Hanna Fenichel Pitkin，*The Concept of Representation* （Berkeley：University of California Press，1976），p. 86；Hans Kelsen，*General Theory of Law and State*，trans. Anders Wedberg （Union，NJ：Lawbook Exchange，1999），p. 289.

民主是我们一直渴望却又得不到的东西的代名词。"① 因此，对于乔治·黑格尔和本杰明·贡斯当等思想家而言，"经典式"民主是指现代人无法拥有的东西；而对于当代民主理论家来说，只要我们把民主理解为一种持续对公民进行政治教育的过程，民主则变成了我们仍然可以拥有的美好社会。前者把代议制中主权者行动的间接性解释为（和合理化为）一种现代人无法逃避的命运。② 后者则把其注意力从代议制中转移出来，希望在公民社会内部得到直接性的暗示。③ 在两种情况中，代表都与自治的弱化联系在一起。特别是对于民主理论家而言，代表并没有多大的吸引力，因为，第一，它使公民与国家之间的垂直关系合理化了；第二，它被认为促进了一个消极的公民的产生。④即使是试图使代表与民主的平等原则更加一致，如实行比例代表制，也常常被认为不仅无益且是虚假的。一方面，说它是无益，因为比例代表制并不能弥合公民与代表之间的差距；另一方面，说它是虚假的，因为比例代表制事实上可以成为一种借用少数群体代表权来装点多数决策的合法性的方式。汉娜·皮特金在其最新著作中对代议制中比例性与相似性上的精确度（accuracy）进行了详细论证，她认为这种代表制会导致得失参半：它在过于重视精确反映社会结构的同时，也导

① John Dunn, *Western Political Theory in the Face of the Future* (Cambridge：Cambridge University Press，1993)，p. 28.

② 这种怀旧也许会让人有无可奈何之感，但在面对现实时，同样也可能鼓励我们丢掉幻想采取一种现实主义的态度。这是黑格尔致力于意识形态的常态化所取得的成就：他把古代共和国置于一个毫无杂质的不可企及的完美高度，反而使得这一理想对现实没有什么意义了。贡斯当也采用了相似的策略，尽管其激进的反雅各宾派精神导致他声称古代民主是不值得向往的而不仅仅是不能实现的，过时的而不仅仅是一个永恒的理想。

③ 例如，试想一下 20 世纪 60 和 70 年代的工业民主理论，这一理论乃是 19 世纪合作理念与 20 世纪早期工厂委员会经验的复兴。激进民主者认为，把政治领域的逻辑——所有人享有一票的权利而不管他们不公平的社会地位和财产所有状况——应用于经济领域，这也许能调和资本主义所有制与工人的工厂控制权之间的矛盾。比如，参见 Carole Pateman, *Participation and Democratic Theory* (1970；reprint, Cambridge：Cambridge University Press, 1977).

④ "代表与自由并不相容，因为它将自己的政治意志托付他人，这样其实是让渡了政治意志，从而付出了真正的自治和自主上的代价。" Benjamin Barber, *Strong Democracy：Participatory for a New Age* (Berkeley：University of California Press, 1984), p. 145.

致议会沦为一种"讨论而非行动，协商而非统治"的机构。[1] 最后，在比例选举制中的成本——政府的不稳定和选民的分裂——大于其收益。总之，我们无法让代表变成它不可能成为的东西——对直接民主的一种有效替代。

我并不是想质疑直接参与的规范价值，而是为代表的重要性辩护。显然，这不仅有必要而且很有价值，尤其是当我们评价民主的协商特征时。当我们不满意自己被代表的方式时，我们已然模糊地触及到了一些关于代表的理想。就民主政治的特性而言，通过将焦点集中于"协商"这一点，我们可以不将参与和代表视为两种相互取代的民主形式，而恰恰是相互联系的共同组成现代民主政治中政治行动的连续谱系（continuum）的民主形式。从这个角度看，直接的与间接的政治的区分是一条很有潜力的解释路径：它构造了一个制度和社会文化空间，在这个空间里，政治行动的不同要素——从意见和意志的形成到做出决策——得以形成。

我所提倡的民主理论受到了当代民主理论家的启发。的确，直到最近，对代议制民主的一般辩护仍来自于持选举式民主观的新熊彼特式理论家们（neo-Schumpeterian），尽管这种辩护为"参与式民主"论者所反对。[2] 而现在，代表以更加直接的方式引起了民主理论家的关注。在《内心海洋》（*The Inner Ocean*）一书中，乔治·凯特布（George Kateb）认为，代议制度是现代民主"道德特性"（moral distinctiveness）的源泉，也是优于直接民主的标志。[3] 而更为激进的代表人物，大卫·普洛特克（David Plotke）则强调，在代议制民主中，"代表的对立面不是参与而是排斥"。而艾利斯·马瑞恩·杨（Iris Marian Young）则认为：把直接民主提升至最高点，并将直接民主作

---

[1]　Pitkin, *The Concept of Representation*, p. 84.

[2]　现实主义流派对此有明确的辩护，见 Giovianni Sartori, *The Theory of Democracy Revisited* (1962; reprint, Chathman, NJ: Chathman House, 1987), pp. 102 – 115.

[3]　George Kateb, *The Inner Ocean: Individualism and Democratic Culture* (Ithaca, NY: Cornell University Press, 1992), pp. 36 – 56.

为唯一的"真正的"民主，这种做法本身就是错误的。事实上，"政治代表不仅有必要也是值得向往的。"①

我发现，代表的"重新发现"不仅有趣，也很有说服力。② 然而，对代议制民主的核心价值规范而言，我们仍然缺乏系统和全面的辩护。在这篇文章中，我的灵感来自于三种主要思想。第一，公共讨论是民主政治的重要标志之一，同时，公共讨论还赋予民主政治以重要价值。二，间接性（以及代表——它是间接性的一种类型）在塑造政治的对话式民主特征时，扮演了关键的角色。第三，代表强调政治的理想化和判断性（idealizing and judgmental）的本质（用当代的术语表达，就是它的反思性），是一种个体超越其直接经验和利益的艺术，这也是一个通过自己及他人的见解来培养自己政治判断的过程。③ 代表以及作为民主代议制的一个必要组成部分的选举考验，它们设想公民具有前瞻性的眼光，并因此赋予政治以意识形态的特征。④ 从这种意义上说，代表使得这些观念在政治领域站稳了脚。代表是一种对政治意志形成和表达进行综合过滤、精炼以及调解的过程，它影响着政治竞争的目标、风格以及程序。最后，代表有助于形成普遍的要求和意见，并以这种方式成为了不同公民表达意见的载体。代表不可能永运真实地"描述"社会，因为它不可避免地会超越"此地"与"此刻"进而凸显"将要发生"（would-be）以及"应该是什么"（ought-to-be）的视角。黑格尔指出，代表具有整合公民社会中"变动不居"的"原子

---

① David Plotke, "Representation Is Democracy," *Constellations*, 4 (1997), p. 19; Iris Marion Young, "Deferring Group Representation," in Nomos XXXIX, *Ethnicity and Group Rights*, ed, Ian Shapiro and Will Kymlicka (New York: New York University Press, 1997), p. 352.

② 事实上，代表的道德性这一理念并不是新的（例如见 *Federalist* 10），但是在当代民主理论中通常被遗忘。

③ Adam Przeworski, *Democracy and the Market: Political and Economic Reforms in Eastern Europe and Latin America* (Cambridge: Cambridge University Press, 1991), p. 18.

④ Mark Kishlansky, *Parliamentary Selection: Social and Political Choice in Early Modern England* (Cambridge: Cambridge University Press, 1986), pp. 225 – 230. 17 世纪的英国从"挑选"向"选举"的过渡在其书中得到精彩的再现。Kishlansky 已证明，以选举的形式来实现"挑选"这一做法的制度化把意识形态引入政治，这样就在候选人与其选民之间产生了一个认同过程："现在统一意味着达成共识。"

式个人"的力量，显然，他极其准确地理解了代表的理想化功能。①

此外，代议制民主，尤其是与比例选举制度结合一起时，非常适合于处理控制（并因此也是安全）的问题，并且更加适应政治平等和政治参与。我的论证将采取三个步骤，这些论证是建立在约翰·密尔曾经阐述过的代议制政府、比例代表制以及议会的竞争特征等基础上。我意识到密尔曾把托马斯·黑尔的设计解释成为一种确保优秀的有智识的人能被选上的一种手段。不过，我认为，这种解释应当努力从它的理论角度及其实践发展的角度中去获得思想。这样的话，我们就可以以超越历史情景的眼光去理解这些原理和观点。因此，即使密尔具有以比例代表制为基础的精英统治论思想，但他的理论论证中所包含的民主含义仍然不可避免地与我们的时代联系在一起。值得注意的是，他的观点清晰地预言了当代协商民主理论的主题，并且为目前的比例代表制所做的辩护提供了强有力的论据。不过，我将对密尔的思想予以进一步阐发，将只是暗含于其著作中的协商理念引入他的理论框架。

在第一部分，我将论证间接性（演说是间接性的一种形式）为协商提供了空间。间接性是代议制民主的基本标志，并导致了"协商"与"投票"之间的差异更加明显。协商的政治形式支持了代表，因为它有助于议会与人民两者之间关系的发展，进而使人民能进行自我反思，同时，对法律、制度和领导人做出判断。代表造成了时空差，假如再加上演说（公共领域的联结点），则将强化信任、控制和责任性。代表的协商特性扩展了政治的范围，使其超越了决策与行政的狭隘限制，这样代表就促进了政治参与。我将以卢梭和密尔的观点作为论证的立足点之一，并使用公民大会的模型来阐述这些理论。

在第二部分，我认为，比例代表制在理论上比多数选举制（单名地理选区制）更能实现平等的政治机会和控制的民主原则。早期有些理论家已经证明，比例代表制更能捍卫上述原则，因为它纠正了多数

---

① George W. F. Hegel, *Philosophy of Rights*, ed. and trans. T. M. Knox (London: Oxford University Press, 1976), pp. 200 – 201. 然而，黑格尔定义所提到的是群体代表制，而不是个人（民主的）代表制。

决制度所暗含的将"代表权"等同于"决策权"的错误。① 尽管多数决制度保留了"决策权"，但并不能剥夺公民的"代表权"。民主协商要求我们"寻找一种能鼓励所有公民进行协商的代表制度"②。到目前为止，比例代表制得到当代评论家的认可，他们认为，这种代表制度较好地满足了这些要求，因为它"可以实现一个更大范围的公共辩论，同时，鼓励选民发展自身的决断能力。"③

最后，我还要介绍和讨论辩论的分类。辩论式民主将回避最近一些协商民主模型中隐含的理性主义和认知主义的假设，同时对那种批评比例代表制只是一面对现存社会进行简单复制和描述的"镜像"的传统观点予以反驳。通过揭示代表的复杂特征——即代表对其起源的遵守和偏离——将辩护人和代表人这两者之间予以类比，是一种很有趣的尝试，它将超越民主代议制从它产生开始到现在，就始终具有的对"普遍利益"的"偏见式"和"客观主义式"的两种极端认识。同时，它将有利于我们强调代表的两项主要政治功能：一方面，作为表达个人意见和选择的手段进而实现自治；另一方面，作为抵制排斥的手段进而实现安全。

间接性的特征

民主的价值来自于直接的政治行动，并且民主的价值一直伴随着直接政治行动的整个过程。因此，首先我们要知道如何解释"直接性"，以及公民为享有民主生活应如何直接行动。为了回答上述问题，我将提到古代共和主义者的观点以及当代学者对此的具体评判。事实

---

① Simon Sterne, *On Representative Government and Personal Representaion* (Philadelphia: Lippincott, 1871), p. 25, 50; John Stuart Mill, "De Tocqueville on Democracy in America [II]," in Collected Works, vol. 18, *Essays on Politics and Society*, ed. John M. Robson (Toronto: University of Toronto Press, 1977), p. 165.

② Amy Gutmann and Dennis Thompson, *Democracy and Disagreement* (Cambridge, MA: Belknap Press, 1996), p. 154.

③ Charles R. Beitz, *Political Equality* (Princeton, NJ: Princeton University Press, 1989), p. 137.

上，在古代城邦中，公民只有出席公共决策的场所——公民大会（ekklesia）和人民议会（dikasteries），才能实现政治自治。

跟罗伯特·达尔一样，杨认为，即使"在集会只有几百人，其中大部分人还可能是消极的参与者，他们来倾听少数人为一些立场进行辩护的演说，然后才进行思考和投票"①。事实上，公民"直接"的政治在场并没有防止雅典公民大会成为集会广场（assembly）——大多数公民并不是积极的参与者。伯里克利时期和后伯里克利时期的改革，其目的只是防止缺席，而不是大会上的沉默。诚然，雅典民主的基本原则是平等的发言权（isegoria）——在公民集会中拥有发言的个人权利。但是，成年的男性公民需要做的只是出席而不是演说："没有法律要求任何人以演说家（任何想演讲的人）的角色出现，同时，演说者也没有发现众多雅典人并没有在其公民同伴面前发表演说这一事实有什么不妥之处。"②

出席并演讲是民主参与的结构化形式。它们优先于任何民主决策，并且是任何民主决策的前提条件。它们促成了消极性和积极性的实现，揭示了演说的可塑性特征，这一特征意味着向外的表达和向内的反思，讨论与倾听的并存。③ 同时，亦强调了隔绝与孤独的区别，以及仅仅是在场与在场并协商这两者的区别。④

无论怎样，直接性并不是意味着所有在场者都参与讨论。"直接"

---

① Young, "Deferring Group Representation," pp. 352 – 353. 杨提及到罗伯特·达尔，见 Robert Dahl, *Democracy and Its Critics* (New Haven, CT: Yale University Press, 1989), pp. 225 – 231.

② Mogens Herman Hansen, *The Athenian Democracy in the Age of Demosthenes*, trans. J. A. Crook (Oxford: Blackwell, 1993), p. 267, 150; Aristotle, "The Constitution of Athens," in *Aristotle and Xenophon on Democracy and Oligarchy*, ed. J. M. Moore (Berkeley: University of California Press, 1986), pp. 41 – 43.

③ 我会毫无犹豫地把它们视为人类沟通交流的普遍形式，特别是就我们与他人以及与我们自己的关系而言。苏格拉底式的对话和彼特拉克式的抒情是论辩生活的最好例子，这种论辩其实是一种语言表达和回应的互动行为。

④ Hannah Arendt, *The Life of the Mind* (San Diego, CA: Harcourt Brace Javanovich, 1978), pp. 184 – 185. 为了区分孤独与隔绝，汉娜·阿伦特把前者界定为思考自身的行为。在她看来，孤独是一种涉及"无声"的状态，它意味着亲密，而不是"说不出话来"。

在场也不是必然要求声音在场。这种情况甚至出现在斯巴达（直到 18 世纪末它还被视为直接民主和好共和国的典范[1]），当时公民亲自出席了集会，但他们却是消极地站立和倾听，不是用明确的态度——同意或反对——来解决问题，而是（依靠喊叫）来获得问题的最终解决。历史学家相信，对于雅典人来说，"期望任何人"都能在公民大会上演说的条例仍然是个理想，因此，当时的直接民主还是产生了精英统治："少数人支配着政治领域，而大多数的公民则永远不敢踏上演说者的讲台。"[2]

摩根斯·赫尔曼·汉森（Mogens Herman Hansen）列出了雅典的三种公民类型："消极者"（passive ones）是指那些不去参加公民大会的公民；"站着的参与者"（standing participant）是指那些出席公民大会，却只是倾听和投票，且在讨论中并不发言的公民；"非常积极的公民"（wholly active citizens）是指一小部分主动者，他们会表达并提出议案。[3] 汉森很怀疑所有雅典公民都能聚集在公民大会并一起参与协商这样一个神话，因为那个聚会场所——即普尼克斯（Pnyx）——仅仅能容纳 6000 人，而雅典在公元四、五世纪时已经拥有远超此数量的公民。[4] 如果比较雅典民主与当代民主，我们会发现，现在具有投票权的公民相当于雅典时期的站着固定参与集会者，放弃投票权的公民相当于雅典时期的消极公民，而被选为代表的公民则相当于雅典时期的非常积极的公民。也许密尔在主张投票是一种公共职责和义务（duty）——而不是随意履行的权利——以及支持使用公共财政来赞助竞选活动并使每个公民都能够方便地进行自由的投票表决时，其心中

---

① Elizabeth Rawson, *The Spartan Tradition in European Thought* (Oxford: Clarendon Press, 1969), pp. 220 – 267.

② Hansen, *The Athenian Democracy*, p. 267.

③ Ibid., p. 268.

④ Ibid., pp. 130 – 132.

已有上述比较。① 伯里克利为雅典公民参与人民议会而提供一天的薪水，其目的就是防止雅典公民成为消极参与者；类似的，密尔希望消除一切不利于投票的障碍。伯里克利试图使"站着参与"变得便利；密尔则是防止其受到负面因素的阻碍。

然而，要理解雅典协商机构中民主的直接性意味着什么，最重要的是要思考那些非常积极的公民所扮演的角色。不存在代表，是否就使雅典公民更直接地表达了他们的想法？② 古代历史给我们留下了两种直接性的典范：斯巴达和雅典。卢梭支持孤立的个体理性和沉默的投票，把斯巴达——而不是雅典——视为最好的共和国；相反，密尔（之前是麦迪逊）则支持公共讨论和协商，认为雅典比斯巴达更加优越。

卢梭相信，在一个秩序良好的共和国里，每一个公民都应该独自——而不是与共同体公民进行对话后——做出决定。与柏拉图一样，卢梭把孤独（solitude）解释为隔绝（isolation），并视理性（公意）为一种力量，只要不存在如激情和意见那样的外部因素的影响，公意便能够确保人人都有平等的表达权。卢梭对于个体能否保证公正无私缺乏信心，因此，他不愿意个体公民受到自身及他人冲动的影响。而对于古代人的美德，卢梭对其羡慕的程度，犹如他鄙视现代人的缺点那样。孟德斯鸠、麦迪逊选择将宪法作为平衡反对力量的一种机制，和他们的选择不同，卢梭采用了一个阻挠策略。卢梭试图把公民隔离开来以保护他们免受偏见的影响，避免公意以强制的方式实施在公民个体身上。因此，卢梭拒绝代表，因为这将会导致公民依赖他人的判断而产生误判，议会也将会成为煽动家的舞台。

卢梭认为直接性涉及到推理和意志，而间接性则涉及被选择的官

---

① Mill, *Considerations on Representative Government*, in *On Liberty and Other Essays*, ed. John Gray (Oxford: Oxford University Press, 1991), chap. 10. 密尔反对在选举活动中使用私人金钱，因为这将鼓励消极的公民和使得代表仅仅是一个代理人的角色。

② Bernard Manin, *The Principles of Representative Government* (Cambridge: Cambridge University Press, 1997), pp. 8 – 41. 应该明白的是，没有代议机构，可能也有选举——在雅典，选举主要服务于履行行政而不是立法职能。

员所采取的行动。① 由于推理需要避免集体协商，因此，直接政治行动仅仅是指投票，而不是辩论。引人注意的是，《社会契约论》极其强调不存在公共演说的政治参与的共同时刻。对于卢梭而言，这就意味着政治自主的致命危险主要来自于不同公民之间的互动，而不是来自于公民的消极性。可见，在卢梭的共和国里，所有人都是站着的参与者，没有人是非常积极的参与者——公民既不是演说家，也不是政党或运动的积极分子，更不是意见的制造者或接受者。显然，卢梭式的秩序良好的社会缺乏一个形成公共意见的中介领域。这将是一个沉默的社会。因此，卢梭抛弃雅典式民主和代议制民主也就并不奇怪了。在卢梭看来，代议制的最大消极面是使得公共协商不可避免，而这违背了个人自主决断的基本原则。同样，雅典式民主也存在此缺陷。事实上，尽管雅典的公民并没有把他们的统治权力托付给演说家，然而，就公民集会实际上被那些演说家所控制这一点而言，他们实践的其实就是某种间接形式的政治参与。

卢梭的认识并非完全错误。在雅典的公民大会上，演说者并没有说为了（for）代表（on behalf），或代替（in the place of）那些在法律意义上的缺席者，在这种意义上说，他们既不是受托人（trustees）也不是代理人（delegates）。当然，人们也不能轻易说那些演说者没有代表任何人或任何事。事实上，他们是拥有华丽辞藻技巧的能手。尽管当代关于城邦的神话将公民大会想象成一个公正无私地运用公共理性的对话场所，可事实是，私人和阶级利益仍然存在于公民大会。莫泽斯·芬利（Moses I. Finley）将这种认为雅典公民能使"人性远离争议"、参与远离利益的观点视为陈词滥调。对他们而言，政治同样是"工具性的"。虽然雅典公民没有"建制化的政党"，但却有团体性的

---

① 卢梭没有拒绝选举，事实上，在其理想共和国中的执行官就由选举产生。他所拒绝的是对主权者权力的代表，他的理论基础建立在行动与意志之间的差异之上。前者相当于工具主义行为因而可以被代表；而后者相当于一种意向，这种意向会引导行为和塑造行为，在没有削弱公民施加于行动的意向的权力时，它是不能被代表的。举一个小例子，委托你帮我买一个冰淇淋是可以的，但如果让你决定我是否想要冰淇淋则有点奇怪。

和敌对的利益。因此，对于他们而言，"政治可以是一种手段"。亚里士多德就把雅典政治生活描述为一场寡头（永远不会消失）与平民之间永无止境的争斗戏剧。①

考虑到上述假设，人们认为演说家只想表达自己的想法并不完全正确。他们演讲的目的是想促进某些利益，从这种意义上说，他们是为了某些人或某些事而演说，即使没有任何人授权让他们这样做。而且，我们知道，伟大的演说家常常只在重要或特殊场合发表演讲。在平常或指定普通政策的时刻，演说家的观点则是通过"代表"了他们意见并采取行动的"可辨认的老练官员们"来表达。② 在雅典，尽管在事实上没有选举代表，但直接民主还是造就了精英统治。即使在公民大会上，只要愿意，任何人都可以"进行谴责"，提出请愿以及法律提案等，但是公民的意见却是政治领导人塑造的。

因此，不足为奇的是，卢梭既抛弃雅典式民主也抛弃了代议制民主。尽管雅典民主与代议制民主两者存在差异，但却共享间接性的特性。公共讨论是以某种间接政治为特征的，卢梭正确地看到了这一点，也正基于此，他对协商予以拒斥。对卢梭来说，集会中的协商所涉及的争议远不仅局限于相互冲突的意见。它还会引起公意的分裂，并且使公民难逃激情与利益的影响。③ 雄辩、特殊利益以及对公意解释上的分歧，三者经常并驾齐驱。

卢梭的看法是正确的。不仅仅是投票，公共协商同样构成民主的特征，而民主并没有把主权机构看成是一个同质性的集体共同体。在民主社会里，意见的多元化使得演说成为了促成决定产生的主要手段。如果认真对待卢梭的看法，我们可以认为代议制民主是对理性主义政治观的有力反驳。密尔认为，在代议制民主中，集会最后所达成的意

---

① Moses I. Finley, *Democracy Ancient and Modern* (New Brunswick, NJ: Rutgers University Press, 1985), pp. 97–98, 75.

② Ibid., p. 79.

③ Jean-Jacques Roussau, *The Social Contract*, in *The Basic Political Writings*, ed. Donald A. Cress (Indianapolis, IN: Hackett, 1987), 4.2. 但是长时间的辩论、争吵以及吵闹则暗示着私人利益重要性的上升和国家利益重要性的下降。

见一致通常是暂时的。

造成现代民主既稳固又持久的原因在于，决策过程中的辩论特征持续不断地使所有的公民（选民与代表）都被纳入进来。分歧（因而也是政治意见的多元化）和自由演说是造成雅典不同于斯巴达的两个基本要素，而在卢梭看来，这两者是构成代议制民主的特征。因此，尽管雅典民主缺少代表，但一些代议制民主的理论家，如密尔，仍然视其为他们的典范，这一点决非偶然。在涉及政治行动的间接形式方面，雅典民主与现代民主仍然是相似的。这种间接形式就是公共演说。

演说是间接性的一项手段，它属于全体公民，在使公民联系在一起的同时又将他们分开。演说还导致了个人能力介入政治领域，并且揭开了所谓的一致性与相同性的面纱。演说还赋予投票以意义，而投票正假定了，在那些得到清楚表达的意见中，存在评价和鉴别的可能。正如马克·安·金山斯基（Mark A. Kinshansky）敏锐地指出，斯巴达集会的特征之一在于决策的过程失去了个性化。喊叫表达的是同意，而不是公共判断。"这种喊叫是一种批准和庆祝的仪式。作为一种过程，它既是匿名的也是一致的。而这恰恰是投票的对立面。"①

因此，造成代议制民主区别于直接民主的并不是间接性本身。而是代议制民主政治中间接性的本质与广度。代议制民主难以使政治协商和做出决策同时进行。回想汉森的划分，有人可能会说，"站着的参与者"与"非常积极的公民"不可能在同一的时间和空间维度上进行。而只有通过代表，出席、协商和决策方能同时进行。议会是古代公民大会所展示的政治间接性存在的唯一场所。与直接民主不同的是，代议制民主中作为"站着的参与者"的公民（投票者）的出席完全是（wholly）间接性的：不仅仅是演说，时间连同空间也都成为了构成间接性的要素。选民和代表之间的特殊关系是由选民和代表之间共同空间的缺乏，以及演说与倾听、调整与投票之间的时间差所构成的。

因此，代议制民主可以更加恰当地描述为延异的民主（deferred

---

① Kishlansky, *Parliamentary Selection*, pp. 10 – 11.

democracy)。① 在其中，当演说家进行请愿和立法提案时，它们并不是由集会中站着的参与者来讨论和执行。站着参与的公民的投票分为两个时刻：一个是朝向未来（候选人提出一揽子承诺和计划）；另一个是追溯或回顾过去（当选代表业已实现的行为后果）。② 在雅典和现代民主中，"站着的参与者"只局限于倾听和投票。不过，与雅典民主不同的是，这些参与者在现代民主中所作的判断和决定是发生在不同的时间。现代民主的这一延时性特征促使它必须建立一个界限分明的公共领域，并在这个领域内实现象征性的同时性：公民必须感觉到他们好像同时在一起进行参与、协商和决定。因此，正如斯蒂芬·霍尔姆斯指出，密尔坚持认为言论自由不仅是个体拥有的消极权利，而且也是代议制政府合法运行的前提条件。③

沟通性的中介网络是现代民主的独特之处，它弥合了演说与倾听、调整与投票之间的距离。这种沟通可以实现实际的维度（actual dimension）（议会）与延异的维度（the deferred dimension）（投票者）的再次结合，进而使代议制民主拥有与雅典民主一样特殊的东西——即"在场"与"行动"的同时发生："报纸与铁路解决了英格兰民主中的投票问题，像雅典民主那样，两者在集会上同时进行。"④ 一个延异的公民集会（a deferred agora），需要参与来弥补代表的不足。对选举活动的定期参与；代表与其选民之间的"自由和公共论坛"；以及经常参与地方政府，对于帮助公民实现对那些"非常积极的公民"的控

① Young, "Deferring Group Representation," pp. 355 – 357.

② 关于选举中的将来—现在—过去之间的关系，见 Manin, *The Principles of Representative Government*, pp. 178 – 179.

③ Mill, *Considerations on Representative Government*, pp. 241 – 242, 247 – 248. "没有组织规则和对公共辩论的保护，人民主权是没有意义的。"Stephen Holmes, "Precommitment and the Paradox of Democracy," in *Constitutionalism and Democracy*, ed. Jon Elster and Rune Slagated (Cambridge: Cambridge University Press, 1988), p. 233. 霍尔姆斯准确地评价道，在密尔的代议制政府理论中，制度安排不仅发挥着"抑制作用"，也发挥着"促进作用"，它们确保了反对派自由表达的能力。

④ Mill, "De Tocqueville on Democracy," p. 165. 芬利强调此种类比的"荒谬性"，因为集会不能是象征性的，也不是像雅典那样。他认为，对密尔所提出的现代公共领域和古代公民大会两者进行比较是一种"错误的类比"。Finley, *Democracy Ancient and Modern*, p. 36.

制，至关重要。①

这些制度印证了这样一个事实，即代表是——也需要是——与参与一道构成一个连续谱系的。代表可以是一位能使整个国家（不仅仅是公民集会）转变成一个公共论坛的倡议者。他还可以是一个能使政治讨论的空间超越于政府机构之外的中间人，与此同时，代表能把大众的注意力吸引到对政治决策的监督上。同样，代表也要把人民的要求与意见带到议会进行辩论，以便进一步扩充和丰富。不过，当这些发生时，社会也没有沉默。议会之中的辩论需要社会有辩论，同时，它也激励着社会的辩论。②

尽管学者们仍然视密尔为一个前熊彼特主义者（pre-Schumpeterian），且几乎不把他看作是一个民主主义者，但密尔从来没有赞成这样一个观点，即选民"必须明白，一旦他们选举了某人，政治行动就是这个人的而不是他们的事情"③。事实上，密尔的公民集会模式是把代表制设想为一套包含多层政治行动的复杂制度，这些制度填补了"一个议会选举与另一个议会选举之间的时间差"；同时，还用一个时间的集会取代了不再存在的空间集会。④ 代表制是一个"行动过程"而不是一个"简单的行为"——它是一种超越了公民投票的政治互动的实践。⑤

因此，直接民主与间接民主的差异并不仅仅在于只有前者假定在全体公民中有一部分人是积极公民这一事实。更引人关注的是，差异还在于"站着参与"（这对于直接民主和间接民主都很常见）这种形式的具体运作方式的不同。只有在代议制民主中，大众投票才具有信

---

① Mill, *Considerations on Representative Government*, p. 370.

② 例如，密尔认为，只要社会运动对普选权的要求是适当的，那么，妇女对选举权的要求就能在议会中赢得政治上的关注。

③ Joseph A. Schumpeter, *Capitalism, Socialism, and Democracy*, 3d ed. （New York: Harper Torchbooks, 1980）, p. 295.

④ Mill, *Considerations on Representative Government*, p. 413.

⑤ Ibid., p. 370. 杨也表达了同样的观点，见 Young, "Deferring Group Representation," pp. 357–358.

任的特征，同时大人物（great role）也被赋予相应的信任。信任、控制和责任的有效实现或多或少地依赖于公民在多大程度上表现得像雅典公民大会中"站着的参与者"那样。①

那么，我想说，就立法过程而言，直接民主与代议制民主的差异就与它们所采用的间接性形式相关：一种是共时性的；而另一种是历时性的。只要我们考虑到公民表现"站着的参与者"的具体方式，这种差异就会非常明显。由于雅典公民相互之间直接可见，这样，他们就不需要特殊的努力就可以参加公民大会，而在代议制民主中，公民的"站着参与"本身就是一个象征，因此需要加以构建和培养。因此，作为一种中介方式，演说就获得了更重要的意义，以便能从事协调工作，同时使"站着的参与者"更加具体化和形象化。在代议制民主中，之所以用"献身于"一词，是因为公民（多种多样的要求和意见）如果期望自己被别人看到，同时又能与议会中非常积极的公民进行沟通，那么，公民就需要让自己的声音被听到。

这是一个非常重要的概念表述，因为它意味着代表并不仅仅是一种手段。古代哲学家和历史学家最常见的批评就是，雅典的公民参与集会常常被演说家所操纵。城邦的命运被雄辩的演说家所掌握，他们的作用远比人民的决策权重要。因此，修昔底德在写到伯里克利时代的雅典时说："民主只在名义上存在，但事实上是由上等公民统治着。"② 直到最近人们才注意到，公共演讲容易使演说家成为煽动家，而人民几乎没有机会保护自身免受演说权力的影响。③

代表可以保护公民免受演说的影响。因为它给予了人民反映自己

① 关于信任、控制和责任性的角色，见 Stephen Holmes，"Precommitment and the Paradox of Democracy," In *Constitutionalism and democracy*, ed Jon Elster, and Rune Slagstad（Cambridge：Cambridge University Press, 1988），pp. 195 – 240；Anne Phillips, *The Political of Presence*（Oxford：Clarendon Press, 1995），pp. 155 – 158；Manin, *The Principles of Representative Government*, pp. 203 – 204.

② Thucydides, *The Peloponnesian War*, ed. Moses L. Finley（London：Penguin Classics, 1972），2. 65, pp. 11 – 13.

③ Harvey Yunis, *Taming Democracy*：*Models of Political Rhetoric in Classical Athens*（Ithaca, NY：Cornell University Press, 1996），pp. 43 – 46.

的机会，在面临即时性的客观事实（factual immediacy）时向后退，并且推迟自己的判断。① 代表为演说与做决定这两者之间制造了距离，从这种意义上而言，它可以严格地审视由政治而产生的各种语言和激情的骚扰，并保护公民免受这些骚扰的侵袭。而这就是赋予代表以"道德特性"的意义所在，这也使得代表的存在不仅仅是谨慎的必要，而且也使得其自身显得有价值。②

公民大会模型与比例代表制

由于代表与协商两者之间存在结构化的关系，因此，密尔认为，在一个良善的民主体制下，和公民大会类似，公民的"众多声音"也必须在议会中按比例被代表。密尔从议会中享有的两种权力——控制和讨论——论证了比例代表制的合法性。就控制而言，议会可以通过"公开曝光"行政人员的行为对其进行监督，迫使他们"全面公开化和合法化"，甚至在必要的前提下，还要审查和罢免这些在职的政客。代表大会必须成为"反映民众需求的机构"，成为一个有关"公共议题"的"相反意见"都能亮相的地方。控制权主要是保障"国家的自由"。③ 密尔告诫说，当议会日益趋同于多数人所支持的内阁时，其控制权也会受到相应比例的削弱。议会要维持控制权，必须像全国公共论坛那样运转，在那里，不仅"国家的一般意见"，而且"每种利益"都能得到发言权，同时，还可以"慷慨激昂地为这些意见和利益进行辩护"，进而迫使他人倾听并提出正当理由。通过比例代表制，密尔

---

① 保护选民的自主判断的需要，促使当代一些民主宪法寻求除代表制之外的进一步的防护措施。比如，意大利宪法规定选举活动在举行投票的两天前必须停止，此规定对于政党和媒体都适用。根据这种沉默程序的影响下，卢梭认为人民主权需要每个公民自身的决断权（我应该把此归功于乔恩·埃尔斯特的建议，即需要在当代宪政民主理论中寻找对沉默的"保护"措施）。

② Kateb, *The Inner Ocean*, pp. 36 – 56. 萨托利增加一个重要的论断：在代议制民主中，因为"没人可以在一个职位上行使绝对（或无限制）的权力"，所以代表可以借助自己的中介角色"将权力减弱成更小的权力"。Sartori, *The Theory of Democracy Revisited*, p. 71.

③ Mill, *Considerations on Representative Government*, p. 282.

把民主的平等原则转换为对政治自由的辩护。当民主已经普遍地与平等联系在一起，用托克维尔的话来说，就是政权被盲目的"平等激情"统治着，密尔当时提出的民主概念非常有创见。

密尔将自由视为反专制的武器，认为自由是实现好政府的保障，进而以此反对对民主的多数主义阐释——不管是"纯粹"或直接民主形式（卢梭的模型）还是仅仅是人民多数的代议制民主（詹姆斯·密尔的模型）。① 密尔反对这两种模型，这是他为代议制民主做理论辩解的核心内容。因此，密尔最重要的洞察力依然没有失去价值。

对于卢梭体系以及他父亲詹姆斯·密尔体系演绎出来的结构，约翰·密尔从一开始就给予激烈的批评，因为他们的体系都机械式地假设政治自由等同于国家的统一。虽然詹姆斯·密尔内心里赞同直接民主，但上述原则还是对他为代议制民主辩护的策略产生了致命的影响。

根据詹姆斯·密尔的理论，民主政府的利益必须与大众利益一致；而大众利益与多数民众的利益又是相同的，因为与少数相比较，"勤劳的多数"滥用权力的机会更少（在任何情况下，他们的错误统治都是因无知而不是因"邪恶的利益"所导致）；因此，每个人都可以代表其他人的利益，从而避免他人的利益被忽视、被损害和被剥削。可见，詹姆斯·密尔的模型非常适应"镜像"代表论。② 詹姆斯·密尔认为，议会应该精确地反映统一的公民群体，而公民则选择"其中某些人作为议员来代表他们（in their stead）。"③ 代表的优势在于它能消除"代表机构的利益与其所代表的共同体的利益不一致的情形"④。代表机构并不代表要求和意见，而是代表人们共同拥有的，即追求幸福的期望。在代表机构中，许多勤奋的人通过促进自己的利益来推动其他人的利益，因此，代表机构是作为一个利益的过滤器（simplifier）

---

① Mill, *Considerations on Representative Government*, p. 302.

② James Mill, "On Government," in *Political Writings*, ed. Terence Ball（Cambridge：Cambridge University Press，1992），p. 7.

③ Ibid. , p. 8；Pitkin, *The Concept of Representation*, pp. 60 – 90.

④ James Mill, "On Government," p. 27.

和意志的同化器（assimilator）而工作。这种"中国匣子"模型（"Chinese box"model）在处于依附地位的人群中尤其运转良好：妇女的利益包含在其丈夫和父亲的利益之中；工人的利益则包含在其"雇主"的利益之中。投票是保护多数人利益的手段，而不是用来促进政治平等。最后，没有人可以充当任何其他人的"辩护者"，因为只要避免"邪恶的利益"，那么，"勤劳的人民"就可以拥有相同的利益。尽管是在为代议制理论辩护，但詹姆斯·密尔最后仍然重述了卢梭的理论，不过还是有关键差异，在他看来，现在作为主权者的人民就是多数人。①

把代表定义为聚合利益而不是聚合个人意见和要求，同时，把代表和客观真理而不是和主观意见联系在一起，这两种做法削弱了詹姆斯·密尔的模型。詹姆斯·密尔模型中的集会是一个通过"勤劳人民"的代表来客观评价人民利益的场所。在那里，如果代表缺乏知识或袒护"邪恶利益"时，利益分歧就将出现。② 在詹姆斯·密尔的模型中，"慷慨激昂的"诉求和分歧的意见是没有市场的。如果要将议会视为公民大会来辩护，恰恰需要一个令多数主义者感到困惑的观点，即代表是个人化的，代表的任务并不是产生一个多数，而是使公民成为一个"辩论者"。

约翰·密尔以更加个人主义的基本原则反驳其父亲的学说。对他来说，民主并不意味着，人们因为那些只是在数量上存在差异进而可

---

① James Mill, *Analysis of the Phenomena of the Human Mind*, 2vols., ed. Alexander Bain, Andrew Findlater, George Grote, and John Stuart Mill (London: Longmans, Green, 1878), vol. 2, p. 187. "人民，也就是社会大众，有时称呼为一个阶级；但是这只有在把它与贵族阶级进行区分时才适应，就像下层社会这样一个术语。但是严格意义上的阶级含义并不适合于人民。对于人民而言，不可能有共同利益，与共同体的其他人之间并没有共同利益。"同样见 Joseph Hamburger, *Intellectuals in Politics: John Stuart Mill and the Philosophic Radicals* (New Haven, CT: Yale University Press, 1965), pp. 45–63.

② Carl Schmit, *The Crisis of Parliamentary Democracy*, trans. Ellen Kennedy (Cambridge: MIT Press, 1994), pp. 2–6. 施米特注意到，那些主张"通过讨论进行治理的政府"的一些理论家视自由讨论是发现"真理"的一个工具，这有点像詹姆斯·密尔以及边沁的观点，而不是约翰·密尔的观点。

以聚合起来的利益而参与政治；而是意味着，每个个体因为对其自身的利益和在社会大众中的地位持有不同的观念和看法而参与政治。密尔的代议制政府的含义是由平等原则与个人自由表达的原则所构成。这一定义复兴了亚里士多德的观点，即民主的基石在于"每个公民都享有平等的地位"。这就意味着需要考虑每个公民的"立场"，而不是考虑所谓的公民聚合。① 民主的规范性的特性并不是指多数——一群慢慢吃草的天真无邪的羊——来统治，而是每个公民都能自觉地参与国家的生活。在民主社会，制度性的控制权授予一个集体机构，这个机构能（通过它的代表）理想地从"每个公民"的发言中获益。②

投票的个人性特征使得议会中的辩论不可避免。这同样增强了对如下观点的辩护，即比例代表制理想上确保了每个人的声音都能被听见。密尔认为，比例代表制不是一种能从数学上进行精确的社会利益平均化的政治运算。尽管普选权确保所有的公民能被平等地对待，比例代表制仍然试图保障每个公民的具体情况不被忽视。前者需要对差异视而不见，而后者则是有意识地关注差异。

然而，比例代表制并不是一种差别对待的形式，因为它不是给予不平等的人以相应不平等的表达机会。它的调整性原则（regulative principles）是平等性和个人偏好的强度。比例代表制之所以支持少数群体，并不是因为关切他们。事实上，它没有给予少数群体超出其比例的更多数量的代表。相反，比例代表制保证所有公民都有相同的机会选举代表。因此，比例代表制没有遵循一个"补偿"的逻辑，如果这样，比例代表制将意味着强者仍将是强者，并要求强者要以仁慈之

① Aristotle, *The Politics*, ed. and trans. Ernest Barker (Oxford: Oxford University Press, 1994), 6. 1317a, pp. 49 – 50.

② Mill, *Considerations on Representative Government*, p. 244.

心对待弱者。① 显然，这使我们误认为比例代表制履行了亚里士多德的比例平等性原则。② 相反，比例代表制非常重视普选权这一基本原则：即每个人有平等投票（发言）的权利。比例代表制起初也承认多元主义，而多数主义则在首先承认多数决定原则后，利用"补偿"措施来应对多元主义的现实。比例代表制反映了一种重视机会平等的哲学观。

密尔的深刻洞察力在于他认为多数决定的合法性有赖于人民有机会表达自己的意见，以便人民（潜在地）能影响和最终撤消法律的规定。③ 要让自己的意见被听见，少数需要提醒多数的是它只是一种可能的多数。因此，比例性为参与竞选和被选为代表提供了平等机会。事实上，我们可以认为比例代表选举制并没有产生失败者。竞选更多的是一种建立代议机构的参与形式。它是选民"把候选人选进议会"的一种方式。"代表权"与"决定权"的区别在此就能有很好的理解，

① Beitz, *Political Equality*, p. 157. 让人困惑的是当代多数主义者更喜欢复式投票（密尔曾经用其来保护知识分子和少数群体）以利于"少数派"群体的成员，而不是比例代表制。在这种情况下，他们忽略了一个事实，即"数量"是需要平等地考虑——包括多数和少数。对于弱者而言，"双重"或复式投票意味着接受一个既定的不公平的选举制度，然后再提议"补偿"。难道更重视选举过程不公的原因，而不是去"补偿"不公的结果，不是更好吗？在密尔的平等主义方案中，少数群体不是要求补偿，而是要求平等对待。

② Beitz, *Political Equality*, 156. 贝茨说："保持数量公平的目的是承认民主公民的平等政治地位，而质量上的公平则是为了促进对利益的平等对待。"因此，复式投票制优于比例代表制。对我而言，贝茨的论证似乎是建立在这样一个事实上，即他所指的比例代表制涉及到亚里士多德的比例平等的观念。但是他们二人的逻辑推理是不同的。比例性的平等似乎是要证明复式投票制——而不是比例代表制——的合理性。正如密尔所言，比例代表制的逻辑推理对于"民主公民的平等政治地位"的"数量公平"极为重视。如果我们没有给公民两种以上的选择机会，我们就不能合理地说胜者代表了不同意见的多数，因为公民被迫使其意见适合 A 或者 B。这其实是对"数量公平"的违背，因为我们聚合的偏好，根据比例性的计算在内部是有差异的。用密尔的话来说，比例代表制"保证给选民群体内部每个部分以按人数比例的代表，而不是仅仅给两大政党以代表"。Mill, *Considerations on Representative Government*, p. 310.

③ 密尔对政治代表制的"清晰"阐释在最近也被梅丽莎·威廉姆斯所强调。Melissa Williams, *Voice*, *Trust*, *and Memory*: *Marginalized Groups and the Failing of Liberal Representation* (Princeton, NJ: Princeton University Press, 1998), p. 47.

因为同等成功的机会，首先指向的就应该是获得代表的可能性。①

因此，密尔的集会模型要求比例代表制，因为它把民主假定为一个体系，在这个体系里，政治过程必须通过"所有人"的意见来评判，不管是多数还是少数；同时它假定一个最终的决策是由代表了"所有"选民的各种意见的参与者通过辩论而获得的。② 密尔在对多数主义模型进行批评时，公开宣称这是"多数的奴隶"，尽管密尔具有"精英统治"的倾向，但其结论仍然抓住了民主与比例代表制之间的联系。多数民主是一个"特权政府"，就其本身而言，是与平等原则相矛盾的。③ 在一个多数"几乎独自拥有国家的全部发言权"的政府，发言权的政治计算注定是与投票权的算术计算（arithmetical counting）一样——即意味着只有多数在计算。④

算术民主（arithmetical democracy）对多数的角色给予了最大的关注，因为它强调的是做出决定的那一刻而不是整体的协商过程。当需要做出决定时，密尔并没有否认"少数服从多数，较少数的人服从较多数的人"这个原则。但是，他强烈地反对计算仅仅意味着考虑多数这样一个观点。当代表机构投票时，"少数的意见必然被否决"⑤。但是，正如上文表明的，议会不能把自身仅仅限制在投票，如果没有多样化的意见，就难以进行辩论。代表不仅仅是一个"调和"利益和形成多数的工具。控制和公共决断的重要性一点也不亚于有效政府。⑥正如简·曼斯布里奇所观察到的："一个民主社会越接近于共同体利

---

① 对这个原则的批评见：Beitz, *Political Equality*, p. 135.

② Mill, *Considerations on Representative Government*, p. 305.

③ Ibid. , p. 303.

④ Ibid. , p. 302, 304.

⑤ Ibid. , p. 303.

⑥ 密尔对"讨论"与"行动"之间的区别回应了比例代表制没有极大优越性这样一个批评，即"尽管比例代表制保证了所有声音被听见，但却无法确保成比例地考虑所有利益"。Bernard Manin, Adam Przeworsky, and Susan C. Stokes, "Elections and Representation," in *Democracy, Accountability and Representation*, ed. Adam Przeworsky, Susan C. Stokes, and Bernard Manin (Cambridge: Cambridge University Press, 1999), 32n. 5. 选举制度的争论十分有意义，因为代议制的任务不是仅仅执行政策，尽管这是其最终目标。与一个好的专制主义能弥补自由的缺乏相比，好的政策根本不能抵消一个坏的代表制度。

益的'一元化'状态，它就越不需要政治平等。"① 在一个多元的社会，尤其是在一个不平等的社会里，人们的参与机会是极为重要的。

议会是一个协商机构而不是一个仅仅投票的沉默集会的概念，是18 和 19 世纪代议制政府理论家对现代民主思想所做的一个主要贡献。② 这也是《代议制政府》一书的核心主题。密尔帮助修正了古老的传统，并超越了意识形态的界限，因此在现代政治思想史中享有牢固的声誉。伴随人道主义传统的衰弱，出现了一种鄙视雄辩演讲家和羡慕斯巴达议会的现象。演说和辩论之术在马基雅维里时代而不是在笛卡尔和霍布斯时代受到尊敬。斯巴达，拥有一个简单的议会，是适合詹姆斯·哈林顿和卢梭的模型，而不是适合马基雅维里（或密尔）的模型。③

在后法国大革命时代，代议制政府的概念更加完善，协商共和主义和理性共和主义之间的二分法终于有了结果。在密尔的时代，反对国家民主转型的英国保守人士明确地提到理性主义传统。如"反动分子"威廉·米特福德，尽管他具有反共和主义立场，但仍然借用卢梭和哈灵顿的理论支持其反民主的观念。④ 密尔则为共和主义的协商传统的复兴做出了贡献。此外，他还建议不应该把代议制民主定义为一

---

① Jane L. Mansbridge, "Living with Conflict: Representation in the Theory of Adversay Democracy," *Ethics* (1981), p. 469. 同样见 Brian Barry, "Is Democracy Special?" in *Philosophy, Political and Society*, 5th., ed. Peter Laslett and James Fishkin (New Havern, CT: Yale University Press, 1979), p. 162. 关于哈灵顿的理性共和主义，见 Jonathan Scott, "The Rapture of Motion: James Harrington's Republicanism," in *Political Discourse in Early Modern Britain*, ed. Nicholas Phillipson and Quentin Skinner (Cambridge: Cambridge University Press, 1993), pp. 148 – 160.

② Manin, *The Principles of Representative Government*, pp. 189 – 192. 詹姆斯·麦迪逊和西耶斯对现代政治代表概念的形成起了关键作用。

③ 关于哈灵顿的理性共和主义，见 Jonathan Scott, "The Rapture of Motion: James Harrington's Republicanism," in *Political Discourse in Early Modern Britain*, ed. Nicholas Phillipson and Quentin Skinner (Cambridge: Cambridge University Press, 1993), pp. 148 – 160; Rousseau, *The Social Contract*, 4. 2. 当提出一项新的法律时，如果这是一项公平的法律，那就不需要讨论，因为它表达了每个人已经感知到的理念；因此，既然不存在困惑的问题，也就没有必要辩论，以保证法律通过。

④ William Mitford, *History of Greece* (London: Cadell, 1829), vol. 1, pp. 272 – 275.

种由人民间接统治的体制，而应该是一种对政治行动进行公共监督和控制的体制。当多数制定法律时，辩论和判断将赋予多数以道德上的合法性，使人民觉得安全，因为人们看到多数和少数都能在立法过程中发挥作用。正如伯纳德·曼宁最近主张的，对于代议制政府理论家而言，讨论和分歧是与平等主义假设的结果一致的。意见不一致不应该"通过某个高于他人的意志的干涉"而终止。① 幸亏有了协商，共同善可以被认为是整个社会精诚合作的产物，是持续不断的说服的产物，同时，也是不可能达到永久裁定的妥协的产物。

现在，我们可以全面地理解一个讨论的议会与民主的两个主要原则——控制（提供安全）与平等——之间的关联性。控制暗含着一个反柏拉图的观念，即在政治问题中没有人拥有"正确的"解决方法以及人类知识是不可靠的。② 而不可靠则意味着对不同意见和机会平等的认可。正如安妮·菲利普斯最近指出的，大众控制不仅仅是基于审慎的需求（保护自己免受专制权力的欺凌），同时，因为相信平等性，它本质上又是一种价值③。

控制和平等意味着每个公民可以依赖它们为"个体抵抗统治权力提供一个支点（point d'appui）；也为受到占优势的公众舆论轻视的那些意见和利益提供一种保护，一种集合点"④。在这一意义上，人们可以说代议制民主中的政治排斥可能采取沉默（silence）的形式，也就是让特定的人不被倾听或不被代表。我们要反对此种现代的政治排斥形式，就不能把代表视为一种简单的工具："将那些原先被排斥的纳入进来，这一点很重要，即使这样做被证明对于可能实施的政策没有

---

① Manin, *The Principles of Representative Government*, pp. 180 – 190.

② Mill, *On Liberty*, in *On Liberty and Others Essays*, p. 22. 密尔对将议会视为公民集会的看法是《代议制政府》和《论自由》中讨论的主题。事实上，这既需要苏格拉底式的假设——即知识是一项没有终点的探索事业，又需要这样一种信念，即"同意"赋予服从以合法性。因为确信这个意见是错误的而拒绝倾听这一意见，其实是假定了自己所确信的事是绝对的正确。让讨论"息声"都预设了一种绝对的正确。

③ Phillips, *The Politics of Presence*, pp. 27 – 28.

④ Mill, *Considerations on Representative Government*, p. 316.

产生能觉察到的后果。"①

辩论与协商

作为一个支点，代表具有"辩论"的特征。辩论包括两个部分：代表与选民意志的密切联系以及代表相对自主的判断。一方面，辩论给予代表坚定的信念从而培养了一种论战精神（密尔提到了同情，也就是与"朋友"和"同党"一道反对他们的"对手"②）；另一方面，它将这些信念置于协商的框架下，并最终导向决策。辩论证实了协商民主的结构性张力：多样化（和很少竞争性）的利益，主观看法，以及怀抱达成一个既非服务于党派利益也非终结协商的决策的目标，在一个公开的政治空间展开竞争。

对民主的解释出现了多样化，原因在于理论家从不同角度看待同意这一概念。由于利益的多样化妨碍了共同的善，因此，卢梭的直接民主模型需要不断克服产生分歧的根源。而代议制模型则强调讨论，并认为对抗性的利益和意见不会妨碍旨在实现共同利益的政策。

当代协商民主的争论或多或少都涉及到这一分歧。一些理论家提出一个协商的概念，让人联想到柏拉图式的对话，只要对话者抛弃可能妨碍真理实现的激情，那么他们就可以被允许持有"不正确"的观念（色拉叙马霍斯［Thrasymachus］别无选择，因此只有离开舞台）。他们是从结果的角度来看待协商的，即希望通过纠正对公共利益的"扭曲"的解释来减少分歧。③ 我称它为共识型协商民主模式（con-

---

① Phillips, *The Politics of Presence*, p. 40.

② Mill, *Considerations on Representative Government*, p. 282.

③ Joshua Cohen, "Democracy and Liberty," in *Deliberative Democracy*, ed. Jon Elster (Cambridge: Cambridge University Press, 1998), p. 199. "协商的目的并不是想通过缩小意见的差异来改变公民偏好：其目的是做出集体决策。当然，有人认为在协商概念的背后，就暗含着公共讨论本身有助于缩小有关政治偏好的差异，因为偏好是在公共讨论过程中改变甚至形成的。假如它确实有助于减少差异，那么，即使在策略性的沟通中，它都可能具有缓解信息失真的趋向。"例如，见 Cass R. Sunstein, *Legal Reasoning and Political Conflict* (New York: Oxford University Press, 1996), pp. 58 – 59.

sensus model of deliberative democracy)。其他理论家则没有为持久的分歧所困扰，因为他们认为分歧是产生协商的必要条件。通过拒绝"理性与欲望之间的二分法"，这些理论家避免了理性主义的"缺陷"。与对公共利益的界定达成理性的共识相比，这些理论家更加重视关键时刻和过程。① 我称它为竞争型协商民主模式（agonistic model of deliberative democracy）。

密尔的代议制民主理论属于竞争型协商民主模式。他的理论已经涉及到了当代民主理论的一些重要主题，尤其是竞争性成分和协商概念中的反理性主义。② 密尔真诚地渴望实现共同利益，但他同时把它解释为一种规范原则。关于"统治者与被统治者之间的利益是相同的"这一点，他认为利益相同的现象几乎不存在，事实上也没有。假如有的话，代表制——也许政府本身——就没有必要了。③ 就此而言，我们可以认为普遍利益在公开辩论之前是不存在的。普遍利益确切地说并没有一个明确的定位，因为它不可能一劳永逸地被界定。④ 它是人民利益的一个指标。这种利益不是像国家的善那样模糊的一种抽

① Manin, "On Legitimacy and Political Deliberation," *Political Theory* 15 (1987), pp. 338 – 368; Iris Marion Young, *Justice and the Political of Difference* (Princeton, NJ: Princeton University Press, 1990), pp. 102 – 111; Nancy Fraser, "Rethinking the Public Sphere: A Contribution to the Critique of Actually Existing Democracy," in *Habermas and the Public Sphere*, ed. Craig Calhoun (Cambridge: MIT Press, 1997), pp. 121 – 130.

② 例如，见 Cass R. Sunstein, *Legal Reasoning and Political Conflict* (New York: Oxford University Press, 1996), pp. 58 – 59.

③ Mill, "Rationale of Representation," in Collected Works, vol. 18, *Essays on Politics and Society*, pp. 22 – 232. "统治者与被统治者之间的利益在严格的意义上而言是不可能实现的，双方利益的一致性不应视为政府必须绝对满足的条件，但是可以视为一个可以持续追求的目标，或者大略类似于使其可能发生的环境，抑或是与其他目标可以相容。"

④ Arendt, *On Revolution*, (1963; reprint, London: Penguin Books, 1977), pp. 191 – 194. 阿伦特在既"不需要同意"因而也不需要说服别人相信的真理，与需要证明及说服别人相信的真理之间做了一个极其相似的对比；她认为前者是在非政治和专制权力领域，而后者则是在城邦的政治生活领域。这就是说，致力于协商而非证明的理性，恰当地说不是认知理性，而是"实践的"或实用主义的。见 Chaim Perelman, *Justice, Law, and Argument: Essays on Moral and Legal Reasoning* (Dordrecht: Reidel, 1980), p. 59; Mill, "Representation of the People [II]," in Collected Works, vol. 28, *Public and Parliamentary Sphere*, pt. 1, November 1850 – November 1858, ed. John M. Robson (Toronto: University of Toronto Press, 1988), p. 67.

象物，而是构成全体民众的那些活生生的人的实际的、明确的幸福。①

在议会的演讲中，密尔重新阐述了托克维尔的观点：尽管民主国家会"不断地犯错，但它们也在不断纠正错误，立法的总体趋势所带来的益处远远超过其所带来的危害"②。民主协商的优势在于它能培育自我更正和自我学习的习惯，并且产生活力。③它并没有声称由它所带来的结果优于其他决策程序。相反，通过为修正错误敞开大门，民主协商使政治具有了可能性，因而拥有了一种健康向上的意义。对易错性的承认使得民主成为最合理的政体，也是与人类境况最为适应的一种政体："难以克服的错误不是民主的缺陷之一……说服掌权者放弃其手中部分权力的较好方法是提醒他们应该意识到自己容易犯错。"④

虽然没有实现从"多元到一元"的点石成金式的转变，但协商的世界也不是仅仅导致了人民基于工具性的理由而改变自己的看法。⑤协商还改变了人民对协商的目标及其他人的观念的认识。协商丰富了知识，使个体公开地运用理性，提高了公民运用智识和相互联合的能力，鼓励公民通过友好地竞争追求自己的目标。

从一个理论视角看，遵循选民的意志与代表们自主判断（这进而

---

① Mill, "Representation of the People [II]," in Collected Works, vol. 28, *Public and Parliamentary Sphere*, pt. 1, November 1850 – November 1858, ed. John M. Robson (Toronto: University of Toronto Press, 1988), p. 67.

② Ibid., p. 66.

③ Jon Elster, "The Market and the Forum: Three Varieties of Political Theory," in *Deliberative Democracy: Essays on Reason and Politics*, ed. James Bohman and William Rehg (Cambridge: MIT Press, 1997), pp. 21 – 22.

④ Mill, "Considerations on Representative Government [II]," p. 64.

⑤ Elster, "Deliberation and Constitution Making," in *Deliberative Democracy*, p. 104. 埃尔斯特概述了在协商背景下所构建的"虚伪"策略：因为意见是公开的，"演说者必须借用公共利益来论证其提案的合理性"。当然，演说者在最后也不能单纯依靠"虚伪"的策略，因为"假如诉诸于公共利益的所有做法都是虚伪的，那么，必将会为大家所知。这样，他们就不能说服任何人，也就没有人会去费心去试试这种策略了"。总之，"虚伪"是起点，而不是终点。

使辩论有活力）两者之间的紧张关系，体现了代议制民主的典型特征。民主的"辩论性"要求坚决地遵循一致达成的程序；它对"真实的"或"权威性的"结果的偏爱并不强于为协商所预设的共享的政治平等原则。这些原则的基本特征限制了辩论，而其理由是没有决策可以避免争论。对普遍利益的变动不居的解释，目的是使其更符合民主原则，后者与一种致力于合作探寻的过程密切相关。①

这看起来似乎回答了如下问题：即竞争如何能导致服务于普遍利益的政策。在反对密尔的辩论理论时，梅丽莎·威廉姆斯认为冲突"本身不能产生任何结果"，因此，它也几乎不可能改变人民的意见。② 当然，冲突使得人民习惯于通过公开讨论来寻求解决办法，同时也可以强化人民对民主程序的忠诚度，因为这些程序要对人民所看重的竞争负责。正如阿尔伯特·赫希曼曾经以肯定地语气评论说，民主的争论和冲突行为发挥了隐性的和非刻意的团结作用，因为它们"提供了一个维系现代民主社会的有用纽带及其所需的力量和凝聚力"③。

这个推理澄清了密尔的一个观点，即议会中表达的声音越多，事实上就越可以达成妥协并制定出更好的法律。如果不存在强大的多数政党，对于每一个群体而言，要想进一步扩展其理念，必须与其他群体达成妥协，这样就会减弱自己意见的党派色彩，使之容纳更广阔的

① John Rawls, "The Idea of Public Reason Revisited," in *Collected Papers*, ed. Samuel Freeman (Cambridge, MA: Harvard University Press, 1999), pp. 378 – 379. 罗尔斯把促进"公民友谊"的能力归因于协商民主的特征。

② Williams, *Voice*, *Trust*, *and Memory*, p. 47.

③ Albert O. Hirschman, "Social Conflicts as Pillars of Democratic Society," *Political Theory* 22 (1994), p. 206. 邦尼·霍尼格在对阿伦特消极的视角进行解释的时候，提出了一个相似的论点，它"使得我们处于一个不仅'和'他人有联系，同时又'排斥'他人"的境地中。Bonnie Honig, "Toward an Agonistic Feminism: Hannah Arendt and the Political of Identity," in *Feminist Interpretation of Hannah Arendt*, ed. Bonnie Honig (University Park: Pennsylvania State University Press, 1995), p. 160.

视野。① 这样看来，两党制似乎有助于鼓励一种更不具有妥协性的追求党派利益的政治。

从竞争的视角来观察协商民主，就使得作为"辩论"的代表理论有了相关性。将辩论视为协商的对立面（似乎对选民的坚定承诺会妨碍辩论者在面对他人的争辩时公开地改变自己的意见并做出妥协），是有误导性的。这种观点也无助于将政治场域看成是由辩论和协商的分化所构成。② 我们从密尔那里所学到的是，很多这样的著作主要依赖了一个错误的假设：即辩论和协商两者之间的作用是互相排斥的。

把代表界定为辩论者，我们就必须将代表视为不仅仅是一个党徒，还应该是一个协商者。即使代表作为辩论者时不参加协商（有人可能会说代表是轮流作为辩论者和协商者），但他们在发表演说时心中会有意识地在心中想着协商。没有协商，那就没有辩论的理由。辩论不是要成为一个盲目的党徒；人们希望辩论者成为一个激情且不失智慧的辩护者。如果辩论者只是一个党徒，则不能称之为辩论者。同样，协商者只是理性主义者也不能称之为协商者——即使他们给出了理性的依据。一个好的代议制民主需要的既不是盲信（或官僚作风）的代表，也不是哲学王，相反，需要的是依据民主政府的原则和程序做出判断进而为选民意志进行热情辩护的协商者。

可见，一个"辩论者"，既不要求他成为一个公正无私的法官，也不要求是一个独自思考的哲学家。与法官不一样的是，辩论者受到他们"委托人"的束缚。其工作不是适用规则，而是鉴别事实是如何符合或违背了规则的，或者判别现存的规则是否符合社会共享的或一个"好"政府应采纳的原则。与哲学家（或政治家）不同，辩论者必

---

① Jennifer Hart, *Proportional Representation: Crisis of the British Electoral System* 1820 – 1945 (Oxford: Clarendon Press, 1992), p. 33. 至于意大利，最健全的法律都是在实行比例代表制时期通过的。

② Phillips, *The Political of Presence*, pp. 161 – 163. 这是菲利普斯的观点，即提出在辩论与协商两者之间进行妥协。

须"服从选民意愿以赢得选举",而哲学家仅仅依据他自己的原则做出判断。哲学家也不寻求外部的同意:"一个哲学上的理由不能涉及一个特殊群体的利益和激情","它必须是理性的,至少是合理的"。①相反,候选人与选民的关系"并不需要选民同意由一个打算违反他们根本信念的代表来统治他们"②。

协商性的推理远不是要超越公民的具体情境,它恰恰是要依赖这样一个前提预设,即具体性的东西需要被了解和承认。因此,"理解"和"领会"是在进行协商演说时所需要的能力,正如它们在法庭演讲一样。它们表现了辩论的复杂本质,也就是,既应该坚持其目标但又不能被这一目标所任意驱使。好的辩论者坚守自己的目标并理解其他人的推理,以便能重构他们心中的目标。他们必须"感觉"其他人论证的力量,以便设想一条能得到最好的可能性结果的捷径。③

辩论强烈地依赖于个人的能力和品质。因此,尽管每个公民在理论上和法律上可以成为一个代表,但公民应该挑选那些他们认为可以成为优秀辩论者的人。公民不是随意地挑选,也不是认为候选人属于自己的群体就足够了(事实上,他们在自己的群体内部也是有分歧的)。因此,比例代表制排除了一种有机代表观,这种观念将代表视为对前政治或非政治(pre- or non-political)身份的复制。④ 比例代表

① Perelman, *Justice, Law, and Argument*, p. 59, 66.

② Mill, *Considerations on Representative Government*, p. 382.

③ Mill, *Autobiography*, in Collected Works, vol, 1, *Autobiography and Literary Essays*, ed. John M. Robson (Toronto: University of Toronto Press, 1981), pp. 21 - 27. 密尔承认亚里士多德的《修辞学》、昆体良的《演说家的教育》以及西塞罗的《论演说家》是影响其思想形成的最重要的著作。

④ Pitkin, *The Concept of Representation*, p. 90. 如果按比例分配代表被理解为类似于按比例绘制地图的话,那么,认为比例代表制使得选民和代表都将失去个性的批评就是合理的,因为,比例代表制将消除选民对代表的授权和代表应当承担的责任。Will Kymlicka, *Multicultural Citizenship* (Oxford: Clarendon Press, 1994), p. 134; Young, "Deferring Group Representation," pp. 359 - 361.

制也同样排除了把社会看作是一个有保护作用的团结的群体联盟的观念。[①]

辩论，就像选举一样需要进行选择，因为我们希望得到最好的辩护人，而不是我们自身的复制品。[②] 我们不是要使人民的身份这样的事物获得代表，而是要代表公民的观念和要求，当然这些公民会因为其身份而（可能）受到不公正的对待。例如，在密尔的时代，"工人"并不寻求自己要在议会中有相应的"反映"。他们需要的是辩护者，因为作为公民他们没有享受公平的待遇，而这部分是因为他们的社会和经济状况。他们期待有同情他们的理由，以及不管是直接还是间接地"感受"到他们在现实中受压迫的经历的代表。如果"罢工的问题"被议会所忽视——我们从《代议制政府》一书中得知——那是因为工人在议会中没有与其共享观点进而能有效支持他们理由的代表。"上院或下院中的主要成员"应该具备理解工人要求的能力，但既然他们不能共享工人的信念（conviction），也就不能有效地理解工人的感受，因此也就不能引起议会的注意。[③]

有人可能会说，选民追求的不是要代表和他们的身份一致；他们看重的是理想和计划本身。[④] 这对于想要一个辩论者而不是一个没有主见的人的少数群体而言，尤其如此，因为他们的目标是"阻止统治权力无视他们的要求和不平等地对待他们"。这证实了我在开始所提及的——代表是未来导向的；它不仅仅是一个既定社会结构的记录。

---

① 针对个人代表制，黑格尔在《权利哲学》一书中提出了一个非常完善的团体代表理论，见第199—203页。密尔卷入了一场无休止的争论，这场争论是反对一个保守的观念：不是人民，而是人民当中的所有不同阶级和利益应该被代表。Mill, "Rationale of Representation," p. 43.

② Ronald Dworkin, "What Is Equality? 4. What Is Political Equality?" *University of San Francisco Law Review* 22 (1988), p. 5. 德沃金指出，当我们宣称要给所有公民以平等政治权利，我们同样要承认人民在政治上的表现是不同的。有些人比其他人更有能力和热情，因此，就有更多机会追求自己的偏好。曼宁曾卓有成效地对选举与机会之间的关系进行了讨论。Manin, *The Principles of Representative Government*, pp. 132–142.

③ Mill, *Considerations on Representative Government*, pp. 246–247.

④ Phillips, *The Political of Presence*, p. 133. 但是，拥有共同的经历会确保相同的信念或目标，这一观念在理论和经验中都没有可信性。

代表的政治的和理想化的功能构成了辩论的特性，这种特性使得：一方面，代表需要分享其选民的见解和理想；另一方面，代表需要拥有某种程度的自主。①

辩论者可以视为对作为代理人的代表和作为受托人的代表之间非此即彼的二分法的一个替代品。密尔的理论强烈地反对作为代理人的代表，因为它必然产生腐败。代理之所以可能导致腐败，是因为它可能把国家的主要政治功能——立法——变为促进特殊团体利益的工具，进而危及政治自由和政治平等。② 比例代表制与两个反腐败措施一致。在理想上，整个国家可以划为一个单一选区，这样选票就不会浪费，国民的意见也不会模糊不清。比例代表制还给予代表在其所代表的主要要求和意见的范围内"某种程度的选择行动方针的自主权"③。当然，这种自主权只是相对的，而不是绝对的。

辩论的观点会让人们误认为密尔是一个柏克式的人物。其实密尔指出，考虑到现实中阶级利益的分野，即使议会中挤满的全是公正无私的代表，也不能保障少数群体的发言权。而对于柏克而言，代表（即受托人）应该对整个国家负责，尽管这个国家的构成本身是多元主义的。但是，与柏克理论中的受托人不同，密尔认为代表的职责是，将自己的工作看作是为"大量的"群体的意见表达提供机会，这种表达是通过代表成为一个能够设身处地从处于劣势的人们的观点出发来

---

① Phillips, *The Political of Presence*, p. 56, 156. 菲利普斯承认，与多数主义制度相比，代表在比例代表制中拥有更多的自主权。对于作为协商者的辩论者而言，他们"必须从严格的政治责任形式中解脱出来。"

② Mill, "Thoughts on Parliamentary Reform," in *Collected Works*, vol. 19, *Essays on Politics and Society*, edited by John M. Robson (Toronto: University of Toronto Press, 1977), pp. 318 –320. 因此，密尔把"议会中每一位议员的职责"看作是"一项需要履行的义务"而不是"一种需要乞求的个人恩赐"。为了反对这种"危害"，密尔设计了两种方法：一种是建立大选区以便"当地的家庭和团体的影响力有更多的相互中和的机会"；另外一种是国家要承担选举费用。

③ Thmos Christiano, *The Rule of the Many: Fundamental Issues in Democratic Theory* (Boulder, CO: Westview Press, 1996), pp. 213 – 214.

理解公共利益的辩论者来实现的①："在某些情况下，代表束缚住自己的手脚，以便能忠实于自己的选民，或者说忠实于选民所认为的公共利益，也是必要的。"② 就其能够从全国的"真实"利益的角度来判断其选民的情况而言，代表其实是以辩论者的角色来发挥作用的。在这种意义上，代表被要求"服从理性、正义、全体的善"以及选民的要求。③

代表—辩论者的图案对于一个在其公民社会中尚未完全体现民主原则的民主体制来说有着特别的意义。因此，代表包含了两个方面：一方面，就其考虑到社会不平等并试图对其批判和纠正这一点而言，代表是防御性和变革性的；另一方面，就其旨在独立于物质和社会环境之外而言，它指向的是民主共同体中的特质。前者确保了处于劣势的群体和公民得到公平对待以及不会被排除在协商过程之外；而后者则突出了代表在政治共同体中的代表最终要依赖每个公民的自由选择这一平等主义概念。④ 一方面，代表是实用主义的；另一方面，代表又是一个规制性的理想。⑤

因此，辩论的代表理论需要一个平等主义原则的公民身份观，但

---

① 关于密尔和柏克两人对代表的看法之间的模糊关系，见 Williams, *Voice*, *Trust*, *and Memory*, pp. 45 – 53.

② Mill, *Considerations on Representative Government*, p. 377.

③ Ibid., p. 295, 300, 323.

④ Ibid., pp. 246 – 247, 309 – 311. 这两种观点表明，与当代多元文化主义理论家所持的看法不同，密尔并没有将群体代表制和比例代表制等同起来。前者是对一个高度排斥和分化的社会的重要回应；而后者则体现了代议制民主的规范理想。比例代表制是建立在个体而不是群体的基础之上。而群体代表制（比如工人的例子）是抗衡支配的手段。比例代表制是真正的自治，因为其前提假设是，个人的意见和观点不应该狭隘地由诸如经济地位或性别这样的群体资格的前政治约束所决定。它假定个体能自由地利用自己的理性，也不一定需要借助于群体来表达自己的观点。密尔的理想民主模型是雅典式的民主，因为他认为，在雅典，议会作为一个活动场所，真正考虑到了个体的性格和能力，同时，也有着真正的竞争性活动。

⑤ Jurgen Habermas, *Moral Consciousness and Communicative Action*, trans. Christian Lenhardt and Shierry Weber Nicholsen (Cambridge: MIT Press, 1993), pp. 70 – 76. 辩论可以修正哈贝马斯的程序规范主义，因为它包含了协商民主的两个层面：抵抗或抵消权力间的失衡；以及通过诉诸于共同体内为大家共享的政治价值来证明这种抵抗的正当性。

它仍然要考虑权力关系。因为代表理论的规范原则是政治平等，所以它也要致力于让那些受到压制的声音得以表达。这一理论要依赖于这样一种公民身份观，这种观念结合了自古典时代以来就构成民主的特征的两条基本的平等原则：投票权的平等（isopsephia，通过投票的平等赋予所有公民平等的参与权）和发言权的平等（isegoria，通过平等的表达机会使所有公民公开表达其意见，同时也保证他们的意见平等地被表达〔被代表〕）。① 尽管前者暗含了一个简单的平等观念（一人一票），但后者也并没有排斥使用不同的策略。人们可能会说要感谢平等的发言权，因为差异才给予平等以实质性的含义。比例代表制是一种"特殊的方式"，借此公民可以抵制政治权力（不管统治阶级的规模多大，它依然是一种统治形式）分布上的不平衡。但是，比例代表制也在民主社会的建构方面表达了不同的观点。正是这种理解使得那种视民主协商为一种民主辩论形式的观点显得是那样的突出。

---

① 正如我在开始时所阐明的那样，这并不意味着他们在做出决策的那一刻应该平等地计算进去。如果协商（讨论）不同于决策（投票）的话，那么，所有人都应该有机会被倾听，这一要求就是有意义的。参见 Dunn, *Western Political Theory*, pp. 17 –19.

朝向一种政治代表的普遍理论*

安德鲁·雷菲尔德/文　李德满/译　聂智琪/校

在全球舞台之上，非民主的"代表"日渐增长，有时候某些非政府组织会声称他们是战争中阶下囚的代表。关于政治代表的标准解释有赖于民主制度（例如选举）以及某种特定的恰当行为（比如协商和选民责任），因此根本未能解释为什么这些人能够成为代表。我认为当下关于政治代表的标准解释不足以阐明遍布世界的政治代表，因此我提出一种关于政治代表的普遍理论，这一理论认为只要有相关的监察者接受，就意味着存在代表。一方面，在我们熟识的那些例子当中，监察者采用了民主的承认规则；另一方面，一旦监察者采用了非民主的承认规则，就产生了非民主的代表，其结果就是政治代表本身根本就不是一个民主现象。这一理论为政治代表提供了更为普遍的解释，也为分析遍布世界的政治代表提供了一种工具。

> "不管政治哲学家还可能做些什么，他们的一项重大任务就是考察政治讨论以及合法性的用语，审视这些用语所立基的不同假定，探究一个用语与另一个用语之间的一致程度及其与其他时空中的用语的一致程度，寻找新的更具包容性的术语来建构政治论争的框架。"——菲利普·佩迪特《共和主义》（Pettit 1997：2）

2007年7月27日，就在世界贸易组织决定同意利比亚开始入世谈

---

* Andrew Rehfeld, "Towards a General Theory of Political Representation," *Journal of Politics* 68, no. 1, (February 2006), pp. 1–21. ——译注

判之时，娜贾特·梅迪·阿里·哈伽吉（Najat Mehdi Al-Hajjaji）女士致信世贸组织总理事会。她说："利比亚希望加入世界贸易组织……以促进各方经济的共同发展。"① 在这里，阿里·哈伽吉乃是阿拉伯利比亚民众国在世界贸易组织的正式"常驻代表"（permanent representative）。如果我们要问"谁在世界贸易组织的面前代表利比亚？"我们可以正确无误地说，这个人就是阿里·哈伽吉。但是阿里·哈伽吉既非由利比亚人民选出，而且我们也不能肯定她是否能够真正的代表利比亚人民的利益。如果她仅仅是代表利比亚政府，那么对她的选择似乎仅仅是这个国家的军事独裁者卡扎菲（Muammar Qadhafi）的一己独断。阿里·哈伽吉被看作是政治代表，尽管她并不是通过她所代表的人民自由而公正的选举产生，而且实际上也未必能够为这些人民的利益服务。那么，在何种意义上来说，她是一个政治代表呢？

在全球社会，这种制度化的非民主（nondemocratic）代表已为人们所见惯不怪。例如在联合国当中，无论是否经由民主的程序选举产生，个人都被看作政治代表，并被期望着按照国家的利益行事。其他的某些例子可能不是那么正式，但是也提出了类似的一系列问题。非政府组织例如国际红十字会的领导人，据称就代表战争之中的阶下囚，尽管其在代表选举的过程中听不到一点阶下囚的声音。在其他的例子当中，被代表的甚至是"非人"的利益②，环境组织就是如此。既然无需经由任何民主的程序，那些被代表的人也能给特定的行为人授权（authorize）并使其成为代表，而且代表们实际上可能会按照被代表者的利益行事；也可能根本不这样做。像这样的情况，算是政治代表吗？

这一问题至关重要，因为当下的政治代表理论通过诉诸民主规则（democratic norms）来解释为什么有的人能够成为代表，而其他人则不能。这些规则即：代表就是这样一些人，他们经由人民自由而公正

① 这一段的信息来源于世界贸易组织的网页，获取日期为2005年3月9日，具体网址是http：//www.wto.org/english/news_e/news04_e/libya_stat_27july04_e.htm.
② 所谓的"非人"的利益，仅仅是说它们具有自身的"内在"价值。如果它们的价值依托于人们的赋予，那就是另外一回事了。

的选举选出，并且寻求选民的实质利益。可是当赫鲁晓夫在联合国拿鞋拍桌子的时候，观察者们毫无疑问地将他看作是苏联（不管是国家还是政府）的代表，尽管这与任何合乎常理的民主规则都不相吻合。与此类似，很多相信乔治·布什乃是通过欺骗和其他手段在 2001 年成为美国总统的人，仍然接受他在 2001 年至 2005 年度代表美国①。如果政治代表只能依赖民主规则和制度来解释，那么布什和赫鲁晓夫都不能算是他们国家的代表，这结果不但荒唐而且也与事实不符。

到底有什么其他的条件能够解释为什么是苏而不是汤姆，是某些人群的政治代表呢？如果它不必依赖责任（accountability）观念、授权以及"替他人谋利益"，政治代表到底是什么？如果这一概念仅仅是对政治世界中一系列事实的非规范描述，那么它到底描述的是什么呢？简而言之，如果民主的合法性行不通的话，我们应该如何解释政治代表？这些就是本文要探讨的问题所在。

在此我想说明，政治代表具有强大的非规范性描述功能，也就是说，它描述了政治世界中的一个事实而无需诉诸合法性和公正的规范标准。我认为政治代表乃是监察者（audience）② 断定的结果，正是监察者而不是别人，才能够决定为什么是某些人，而不是其他的人才能作为某个群体的代表并且履行特定的功能。监察者运用一系列的"承认规则"（rules of recognition）来判断在具体的情境当中，某位申请者（claimant）是不是代表。③ 当监察者采用民主的规则来指导其判断，

---

① 布什在 2004 年的成功连任倒没引起什么争议。

② audience 一词的相对应的中文单词是听众，但毫无疑问，在本文中其意义绝非普通的听众。在政治代表中，他们具有根本的决定权，因此翻译成监察者比较合适。这一术语对于作者所提出的理论非常重要，其具体含义后文中有专门论述。——译注

③ "承认规则"直接套用了 H. L. A. Hart 对法律的梳理（Hart 1997）。Hart 与笔者的理论在功能上的相似之处在于，监察者需要诉诸于相关规则来决定什么是问题的对象。Hart 的对象是法律，我这里的对象是代表。当然这二者之间还有很多相似之处，包括第一秩序和第二秩序规则的角色，以及关于规则首次出现的解释。不过由于我们的对象是如此不同，所以运用承认规则就足以解释一种现象而不必解释另一种。因此，尽管对 Hart 的批评是正确的，这些规则也仍然可以在其他的背景中发挥重要的功能。如果要延展这一观点则需要更进一步的讨论，不过这并非我们的重心所在。

就会出现一个民主代表的例子。事实上，这类例子乃是我们最熟悉的，即民主的监察者根据合法性的规范解释来决定是否接受某个特殊的人为立法代表。一旦监察者采用的承认规则与民主规范不相吻合，那就会出现非民主代表的例子。这类例子在国际领域中特别显著，有些监察者经常采用这样的规则：以"谁控制了军队"（比如巴基斯坦的穆沙拉夫）或者以"谁有行动的能力"（比如红十字会的头头）来决定谁是一个群体的政治代表。只有通过诉诸任何具体的监察者都要采用的承认规则，而非对这些规则的实质的评价，我们才能解释政治代表是如何成为一种代表的。因此关于政治代表标准的民主解释，仅仅是更为普遍的现象中的一种特殊情况，政治代表的产生仅仅是因为相关的监察者接受某人作为代表。因此，政治代表本身，根本就不是一个特殊的民主现象。

在这个导论的剩余部分，我将更为详尽地阐释这一解释理论可能带来的相关问题，我要说明哪些观点容易受到质疑，并提供一幅继续前进的路线图。

这一问题的扩展

这篇文章所讨论的问题初看起来或者无需争论或者枯燥乏味，政治代表已经被广泛地运用并讨论了两千多年①。政治代表因马格纳·查特（Magna Charta）而据有前现代性（Fasolt 1991），却受到霍布斯的限制（Hobbes 1994：101 - 105）；它得到了麦迪逊的赞美（Hamilton, Jay, and Madision 1949：56 - 65），遭到了卢梭的拒绝（Rousseau 1978：101 - 104）；斯坦顿（Cady Stanton）把它平等化（Keyssar 2000：172 - 221），密尔把它制度化（Mill 1991）；杜威激活了它（Dewey 1954），施密特批判了它（Schmitt 1996），达尔把它给多元化了（Dahl 1956）。当代的解释源于皮特金（Pitkin 1967）对其历史的

---

① 一些美国的奠基者们认为政治代表是在当代被发现的，这是不对的，尽管他们重复了很多遍。可以参看 Manin（1997）收集的对于政治代表在古希腊实践的证据。

分析，并确立了我所说的关于政治代表的"标准解释"，即政治代表包含一系列条件，而其中尤其重要者是授权、责任和为他人的利益服务。①

我们可以看到，就其基本条件而言，政治代表的标准解释与规范合法性的解释是高度吻合的，通过这些条件，一个特定的群体有权制定并且实施约束他人的法律。② 在标准解释之下，作为一个政治代表本身就意味着，他必须把按照他人的利益行事当作不可推卸的责任。③ 政治代表的产生和维持必须达到一系列关于授权和责任的程序标准，这往往要通过自由而公正的选举来实现。④ 政治代表的标准解释与合法性的分析都采用了同样的衡量标准，这一事实并非只是巧合，因为正是这些责任和标准使政治代表成为合法的。但是当我们运用这些标准来判断某人是不是政治代表时，我们根本无法解释上文中所描述的

---

① 尽管围绕着象征和描述性代表存在一些分歧，但在政治科学当中，很少有哪个关于一个概念的解释能够如此作为标准完全被接受。皮特金的工作迅速地成为关于这一主题的文章的出发点，不论是政治理论还是其他方面的文章。而且，自从发表以来，皮特金的观点就一直塑造了后来的争论。考虑到国际上强大的民主化趋势，以及在她的文章发表之后美国进行了一场关于后投票的权利修正案的大讨论，她的贡献更加令人印象深刻。

② 规范合法性不同于社会学的合法性（又称经验合法性），经验合法性仅仅是指公众的认可。制定约束性法律的团体一般是民族国家的政府（特别是立法机关）。但在全球性机构当中，有些其他的团体也会制定一些据称是要约束政府和公民的法律。因为政治代表常常是要创制并通过法律的，因此我把政治代表的合法性当作他们通过的约束性法律之规范合法性的必要不充分条件（可参看 Rehfeld 2005；13 - 16）。从制定和执行法律的权利的角度来构架合法性，我同意 Wellman 的观点："政治合法性与政治义务是极为不同的，前者是关于国家被允许做什么，而后者则关注一个公民应该做什么。尽管我认为两者紧密相关，但这两者明显不能等同。"（Wellman 1996：212）

③ 他人的利益可能与代表自身的利益相同，但是之所以说这时的责任还是代表他人的利益，只是因为他们自己的利益正好与别人相同。当代表本身就是她所代表的群体的一部分的时候，情况就更为复杂了。不过这一点并不难理解，即代表作为一个代表并不是在代表她自身的利益，而是在代表某个群体的利益，而这个群体恰好是她作为一个公民所属的群体。

④ 如果未能明确加以区分的话，关于这些利益的认识论起源上的争论也为人熟知：这些利益的内容应该由选民还是国家来决定；或者仅仅依赖于代表自身的才智。一个代表可能认为她的工作就是追求选民的利益，但也同时感到不知道什么对他们来说是最好的。与此类似，她可能将国家利益作为自己的目标，但也同时认为弄清国家利益的最好方法就是询问选民的意见。这个认识论的问题应该与更为熟悉的代表/信任问题区分开来（参看 Rehfeld 2005：202 - 204）。

那些例子——这些据说不是合法代表的例子。

如果说皮特金的观点只是播下了标准解释的种子，那么后继的研究仅仅是拓展她的观点，而未能严肃地拷问她的基本立场。在下一代研究者当中，杨（Young 1990）、菲利普斯（Phillips 1995）和威廉姆斯（Williams 1998）都拓展了她的基本观点，并提出了许多不同的论据以将这一观点运用于一些特殊的团体当中。在此之外，还有阿米（Amy 1993）、博曼（Bohman and Rehg 1997）、拜比（Bybee 1998）、科恩（Cohen 1989）、费什金（Fishkin 1991）、古特曼和汤普森（Gutmann and Thompson 1996）、哈贝马斯（Habermas 1996：287 – 382，463 – 490）、詹姆斯（James 2004）等人，很多人通过责任（主要是通过协商来体现）、授权（主要是通过选举改革来实现）以及追寻利益来寻求更多的合法性和更好的代表。曼宁（Manin 1997）曾经争辩说，可以把代议制政府看成是选举贵族制，但是仍然要靠皮特金所描述的规则来激活。曼斯布里奇（Mansbridge 2003：515）强化了这些规则，她猛烈地抨击政治代表的经验研究，认为这些形式未能符合"民主责任的标准"。德雷泽克（Dryzek 2000）和库珀（Kuper 2004）曾经支持寻求全球目标的民主制度，这种制度依赖于一种关于政治代表的特殊观点，不过仍然与协商的合法性以及民主的正义紧密相关。

通过将代表与其合法性条件结合起来，政治代表的标准解释具有双重任务：它不仅要告诉我们一个人在什么情况下才是政治代表，还要告诉我们一个代表在什么时候才是合法的和民主的。如果将一个人成为政治代表的条件与她的合法性条件同时定义，我们就无法解释上面我所提到的那些不具备合法性的代表。事实上，在政治代表的标准解释之下，我们将无法理解"是什么使得史密斯而不是汤姆成为一个政治代表"这一问题，如果不诉诸于那些使史密斯合法的事实的话。

不具备合法性的政治代表并不是因为出现了分类错误，也不能简单地归因为代表未能达到理想要求。事实上现代早期英国的政治代表与其说是一种合法性实践，还不如说是君主向平民征税的实用方法。与此类似，在过去五十年中，很多国家无论是在非洲、南美、东欧还是前苏联的共和国，我们都能看到这些国家充斥着政治代表，但他们的选举、行为以及其他标准，与合法性解释大相径庭。在当今的世界舞台之上，很多非政府组织都派出了他们的代表用以代表那些"非国家"行为体。而且就像我说过的那样，在 2001 年至 2005 年间，有很多美国人认为他们的总统并非那个职位的合法占据者。尽管如此，如果有幸见到布什的话，他们还是会称他为总统先生，并且会因为布什作为美国在国际社会的代表的所作所为感到自豪或羞愧。如果政治代表本身就必须具有合法性，那就很难理解这些事情怎么会是这样的。

什么才是最关键的：谁在乎？

政治代表的普遍理论有两个主要的优势。第一，如果这一解释足够准确的话，它将能够解释在民主以及非民主、正式以及非正式的背景之下，政治代表是如何运作的。在世界各地非民主以及非正式的代表逐渐增多的背景之下，它将为我们分析非国家以及非民主的政治代表提供极为有用的分析工具。借此我们得以解释，为什么有些人无须经过自由和公正的选举，甚至也无须按照"他的人民"的利益行事，也仍然能够成为政治代表。这一解释将我们的注意力从民主规则转移到更为普遍且更具价值的承认规则之上，而监察者正是运用不同的规则来断定某个人而非其他人才是代表。这一解释还能够让我们明白为什么同一监察者在不同的情况中会采用不同的承认规则，以及这一过程是如何发生的。仅凭这一点就足以彰显这一理论的价值和正当性。

政治代表的普遍理论的第二重价值在于，它能够帮助我们解释并说明规则是如何被引进政治世界中的。当我们还不足以将政治代表的概念与潜藏在其中的合法性规则区分开来的时候，我们便避开了这一严峻的问题，即，是什么使得制度正义或合法。这一点常见于对做经验研究的社会科学家的批评中，因为在他们所标榜的"价值中立"的研究当中，不加批判地采纳了规范判断，例如将合法性等同于公共意见（而非真理）。但是在相关的理论文献中，关于"政治代表"的所有描述，都是暗含了规范意义的。因此理论家们表面上似乎都只是在在讨论"现实中的代表"是什么，而不是去关注合法的政治代表可能是什么样的。这就遮蔽了这一事实，即政治代表无需是正义的、合法的、平等的、公正的乃至其他的各种支持条件，也无损于政治代表的现实性与真实性。

这种解释在此并不否认，规范性判断在政治代表的承认规则中占有一席之地。恰恰相反，政治代表的普遍理论使我们能够精确地区分规范性观点是如何进入政治世界的，又是从哪里进入的。在代表的具体例子当中，正是监察者接受代表的具体规则，而非代表们自身的制度与实践，才能够用来解释为什么他们是合法和公正的。① 无论监察者采用了什么规则，这些规则公正还是不公正，合法还是不合法，只要具体的监察者接纳了某个代表，代表现象就产生了。通过展现政治代表的概念性缺陷，我希望用一种更为直接和更不含糊的方式，来指出那些隐藏在政治代表的运用中的规范性观点，在这一解释的末尾我还将继续回到这个问题上来。

这篇文章由紧密相连的六个部分组成，在第二部分我将陈述这个普遍理论；而第三部分则用来解释"承认规则"并更加详尽地解释监察者是如何操作的，回应一些对这种解释的初步指控；在第四部分我将描述代表的各要素，是如何组合成代表要实现的充分必要条件的；第五部分当中我将说明，这一解释在形式上是如何与规范的合法性概念相关联的，尽管我们无需假定这种关联；最后我将这一概念的实质和形式连接起来进行描述，做这篇文章的总结。

政治代表的普遍理论

在这部分当中，我描绘了政治代表的一种普遍理论，它无需借助于制度事实，而只是依赖于监察者的断定。在这一部分我主要是用来

---

① 我们将会看到，监察者采用的承认规则也有可能与合法性条件非常吻合。

陈述这一理论，并不理会可能的批评。在下一部分，我将在一系列重大问题上捍卫这一理论。

对于所有的代表性关系来说（包括政治的、象征的、艺术的以及语言的代表性关系），普遍存在着两个事物：一个被代表的事物（宽泛的定义）以及一个用来代表的事物（宽泛的定义）。我们把代表的对象称为被代表者①，把用来代表的那个事物称为代表。形式上来说，代表就是一个这样的组群，其成员用来代表被代表者。在很多例子当中，这个组群里面只有一个成员（例如单名选区，或者以某个象征符号来代表某个艺术家）。② 而在其他的例子当中，代表可能不止一个人（例如在拥有多名代表的政治选区，又例如在艺术当中有很多不同的象征符号都可以用来代表"上帝"）。

一般说来，监察者会采用一系列规则来指示代表。这些规则指定一个选择代理人（selection agent）运用决定规则（decision rule），从合格组群（qualified set）当中选出一个来做代表。在绝大多数民主体制当中，选择代理人就是"一个特定选区内的投票者"，决定规则就是"多数规则"的各种变体，而作为代表之源泉的组群就是"在本地居住超过一定年限的公民"。在绝大多数民主体制当中，选择代理人和被代表者会显著地交叠在一起；在非民主的体制当中，选择代理人与被代表者就不是一回事了。例如，被代表者可能是"英格兰人民"，而那些规则却可能是"国王（选择代理人）想要（决定规则）谁（合格组群），谁就是代表"。

规则本身并不能产生代表，它们只是监察者用来承认某个申请者为代表的工具。在这一过程当中，监察者要遵循以下步骤：第一，监察者必须使这些规则在特定的情景当中有效且妥当；第二，监察者必

---

① 在此，用"选民"一词可能会更加自然些，但选民可能与民主的理论更为贴近。另外，选民仅仅是被代表者的一部分，他们或者经过投票注册，或者亲自投票，或者投票给胜出者。在象征性政治代表当中，根本就没有被代表的选民，但仍然有些东西被代表了。因此我决定采用被代表者一词，关于选民更多地讨论参看 Rehfeld（2005）。

② 我要感谢 Emily Hauptmann 对此作出的贡献。

须承认这些规则实际上指明了具体的申请者。当监察者承认某个具体的申请者与他所采用的一系列规则相吻合时，这一过程就发生了，无论这些规则是专断的还是规范上合乎正义，或者仅仅是出于实用。

不难发现，在承认规则中所运用的"合格"（qualified）、"有效"（valid）、"妥当"（appropriate）等术语很有可能会导致规范性而非仅仅是描述性标准的介入。这些术语描绘了监察者如何看待它所采用的规则，即监察者认为这些规则"合格""有效"而且"妥当"。但这并不意味着在实际上，这些规则必须被看作是"合格""有效"或者"妥当"的。例如当监察者将"男性白人"当作妥当的选择代理人的时候，只有被男性白人选举出来的申请者才是代表，不管这可能多么不公平。与此类似，如果一个监察者将"米老鼠"当作妥当的选择代理人的话，只有被米老鼠选举出来的申请人才是代表（我会在第五部分继续捍卫这一观点）。

选择代理人、决定规则和合格组群仅仅描述了承认规则的实质内容，而监察者正是运用这些规则来判断谁才是事实上的代表。不能仅仅因为有代理人选择了，代表就能成其为代表；选择代理人必须得到监察者的承认。值得指出的是，因为代表依赖于申请者与监察者的承认规则之间的一致性，我们才能理解为什么在有些例子当中，我们会认为有些申请者事实上是代表，尽管监察者拒绝了他；而在另一些例子当中，我们会认为某个申请者不是代表，虽然监察者接受了他。在这些例子当中，监察者在运用规则时出现了失误（这一点我会在第四部分详加讨论）。

谁才是监察者呢？监察者就是一个相关的人民群体，他们有责任确认某些申请者是代表，而这个群体的相关性依赖于在具体情景中，代表所发挥的特定功能。代表常常要服务于某种特定的目的和功能，代表绝非只是为了代表本身——一个代表不止是为了代表他人，她必须"代表他人以实现某种特定的功能"。在不同的代表情景当中，代表的功能描绘了在代表他人时，代表实际上要做什么：例如"投票通过法律""制定贸易规则"或者"呼吁保护环境"等等。功能实际上也界定了在具体的代表案例当中，谁才能被看作是相关的监察者：如果功能是为了"在全国性的议会给法律投票"，那相关的监察者就是"全国性的议会"。在这一解释的末尾我们将看到，功能在制定实质性的评价标准时扮演着关键的角色，而这些标准是我们用以评价一个代表工作好坏的标准。①

表1 定义术语

功能	＝代表的目的，同时也界定了代表们要做的工作
被代表者	＝被代表的人、团体或事物
代表	＝一些人或事物的组群，它们用来代表被代表者
监察者	＝一个相关团体，代表在他面前声称代表被代表者的利益且其行动为功能所界定
承认规则	＝监察者用以决定申请者是不是代表的三个规则
合格组群	＝申请者必须是监察者认为符合条件的组群当中的一员
决定规则	＝申请者必须通过监察者认为有效的决定规则选出
选择代理人	＝那些采用监察者认为妥当的决定规则的人

表2 代表存在的充分必要条件

代表形成的条件：

R1：存在着一些需要代表来履行的功能

R2：一个特殊的申请者是合格组群中的一员

R3：申请者通过决定规则被选出

R4：选择代理人运用决定规则从合格组群中选择一人

R5：如果可行的话，代表接受这一委托（charge）

R6：监察者在事实上承认 R1—R4 这些条件已经具备（也就是说根据决定规则，合格组群中的一个成员已经由选择代理人选出来代表被代表者）

---

① 这一解释说明了代表是如何形成一种并将 Searle 所称的"身份功能"加于人民之上的社会制度（Searle 1991）。对 Searle 来说，说代表真的存在，意味着个人有一种关于群体行动的集体意识。一个人是否为代表等同于监察者是否接受她。作为一个社会中的声明，它与这一"残忍的事实"（Searle 语）一样真实，即珠穆朗玛峰的存在独立于它在我们的语言中的代表。我说这些只是想说明这一解释所依赖的一些潜在基础。这一要点虽不那么紧迫，但仍需要更多的支持和论证。

在表 1 当中，我概括了这一解释的主要术语；表 2 则总结了代表是如何产生的，其细节和论据将在文章的剩余部分加以陈述。

监察者及其承认规则

在这一部分我要更为详尽地解释承认规则（包括"合格组群""决定规则"和"选择代理人"）。我也会说明"监察者"的真正含义，解释为什么它必不可少，并考虑它的一些预先障碍。

承认的三个规则

合格组群

合格组群 = 申请者必须是监察者认为符合条件的组群当中的一员

合格组群用来指代这样一个群体，申请者如果想得到监察者的承认并成为代表，就必须是这个群体的一个成员。以下都是它的具体实例：

· 特定性别的成员（在当代法国）；

· 拥有一定财产的白人男性（在殖民时期的美国）；

· 毛遂自荐者（在古雅典）；

· 年满 25 岁的本地居民（在当代美国）；

· 少数群体的成员（在加拿大和波斯尼亚）。

在绝大多数情况下，合格组群乃是从被代表者中间抽离出来的一个小群体，不过合格组群在概念上也可能与被代表者是同一的，当一个职业组织中的所有成员都有权利成为这个组织的头头的时候，就是如此。合格组群也有可能完全独立于被代表者，就像在儿童福利代表这一例子当中，儿童福利的提倡者能够代表儿童，而且绝大多数监察者不会接受儿童作为他们自身利益的合格保护者，更不会把他们当作合格组群的一员。有时候合格组群几乎没有什么约束条件，比如说"地球上所有人的代表"（尽管这种情况不大可能出现在官方场合）。

决定规则

决定规则 = 申请者必须通过监察者认为有效的决定规则选出

决定规则明确界定了这一过程，通过这一过程，某些特定的人或对象（而非其他的人或对象）被选为代表。在这一解释当中，决定规则可以是能够确认具体对象的任何规则。选择代表的决定规则内容广泛多样，以下这些都可能包括在内：

· 投票（不管是相对多数，多数还是超多数规则）；
· 任命；
· 神谕；
· 想象；
· 推理；
· 自称；
· 决斗；
· 随机选择。

决定规则必须选出一组（至少是一个）具体的人当作代表。既然这些规则不得不根据监察者的判断来确定是否有效（不论它实际上是否无懈可击），在绝大多数民主的情境中，这都可能会导致决定规则的有效范围被严格限制。但这里所需要的仅仅是一些这样的规则，这些规则能够用来选出一个或一群具体的人，而且监察者将会视之为有效规则，无论实际上是否如此。

选择代理人

选择代理人 = 那些采用监察者认为妥当的决定规则的人

表3　一些比较熟悉的代表例子当中的选择代理人

· 选择代理人是被代表者群体中的一部份，而不是全部，只有一部分被代表者投票
· 选择代理人与被代表者群体重合，所有的被代表者都能投票
· 选择代理人不是被代表者群体中的一员，例如美国的一个参议员死于任职期间，州长就将任命一个接替者直至下次选举①

———————

① 就形式上来说，州长在此作为一个州长并不是被代表者的一部分，尽管作为这个州的公民他确实是被代表者。

选择代理人就是运用确定的决定规则来选举代表的一个或一群人，在绝大多数政治性例子当中，决定规则都需要选择代理人。① 类似的，选择代理人本身并非任命一个代表的充分条件。人们可能指定一些代理人来选择代表，但是如果没有任何决定规则，代表就不可能得以确定。因此选择代理人和（代理人采用的）决定规则常常是指示代表的必要（但不充分）条件。

作为一个历史事实，选择代理人包含甚广。它可能是国际红十字会的理事会成员，他们要为本组织任命一个代表到海牙的某个专门问题小组面前作证；他也可能是密苏里的州长，他要任命一个临时参议员来代替美国参议院中一位死于任上的成员；而在我们最熟悉的民主情境中，选择代理人可能是这个国家的成年公民。

在上表3中，我列出了三类选择代理人的说明性例子，这三类据说都是合法的政治代表的案例：选择代理人是被代表者的一部分，选择代理人等于被代表者以及代理人独立于被代表者。其他的情况（有多少种还很难确定）也是完全有可能的。

监察者

正如我上文所说的，代表常常与某种特定的行为紧密相关。在这个意义上来说，代表总是服务于某种特定的功能——包括游说立法机关，通过法律以及进行和平谈判，而且正是这些功能决定了监察者。监察者被定义为一个相关的团体，特定的代表需要为这个部门所接纳。例如在立法机关中，史密斯被看作是某些特定选民群体的代表，这一立法机关的其他成员就是相关团体，因为他们必须在史密斯的投票生

---

① 有些决定规则看起来能够自我驱动而不依赖于任何选择代理人，例如，当我们运用"谁最先战胜病魔"这一决定规则的时候，似乎不需要一个选择代理人来选出一个具体的个人。但在这一例子当中，采用自我驱动的决定规则的这个"我们"其实就是选择代理人：任何以"谁能幸存"作为决定规则的妥当的个体，都是选择代理人，他们与那些通过计票选举代表的选择代理人是一样的。感谢 Randy Calvert 为我指出了这一问题。

效之前承认他是一个代表。① 其他的人是否把史密斯当作代表并不重要，因为只有立法机关才是相关团体。

让我们考虑一下以下状况，即选民们（例如被代表者）自己认为史密斯是他们的代表（已经得到多数的支持），但这并不能决定史密斯是不是他们这个群体的代表。只有立法机关承认史密斯才能算数，而且使史密斯而非强森成为这个群体的代表的正是立法机关的承认。当然，当史密斯在他的选民们跟前解释他在立法机关做了些什么的时候，他的选民们就是监察者了，而且他们采用的承认规则与立法机关用来承认史密斯是他们的代表的规则是一样的。在民主体制当中，立法机关对史密斯作为这个特定群体的代表身份的承认，可能与这一群体自身的判断极其相似，甚至完全相同。不过这点并非必须，当且仅当每一个监察者都采用了相同或类似的承认规则时，这种现象才可能发生。

在下文当中，我将说明监察者如何运用他的承认规则，解释监察者为什么必不可少，并以其扮演的角色为基础回应一些初步的异议。

监察者行动的一种说明：零花钱谈判。想象一下三个孩子希望父母能多给点零花钱，不过他们并没有一起跑到父母面前去淘气使性，而是觉得选一个人来代表他们几个可能会收到更好的效果。他们选择了最小的妹妹玛格丽特，因为他们认为在这种情况下她最有说服力。玛格丽特跑到父母面前说要增加点零用钱，并解释说她是代表他们姐妹几个来谈判的。

在这个情景当中，考虑到代表性关系的功能（代表孩子们多要点零花钱），父母就是监察者，因为只有父母才能决定孩子们能拿到多

---

① 立法机关，而非所属选区、执行者和法官才是这一例子当中的监察者，这是一个关于立法机关如何运作的暂时性事实。例如，美国众议院的现任成员才能决定其中的任何一人是否为现任成员（美国宪法第 1 条第 5 款规定"各院自行审查本院议员之选举，选举结果及本院议员之资格"）。在这个例子当中，规则是循环的，因为它假定了立法机关的存在来决定谁是它的成员，这也就意味着它假定了自身的存在来决定它是否存在。这一规则说明政治代表常常预设了强大的稳定性：尽管这规则可能无法解决同时发生的大量问题，但却能很好地解决偶尔发生的少数几个人的争论。

少零花钱，所以他们就是相关团体。父母必须承认玛格丽特是孩子们的代表，如果出于其他各种原因，他们不承认玛格丽特是他的兄弟姐妹的代表，那么玛格丽特就不是他们的代表。可能有些陌生人认为希姆在孩子们当中年纪最大，因此就是他们最合适的代表，可是这起不了什么作用。也可能有些其他的父母认为，孩子们太小了，根本不够资格做代表，这些话也不能算数。孩子们的父母，作为真正的相关团体，他们的承认是玛格丽特成为她的兄弟姐妹的代表的充分必要条件。

这一例子的各种其他情况很能说明问题。再想象一下希姆，在他们一致同意派玛格丽特做他们的代表之后，他瞒着弟妹们把这件事揽到自己身上，直接跑到父母面前去提要求。他说作为最大的儿子，他有权力代表他的弟妹们。设想一下父母们改变了主意而且接受希姆作为孩子们的代表，但却是出于一个非常鲁莽和奇怪的理由：他们喜欢希姆胜过喜欢玛格丽特。其他的孩子们可能抗议说："老爸，希姆不是在代表我们，他不会替我们说话。"父母拒绝接受并且说了一番很伤人的话："我们最喜欢希姆，所以他就是你们的代表。我们和他的协议对你们几个都有效。"这一变化——从玛格丽特到希姆——并没有改变监察者，监察者仍然是父母；被代表者也没有变化，被代表者仍然是这几个孩子。从玛格丽特到希姆的变化意味着选择代理人的变迁，而这乃是监察者的承认规则的一部分。在前一种情境当中，选择代理人乃是孩子们自己，他们选择了玛格丽特；在后一种情境当中，父母成了选择代理人，他们选择了西姆。在这两个情境当中，代表（玛格丽特和希姆）都必须接受这一指令。因此我们可以非常明确地看到，谁能作为孩子们的代表的条件完全由父母规定。这些接受条件可能比较糟糕（他们最喜欢的那个），也可能更合理一点（孩子们最想要的那个）。还可以考虑一下这种情况，父母可能让子女们的表兄欧文代表他们的子女参加谈判，这一次孩子们可能真受不了，不过代表他们的，还是欧文。

在所有的例子当中，代表的功能就决定了谁是相关团体，亦即，谁是监察者。这话反过来说也对，不过程度上稍有不同：一旦确定了监察者，就会有一些特定的功能。所以如果我把"玛格丽特的父母"作为相关团体，我也就指出了代表的功能范围——从增加零花钱到改变作息时间。我也同时限制了它们：玛格丽特不能在父母（他们的角色只是父母）面前代表兄弟姐妹们，要求上一所好大学或者影响国家的儿童福利政策。

总而言之，"相关团体"或者监察者是这样一组人，他们有权能去实现代表情境中所指向的所有功能。监察者运用他们的承认规则来决定，这个人和那个人，谁才是代表。

相关团体的说明。考虑到绝大多数政治代表的解释理论都只考虑我所说的"承认规则"的具体内容，而不提及运用这些规则的监察者，我有必要说明监察者在代表中的中心地位。我将借助一个监察者不明确的代表的例子来说明，没有监察者，我们根本就不能分辨某人在实际上是不是代表。

我们再用其他的一些项目来描述代表关系中的诸要素，如下：

被代表者＝芝加哥城

选择代理人＝我母亲

合格组群＝任何坐在这张桌子周围的人

决定规则＝"如果我儿子想代表芝加哥，那就是他了；如果他不愿意的话我将选择其他人来代表芝加哥。"

代表＝我母亲的儿子（他想要这个工作）

因为是我母亲的儿子，并且想要这工作，我声称自己是芝加哥城的代表。对此人们可能回应说："可能在你和你母亲的想法当中，你代表芝加哥，但绝没有其他人也这么想。"这话的意思相当于说："只有你自己认为你代表这个城市，实际上你不是。"那么，为什么我不能是呢？

答案蕴含在我们关于这一代表例子的功能的背景假设当中①：如果我想在一个行业工会、美国众议院或者邻里议会当中代表芝加哥，

---

① 在此，背景的功能就像 Searle 所描述的一样。

我们认为我肯定会惹人讥讽（如果不被抓起来的话）。如果在一个特定的情境中，代表的功能就是去做某件特定的事情（例如在这个或那个团体中为市民说话），那么这个让我在它面前行动的团体，为了这些目标就不得不把我视为某些群体实际上地代表。就像我在上文零花钱的例子中所表明的那样，谁是监察者完全取决于代表所要实现的功能。

在现在这个例子当中，我故意使功能含糊不定：到底我在代表芝加哥干什么，是作为订立契约的一方，还是到伊利诺斯的立法机关投票，或者是在一个贸易组织中代表芝加哥？在此我怀疑绝大多数人都有一种强烈倾向去忽视功能所扮演的角色，他们会说不管代表的功能是什么，我母亲都是错误的，因为我不可能仅仅因为她这么说就真正地代表芝加哥。如果我把背景假设说得明确一点并且断定，在这个例子当中代表的功能就是"为了玩一种板球游戏而代表芝加哥"，再来考虑一下将会发生什么。在这个游戏当中，需要一些人来决定谁代表不同的城市，而恰好是由我母亲来决定把位置分给谁。在这个情境之下，我当然代表芝加哥，虽然目的仅仅限于玩游戏。特定代表的功能决定了谁是监察者（在这个例子当中，我母亲是监察者，因为她是这个游戏的裁判），而功能一旦确定，监察者就必须承认一些申请者是代表。

代表与角色扮演：对监察者功能的一种异议。① 每玩一种游戏都需要角色扮演，而且从表面上看来把它与政治领域的类似例子相提并论可能并不合适。首先，这些特定的承认规则（比如，我儿子想要这工作），初看起来似乎是意外地出现在家庭里的（非正式的场合），不会用到政治世界当中去。毫无疑问这看法并不正确，尽管今天这种随意的规则受到了限制。国王和独裁者就像家常便饭一样用他们的孩子来代表国家，而且理由也无非是"因为他们想去"之类的。更为重要的是，像世界贸易组织、联合国这些机构以及某些非政府组织也常常

---

① 有一种更为严重的异议说监察者的判断仅仅是关于合法性的判断，关于这点我将在第五部分加以讨论。

运用类似的承认规则，来挑选利比亚、2003 年之前的伊拉克以及叙利亚的政治代表。而且只需要更复杂一点点（可能同样令人讨厌）的承认规则，我们就能解释前苏联以及朝鲜在国际社会的代表是如何成为代表的。在所有的这些例子当中，全球性机构用来决定谁是代表的那些规则，跟在上例当中我母亲采用的规则看起来也没什么两样。

更为重要的一般性反对意见会说，这个类比把两个不同的领域混淆在一起了：政治代表和玩游戏是两种完全不同的行为，因此一个领域的例子不能转化到另一个领域里去。详细说来，政治代表的功能解释了代表们可能从事什么活动，并作为背景界定了监察者。政治代表的功能往往呈现出这种形势："代表的存在是为了帮被代表者去做某事，比如 X"，而 X 就是代表所要从事的行为。而在游戏的例子当中，"做 X"可能就是"玩这个游戏"。在我们最熟悉的政治代表的例子当中，所不同的仅仅是这些功能的实质内容而非其形式，例如："在立法机关代表选民的利益"与"签署一项全球变暖的协议使独裁者的利益最大化"。因此从结构上来说，这几个例子是极其相似的。

由于这两个例子中的功能在内容上是如此的不同，以至于在人们习以为常的意识当中，总是要排除这两者之间的类比推理。作为最后的回应，在此分析一下皮特金对这一问题的反驳将非常有用。对皮特金来说，当我在玩游戏的时候，我并不是在代表参赛者，我只是假装自己就是参赛者（Pitkin 1967：26）。在皮特金的例子当中，一个演员并非"代表"哈姆雷特，他要假装让自己"成为"（我觉得，也可能成不了）哈姆雷特。与此类似，当我在玩游戏的时候，我并不是在代表芝加哥城，我只是把自己假装"成为"芝加哥的代表。①

皮特金在参赛者与演员之间所作的区分完全依赖于这样一种"事实"，即演员没有被他们所代表的人"授权"，因此他们的行为与政治

①　为了对称起见，我觉得我应该说当我在玩游戏的时候，我不是在代表芝加哥，而是假装成为芝加哥。这个陈述不只是毫无意义，而且也无法描述这个游戏。通过某种契约我可能作为芝加哥的代表，能够就其未来进行谈判，而谈判的成败则取决于我的决定。所以，这个游戏是否属于代表的范畴是能够加以控制的。

代表完全不同。

"一般来说，戏剧中的演员并不声称也不会把自己装扮成经由他人授权的代表。他并不是按哈姆雷特的授权来演戏，他是把自己假装'成为'哈姆雷特。他的整个外表和行为都是为了创造一个幻象，即他是某个别的人，某个他要扮演的人，某个我们可能会说是他在舞台上代表的人。与此相反，在日常条件下，一个被授权的代表并不会把自己假装成为他所代表的人。国王的代理人并不会像国王那样着装金玉，对他人颐指气使，也不会假装就是国王本人；一个全国性公司的西海岸的代表也不会假装自己就是公司；当然，一位众议员也不会把自己假装成是一大群公民。"（Pitkin 1967：26）

一个演员的"情景""既非由他预先接受的权利和责任，也非由他的伪装，而是由他所扮演的行为和方式所界定"。因此对皮特金来说，有两个明显的特征将演员和政治代表区分开来：第一，与政治代表不同，演员无须经过他代表的人的授权；第二，与政治代表不同，演员竭力"成为"他所代表的角色。接下来我将对此逐个进行讨论。

我们应该如何理解这一观点呢，即演员未经他所代表的人授权，而政治代表则不然。毫无疑问，哈姆雷特（并非一个真实的历史人物）当然不可能授权给任何21世纪的演员在舞台上代表他。但这个一般的观点，套在政治代表必须包含被代表者的授权就是错误的。甚至是民主的政治代表也会代表那些并未给其授权的人，比如那些把票投给了落选的候选人的选民以及那些根本没参加投票的人。有时候代表仅仅是被任命为一群人的代表，例如国际红十字会代表政治犯，君主任命一个代表为人民谋福利，这些代表都跟演员一样，未经他们所代表的人授权。如果我们能够看到第三方所扮演的角色，我们就能重新思考演员的例子：演员乃是由执行导演或者制作方授权，也有可能是由那些看过他的表演觉得他还演得不错的监察者来授权。

我们应该如何理解他的第二个观点呢，说是在戏剧的代表中演员必须竭力成为他要代表的角色，并因此与政治代表的行为完全不同。在此，这一判断把双方都弄错了。首先，没有哪个理智健全的演员会竭力"成为"哈姆雷特，让监察者相信他们的眼前真的发生了变形。实际上为了在舞台上代表他，演员只是试图模仿哈姆雷特的显著特征（他如何言说、焦虑、犹豫和自杀）。其次，作为一个经验事实，政治代表经常与被代表者一样做着同样的事情，例如当他们在协商和投票的时候，他们常常会尝试不同的思考模式并问："我的选民会如何看待这个问题？"在民主制度下，为了赢得竞选他们常常伪装得跟平时不太一样，更像一个"人民的人"。与此类似，他们也经常因为行为方式不像他们所要代表的群体而饱受批评。无论是在戏剧还是在政治的例子当中，代表都不会试着让自己在本体上"成为"被代表者；而且在这两个例子当中，代表都会在特定的环境中试着模仿被代表者的某些行为。

如果把"被代表者"和"选择代理人"精确地区分开来，并将这两者都区别于"监察者"，那么这一问题就能够得以解决。在演戏的例子当中，这三者每一个都是分立的实体。被代表者是哈姆雷特，选择代理人是执行导演，而决定规则是"可行的最好的演员"，而监察者则是这戏的制作者以及某些听众组成，这些听众必须是认为这个演员将哈姆雷特的角色扮演得很让人信服的人。在这一代表的例子中，所实现的功能与政治代表完全不同，但它仍然不失其为代表。这一例子也说明规范性判断已经被引入了"政治代表"的概念之中。在这一例子当中，皮特金将某种合适的"授权"的必要性引入了代表的概念当中：如果演员"得到了哈姆雷特"的授权，那么在某种意义上他才可能在舞台上代表哈姆雷特。照此推理，在上例中我之所以不能代表芝加哥的市长，其中一个原因就是市长没给我授权。但就像我说过的那样，这是不对的。

在代表只有依照其合法性才能得以成立的例子当中，代理人、被代表者和监察者这三个角色仍然未加区分是可以理解的：在民主体制（据说是合法的）当中，这三种角色往往是相同的。在民主政府当中，被代表者就是选民，选举代表的代理人也是被代表者（至少是其中的一部分），而且被代表者往往也是监察者，代表关系必须被它看作有效的才行。通过将同一群体（选民）所扮演的不同角色区分开来，我们才能看到在不同的例子当中不同的个体如何可能扮演不同的角色。在这些例子当中，代表所要求的所有条件都已具备，但他们的内容可能相距甚远。这里所给出的解释只是用来分析演员如何代表他所扮演的角色，尽管他的代表方式与政治代表大相径庭。

界定政治代表的条件

前面我已经说明了监察者在政治代表的普遍理论中的核心位置。但是如果成为代表的条件可以概括为：监察者是否接受约翰作为一些其他群体的代表。为什么我们还需要承认规则呢？简单说来，我们并不需要：只要有监察者接受约翰为某些群体的代表，那他就是他们的代表。[1] 作为一个描述性的事实，它本身就足以解释为什么某些政治代表根本经不起任何合法性的检验：当监察者根据不合理的原因接受某些人作为代表时，这些代表就不具有合法性。

为什么我们还要不厌其烦地讨论承认规则呢？承认规则可以用来解释当监察者承认（或未能承认）某个特定的申请者为代表的时候，监察者在判断什么[2]。监察者采用的这些规则，让我们能够进一步从规范上来判断某些实例的好坏，以及代表是不是合法的。正是通过这三条承认规则我们才能够解释，为什么有时候我们会认为监察者犯了错误，未能承认那些我们应该被承认为政治代表的人。我们将会看到，在这些例子当中，监察者未能遵循自己的规则。

在这一部分，我将通过详述这些观点来完成这一解释理论。我将

---

[1] 在下一部分我将界定这一点以解释监察者的失误。

[2] 我并不是想说监察者常常是有目的有意识地运用这些规则，虽然在多数情况当中确实如此。目的性的问题仍然值得更进一步的探讨，我将另择时机来探讨这一问题，这一问题已经被 Searle（1983，1991）讨论过了。

描述监察者是如何将某种关系看作是代表性的，"接受任务"意味着什么，并且通过解释"生效条件"的重要性来说明监察者是如何犯错的。

监察者如何将某种关系看作是"代表性的"

回忆一下我在前面说过的成为代表的前四个条件：

R1：存在着一些需要代表来履行的功能

R2：一个特殊的申请者是合格组群中的一员

R3：申请者通过决定规则被选出

R4：选择代理人运用决定规则从合格组群中选择一人

R1 确定了在某个具体的例子中，代表的背景和目的。R2—R4 说明在我们考虑一个人是否为代表时，她是谁以及她是如何被选出的乃是中心问题。这三个独立的条件解释了，为什么尽管我们可能希望称某些关系为"代表性的"，但实际上并不是。

为了看清这些条件的必要性，我们来考虑以下这些例子，其中每个例子都只符合两个条件：

（1）在 2005 年，摩洛哥国王选择格雷斯·凯利（死于 1982 年）为该国在联合国的代表（不符合 R2）。

（2）吉姆·德鲁（一个活着的、芝加哥成年公民）通过彩票被选为来自伊利诺斯州的美国参议员（不符合 R3）。

（3）2005 年，我的丛书小组通过多数规则选举伊丽莎白·多尔为红十字会理事会的首脑以代表战争中的囚犯（不符合 R4）。

在第一个例子当中，R2 本身就足以解释为什么联合国并不接受格雷斯·凯利为摩洛哥在联合国的代表，尽管有资格的选择代理人（国王）在他的选择过程当中运用了有效的决定规则（国王喜欢的任何人）。① 凯利死了，所以没有资格获取这一位置。与此类似，在第二个

---

① 就像我在前面说过的那样，"有效""合格"和"妥当"仅仅依赖监察者的判断，并不必具备规范上的正义性。下一部分会有进一步的讨论。

例子当中，R3 本身就能解释为什么吉姆·德鲁未能成为伊利诺斯州的代表：2005 年，监察者（美国参议院）不可能接受随机选择作为优先的决定规则，尽管这一例子符合其他的条件。最后，R4 说明了"妥当的选择代理人"对于监察者的承认规则是何等重要，几乎没有监察者会将我的丛书小组作为妥当的选择代理人，来选举红十字会的代表，尽管我们选举了（通过多数规则）伊丽莎白·多尔，这一组织的前任主席（符合 R2 和 R3 这两个条件）。①

我们很容易就能得到不那么怪异的历史案例，在所有的政治制度中，都会对代表候选人的资格作出明确的限制（也有一些是暗含的，例如必须是个活人）。实际上，在 17—18 世纪之间的英格兰，一个讨论得非常激烈的话题就是谁能够决定下议院代表的资格。这一争论导致美国宪法中包含这一条款，美国宪法第一条第四项的第一句规定"各院自行审查本院议员之选举，选举结果及本院议员之资格……"关于拒绝决定规则的例子，我们可以想象一下劳工谈判的初始阶段。尽管工人们选举了强森来代表他们，管理层会拒绝把强森视为工人们的代表，因为强森只是工人们口头选举出来的。管理层（亦即这一例子当中的监察者）会争论说，因为没有经过秘密投票，所以他们拒绝接受强森作为工人的代表。

现在我们讨论一下这个很多人可能会认为是"不合法"的例子。当侯赛因国王在联合国发表声明的时候，联合国理事会接受他作为约旦的代表。他们接受他是因为，他有资格，他是他自己的选择代理人，他采用的决定规则是妥当的（选择国王）。很多人接受侯赛因作为约旦的有效政治代表仅仅是出于实用，他们不需要承认他其实是这个国家的合法代表。

---

① 要注意在所有的情形当中我都假定相关团体（监察者）会拒绝这三个例子，原因我已说明。如果他们把死人看作是合格的，把随机选择看作是有效的，把我的丛书小组看作是妥当的，那么毫无疑问，代表的条件就具备了。这只是加强了规则在政治代表确立过程中的中心性。

接受任务

R5 是一个条件性命题："如果可行的话，代表会接受这一任务。"（见表2）。R5 解释了这一事实，即虽非所有但绝大多数政治代表都包含了人类的自我意识的活动，因此需要个人接受他作为一个代表的角色。当代表只是包含在象征当中的时候，代表无需"接受任务"。当代表是非人类主体的时候，R5 也无法适用。如果这一解释正确的话，那么象征代表与其他的非象征代表和活动代表在政治化程度上是一样的，不多也不少。

以下两个例子能很好地说明这一点：

（1）象征代表：安娜托黎·沙朗斯基是苏联被拒签移民者的代表，不管他自己是否接受这一任务①。

（2）代表是一个无生命的主题：意大利的国旗代表了意大利的光荣与梦想，无论它（国旗）是否接受这一任务。

在第一个例子当中，沙朗斯基作为象征代表不需要接受任何任务来代表那些被苏联拒绝的外向移民，因为象征代表本身就不包含任何要做的事情。他有可能明确地拒绝他的代表身份（我只是一个想离开苏联的人，仅此而已）。尽管如此，因为这一代表例子当中的功能就是象征，而作为一个象征只要"存在"就行，不必要让象征接受任务。因此沙朗斯基仍然是一个象征，不论他自己是否乐意，而仅仅是

---

① 苏联被拒签移民者是那些想要离开苏联却又遭到当局拒绝的犹太人，在此之后他们常常遭到迫害。安娜托黎·沙朗斯基是众多值得祝贺的例子中的一个，其号召的力量使美国在20世纪80年代有了大量的犹太社区。他的象征性地位表现在 Doug Mishkin 所写的一首名为 Anatoly 的歌曲的歌词当中。这首歌在当时美国的政治集会中经常被传唱："安娜托黎你还在那里/整个以色列都听到了你的祈祷/安娜托黎你还不自由/我们也一样"。（Mishkin 1987）沙朗斯基最终移民到了以色列，取了一个希伯来名字 Natan，并成为选举政治的积极分子。在沙朗斯基获释之后录下的这首歌的序言里面，作者认为安娜托黎的精神代了所有那些反抗压迫和暴政的人。就我所知，沙朗斯基从未同意将他的名字（更不用说故事）与这些联系起来（尽管在他出席的场合里，至少有两次唱起了这首歌，而且考虑到他参加了政治竞选，人们可能认为他可能会欢迎这种联系）。因此说，象征代表独立于代表对任务的接受。

因为监察者（在他们之前，象征才是相关的）把他当作象征。与此类似，当代表者是一个无生命的主体（国旗）时，它也只能是一个象征代表因此无需接受任务（不管这意味着什么）。

生效条件：解释监察者的失误

第六个条件将所有的解释综合在一起，并用来说明监察者是如何运用这一系列规则将特定的个人承认为代表的。

R6：监察者事实上承认 R1—R4 这些条件都得到了满足（也就是说根据决定规则，合格组群中的一个成员已经被选择代理人选出来代表被代表者）。

R6 说明了 R1—R5 如何综合在一起并形成了政治代表的例子：一个监察者必须在事实上承认他们的那些规则已经得到遵循，代表已经产生。因为最终说明了这些部分是如何综合起来的，R6 还解释了两种非常重要的监察者失误（正向失误和负向失误），正是这些失误产生了反常的代表。①

首先，监察者可能错误地认为某个实例符合它们的承认规则，而实际上并非如此（正向失误）。当这种情况发生的时候，我们可能会相应地但并不精确地声称："尽管这是监察者的判断，但这个人实际上根本就不是代表。"说得精确一点，我们的意思是："这个人并没有达到监察者的承认规则的标准要求，但监察者误以为她达到了这些要求。"其次，监察者可能未能承认或者错误地拒绝了某些符合他们承认的规则的实例（负向失误）。当这种情况发生的时候，我们可能会相应地但并不精确地说："尽管这是监察者的判断，但这个人是一个真正的代表。"精确地说来，我们的意思是指："这个人符合监察者采用的承认规则的标准，但是他们的失误使她未能得到承认。"我将在下文中逐个讨论这两种失误，并且厘清我刚才提出的相应性和不精确

---

① 我要感谢 Jennifer Rubenstein 作为 *The Journal of Politics* 的读者，提出了这一问题，这使我重塑了这里的论证，并成为现在的形式。

性的问题。①

让我们首先考虑"正向失误"，在这种实例当中，监察者相信某个申请者符合他们的承认规则，而实际上并非如此。想象一下一个叫"乔治"的人通过欺诈的竞选策略被选出来，他在监察者面前声称自己是代表，而这个监察者的本意是使用一套完全不同的决定规则或者选择代理人（比如"公平的选举"、"所有够资格的投票者"，等等）。既然监察者未能发现乔治的欺诈行为，当乔治声称他是代表的时候，他们错误地认为他符合他们的规则的要求。获悉存在着欺诈，我们可能会说："乔治根本不是一个代表。"但我们的真正含义是："监察者犯了一个错误，他们不应该承认乔治为代表，因为他的事例与他们的承认规则不相符。"

这个例子实际上与 2000 年 9 月的大选之后，很多人对乔治·布什声称自己是美国总统的看法非常相似。这个例子帮助我们说明，承认规则有时候不一定那么简单，它往往是非常复杂的。可以这么说，绝大多数美国人用来承认当选者的那些规则，都肇始于美国宪法的相关规定，尽管是间接的规定②。在这些规定之外还有一些辅助性规则，用来处理万一出现的争端。③ 那些认为 2000 年大选是建立在弗罗里达州的模糊计票的基础上的人，我很怀疑他们中的多数会接受最高法院的介入，而在那次事件中，正是最高法院明确了他们关于"选择代理人"的规则。④

---

① 第三种观点可能拒绝监察者所用的规则，因为这些规则不够好，比如说："只有男人才是妥当的选择代理人。"在这种例子当中，我们可能会说："这个人根本不是代表，因为规则本身就是不合法的。"但这种观点可能是误读了我们的要义：一个经由规范上不良的规则而得以承认的代表可能不合法，但仍然是代表。这点在第一部分已经说得很清楚，这个模型和规范评价的关系，将会在第五部分加以讨论。

② 之所以说是间接的，是因为我怀疑绝大多数人，都要靠中介的信号告诉他们谁符合他们本要采用的规则，而非自己就知道这些规则并且知道谁符合这些规则。就这一点来说，"大头标题"和"新闻报道"的功能与教皇选举中的"白烟"极为相当，它乃是规则已经得到满足的信号，而自身并不包含规则。我将马上讨论白烟和教皇的问题。

③ Hart（1997）在类似的意义上采用了辅助性规则。

④ 如果他们的规则在美国宪法中已经得到明确，那么他们很有可能犯了一个错误。即使他们可能不应该承认布什为总统，但只要他们这样做了，布什仍是他们的代表。

　　其次，考虑一下"负向失误"的情况，在此监察者未能承认一个符合他们的承认规则要求的人：申请者是合格组群的一员，并且是通过他们视为妥当的选择代理人，运用有效的决定规则选出的。例如，设想一下约瑟夫·拉青格，一个天主教的枢机主教（合格的背景），声称枢机主教团（妥当的选择代理人）已经选举（有效的决定规则）他为教皇。他接受了"本笃十六世"的名号（因此接受了任务）并且在电视里宣称他就是上帝在人间的代表。当然，这就是 2005 年春天发生的事情。暂且让我们偏离事实，想象一下天主教徒拒绝了他的声明，尽管他符合了所有的承认规则。他们尊敬这位枢机主教，但是拒绝接受他为教皇。

　　如我描述的那样，所有的承认规则都已经符合，那怎样才能解释这种失误呢？为什么拉青格不能成为教皇，亦即上帝在人间的代表呢？想象一下由于选出了一位新教皇，枢机主教们兴奋过度，以至于忘了在西斯廷教堂点火，那西斯廷教堂的烟囱自然就冒不出白烟。西斯廷教堂的烟囱里没冒出白烟，天主教徒们就会认为前面那三个条件还不具备，因此可能错误地拒绝拉青格的声明。① 而其他的天主教徒可能会相应地说："拉青格实际上是上帝在人间的代表。"他们的确切含义是："考虑到天主教用来决定谁是教皇的承认规则，你们应该接受拉青格为上帝在人间的代表，因为他符合了所有的要求。"

　　这两个失误的例子强调了代表仅仅依赖于监察者的判断，而非依赖那些独立于监察者判断的意图。在这两个例子当中，乔治和本笃十六世能够成为（或者不能成为）他们所代表的人的代表，仅仅依赖于特殊的监察者所采用的承认规则。在乔治·布什的例子当中，外国政府和美国公民可能会采用完全不同的承认规则来决定谁是美国的代表。

---

　　① 在这个例子当中，我假定"梵蒂冈西斯廷教堂烟囱里的白烟"只是标志着这些规则已经得到满足，而不是说这些规则本身就是监察者承认规则的一部分。我很怀疑这里说的就是事实，白烟仅仅是仪式化的信号：有传言说烟囱坏了而拉青格就是新教皇，这就不会有什么争论。与此相对，鲜有天主教徒接受那些明显违规选举出来的人，比如说天主教宣布拉比 Peter Schaktman（一个犹太人而且不是天主教徒）是新教皇。这里提出了一个非常重要的问题，即规则是如何产生、进化并演变的，不过这一问题我们尚不能在此回答。

只有符合美国宪法明确规定的条件，美国公民才会承认他是代表；而外国政府可能采用一个更加简单而实用的规则："谁是白宫的主人，谁就是美国的代表。"（这两种规则在大多数情况下是一致的，不过在民众骚乱的时候就另当别论了。）就拉青格的例子来说，在非天主教徒面前，他那个说自己是上帝在人间的代表的声明大概会失效，因为他们不会用与天主教徒相同的规则来承认上帝在人间的代表。尽管如此，他们肯定会承认教皇是梵蒂冈的代表。事实上，教皇是上帝在人间的代表常得不到非天主教徒的承认这一事实，乃是一个非常显著的例子，它说明了申请者如果想要成为监察者眼中的代表，就必须符合监察者的承认规则。

最后，我曾说过，当监察者出现失误的时候，人们可能会合理地但并不准确地回应说，"这个人应该被看作是一个代表"或者"这个人根本不是代表"。之所以说这些说法是合理的，是因为照俗话我们理解这些说法的意思。之所以说不准确，那是因为根据这一解释，既然监察者未能承认这个符合条件的例子，那代表关系就根本不存在。代表依赖于监察者在形式上的承认，而不是依赖于某个例子在实质上与监察者采用的承认规则的一致性。简单说来，起作用的是监察者的信念，不管这些信念正确与否。

绝大多数监察者采用的那些必须遵循的规则，一般都是相对稳定并公开的，这一事实也解释了为什么这些说法虽不准确但仍合理。例如，当一个立法机关未能承认某 A 而是接纳他人作为代表，而某 A 又与这个机关所公开的承认规则相符合，我们可以正确无误地说他们犯错了。如果他们坚持这个错误，并且，打个比方说，接纳李毕而不是弗罗伦斯作为代表，那么因为他们的承认，李毕就将作为代表。如果希望更明白点，我们可能会说"弗罗伦斯应该被看作代表，尽管事实上李毕才是代表"。如果不怕麻烦的话，我们会发现"应该"在这里只是一个非道德的、认识上的、条件性的"应该"。如果监察者想要承认与这些而非那些规则相符合的实例，他们就应该承认这个而非那个人作代表。当相关的事实完全公开，而这类例子仍然一直存在，我们就有理由相信承认规则已经发生了变化。①

政治代表与合法性

在现实生活中，监察者不会运用任何过时的承认规则。在民主政权之下，他们采用的规则与合法性的某些规范解释往往非常契合，如果不是完全相符的话。他们承认为"妥当"的选择代理人常常是"公民"当中的一部分，他们认为有效的决定规则往往是"多数原则"，换句话说，监察者采用的承认规则大多源自于合法性和正义的规范理论，尽管并非必定如此。不过我想说明的是，这些规则和代表，能够得到更为普遍的解释而无须诉诸任何规范性理论。尽管这些规则也要求"合格""妥当"和"有效"。从表面上看来，这些术语极像规范性的。现在是时候回应我前面提到的异议："承认规则"仅仅是某些实质上是合法性观点的烟幕而已。

回应这一观点最简单的办法就是重申：承认规则只是用来描述监察者是如何决定接受这个人而非那个人作为代表的，而相关的术语（妥当、合格及有效）则完全取决于具体的情境。在任何具体的实例当中，监察者都必须将申请者看作是合格组群的一员；在特殊的情境中他们必须把某些而非其他的规则视为有效；而且他们也必须在特定的环境下，将某一群人而非别人看作是能做决定的妥当的选择代理人。这些最终的判断并不一定要源自于正当的理论，而可能是考虑到具体环境而采取的政治性权宜。

例如，2005年美国政府接受穆沙拉夫作为巴基斯坦的政治代表，就有可能是通过这些规则：

合格组群：考虑到这一背景，任何能够控制巴基斯坦军队的团体

---

① 一个独立的问题是，这些规则是如何产生的，如何与时俱进的，它们是否需要得到形式上的承认；而且既然形式规则没有变化，我们如何知道这些规则已然不同了呢？这些问题非常重要，尽管我不认为关于这些承认规则，还有什么比其他的制度性规则更重要。无论如何，在此我无法展开得更详细。

及个人都是合格的。

决定规则：有效的决定规则，在这一情境中来说，就是"任何在事实上掌握巴基斯坦军队的人"。

选择代理人：在这一环境之下，任何在实际上支配巴基斯坦军队的人都是妥当的选择代理人。

代表因此完全依赖于监察者是否能够承认：某个特定的申请者符合这些规则的要求，而不管这些规则可能是什么。就此而言，虽然运用了"有效""妥当"和"合格"这些术语，这一解释也并未制订这些规则的内容一定是什么。在这一背景下，我们会用谨慎的规则承认巴基斯坦军队的总司令，乃是该国的政治代表，并不意味着这些规则就是正义或合法的，虽然这并非没有可能（事实上，我们可能相信其他的规则，那些更符合民主合法性的规则，在道德上更可欲，并能用来改造具体的环境，所以这些规则也可能是谨慎的）。这一解释并不要求监察者运用任何固定的规范理论来确定他们的规则的内容。为了确定谁是 1979 年至 2003 年间伊拉克在联合国的代表，监察者可能会非常实际地把"任何萨达姆选中的人"当作有效的决定规则。简而言之，监察者需要判断申请者是否为合格组群的一员，而无需判断其资格是否因合法与正义而被确立。

2000 年的美国大选则进一步揭示了，这三个规则在判定政治代表时是如何可能与合法性相脱离的，尽管它们都诉诸于"有效""合格"与"妥当"。在此我想说明，甚至在一个高度民主的体制当中，监察者如何可能不追问代表的合法性，就认为他们的承认规则已经得到满足。

为了便于说明，我想用以下四个前提将 2000 年美国大选的实例形式化：

P1 戈尔得到了大多数美国公民的选票。

P2 选举中的合法胜出者乃是得到大多数选票的候选人。

P3 戈尔因此是美国 2000 年大选的胜出者

P4 布什仍然被接受为美国的政治代表，尽管人们可能正确地相信条件 P1—3 都是真实的。[①]

既然条件 P1—3 都是正确的，我想解释这一模型在此是如何将 P4 合理化的。为此我假定一种几乎不可能出现的情况：布什需要在他们面前说自己是代表的那些监察者，仅仅包含那些相信条件 P1—3 为真的人。换句话说，这些监察者认为戈尔赢得了最多的选票，因此相信它是合法的胜出者，但他们仍然认为布什是美国的代表。因此，关键在于说明在这一实例中，这群人是如何不依据合法性而认为代表的条件都已经具备。

首先，乔治·布什必须是合格组群的一员（R2），尽管合格的成员身份是随着时间而变化的。在选举日之前，合格组群包括所有符合美国宪法要求的人。在选举日之后，只要结果得到认可，则合格组群里只剩下两人：布什和戈尔，在这天之后，只有他们俩其中的一个才有资格做代表。想象一下，在确定选举结果的决定中，最高法院认定拉尔菲·纳德（第三党的候选人，他得到的选票虽然少于前两位，但仍然相当可观）胜出。尽管纳德在选举日之前是合格组群中的一员，但在选举日之后，根据当时的条件说来，就明显不是了。我相信这一实例当中的绝大多数人都可能会接受 P1—4，但却会拒绝接受纳德作为美国的代表。

其次，要接受 P4，监察者必须将最高法院当作选举代表（例如布什）[②] 的妥当的选择代理人。"妥当"这一判断在此只是用来描述监察者已经接受的选择代理人，而不一定要获得合法性，尽管合法性的解释也常常被监察者用来确定谁应该或谁不应该被视为妥当的。在选举日之前，妥当的选择代理人乃是每个州的注册选民，因此这一结果常

---

① 这是一个非常简化和形式化的解释。说布什是不合法的，更多的（也可能更合理的）是基于美国最高法院的干预，而非大众投票上的票数。美国宪法允许在大选中没有得到多数票的候选人通过选举团制度胜出，使问题变得更为复杂。

② 我将这一例子简化了。既然最高法院是布什诉戈尔案中的裁判，而关注的问题是某些选票应不应该被计算在内，那么更精确地说，最高法院乃是承认规则的裁量者。这又提出了一个关于政治代表的承认规则是如何确立和维持的问题，但这个主题超出了本文的讨论范围。

常赋予胜出者合法性。① 在选举日之后，情况发生了改变，监察者可能认为某些选择代理人是妥当的，而可能只有其中一部分被他们认为是合法的。可能成为妥当的选择代理人的候选者包括：弗罗里达州的立法机关、美国众议院、美国最高法院、弗罗里达州最高法院。② 虽然其中没有一个候选者必定具备合法性，但是在大多数监察者看来，它们都有可能是"妥当的"。相比一下，考虑一些"不妥当"的选择代理人，包括巴巴拉·布什（布什的母亲），德克萨斯州立法机关，或者英国下议院的成员。如果这些个人或群体宣称他们选择布什而不是戈尔，大多数监察者会拒绝这一声明，因为这根本就与他们是否应该承认布什为美国的代表不相干。

最后，对于接受 P4 的监察者来说，它们必须把选择代理人用来选举布什的决定规则视为"有效的"。在选举之前，决定规则仅仅是"按照宪法规定的原则"，亦即用多数规则的某种变体来选举总统。在选举之后，假定最高法院为妥当的选择代理人，有效的决定规则很有可能是"一系列得到法院多数成员支持的合理论据"。如果最高法院仅仅说，"布什是总统因为我们更喜欢他"，我相信布什说自己是总统的声明就要受到严重质疑（不仅仅是他们的决定的合法性），因为在这一情景当中，"我们更喜欢他"不会被看作是有效的决定规则。（要注意"我们更喜欢他"在其他场合中可能是非常有效的决定规则，特别是在普选的时候。）有效性在此的功能非常类似于它在哲学分析中的技术性角色，即只是一种检测内在一致性的工具：有些东西可能是有效的（内在一致）但仍然是错误的。与此类似，监察者也有可能将这决定看作是获取合法性的合理尝试（意图良好而且也不无可能），

---

① 与我的观点一致，实际上这一点乃是常识，即更少的选票可能会使得当选者的合法性受到怀疑并能说明：我们并不会因为约翰的选票不足而否认他是政治代表，但我们会质疑他的合法性。

② 在 2000 年的美国总统大选当中，政治斗争主要围绕着谁是妥当的选择代理人，所有的政党都聚焦于弗罗里达州和其他选票非常接近的州。在这五周之内的不同时段，弗罗里达州立法机关、州普选局、州选票统计处以及州最高法院都声称自己是妥当的选择代理人。由于美国的民主规则，"妥当"近似于程序性和规范性的合法性解释。

但其结果仍然是错误的。但是，有效性可能只是表达了实用的结果。鲜有人会把"世袭原则"作为合法的选举规则，但很多人都会把它看作是一个决定谁在世界舞台上代表约旦人民的有效规则。

政治代表的两个维度：存在与行动

我所提出的关于政治代表的解释不只是正确的描述了，它还解释了我们如何能够决定一个人是不是政治代表。但是这一解释（至今）还未能理解政治代表的行动。这话也可以这么说，尽管这一解释能够说明作为名词和存在的"代表"是如何为监察者所据有的一系列信念所创生，我们仍然必须对作为动词和行动的"代表"作出说明。而这一点引出了两种非常重要的反对意见中的第一个：不借助于行动就无法把"作为一个代表"和更为普遍的"据有一个政治职位"区分开来。[1] 就此我认为任何特定的代表的例子都是受其背景限制的：它被其意欲实现的功能所界定，而这些功能常常确定了"代表者要代表被代表者去做某事"。而"据有一个政治职位"并不要求代表任何其他人，仅仅是指维持秩序、执行法律以及处理一些其他的事务，这里我们会拒绝它作为代表的例子。

但这又提出了第二个更为重要的问题，通过将作为代表这一事实与代表的行动分离出来，政治代表的普遍理论无法说明承认的程度：即它能解释某个例子是否属于代表，但不能够说明代表们做得好不好。[2] 这是一个非常重要的问题，因为我们常常说"约翰没能好好代表他的社区"，但在我给出的关于代表的解释中还远未能说明这类断言。实际上，这看起来我们不得不被迫接受一种合法性的实质标准，因为代表的行动在某种程度上必须与"为他人利益服务"相联系。

---

① 感谢 *The Journal of Politics* 杂志的匿名评审提出了这一问题。

② 皮特金是这样提出问题的："在业经讨论的所有观点当中，理论家们想得出一个关于代表的恰当行为的结论，或者是一个关于制度化的代议制政府的恰当行为的结论。不过我们已经考察的那些定义使我们无法得出类似的结论，告诉一个代表应该做什么是不合适的，告诉我们应该如何判断代表的表现也是不合适的。"（Pitkin 1967：112）

我不想否认这些命题意义重大，是任何代表的理论描述都必须解释的问题。但我认为想要更好地解释这些评价，就必须联系在特定例子中所陈述的功能来加以考虑。通过这种方法，我们可以将代表的角色看作具有两种独立的性质：描述性和绩效性。普遍理论解释了个人是如何成为代表的，以及代表的绩效（评价）特征是如何出现并因实际例子的不同而不同。但正是代表意欲实现的功能或目标，确定了"作为行动的代表"是什么。与此类似，我们用来判断怎样才算是实现好特定的功能的规范标准，正是用来评价一个代表表现得好不好的标准。因此就形式上来说，"代表"是一个可以一分为二的变量：人们可能通过自己的代表者而被代表；也可能不被代表。① 我将简要的解释这一复杂的要点。

首先，我们要将代表的程度（我们依据代表的行动来评价他代表得是好是坏），与对代表的实质行动的评价和评价标准区分开来。所谓代表的程度，仅仅假定了要优先忠诚于某种特定的目标和功能，而没有假定这个目标是什么，更没有预设某种特定评价标准——我们用来评价在这一目标上取得的成就的标准。关于代表程度的声明——我们能够联系某些特定的目标并运用一些规范标准来说，约翰是个很差的代表——是个独立的事实，它区别于确定具体的目标和评价标准。这些标准本身并不属于代表的形式概念的一部分，这就好比"跑得真快"也不是汽车的形式概念的一部分。事实上，这些标准构成了代表的第二重实质维度，它是任何具体的代表例子当中所要实现的目标，但它本身却又不是"代表是什么意思"的一部分。

就像我在前面说过的那样，代表的功能采取了这样的表达形式，

---

① 我认为如果说代表是一分为二的变量，那么我们的日常语言中运用的两个术语，"过度代表"或者"低度代表"都不准确且容易误导人。实际上我认为，当我们说一个选区被过度或低度代表时，我们笼统地将"拥有代表"与后两种观念混在一起了。即第一，代表拥有的相对于其他代表的权力。或者第二，那些选择了特定代表的人们的偏好与那些选择了其他代表的选民的偏好的影响力比较。因此一个选区本身不会被过度或者低度代表，尽管我们会这么说。毋宁说是，一些代表和选择代理人比其他人的权力更大。这些观点只是启发性的，想要捍卫它们需要展开更为复杂的讨论。

"一个代表者代表被代表者去做某事",因此他们的具体行动要依实际环境而确定。因此,"好"与"差"这些词并不是用来修饰代表的行动本身,而是用来修饰各种具体的实例。代表常常包含代表被代表者,但是代表被代表者意味着要做什么,则因具体例子中目标的不同而差异极大。当我们批判一个代表的行动时,我们是在依据业经确定的功能和目标来判断她做得好不好。我们不是在判断代表的特质本身,而是就特定的目标和特定的规范理论——关于代表应该如何行动的规范理论——下的代表特质给出判断。目的界定了代表将做什么,代表的功能是什么,并且暗示了我们的判断依据。

所以最重要的是要认识到,功能界定了谁是相关团体,以及要实现特定的代表的目标应该做什么事。这就意味着,我们关于代表的特质的判断,实际上是对在特定的背景中,为功能所界定的相关行动的特质的判断。而这些判断依赖于与"代表"相分离的规范理论。举例来说,在一个适用自治、平等和互敬等民主规则的立法机关里,怎样才是代表得"很好"或者说"一个好的代表":一个代表应该考虑他的选民的观点,不是因为他是一个代表,而是因为他"代表"被代表者是为了民主的立法。与此相对,我们将会诉诸在一个多元社会的背景之下对政治主张的规范性解释,来判断一个提出特定政治主张的人是不是一个好的代表:一个利益集团的代表应该尽可能地推动有利于她的集团的立法,不是因为她是一个代表,而是因为在一个多元社会中,她是"代表"他人来提出要求的。

现在我们可以据此解释,为什么之前的政治代表理论与合法性理论如此紧密相连。从历史上来看,关于政治代表的研究基本上都是在民主(或者变得民主的)政权的背景之下进行的,这就意味着民主的监察者所采用的承认规则与合法性要求的内在条件(例如自由与公正的选举)紧密相关,如果不是完全相同的话。与此相似,就我们对政治代表们的评价来说,在历史上他们也一直是在民主的背景之下做出的,在这一背景之下,代表的功能就意味着为了民主立法而去代表。

图 1　政治代表的序列

功能→[监察者→用承认规则来承认申请者的人→代表者]→表现

图 2　连接政治代表的形式和实质维度

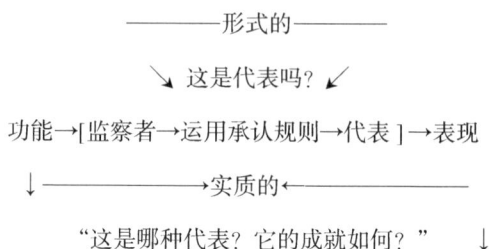

————形式的————

↘ 这是代表吗？↙

功能→[监察者→运用承认规则→代表]→表现

↓————————→实质的←————

"这是哪种代表？它的成就如何？"　　　↓

　　我们现在可以将代表的形式与实质维度结合起来。在上图 1 中，从左到右读起，一旦这一关系的目标明确（功能），就决定了监察者是谁。而监察者必须判断这是否符合他们的三条承认规则，如果是，那她就成了代表。假定她接受了任务，代表就开始工作（以表现来标记），如功能所确定的那样。

　　上图 2 描述了代表的形式和实质维度是如何相互联系的，并因此解释了代表如何可能承认不同的程度。在功能与表现的括号里面，这一关系的形式要求得到了满足。在这一中间领域里，代表产生了（或未能产生），如果你愿意的话。代表的实质维度——代表的目的及其是否达到——说明了功能与代表的工作表现之间的关系。除非人们确定了（或者去创造）关系的功能并因此获得了判断的标准，否则就无法进入代表的形式维度。如果未能通过所有的形式步骤，那也无法进入代表的实质维度——代表只在此发挥一些功能。"这是代表的例子吗？"，这一问题仅仅与括号里面的术语所确定的条件相关。进而，关于实质的问题，"约翰这个代表做得怎么样？"只能被理解为一个关于功能与表现之间的关系问题。这两个维度如影随形，尽管并不彼此决定。

为了说明这个形式结构，我们现在可以重新考虑本文开篇提到的例子：利比亚在世界贸易组织的代表。这只是一个扼要而不完整的说明，但可能帮助我们充实并总结这一普遍理论。

首先，我们必须确定这一事例当中的功能。无须争议地说，这里的功能是"在世界贸易组织有投票权的成员面前代表利比亚表达其政策偏好"。这一功能就决定了世界贸易组织就是这里的监察者，而它必须接受阿里·哈伽吉而非其他人作为利比亚的代表。而且这一实例当中代表的行动和表现也为其功能所明示："在世界贸易组织有投票权的成员面前表达利比亚的政策偏好。"

世界贸易组织运用承认规则来确定阿里·哈伽吉就是利比亚的代表。它要决定选择代理人（利比亚政府和卡扎菲）是否妥当，而考虑到这些人的权威，世界贸易组织认为他们是妥当的。它们还要决定这些选择代理人运用的决定规则是否有效。在这个实例当中，世界贸易组织采用了非常宽泛的有效性标准，包括"卡扎菲喜欢的任何人"。不过也有一些非常重要的限制。例如世界贸易组织可能会拒绝承认这个规则是有效的，"任何坐在华府的椭圆形办公室里的人就是利比亚的代表"，就算符合其他的条件，甚至卡扎菲本人支持美国总统作为他的国家的代表。最后，世界贸易组织还要决定申请者在这一例子当中是否为合格组群的一员。当然它们的判断标准仍然可能非常宽泛，可能仅止于精神健全。这一点能够解释为什么世界贸易组织不会接受一个严重智力迟钝的人作为利比亚的代表，尽管其他的条件都具备。

重要的是，在这一过程当中，世界贸易组织根本就不需要诉诸于代表的合法性（更不用提选举、责任和恰当的行动），也能够产生代表。但这一解释能够让我们看清规则是如何进入政治和政治制度当中的。例如，在这个实例当中，阿里·哈伽吉的工作就是"代表利比亚并且在世界贸易组织有投票权的成员面前表达政策偏好"。一种关于良好、正确或者正义的规范理论，会明确在这一背景之下什么才是值得嘉奖的行动。我们可能会说她是一个好的代表，如果在众多的事物当中他能够准确地表达利比亚的政策偏好。更为重要的是，我们还必须就什么构成了"利比亚的政策偏好"再说点什么：是卡扎菲想要的，还是他的立法机关想要的，或者是利比亚人民的普遍利益？想要评价她的工作做得好不好，就必须明确这一点。

结论

由皮特金的分析开创的当下关于政治代表的标准理论，在解释使政治代表具备合法性的条件时非常有用。我们可以在罗格斯基（Rogowski）支持皮特金的理论的例子中，看到这一点：

"正如皮特金所指出的那样，一方面，代表不仅仅是代理：我请的律师——因为我对法律的无知——如果只是做那些我站在她的位置也会做的事情，那她就并没有很好地代表我；另一方面非常关键，A声称代表B常常是可辩驳的：如果在某些相关领域，委托人在通透地研究了法律和事实之后发现——如果知情的话——他的做法可能会与他的律师完全不同，因此他完全有理由声称他没有被很好地代表。"（Rogowski 1981：396–397）

Rogowski，像皮特金一样，想要表明"代表"不仅仅意味着代理（这是形式维度的声明），只能通过声称律师做得很糟糕（这是实质维度的声明）。毫无疑问，律师将代表你，只要法庭（此处的相关团体）承认她符合了他们的承认规则（例如她有律师执照等等）。而且，如果根据他们的规则，"跟你一样无知地行动"并不会使律师失去资格，她甚至还将代表你这样行动。当然，我们可能会想说"这律师只是在形式上代表我"。这句话倒是准确地切中了要害。

由于当下的解释混淆代表的这两个不同维度，因此未能清楚地说明这一过程。考虑到依赖非民主代表的全球性机构日渐增长，找到一种理论来解释不依靠民主的规范、制度和行为的政治代表是很有必要的。它使我们能够看清，关于政治代表的论说常常是以下二者必居其一：第一，关于监察者采用的或者应该采用的承认规则——用来决定这个人而非那个人才是政治代表——的论说；或者第二，在一个特定的代表实例当中，实现其目标在道德上更为可欲的方法是什么。由于远非声称实践中的政治代表是"价值中立"的，政治代表的普遍理论因此成为政治分析极为有用的工具，能够精确地说明规范性论说如何介入政治世界。

致谢

Journal of Politics 的两位匿名评委重新安排了本文的论证并使其成为现在的形式，他们以及杂志编辑认真的阅读和投入使我亏欠良多。我要特别感谢 Jennifer Rubenstein，她精辟而令人信服的评论重塑了本文的整个论证。我也要向 2005 年 9 月参加了在哥伦比亚大学法律学院举办的合法理论研讨会的成员表示感谢，特别是 Jean Cohen、Kent Greenawalt、Ira Katznelsion、Andrzej Rapaczynski 和 Jeremy Waldorn，感谢他们犀利的评论，其中一些我已经在文中加以回应。另外我还要感谢以下成员对前一稿所作的评论，他们是 Randy Calvert、Cad Cyrenne、Mark Hansen、Emily Hauptmann、Jack Knight、Charles Larmore、Patchen Markell、Chris Rohrbacher、Sue Stokes 和 Cass Sunstein。

手稿提交于 2004 年 9 月 28 日
手稿于 2005 年 6 月 23 日获准发表

参考文献

Amy，Douglas J. 1993. *Real Choices*，*New Voices*：*The Case for Proportional Representation in the United States.* New York：Columbia University Press.

Bohman，James，and William Rehg. 1997. *Deliberative Democracy*：*Essays on Reason and Politics.* Cambridge：MIT Press.

Bybee，Keith. 1998. *Mistaken Identity*：*The Supreme Court and the Politics of Minority Representation.* Princeton：Princeton University Press.

Cohen, Joshua. 1989. "Deliberation and Democratic Legitimacy. " In *The Good Polity*, eds. Alan Hamlin and Philip Pettit. Cambridge: Basil Blackwell, pp. 17 – 34.

Dewey, John. 1954. *The Public and Its Problems*. Athens, OH: Swallow Press.

Dahl, Robert A. 1956. *A Preface to Democratic Theory*. Chicago: University of Chicago Press.

Dryzek, John. 2000. *Deliberative Democracy and Beyond: Liberals, Critics, Contestations*. New York: Oxford University Press.

Fasolt, Constantin. 1991. "Quod Omnes Tangit Ab Omnibus Approbari Debet: The Words and the Meaning. " In *In Iure Veritas: Studies in Canon Law in Memory of Schaefer Williams*, eds. Steven B. Bowman and Blanch E. Cody. Cincinnati: University of Cincinnati College of Law, pp. 21 – 55.

Fishkin, James S. 1991. *Democracy and Deliberation: New Directions for Democratic Reform*. New Haven: Yale University Press.

Gutmann, Amy, and Dennis Thompson. 1996. *Democracy and Disagreement*. Cambridge: Belknap Press.

Habermas, Jurgen. 1996. *Between Facts and Norms: Contributions to a Discourse Theory of Law and Democracy*. Trans. William Rehg. Cambridge: MIT Press.

Hamiton, Alexander, John Jay, and James Madison. 1949. *The Federalist*. Middletown, CT: Wesleyan University Press.

Hart, H. L. A. 1997. *The Concept of Law*. 2nd ed. New York: Oxford University Press.

Hobbes, Thomas. 1994. *Leviathan*. Edwin Curley, ed. Indianapolis: Hackett.

James, Michael Rabinder. 2004. *Deliberative Democracy and the Plural Polity*. Lawrence: University of Kansas Press.

Keyssar, Alexander. 2000. *The Right to Vote: The Contested History of Democracy in the United States.* New York: Basic Books.

Kuper, Andrew. 2004. *Democracy Beyond Borders: Justice and Representation in Global Institutions.* New York: Oxford University Press.

Mansbridge, Jane. 2003. "Rethinking Representation." *American Political Science Review* 97 (4), pp. 515 – 528.

Manin, Bernard. 1997. *The Principles of Representative Government.* New York: Cambridge University Press.

Mill, John Stuart. 1991. *Considerations on Representative Government.* Reprinted in *On Liberty and Other Essays.* New York: Oxford University Press, pp. 203 – 467.

Mishkin, Doug. 1987. "Anatoly." In *Woody's Children.* Washington: Quaker Hill Songs.

Pettit, Phillip. 1997. *Republicanism: A Theory of Freedom and Government.* Oxford: Oxford University Press.

Phillips, Anne. 1995. *The Politics of Presence.* New York: Oxford University Press.

Pitkin, Hanna Fenichel. 1967. *The Concept of Representation.* Berkeley: University of California Press.

Rehfeld, Andrew. 2005. *The Concept of Constituency: Political Representation, Democratic Legitimacy, and Institutional Design.* Cambridge: Cambridge University Press.

Rogowski, Ronald. 1981. "Representation in Political Theory and in Law." *Ethics* 91 (3), pp. 395 – 430.

Rousseau, Jean-Jacques. 1978. *On the Social Contract.* Ed. Roger D. Masters. Trans. Judith R. Masters. New York: St. Martin's.

Schmitt, Carl. 1996. *The Crisis of Parliamentary Democracy.* Trans. Ellen Kennedy. Cambridge: MIT Press.

Searle, John R. 1983. *Intentionality: An Essay in the Philosophy of*

Mind. New York: Cambridge University Press.

Searle, John R. 1991. *The Construction of Social Reality.* New York: Free Press.

Wellman, Christopher H. "Liberalism, Samaritanism, and Political Legitimacy. " *Philosophy and Public Affairs* 25 (3), pp. 211 – 237.

Williams, Melissa. 1998. *Voice, Trust and Memory.* Princeton: Princeton University Press.

Young, Iris Marion. 1990. *Justice and the Politics of Difference.* Princeton: Princeton University Press.

三、选举与代表

选举与代表*

伯纳德·曼宁、亚当·普沃斯基、苏珊·C. 斯托克斯 / 文　聂智琪 / 译

　　将民主与代表联系起来的观点，认为民主体制下的政府之所以是代表性的，是因为官员经由选举程序产生：如果选举允许自由竞争，且参与是普遍的，公民亦享有政治自由，那么政府就会全心全意为人民服务。在第一种也就是"指令"（mandate）代表观看来，选举旨在挑选出好的政策或执行政策的官员。政党或者候选人在竞选过程中提出政策建议，并解释这些政策将如何影响公民的福利；公民则决定他们想要的政策，负责制定这些政策的政治家及具体执行政策的官员。这样，选举有如一场直接的对垒，获胜一方的纲领成为政府行为的指导方针。而在第二种即"责任"（accountability）代表观看来，选举旨在确保政府为其过去的行为负责。因为会预先估测选民的意见，政府在做决策时会尽量依自己的判断选择那些能够在下一次选举时获取选民好感的政策。

　　然而这两种观点都是有问题的。"代表"本身就是一个问题，因为官员有他们自己的目标、利益和价值观，并且掌握信息优势，他们的行动，公民可能无法察觉，而即便是能发现，也要付出不少代价。即使官员在当选后想"一心为公"，也可能因为下次选举的压力而去迎合那些特殊利益。而一旦被选上了，他们可能只想着谋一己之私，抑或推出与选民意愿相左的公共政策。如若是这样的动机，那他们想做的事情就绝非代表了公众的意愿。至于选民，无论是前瞻性地决定

---

* Bernard Manin, Adam Przeworski and Susan C. Stokes, "Elections and Representation," in Adam Przeworski, Susan C. Stokes and Bernard Manin eds., *Democracy, Accountability and Representation* (Cambridge University Press, 1999), pp. 29 – 54. ——译注

官员们应该做的事情，或是回顾性地判断他们是否做了他们应该做的，都难以全面掌握必要的信息。而如果意识到总会有某些情况是无法了解的，选民就不会强求官员按自己的意愿行事。因此，如果公民不能充分掌握用以评价现任政府的信息，那么让其在下一次选举中落选的威胁就不足以诱导出一个真正的"为人民服务"的政府。

在这一章，我们就是要探究，通过投票来选择政策和官员，以及用投票威慑现任政府，选民能否确保代表的实现。接着我们将讨论有助于实现代表的制度应该具备什么样的特征。

指令式代表观

在竞选活动中，政党提供政策建议，并推出候选人。如果选民认为候选人之间有区别，他们可能会试图通过投票选择最好的政策以及执行这些政策的候选人来确保代表的实现。那我们需要考察的问题是：（1）竞选活动是否提供了充分的信息，也就是说，选民能否根据此信息合理地期待政党会实现他们的承诺；（2）将那些获胜的竞选纲领也就是指令付诸实践，是否总能够符合选民的最大利益。如果对这两个问题的回答都是肯定的，也就是说，政党向选民真实地告知了他们的想法，并且在给定的情境下将这些想法付诸实施，将最有利于选民利益的实现，我们就认为"指令式代表"确实发生了。

指令式代表观流传甚广：很多学者、记者以及普通公民都将此奉为圭臬。比如，基勒（Keeler 1993）这样来解释由里根、撒切尔和密特朗发起的政策改革："他们各自的国家都面临经济危机，选民希望改变并在民意测验中表达了这一意愿，他们各自的政府便执行了这一指令。"看上去这种代表观很好地解释了发达的工业化国家中的政策制定（Klingeman，Hofferbert，Budge 1994）。正如一位法国的政治家所言，"从罗马开始，这就是一条古老的政治法则，在我们看来，我们决不能丢掉它：政府只有秉承其赖以产生的这一原则，方能得以维续"（Seguin 1997）。

一个基本的概念装置（conceptual apparatus）有助于阐明这种代表观。在选举中，政党或候选人将自己置于选民面前，向选民宣扬自己的政见。① 特别是，他们会向选民阐述自己试图推行的政策，这些政策背后所要达到的目的，以及政策可能导致的后果。但是一旦选上了，获胜的候选人则未必能兑现他们的承诺。如果选民察觉到这一点，就会在下一次选举中投反对票。举个例子，假设存在两种可能的政治纲领：S（经济"安全"）政策和 E（"效率"）政策。② 相互竞争的政党或候选人承诺会执行 S 或 E，并且一旦当选就会付诸实施。

对于政策以及自己的当选和连任，政治人物也许都很关心。如果他们的当选和连任的可能性取决于他们所采取的政策，他们就会偏重于政策。掌权所能带来的好处，我们可以设想为以下三种：政治人物可能有自己喜欢的政策，并且从这些政策的执行中获得相应的效用；又或者他们想的只是实现自己的一己之私；再有就是他们可能满足于权力本身带来的荣耀。政治人物们对以下问题会有某种自己的理解，即何种承诺更能使他们获胜，以及哪些政策一旦付诸实践显示出相应的效果后就会得到选民事实上的认可。

如此看来，指令式代表所涉及的问题在于：（1）当选后的官员所推行的政策是否与他们的竞选纲领一致；以及（2）将竞选纲领付诸实践是否能实现选民的最大利益。而指令式代表的发生条件有三种：当政治人物的利益和选民的利益一致时；当政治人物有连任的动机，并且相信，如果他们将竞选时的纲领付诸实施，选民就会让他们再次连任；当政治人物很在意自己给出的未来承诺的可信度时。我们依次对这些情况予以讨论。

第一，政治人物的利益与选民③的利益一致。如果自利的官员所

① 候选人同时也会展现他们的个人魅力，这一点我们后面会涉及。
② 这一术语借用于埃尔斯特（Elster 1994）。
③ 显然，这里的问题是：哪些选民？在这一章，我们假设，不管问题空间的维度是什么，一个多数规则的均衡是存在的，因此就存在一个"决定性的投票者"。关于这一假设如果不成立所引发的一些含义，参见 Ferejohn（1986，1995）。

意图实现的结果，正好也是公民最乐意看到的，那公民与官员就拥有同样的利益。如果政治人物和选民在政策的效果方面拥有同样看法（用奥斯汀·史密斯的话就是"技术层面的判断"〔1990〕）①，那么候选人就会因提出了选民最偏好的竞选纲领而当选，并且一旦履职，他们会将这一符合自己利益的纲领付诸实施。

由 J. S. 密尔的《论代议制政府》（1991〔1861〕）所开启的关于代表的讨论，几乎都认为，以某种方式反映或复制了选民构成的政治人物一旦被选上，代表就实现了。根据这一观点，如果议会是选民的缩微模型和样本，就具有了代表性。这种确信的背后预设是，如果议会具有描述式的代表性，其行动自然就会代表被代表者的利益。因而，围绕代议机构的讨论几乎都只关注选举制度（比如参见 Rogowski 1981）。至今仍被过度忽视的由皮特金做出的开创性贡献，对这种联系表示了质疑：比例性真的是确保代表的最佳方式吗？如果每一个代表提出意见，致力于各自选区的利益，集体性的最佳利益能否实现？②还有，如果仅因为当了代表这一事实，代表就与他们的选民变得不一样了，情况会如何呢？而一旦被选上，代表获取了选民所没有的、甚至是关于选民自身利益的信息，情况又会怎样呢？

第二，政治人物希望被选上和继续连任。③ 他们预料自己如果将竞选承诺付诸实施，选民就会再次选他。如果以选举获胜为目的的政治人物知道关键选民（the decisive voter）的偏好，就会提出符合这一偏好的竞选纲领。如果他们预期选民的偏好不会改变，或者是这些偏

---

① 那种纯粹形式的空间投票理论在逻辑上是不完整的：选民只关注结果，他们的选择却是以政策为基础。显然这里遗漏了前面提及的"技术层面的判断"。注意，如果候选人与选民有同样的利益，但有着不同的技术层面的判断，他们也会有不同的政策偏好。

② 密尔提出，这种观点有一个困难，即议会也许按比例地反映了利益，但很多要付诸实施的决策并不能实现比例性的分布。事实上，很多决策都分成了两种势力，其中多数派获胜，少数派失败。因而，比例代表制虽然允许所有的声音都能得到倾听，但这并不能保证所有的利益也将按比例地被考虑。所以正如皮特金所指出的，描述性代表（descriptive representation）下的代表活动，至多指向的是陈述观点，而非制定决策。

③ 这一点是真的，只要他们对担任公职这一点非常在乎，无论他们是否还拥有其他利益。

好在选民观察到执行指令的效果后而变得更为巩固（Harrington 1993a），那么在任的官员为了寻求连任，就会执行早先承诺过的政策。而如果选民知道什么才是对他们有益的，什么结果是最好的，他们对违背指令的官员予以惩罚的威胁就会显得可信。

第三，政治人物在乎他们的承诺在未来的可信度。即使选民相信某种违背指令的行为对自己有利，对于那些因违背竞选承诺落下不守信用的名声的政治人物所给出的未来承诺，他们仍然会对其信用打折扣。因此，如果在任者违背了他们的承诺，选民也许会威胁投反对票，而不管结果怎样。在阿类丝娜（Alesina 1988）的模型中，这一威胁是由反对党来实施的，其中投票者的行为是非策略性的。而在布兰克（Blank 1990）的模型中，这一威胁是由选民实施的，至于威胁的可信度，也只是臆断而非推理出来的。① 因此，这至多是一个不完整的故事。后面我们还会谈到这一问题。

需要注意的是，指令式代表指涉的是这样一种情形：在任者采纳的政策遵循了他们先前竞选时提出的竞选纲领，而这些政策在他们所能预知的情况下对选民是最好的。根据前面所列的三种可能性，我们可以得出结论：当政治人物和选民所想要的东西一致时，或者当政治人物只关心胜选，且只有承诺并实施对公众最有利的政策方能胜出时，指令式代表便实现了。但是如果没有出现这种令人皆大欢喜的一致性，代表也许就有动机为了选民的最大利益而偏离曾经的指令，或者继续坚持曾经的指令，即使这样做最终会有损选民的利益。

为突出指令机制的这一弱点，我们假设政治人物不能连任，哪怕

---

① 班克斯（Banks）借助于奥斯汀·史密斯和班克斯（Austen-Smith and Banks 1989）提出的多时期模型来论证这一假设，在这个模型里，对偏离行为予以惩罚的威胁的确是可信的。但根据他们的模型，政府官员从来没有完全兑现他们的承诺：当选民对政府官员不抱太大期望时，政党承诺要做的总是比实际给予的多，即使实际上开始的时候做得不错；而当选民的期望值很高时，竞选纲领和连任的可能又与选民所想要的毫无干系。

是连任一次也不行。① 选民知道，一旦被选上，履职的官员将会做任何他想要做的事情。没有了再次投票这一惩罚手段，选民必须猜测哪些参与竞争的政党或候选人在政策上的实际偏好与自己是一致的，哪些能免于权力的腐蚀。然而，除非候选人里面果真有符合这样要求的人，且选民能正确无误地识别他们，否则获胜的候选人可能不是一个合格的指令式代表。如果他们实际的政策偏好与关键选民不同，他们就会偏离曾许诺过的政策；如果他们追求一己私利，就会乘机抽租（extract rents）。

更有甚者，为了当选，政治人物可能必须对特殊利益集团许诺。根据芝加哥学派的规制理论（Stigler 1975；Peltzman 1976；Becker 1958，1983），我们假设（1）选民对于政策之于自身福利的影响是无知的，无论这种无知是理性的还是非理性的；（2）为了向选民宣传自己，政治人物需要花费很多包括金钱在内的资源。虽然政治人物只在乎在竞选中获胜，但他们必须筹措资源。因为选民并不关注那些对他们的福利只有微小影响的政策，所以政治人物们可以将某些政策兜售给利益集团，并将后者用以交换这些政策的钱财来资助自己的竞选活动。对每一个选民来说，这些政策并不会带来多少成本，但对特殊利益集团而言，却是很大的利益。因为用以向特殊利益集团筹措资源的政策会给选民带来一定的成本，所以政治人物们会选择不致引起选民关注的政策，这些政策处于提高选民福利与筹措更多的选举费用之间的边缘地带，这样选民的福利就无法实现最大化。

举个例子，假设政治人物要决定是否对糖产业予以补贴。这种补贴使政府给每位选民施加了每年 5.75 美元的成本，但糖产业将从中得到 15 亿美元的好处。选民不想花费精力去了解糖产业方面的政策及其

---

① 事实上，只要政治人物所能参与的选举的次数是已知的、有限的，就足够了。假设一个政治人物在 t 届任期后不能再参与竞选。那么在第 t 次选举中，选民心里清楚，在最后一届任期内，这个官员不可能有寻求连任的动机，因此就不选他。但是如果这个官员不能在最后一次选举中获胜，他在第（t−1）届任期内就不会有动力去表现了，选民因此就不会选举他。但是这样以此类推，可以推到第一次选举中。除非政治人物关心的是离任时选民的评价，否则任期上的限制会使政治人物缺乏代表选民的动机。

后果：因为这种信息成本超过了 5.75 美元。这样政府就会选择补贴政策，并从中得到糖产业方面的竞选资助，从而最大程度地增加连任的可能性。① 事实上，根据应对政策中心的调查（《纽约时报》，1997 年 1 月 24 日，第 3 页），对每袋重 5 磅的糖额外补贴 50 美元的政策，有 61 位参议员支持，35 位参议员反对，前者平均每人从糖产业的政治行动委员会那里得到了 13473 美元的资助，后者则平均只得到了 1461 美元。

还有一个事实：就是为了维持生存和让选民能看到自己，政党也必须筹集资金。当这些资金来源于特殊利益集团，其实就是为了获得回报。可以预料，如果菲利普·莫里斯公司在 1996 年向共和党全国委员会提供了超过 250 万美元的政治捐款（《纽约时报》，1997 年 1 月 28 日，第 3 页），那它肯定是想获得至少 250 万美元的回报。否则的话，公司的管理层会被股东罢免。用政治捐款换取政策上的回报，扭曲了资源的分配。这种扭曲的社会成本可能远远超过赤裸裸的偷盗，因为后者只是扭曲了税负而已。

然而，即使在任者可以继续参加下一次的选举，抑或竞选活动是没有成本的（或者有公共经费支持），政治人物们仍有可能面临如下情境：要么为了选民的最大利益而违背曾经的承诺；要么继续坚持这一承诺，即使这样做会损害多数人的利益。

第一，也许会出现新的变化，执行原来的指令不再符合选民的最大利益。假设因鼓吹政策 S 而在竞选中获胜的新任政府在就职后旋即了解了如下情况，即与之竞争希望连任的上届政府隐藏了财政亏空的事实。显然，竞选中的胜利者是在履职后才发现国库空虚，而选民在投票时对此也毫不知情。假定当财力充沛的时候 S 是个好政策，而当

---

① 这种论证面临两种批评。其中一种正如斯蒂格勒（Stigler 1975）所指出的，如果选民只是理性的无知，政府就会约束自己，将这些政策限制在只给选民带来很小成本的范围内；因此，总的福利损失可能不会很多。显然，重要的是选民的无知是多大程度上的，关于选民的无知只是理性这一假设，贝克尔（Becker 1983）给出了非直觉式的论证。第二种批评（参见阿诺德［Arnold 1993］和我们接下来的讨论）认为，很多利益集团，最重要的是那些反对党，会为了自身利益大力传播有关这些政策后果的免费信息。

财政困难的时候 E 是更好的政策。这样新任政府就面临两种选择：要么为了选民的最大利益违背曾经的指令，要么固守"一诺千金"的信条，即使环境有变。而无法直接了解到该信息的选民，就必须决定是否信任新政府说的那些看上去是在维护政府自身利益的那些话，虽然他们可能在了解到政府所掌握的新情况后同意改变原来的政策。无论是朝何种方向努力，政府都可能犯错。这样，新任政府会在某些时候违背诺言，选民则会对政府的某些食言（不管这些食言是对选民有利还是有害）予以惩罚。

注意，即使环境的变化内生于政府的政策，但这种变化是新上任的官员之前所无法预见到的，因此后来者为了更好地为选民利益服务而改变原来的政策的做法，也是情有可原的。法国社会党政府在1983年的变更就是这样的例子。

第二，为了获胜，候选人提出的竞选纲领必须迎合关键选民的偏好。假设某候选人认为，关键选民对于政策的实施效果存在误判。她将面临两种选择：要么提出一个她认为对选民更好的竞选纲领直至落选（这样做也许是希望在下次选举中获胜，假若对手推行的是对选民而言效果更糟的政策）；要么附和选民的意见，这样还有一半的胜算（如果其他竞争者提出同样的竞选纲领）。如果在任者认为，并不为多数人认可的政策其实要远优于选民所偏好的政策，且了解情况的他（她）预期自己能够说服选民相信政府选择了正确的政策，在下一次选举中还会选他（她）。因而就会继续推行对选民利益更为有利的政策。

这里需要进一步区分两种情况。一种情况（Harrington 1993a，第4部分）是，两个候选人对关键选民的偏好的理解是一致的，但对政策的实施效果却有不同的判断，这就意味着其中一个候选人认为关键选民在政策效果的评估上有误解。在竞选活动中，双方都提出同样的竞选纲领，不过一旦当选可能就会推行不同的政策。如果胜者就是那个认为关键选民所偏好的政策肯定不如另一个替代方案的候选人，那她上台后就会推行新的政策。这样做就是因为她相信，选民一旦了解了政策的真正效果就会被说服认同新政策的优越性。在这种情况下，我们将看到候选人会给出同样的竞选纲领，然后在某个时候出现偏离指令的行为。

第二种情况是，两个候选人对于政策的效果有着同样的看法，但是对于关键选民的偏好却有着相异的判断。一旦当选，他们虽然会执行同样的政策，但是为了当选，他们提出了不同的竞选纲领。如果胜出的那个候选人认为选民的判断有错，那么在上台后就会转变政策。这里，我们将看到候选人会给出不同的竞选纲领，但无论谁上台都将执行同样的政策。

需要注意的是，在上述两种情况下，候选人一旦当选（也许）就会违背原来的竞选纲领，但是他们之所以违背，是因为相信他们这样做实是为了选民的利益。

第三，假设刚才描述的所有方面都是一样的，只是在任者认为即使诉诸于更优政策所产生的效果也难以说服选民——这要么是因为选民非常确信何种政策对于他们是更好的，要么认为不同的政策之间其实没什么区别。正如哈灵顿（Harrington 1993a）所揭示的，如果选民起初认为某个政策要更好，他们就很难仅仅根据已有的效果而改变初衷了。①

如果在任者担心自己执行的政策与承诺的竞选纲领不同会导致他在下次选举中落败，他就会提出一套更差的但是能得到选民认同的竞选纲领并执行之，抛弃他认为对公民利益其实更为有利的竞选纲领。他们倒是执行了指令，但是也不像一个真正的代表了。

现在让我们总结一下：在某些情况下，在任者要么违背指令推行对选民福利更有利的政策；要么继续坚持原来的指令，即便明知最终的效果对选民而言并非最佳。而且，如果执行指令并非政府能力范围之内最好的一种选择，那么针对违背指令的在任者施以惩罚的威胁就

---

① 这样的直觉判断是这样的。假设选民起初认为 S 政策给他们带来的收益要比 E 政策多出 e 个数量。但如果他们观察到执行 E 政策的结果所带来的收益要比 S 政策多出 e 个数量，他们便会随后调适自己的判断，认为 E 政策所产生的效果只是处于他们起初的期望值与所观察到的值之间，而这个值依然要低于 S 政策。为说服选民相信 E 政策比 S 政策好，E 政策所带来的收益就必须比 S 政策多出 e 个数量以上。

不可信。虽然选民可能不会像政府那样违背原诺言，但是他们也不会惩罚那些违背指令以更好维护选民利益的官员。

这种免责的可能性会因为政治人物对于声望的考虑而消减（Downs 1957；Ferejohn 1995）。政治人物也许会将坚守承诺视为对自己信用的一种投资。事实上，波兰政府就被认为是担心失去信用而被迫坚持 1993 年所作的承诺，向选民做出了某些让步（Krauze 1994）。如果在任者预料选民不但会看他们过去的政策，还会关注他们新做出的承诺。换言之，如果他们过去的任上表现并不足以令选民信服的话，他们还必须让选民信任自己的信誉。如果是这样，就会减轻他们违背旧承诺的动机。在寻求连任时，一个玩单足旋转的政治人物只能依靠他过去的表现，而一个信守诺言的政治人物更有可能在下次竞选时赢得选民的信任。选民则可能会惩罚那些食言的人，以此作为信息上的投资。毕竟选民想看到自己的选择会有相应的效果。因此，他们希望能够通过观察政治人物的竞选承诺是花言巧语还是一诺千金来预测其行为。也许政治人物会辩称不可预见的情境是他们违背承诺的理由。但是他们必须给出相应的解释，这些解释至少从表面上可以证明他们明白自己身负选民的期望，那就是遵循选民的指令。

对于名声的重视或许会鼓励在任者坚持竞选时的承诺，但是曼宁（Manin 1997）强调，民主制度的一个突出特征就是，任何一个民主体制内的政治人物在法律上并没有遵守选举承诺的义务。在现今的民主国家，没有一个代表必须唯选民的指令是从。有些国家（最近的例子是波兰）的法院驳回了公民对那些违背特定选举承诺的政府所提出的控告。没有一个全国性的民主宪法允许召回代表，并且除了美国的众议院，所有的选举任期都倾向于较长的时间，议员平均是 3.7 年，总统平均是 3.9 年（Cheibub and Przeworski 1999 Ch. 7）。由于弹劾机制和撤销对代表的信任的程序随处可见，"违背承诺"从未成为此类机制的防范目标。① 以公民创制权为基础的全民公决，只存在于瑞士，其更为严格的形式也只存在于意大利和阿根廷。因此，一旦公民选举出代表，他们就没有可用于逼迫代表遵循承诺的制度设置。选民对代表违背指令的行为的惩罚，只能留待政策的效果显现之后了。

那为何不设置迫使官员信守诺言的制度性机制？从历史上看，主要的辩护理由在于，应该允许议会发挥其协商的功能。人们希望他们的代表互相学习。此外，当人们对自己的判断没有把握时，也许想让代表求助于专家。

历史上还有一种解释，即选民也许连他们自己的判断都不信任。人们不仅可能担心他们自己的激情，而且如果他们是理性的无知，就必定知道他们其实并不知道。选举提供了一个大概的问责时间。因此，公民也许想给予政府一定的活动空间，到选举时再对政府的行为予以评价。弗莱厄蒂（Flaherty 1990）认为这就是为选举上台的官员设定固定任期的理由。公民因此也使自己摆脱因时间变化导致反复无常的偏好的困扰，同时依然拥有对官员的事后控制权。

最后一点，制度必须虑及环境的变化。没有一个竞选纲领能够事前详细地列出政府在每一种可能的情况下应该做什么，政府在应付变化多端的环境时必须要有一定的灵活性。如果公民预料到环境可能会改变，政府官员能真正地代表他们，他们就不会试图让政府屈从于自己的指令之下。②

如此看来，民主制度没有迫使代表坚守承诺的机制，自有其道理。虽然我们选择了能代表我们利益的政策或者代表我们自己的候选人，但是我们同样希望政府能够实行有效的治理。总之，我们虽希望政府官员能够遵守他们的承诺，但民主体制并没有设置能确保我们的选择

---

① 偶尔，违背承诺会成为弹劾的部分诱因，即使不构成弹劾的正式理由。最近两个违背选举承诺的总统（委内瑞拉和厄瓜多尔）就遭到了弹劾，其中一个，甚至都没有等到其政策效果的实现。

② 据闵福德（Minford 1995：105）观察，在货币政策领域，"如果选民所知甚少，他们会倾向于让政府拥有完全的自主权，而非束缚住政府的手脚，尽管政府行为缺乏可信度"。

时刻受到尊重的制度。

责任代表观

即便公民对官员的控制无法借助于迫使其听从自己的指令来实现，但如果能使在任者认识到自己必须为过去的行动给出解释，公民的控制权就没有丧失。如果选民能够辨识出政府是否在为他们的利益服务，并且给予适当的惩罚，以使真正关心选民利益的在任者能够继续连任（反之，那些违背选民利益的在任者就不能连任），那么政府官员就是"可问责的"。如果以下情境发生，我们就说责任代表实现了：（1）唯有在任者的行为以选民利益为旨归，选民才会投票使其继续连任；（2）在任者选择了连任所必需的政策。

为了理解责任的问题缘何会出现，我们必须再来探讨一下政治人物的目标。他们也许不会去做与那些见多识广的公民的意愿相违背的事情；也许具有公共精神，能够全心全意投身于为大众服务的事业。但他们也可能追求与公民不同的且有损后者利益的目标，无论这些目标指向的是公民所不认同的理念，还是继续连任，还是谋一己之私利。有些人可能执着于即使与选民相左的理念①；有些人可能最在乎的是自己在政府或政党内部的晋升；有些人可能想捞一些额外利益（Nis-kanen 1971）；另外一些人则可能想让自己在在任时或者离任后变得富有（通过损害公众利益）；还有一些也许最在意受到外国人的承认。凡此种种，政治人物在追求其目标时都会对公民造成伤害。由于目前找不到一个更好的术语，为了与一般的说法保持一致，我们将这种政治人物所想要的东西称之为"租金"（rents）。

这里还要介绍一个类似文献中常用的术语——"偷懒"（shirk），意思是官员做了与公民意愿相违背的事情。政治人物们有多种"偷懒"的方式；他们偷懒，如果他们费尽心机耍阴谋手段来对付他们的

---

① 设想在一个贫穷的国家，民众想马上就消费，而仁慈的官员想通过追加投资来发展经济。

竞争者；他们偷懒，如果他们行动的目的只是为了增加自己的财富；他们偷懒，如果他们将侍从性的好处带给自己的家人和朋友。不过最为重要的一种损害选民利益的方式是，推行能为自己或某些特殊利益集团带来利益的政策。

因此公民要面临的问题是，如何构建一个制约官员的机制，使他们要么在抽租的情况下面临失去职位的代价，要么在不抽取租金的情况下保持住权力，从而诱导官员抽取的只是低水平的租金（"低水平"也许意味着官员所做的就是选民想要做的）。责任代表机制如何运行，对这一问题，通常的看法是要依赖于"回溯性投票"。公民建立某些用以评判政府表现的标准，诸如"我的收入在这一届任期内必须最少提高4%""街上必须安全"，甚至是"国家队必须打入世界杯"。除非这些目标实现了，否则他们就投票反对在任者。反之，如果政府官员希望连任，并且知晓公民所设定的标准，就会尽其所能满足其要求。

假定政府决策环境要么是"好的"，要么就是"坏的"。官员要决定的是执行 S 政策（当环境好的时候，这一政策就更有利于公民）还是 E 政策（当环境坏的时候，对公民而言这就是更好的政策）。再假设当在任者为公众利益竭尽全力的时候，他们所获得的租金就是他们的薪水和一些合法的职位津贴，同时假设他们对连任很看重。

为使分析不那么抽象，我们看一个量化的案例，其中合法的租金额是 $r* = 1 + e$（e 是某个小的数字），连任的价值是 $V = 2$。

假设支付结构是如下情形（每对数字的第一个代表政府的租金，但是公民只观察到他们的福利，这一福利由第二个数字代表）：

		政府	
		执行 S	执行 E
	"好"	1 + e, 5	3, 3
环境			
	"坏"	3, 1	1 + e, 3

现在假定选民掌握了所有必须的信息。为诱导官员在既定环境下尽其所能为公众利益服务，选民为下一次选举设定了如下规则："当环境好的时候，选民最终获得的福利若至少达到了 5，就投票支持在任者；当环境不好时，如果选民最终获得的福利至少达到了 3，也投票支持在任者；否则的话，那些无耻的官员将被淘汰。"一个面临好环境的政府清楚，选择 S 政策，自己将获得 $r* = 1 + e$，并且肯定会连任，其总收益便为 $r* + V > 3$；而如果执行 E 政策，其获得的租金至多是 3，并且无法连任。以此类推，一个面临不好环境的政府知道，选择 E 政策，自己的总收益是 $r* + V > 3$，而 3 是选择 S 政策所至多能获取的收益。这样，政府官员可以说实现了对公民的代表，公民则无论在哪一种环境下都获得了最大收益。责任诱发了代表（Key 1966）。正如菲奥莉娜（Fiorina 1981：11）指出的："假定政治行为者十分在意维持他们的权力，并且预料到公众反应（针对政府过去行为的纪录）将决定自己的目标能否实现，那么进行"回溯性投票"的全体选民就能确保选举责任的实现，纵使这种监督的方式是事后的而非事先的。"

当然，我们也可以假设选民无法判别他们所处环境的好坏。官员们了解具体情况，选民可能根本无法接触到这些，或者是必须费好大的劲才能监督这些官员。这些复杂的情形可以是来自外国政府或国际金融机构的谈判态度（公民有时无法了解到这一情况），或者是本国产品主要的接受国的需求水平（选民只有成为经济学家才有可能掌握这一信息）。这样选民将陷入进退两难之境。如果他们的评判标准是在任者必须给选民福利带来 5 个收益，环境却证明是处于坏的状态，那么，无论在任者如何做都不可能使自己连任，这样就会诱导官员们去追求额外的租金。相应的，如果选民设定的标准是自身福利获得 3 个收益，当环境恰处于好的状态，其连任又仅靠给选民带去比本应有的还要少的福利就能实现，在任者同样能够抽取额外的租金。无论选民决定做什么，官员都有可能在某些时候逃脱来自选民的控制。

信息不完全有一个方面值得我们特别地注意。需要提醒的是，前面我们都是假定选民是近视的：他们只关注自己的福利在当下这一届政府的任期内的变化。但如果选民是完全理性的，他们在此届任期结束时也应该关注当下的状况对自己未来福利的价值：在任者给未来留下的遗产。如果经济增长是以政府砍掉了这个国家所有树木为代价，选民虽然在这届政府任期内会用香槟酒来庆贺，但是他们以后将无树可伐。反之，如果经济滑坡是因为政府实施了结构性改革，选民暂时将遭受经济损失，但可能拥有了改善未来生活水平的机会。遗憾的是，选民所有能观察到的情况只是当下这段时间自己福利上的变化，他们只得在此基础上对未来的状况予以估测。假定选民发现自己的福利下降了，他们应该就此推断政府是在为人们未来福利投资呢，还是在追求某种属于官员自己的（新自由主义）妄想？或者干脆就是在掠夺他们？

如斯托克斯（Stokes 1996a）所言，这时选民能够采取的态度有以下三种：

（1）他们可以根据当下的经验来推断未来的情形。这是回溯性投票模式通常预设的"标准"态度；

（2）他们可以采取一个"跨期的"态度（Przeworski 1996），即认为现在虽然不好，但将来会更好；

（3）他们还可以保持一种"豁达的"态度，也就是将福利水平的下降归因于不好的环境，而与政府无关。

很难说选民选择哪种态度才叫理性。就新兴民主国家的新自由主义改革所做的一些经验性研究（Przeworski 1996；Stokes 1996b）表明，对于通货膨胀，选民倾向于不将其归罪于政府，并且对工资的上涨采取"跨期的"态度，在他们眼里，通货膨胀只是代价而已；但是对于失业问题，他们却不愿意承担风险，由此迁怒于政府。不过，也有其他研究得出了相反的结论：人们对于通货膨胀显得很敏感，对于失业相对来说却不那么关心（Rose 1997；Weyland 1996）。无论如何，人们得出的这些判断，难说有多少切实的基础。

选举的责任模式通常假设，选民往往不知道评价官员所必需的信息，在任者倒是清楚为确保连任所要做的事情。这里潜在的含义是，选民向政府允诺这样一个契约："如果你给我带来了至少这个数量的收益，那么我们会投票让你连任；否则，我们不会投赞成票。"但实际上，选民并没有提出这样的契约。的确，在让在任者继续连任这一问题上，我们是拥有投票权，也能开出一系列我们的条件。但是事实上我们没有这样做，之所以如此，乃是因为我们想让政府做所有他们能够为我们做的事情，而非仅仅满足我们最低的要求。确实，诚如曼宁（Manin 1997）所指出的，选民可以按他们任意设定的标准（包括打入世界杯）来决定是否让在任者连任，而且他们还可以在政府任期的这段时间内任意改变自己的观点。至少从这个意义上讲，选民确是最高的统治者。

但是问题也来了，如果选民和在任者之间的信息不对称以如下两种方式发生：即选民不能确定政策制定的环境如何；或者在任者不确定如何做才能满足选民的要求。那么，在任者将如何行动呢？已有研究表明（Cheibub and Przeworski 1999），当在任者非常在意连任，而选民对自己的预期目标又秘而不宣的话，这样就会对选民有利，因为官员总是会根据他们所了解的情况制定合适的政策，也就真正行使了代表的职能。但是，当在任者并不很在乎自己是否连任，选民又预期环境处于有利状态时，如果选民明确提出要求并使官员们知晓，结果反而会对自己更为有利。最后一点，当在任者对连任不太关注，选民预期环境将不利时，如果事实上环境恰恰又处于有利状态，在任者要抽取额外的租金，选民也无能为力了。因此，如果能够根据不同情况策略性地隐藏或表明自己的要求，选民的利益就会得到更好的维护。不过要这样做，选民必须知道在任者在多大程度上关心连任，以及环境处于有利状态的可能性。

总而言之，当选民没有掌握充分信息，责任不足以诱导出代表。

将选票用于两个目标

在纯粹责任代表模式那里，选民的选票只服务于一个目的，那就是惩罚在任者，并且选民所能掌握的全部信息，都已被在任者的表现所揭示。在纯粹指令代表模式那里，选民就候选人提出的未来承诺予以比较，选票只是用来从中选择一个更好的候选人。在唐斯（Towns 1957；也可参见 Fiorina 1981）构建的模型里，选民虽然使用了有关在任者（如果可能的话，还有挑战者）过去表现的信息，但是这同样可以解释为指令代表模式，即选民只是用这样的信息为未来选择一个更好的政府。诚如斯尼德曼（Sniderman）、格拉泽（Glaser）和格里芬（Griffin）所指出的，纯粹的回溯性投票是非理性的，因为理性的人是往前看的。但这种说法并不正确，因为如果选民只是为了惩罚在任者而使用选票，这一点有充分的可信度，那么这种威胁就是一种非常理性的诱导政府官员在未来勤勉行事的方法。

就我们所知，选民并没有考虑是用他们所掌握的工具——选票——选择一个更好的政府，还是规制在任者的动机。费龙（Fearon 1999）给出了一些有说服力的论述，大意是说选民想选择好的政策和官员。然而，在民主文化中，用选票来"确保官员诚实"也是根深蒂固的观念。事实依然是，选民只有一种手段来达到两个目的：选择更好的政策、官员，以及诱导他们在任时勤勤恳恳地做事。现在问题就变成了，当选民试图用选票同时实现这两个目的，会出现什么情况？

假设，选民认为候选人之间是有差异的，投票的目的就是为了选择更好的官员。选民可能会认为挑战者更有能力（对于政策与结果之间的关系有更好的理解），或者更为诚实（愿意用低租金来换取自己权力的不丧失）。当一场选举发生后，某个候选人上任了，在任者与选民都观察到了客观存在的环境，然后选民设定好他们投票的标准，在任者则抽取一定的租金，最后选民在下次选举中再投票。当任期结束时，选民观察在任者这段时间的所作所为，若认为挑战者有可能比在任者做得更好（也就是在同等条件下会给选民带来更多的福利），就会转而投票支持挑战者。当预料到选民完全有可能支持挑战者，在任者就会试图追求更多的租金。故而，诱导在任者寻求连任所需的租金额，在选民将投票作为一种选择的工具时，要比选民仅关注在任者的动机时大得多。就选民对于在任者的控制而言，用投票来选择一个有望表现得更好的政府，选民将付出不小的代价（Fearon 1999）。

注意，这里我们可能要面临以下非常糟糕的情形（Ferejohn 1986；Sundaram 1993）：如果选民总认为挑战者是更好的，在任者就永远不可能连任，他就会选择抽取高额的租金；而如果在任者抽取高额的租金，选民就决不会让其连任。一旦在任者认为选民总是会被挑战者的承诺所打动（也就是说，如果选民认为候选人之间是有差异的，就会确信总会有更好的挑战者），就会索性去榨取最多的租金。在这种情况下，选民对官员的控制就无从谈起了。①

不过，选民兴许容易受骗上当，但他们不可能是天真的傻子。在任者的表现还是能提供不少信息的。正如巴特尔斯（Bartels 1988）所发现的，至少在美国，总统过去的行为表现是预测他未来表现（不是挑战者的未来表现）的很好依据。这样，用投票来前瞻性地选择更好官员的选民，就有很好的理由依靠过去所揭示出的信息。哈灵顿（Harrington 1993b）指出，选民对政策的效果越不确信，他们就越依赖官员以往的表现所传达出的信息。他们能观察在任者过去的表现，然后估测挑战者比在任者做得更好的可能性有多大。不管怎样，只要选民投票的目的是选择一个更好的政府，他们就必须降低在任者的动机这一因素的分量。

麦迪逊（《联邦党人文集》第 57 篇）认为："每部政治宪法的目的就是，或者说应该是，首先为统治者获得具有最高智慧来辨别和最高道德来追求社会公益的人；其次，当他们继续受到公众委托时，采取最有效的预防办法来使他们廉洁奉公。"② 将投票用于两个目的——选择最好的统治者和确保他们保有美德——并非妄想：选民虽然会失

---

① 这听上去似乎不可能。但是的确有些国家，比如厄瓜多尔和波兰，就经历过一系列这样的选举，开始的时候挑战者承诺实施扩张性的政策，得到选民的认同，但是在下一次选举中又被主张紧缩性政策的挑战者击败，然后主张紧缩性政策的挑战者又被承诺扩张性政策的挑战者击败，等等。

② 本处中文译文引自程逢如等译：《联邦党人文集》，商务印书馆 1980 年版，第 290 页。——译注

去对在任者的某些控制，但他们可以以此换取选择一个更好的政府。不过，麦迪逊和他的同伴所设计的制度，却有可能造成两者的不可兼得。

制度、选举与代表

民主政体并非完全一样，在某些国家里，代表功能可能会发挥得更好。就选民对官员的控制而言，虽然我们对于具体制度的效果的认识还不是很系统，但是有些制度性因素值得我们关注。

（1）在政府的表现上，选民必须能够清楚地界定责任。当政府由政党联盟组成时，选民这样的能力就受到了限制。当总统和国会由不同党派控制时，选民同样难以清晰地确定政府的责任。就这些条件下的责任归属问题，已经发展出了一个精致的政府理论（Anderson 1995）。

在《联邦党人文集》第70篇中，汉密尔顿认为，在行政部门一职多人也就是内阁制下，政府责任是模糊不清的："但是，对于行政部门一职多人最有分量的反对……乃在于一职多人容易掩盖错误和规避责任……造成国家不幸的情况有时极为复杂，若干人员均可能具有不同程度和不同性质的责任，虽然我们可以从整体上清楚地看到处理不当之处，在实际上却不可能指明造成危害的真正负有责任的人。"①类似的责任不清也会出现在总统制国家。白哲特（Bagehot 1992：67）有力地阐述了这一观点："两个聪明的人从来不会就一个预算达成精确的共识……他们肯定会争吵，结果也肯定不会让任何一个人满意。当税赋与他们所期望的不一致，谁应该为此负责？很有可能，财政部长没有能够说服委员会主席；很有可能，主席没能说服他的委员会；很有可能，委员会没能说服议会。那么，当税收紧缺的时候，你应该惩罚谁，撤掉谁？"

---

① 本处中文译文引自程逢如等译：《联邦党人文集》，商务印书馆1980年版，第360页。——译注

致力于堪清责任的经验性研究（主要由鲍威尔及其合作者发起），其结果大多数都令人感到迷惑。以多数主义为取向的制度虽然拉大了中间选民与政府在理想的偏好点上的距离（Huber and Powell 1996），但却增加了鲍威尔所说的"责任的清晰度"，进而使选民对在任者的投票与经济表现更为紧密的联系起来（Powell and Whitten 1993）。因此，看上去多数主义的制度使政府在政策空间里的位置离选民的偏好更远，但是却更负责任了。公民偏好与实际的政策之间的关系——这一点鲍威尔没有研究——变得不确定了。

（2）选民必须能够通过投票将本应为其糟糕政绩负责的政党赶出办公室，同时让自己青睐的政党进入政府。这些似乎是民主体制很普通的特征，但是在某些选举制度下，却几乎是不可能的事：看看意大利的基督教民主党和日本自民党的长期执政，或者玻利维亚的投票结果与最终的选举结果之间那脆弱的联系，这一点就很清楚了。正如帕斯奎诺（Pasquino 1994：25）在谈到意大利时所指出的："执政的那些政党在组建或拆散政府上基本无视选举的结果，这看上去剥夺了选民的政治影响力。"

（3）政治人物必须有连任的动机。这一条件在下面的情况中会出现问题：对重新获得选举资格存在诸多限制；总统制之下这些限制很普遍（Cheibub and Przeworski，1999）；当政党不再是能够给予他们职业前景的官僚组织（Seguin 1997）。帕尔达姆（Paldam 1991）发现，当政党制度保持稳定时，连任的可能性与经济表现之间的联系就比较密切，选民的评价标准也更严苛。

（4）反对党必须对政府的表现负起监督之责，并将其告知于民众。事实上，任何一种对代表的合理理解都必定包括反对党。公民有两个代理人，而不是一个：掌权的在任者与希望执政的反对党。反对党之所以也是公民的代理人，乃是因为，反对党想赢得职位，且为此目的必定希望选民在选举时就在任者过去的表现予以评判。为此，反对党就有动机监督政府，并就在任者的表现向民众予以禀告（不管真实与否）。

然而，不要想当然地认为有意愿并有能力监督政府表现的反对党必然存在。反对党或许会与政府合谋①，或许其内部有分裂，以至大部分精力用来解决内部纷争而非监督政府。反对党也许预见到自己没有获胜的可能，就会做些别的什么事情，而不是去监督政府（参见帕斯奎诺［Pasquino 1994］对意大利共产党的分析）。还有，反对党也可能没有监督政府的资源。在鲍威尔（Powell 1990）研究的二十个国家中，只有九个为议会委员会中的反对党提供了资源。不过，反过来说，对于选民而言，一个总是反对的反对党也并不比政府更值得信任。如果每次政府提出一个主张，反对党都说是错的，选民其实并没有获得更多的信息。因此，只有当反对党并没有与政府合谋，又不总是与政府作对，才可以说在为选民提供信息方面发挥了作用。

（5）媒体（其作用被阿诺德强调过）因此扮演着特殊的角色。除非媒体有明显的党派利益，否则比政府或反对党都更值得选民信任。

（6）最后，也许是最为重要的一点，选民必须拥有某些制度性的手段就政府在不同领域里的表现分别予以奖励和惩罚。但是，选举在本质上只是一种粗略的控制手段：对于政府所有的政策，选民只能做一次决定。假定一个政府在一届任期内必须做十个决策，在任者做的所有决策都与多数选民的利益相违背，而挑战者承诺会做出一个正确的决策。选民这样其实选出的是一个会做出九个错误决策的政府。显然，有人会问，为什么其他的挑战者不承诺做两个正确的决策，或者三个、四个直到十个正确的决策呢？一种回答是，存在进入的壁垒：党派政治是美国最受到保护的产业。而如果不存在进入的壁垒，很多政党就有动力组建起来，承诺要制定十个正确的决策，如果一个正确的政策都没执行，出局便是。如果进入选举体系需要固定的成本，竞争就会受到限制；如果是免费的，那么政党即使失败，也不会遭受什

---

① 克雷恩（Crain 1977）认为，在单名选区制下，在任者之间无需竞争，因此基于共同的利益，他们会制造壁垒防止挑战者的进入，不管这个挑战者来自于执政党还是反对党。达斯古帕塔（Dasgupta 1993）给出了另一个合谋的模型，并且主张我们应该对新政党予以资助。

么损失。如此，我们得到的要么是像美国那样的高度串谋的政党制度，要么就是像厄瓜多尔那样完全短命的政党制度（每逢选举，就会出现一个新的政党格局）。① 任何一种情况下，选民的控制权都是受限的。

结论：作为一种代表机制的选举

虽然民主不能确保代表，但是仍然比其他类型的政体更能促进代表。然而，本文分析得出的结论是，公民对政治人物的控制在大多数民主国家都很不完善。选举手段并不足以确保政府全心全意地为人民服务。

这并不意味着对民主的反对，毋宁是呼唤对民主予以制度上的改进。我们需要能够提高责任清晰度的选举制度，以使公民很容易地对代表进行奖惩。我们需要营造道德环境，提供经济上的条件，使官员的公共服务能够赢得尊重，获得适当的物质报酬。此外，我们还需要能够为公民提供有关政府的信息的独立机构。用澳大利亚政府改革委员会的话来说，就是责任性机构（Dunn and Grittner 1993）。这样的机构可以包括：（1）一个拥有独立调查权的、确保竞选捐献②透明度的独立部门；（2）一个独立的政府审计部门和总审计长（World Bank 1994：32），这个部门，用智利人的话就是审计署（Contraloria）；（3）一个独立的关于国家经济的统计信息的资料来源；以及（4）赋予反对党以某种特权，用以监督国有媒体。

不过，即使可以清晰地问责，坏政府会受到惩罚，好政府可以选出来，对于政治人物与特殊利益集团之间的关系及其寻租行为，选民也能洞察秋毫，选举手段也不足以控制官员。影响个人福利的政府决策成千上万，选民却只有一种手段来控制这些决策：选票。一个人不

① 关于选举制度对于政党抽取租金的重要性，参见迈耶尔逊的研究（Meyerson 1993）。
② 这里自然会涉及到如下问题，即私人捐献为何不被禁止。拉封特和泰勒尔（Laffont and Tirole 1994）认为某些政治人物还是可以钻空子。如果这是真的，而且钱也能买到选票，那么就会出现一个逆选择过程，即不诚实的政治人物更有可能当选。

可能用一种手段来控制上千个对象。这样的话我们可以尝试新的方式。比如，将货币政策与其他政治决策分开来，投票也相应地错开进行，这就使选民对中央银行的头头脑脑们有了另外一种控制的手段。这种做法既优于将货币政策全权赋予政府，也优于将这些决策托付给一个独立于选民控制的中央银行（Minford 1995）。

事实上，在过去两百年的时间里，关于民主制度的设计，我们思之甚少。自从关于民主制度的思考在那个伟大时期（现如今的民主制度几乎都是在那个时期发明出来的）蓬勃涌现以来，几乎没有任何新的制度性创造。除了魏玛宪法中提出的工人共同参与管理企业（从未实施过），19世纪60年代发现的比例代表制是最近的一次关键的制度创新。所有自18世纪末出现的民主国家，包括晚近的一些民主国家，只是将早先存在的制度予以不同方式的（通常还是零碎式的）组合罢了。因此，制度创新，仍大有空间。

参考文献

Alesina, Alberto. 1988 "Credibility and Polily Convergence in a Two-party System with Rational Voters." *American Economic Review* 78, pp. 796 – 805.

Anderson, Christopher J. 1995. "The Dynamics of Public Support for Coalition Governments." *Comparative Political Studies* 28, pp. 350 – 383.

Arnold, Douglas. 1993. "Can Inattentive Citizens Control Their Elected Representatives?" In Lawrence C. Dodd and Bruce I. Oppenheimer. eds., *Congress Reconsidered*, 5th ed. Washington, D. C.: Congressional Quarterly Press, pp. 401 – 416.

Austen-Smith, David. 1990. "Credible Debate Equilibria." *Social Choice and Welfare* 7: 75 – 93.

Austen-Smith, David, and Jeffrey Banks. 1989. "Electoral Accounta-bility and Incumbency." In Peter C. Ordeshook, ed., *Models of Strategic Choice in Politics*, Ann Arbor: University of Michigan Press, pp.

121 – 150.

Bagehot, Walter. 1992. "The English Constitution: The Cabinet. " In Arend Lijphart, ed. , *Parliamentary versus Presidential Government*, Oxford: Oxford University Press, pp. 66 – 71.

Banks, Jeffrey S. 1990. "A Model of Electoral Competition with Incomplete Information. " *Journal of Economic Theory* 50, pp. 309 – 325.

Banks, Jeffrey S. and Rangarajan K. Sundaram. 1993. "Adverse Selection and Moral Hazard in a Repeated Elections Model. " In William A. Barnett. Melvin J. Hinich, and Norman J. Schofield, eds. , *Political Economy: Institutions, Competition, and Representation*. Cambridge: Cambridge University Press, pp. 295 – 312.

Barro, Robert J. 1973. "The Control of Politicians: An Economic Model. " *Public Choice* 14, pp. 19 – 42.

Bartels, Larry. 1988. "The Economic Consequences of Retrospective Voting. " Department of Political Science, University of Rochester. Unpublished manuscript.

Becker, Gary S. 1958. "Competition and Democracy. " *Journal of Law and Economics* 1, pp. 105 – 109.

Becker, Gary S. 1983. "A Theory of Competition among Pressure Groups for Political Influence. " *Quarterly Journal of Economics* 98, pp. 371 – 400.

Crain, Mark W. 1977. "On the Structure and Stability of Political Markets. " *Journal of Political Economy* 85, pp. 829 – 842.

Dasgupta, Partha. 1993. *An Inquiry into Well-Beling and Destitution*. Oxford: Clarendon Press.

Downs, Anthony. 1957. *An Economic Theory of Democracy*. New York: Harper and Row.

Dunn, Delmer D. , and John Uhr. 1993. "Accountability and Responsibility in Modern Democratic Governments. " Paper presented at the annual meeting of the American Political Science Association, Washington, D. C. , September 2 – 5.

Elster, Jon. 1994. "The Impact of Constitutions on Economic Performance. " Proceedings of the World Bank Annual Conference on Development Economics, 209 – 226. Washington, D. C.

Ferejohn, John. 1986. " Incumbent Performance and Electoral Control. " *Public Choice* 50, pp. 5 – 25.

Ferejohn, John. 1995. "The Spatial Model and Elections. " In Bernard Grofman, ed. , *Information, Participation, and Choice*. Ann Arbor: University of Michigan Press, pp. 107 – 124.

Fiorina, Morris P. 1981. *Retrospective Voting in American National Elections*. New Haven: Yale University Press.

Hamilton, Alexander. [1788] 1982. "Federalist 70". In Alexander Hanilton. James Madison, and John Jay. *The Federalist Papers*, edited by Gray Wills. New York: Bantam.

Harrington, Joseph E. , Jr. 1993a. "The Impact of Reelection Pressures on the Fulfillment of Campaign Promises. " *Games and Economic Behavior* 5, pp. 71 – 97.

Harrington, Joseph E. , Jr. 1993b. " Economic Policy, Economic Performance, and Elections. " American Economic Review 83, pp. 27 – 42.

Huber, John D. , and G. Bingham Powell. Jr. 1996. "Congruence between Citizens and Policymakers in Two Visions of Liberal Democracy. " *World Politics* 49, pp. 291 – 326.

Keeler, John T. S. 1993. "Openning the Window for Reform: Mandates, Crises, and Extraordinary Decision-Making. " *Comparative Political Studies* 25, pp. 433 – 486.

Key, V. O. , Jr. 1966. *The Responsible Electorate*. New York: Vintage.

Klingeman, Hans-Dieter, Richard I. Hofferbert, and Ian Budge. 1994. *Parties, Policies, and Democracy*. Boulder, Colo. : Westview Press.

Krauze, Jan. 1994. "La Pologne est menace par l'immobilisme gouvernemental. " *Le Monde*, September 19.

Laffont, Jean-Jacques, and Jean Tirole. 1994. *A Theory of Incentives in Procurement and Regulation*. Cambridge, Mass. : Mit Press.

Madision, James. [1788] 1982 "Federalist 57. " In Alexander Hamilton, James Madison, and John Jay. *The Federalist Papers*, edited by Gray Wills, New York: Bantam.

Manin, Bernad. 1997. *Principles of Representative Government*. Cambridge: Cambridge University Press.

Meyerson, Roger B. 1993. "Effectiveness of Electoral Systems for Reducing Government Corruption. " *Games and Economic Behavior* 5, pp. 118 – 132.

Mill, John Stuart, [1861] 1991. *Considerations on Representative Government*. Buffalo, N. Y. : Prometheus Press.

Minford, Patrick. 1995. "Time-Inconsistency, Democracy, and Optional Contingent Rules. " *Oxford Economic Papers* 47, pp. 195 – 210.

Niskanen, William A. 1971. *Bureaucracy and Representative Government*. Chicago: University of Chicago Press.

O'Flaherty, Brendan. 1990. "Why Are There Democracies? A Principal Agent Answer. " *Economics and Politics* 2, pp. 133 – 155.

Paladm, Martin. 1991. "How Robust Is the Vote Function? A Study of Seventeen Nations over Four Decades. " In Helmuth Northop, Michael S. Lewis-Beck, and Jean-Dominique Lafay, eds. , *Economics and Politics: The Calculus of Support*. Ann Arbor: University of Michigan Press, pp. 9 – 31.

Pasquino, Gianfranco. 1994. "Shaping a Better Republic? The Italian Case in a Comparative Perspective. " *Working Paper* No. 62. Madrid: Instituto Juan March de Estudios e Investigaciones.

Peltzman, Sam. 1976. "Toward a More General Theory of Regulation." *Journal of Law and Economics* 19, pp. 209 – 287.

Pitkin, Hanna F. 1967. *The Concept of Representation*. Berkeley: University of California Press.

Powell, G.. Bingham, Jr. 1990. "Holding Governments Accountable: How Constitutional Arragements and Party Syetems Affect Clarity of Responsibility for Policy in Contemporary Democracies." Paper presented at the annual meeting of the American Political Science Association, San Francisco.

Powell, G.. Bingham, Jr., and Guy Whitten. 1993. "A Cross-National Analysis of Economic Voting: Taking Account of the Political Context." *American Journal of Political Science* 37, pp. 391 – 414.

Przeworski, Adam. 1996. "Public Support for Economic Reforms in Poland." *Comparative Political Studies* 29, pp. 520 – 543.

Rogowski, Ronald. 1981. "Representation in Political Theory and in Law." *Ethics* 91, pp. 395 – 430.

Rose, Richard. 1997. "What Is the Demand for Price Stability in Post-Communist Countries?" *University of Strathclyde Studies in Public Policy* No. 282. Glasgow.

Seguin, Philippe. 1997. *Liberation*, May 29.

Sniderman. Paul M., James M. Glaser, and Robert Griffin. 1990. "Information and Electoral Choice." In John A. Ferejohn and James H. Kuklinski, eds., *Information and Democratic Processes*. Urbana: University of Illinois Press, pp. 117 – 135.

Stigler, George J. 1975. *The Citizen and the State: Essays on Regulation*. Chicago: University of Chicago Press.

Stokes, Susan C. 1996a. "Public Opinion and Market Reforms: The Limits of Economic Voting." *Comparative Political Studies* 29, pp. 499 – 519.

Stokes, Susan C. 1996b. "Economic Reform and Public Opinion in

Peru, 1990 – 1995. " *Comparative Political Studies* 29, pp. 544 – 565.

Weyland, Kurt. 1996. "Risk Taking in Latin American Economic Re-structuring: Lessons from Prospect Theory. " *International Studies Quarterly* 40, pp. 185 – 208.

World Bank. 1994. *Governance: The World Bank's Experience.* Washington, D. C. : World Bank.

Zielinski, Jakub. 1997. "Democratic Consolidation: A Role of Political Parties as Institutions of Accountability. " Paper Presented at the annual meeting of the American Political Science Association, Washington, D. C.

国会中的选区影响*

沃伦·E. 米勒、唐纳德·E. 斯托克斯／文　陈高华／译　聂智琪／校

一般认为,选区对国会众议院的实质性影响,既是美国政府的一个规范原则,又是一个事实真理。从国父们的宪法草案来看,我们可以认为这是他们所期望的,而许多政治科学家却略带遗憾地说到,创造者们的愿望已经完全实现了。① 尽管如此,许多关于选区控制的证据不过是出自推论。确实,尤其是与其他国家的下议院对照,我们的众议院拥有不规则的政党投票,但这一事实本身并不表明国会议员会为了应付地方压力而背离政党。此外,许多国会议员感受到来自家乡的压力,这一事实本身并不能确定地方选区在合理控制方面发挥了作用。

规范性代表理论中的选区控制

在现代产生的关于代表的两个伟大的规范性争论中,地方选区的控制处于其中一极。人们一般认为,选区控制与埃德蒙德·柏克(Edmund Burke)的代表观相对。柏克想让代表服务于选区的利益,但不是屈从于选区的意愿,而且,在何种程度上代表应该由选举制裁来迫使其遵循他的选民的"要求",这一问题已经持续一个半世纪了,而

* Warren E. Miller, Donald E. Stokes, "Constituency Influence in Congress," *The American Political Science Review*, Vol. 57, No. 1 (Mar., 1963), pp. 45 – 56. 中译文的图表由刘芬帮忙完成,在此表示感谢。——译注

能进行这里发表的研究,要感谢洛克菲勒基金和社会科学研究协会提供的支持。作者还要感谢拉尔夫·比斯科(Ralph Bisco)和古德蒙德·R. 艾弗森(Gudmund R. Iverson)给我们的无价帮助。——原注

① 确实,联邦制宪会议的工作在两个关键方面还是得到了增补。第一个是从有限区域的单名选区选出代表的惯例,这一方面从 19 世纪中叶以来实质上很普遍;第二个是通过直接初选为议院选择政党提名人的惯例,这一方面在我们现在的这个世纪实质上也很普遍。

且一直是争论的焦点。①

选区控制也与应由负责的全国性政党治理政府的观念相对。然而，人们普遍认为，这一点与代表的规范性讨论没有什么关系。实际上，对内在于"负责的两党制"学说中的代表模式，显然没有给予多少关注。因此，代表这一主题一开始在政治科学家之间讨论，人们就想起了柏克与其反对者之间的经典论争。柏克的影响很大，以致于他提出的反题依然为当代关于代表的论述提供了思想范畴，尽管今天许多政治学研究者主张代表与选民之间的关系既非指令也非独立。

内在于负责政党学说中的代表观念，与指令代表模式共有人民控制这一理念，都是人民主权的样式。不过，负责的两党制的"人民"，是根据国家的选民而不是地方选区来构想的。议员职位的候选人是以全国性的政党纲领和领导能力来吸引选民的，而一旦当选，他们就应兑现诺言。地方选区对政策偏好的表达，被简化为对这些纲领的选择，地方选民只有算术上的意义，无论哪一个政党，只要能够为它的纲领集合多数支持者，就能控制该选区的议员席位。

没有哪一个代表传统完全支配着美国的实践。柏克模式、指令代表模式和负责政党模式的因素，都能够在我们的政治生活中找到。然而，如果美国体系具有所有这三种因素，那么问题就在于它们如何结合在一起了。尤为关键的问题是，是否不同的代表模式应该用于不同的公共问题。针对公众的立法行动因不同的问题而在质量和程度上表现出的差异，会使得议员受到来自他的选区的非常不同的限制吗？议员有一个植根于代表角色的规范性信念以对他的选区作出回应的一般性模式呢？还是这同一个议员在不同的问题上对他的选区会作出不同的回应呢？在这些对于我们的体制如此根本的问题上，我们需要更多的证据。

---

① 用尤劳（Eulau）、沃尔克（Wahlke）等人的话说，我们这里说的是代表的"风格"，而不是"焦点"。见他们的 "The Role of the Representative: Some Empirical Observations on the Theory of Edmund Burke," *American Political Science Review*, Vol. 53 （Septemper, 1959）, pp. 742 –756. 关于指令与独立之争的一个杰出评论，见 Hanna Fenichel Pitkin, "The Theory of Representation", unpublished doctoral dissertation, University of California, Berkeley, 1961. 关于其他当代的有关代表的讨论，见 Alfred de Grazia, *Public and Republic* （New York, 1951）; John A. Farile, "The Nature of Political Representation," *American Political Science Review*, Vol. 34 （April-June, 1940）, pp. 236 –248, 456 –466.

对代表的一项经验性研究

为了增进我们对美国国会中的代表问题的了解，密西根大学的调查研究中心采访了现任国会议员，和他们的非现任的反对派（如果有的话），并在 116 个国会选区对选民进行了随机抽样调查。[①] 这些访谈是在 1958 年的国会选举之后立即进行的，对在中央政府层面的代表关系

[①] 这项对代表的研究其实是附加于一个关于选民的为期四年的调查研究，且在后者启动两年后开始进行，而后者中对选民的主要抽样单位并不是国会选区（虽然如果在两年前设计样本的时候就预先知道要对代表予以研究，在技术上将选民的抽样单位确定为国会选区并不难），由于这一事实，该研究的抽样方面就显得很复杂。结果，我们抽样中的选区在分析中具有不对等的被选概率和不对等的重要性，从而使被选择的样本没有对等概率下的样本那样有效。

这一点在接下来的讨论中会很明显，在这一讨论中，我们根据对居于特定选区的选民的抽样调查来评判整个选区的特性。不到 2000 个选民分布在 116 个选区，考虑到这一事实，读者可能会怀疑这些评价的可靠性。经过大量的调查研究，我们可以确定，它们的抽样错误对于这一分析来说并不是如我们认为的那样严重。有一些评论可能表明了为何不会那么严重。

首先，我们的选区样本的重要性增加了选区评价的可靠性。分配给每一选区恰当的理论重要性，与对选区的随机抽样的做法相反，而且能够表明，每个选区被赋予的重要性大致跟该选区进行的访谈数量成正比。结果是，访谈对象最多的选区被分配了最大的重要性，因此对该选区的评价也是最可靠的。确实，与每一选区的平均访谈数相比，赋予这些选区的权重增加了一半。换句话说：不同重要性的引入，使我们的一些国会选区样本换到了更可靠的选区评价。

这些评价的不可靠性有多大问题，完全取决于这些评价被运用的分析用途。如果我们的目的是特定选区的案例分析，那么选民的样本就必须有更多的数量。实际上，对于绝大多数的案例分析而言，我们需要在每一选区进行数百个访谈（在 116 个选区，需要付出极大的代价）。然而，这里报告的研究结果，绝大多数不是基于单一的选区，而是基于许多个，甚至是我们全部选区的样本。对于这种分析来说，每一选区的访谈就可以更少些。

我们对于选区评价的抽样方差的作用的研究，完全可靠。当把从我们的选区样本中获得的统计数字与选区相应的参数值相比，这两组数字的一致性非常接近。比如，根据我们的样本数据计算出的 1958 年这 116 个选区投民主党票的比率，与官方的选举统计所记录的实际投民主党票的比率相比，所获得的相关性系数是 0.93，而且，由于这一测试抛开了弃权者（它几乎是我们全部样本的一半），所以这一数字更令人难忘。在这一研究中，我们把皮尔逊积差相关系数看成是衡量一致性的恰当标准，因为相关的回归方程几乎就是恒等函数。选择的组间相关系数几乎具有同样高的价值。

尽管我们相信，对那些关于抽样错误的影响的误导性的直觉认识（包括我们自己的），这一分析提供了一个标准的说明，但是，这些数字不应该过度运用。显然，这一系数不管如何接近 1.0，任何给定的变量都将取决于选举间变量与总变量比率。当这一比率与共和党的投票率和民主党的投票率一样高时，我们的选区评价的不可靠性的影响就非常小。尽管研究内容有所不同，这一抽样问题与心理学测试中的系数衰减问题非常类似。比如，见 J. P. Guilford, *Fundamental Statistics in Psychology and Education* (New York, 1956), pp. 475–58.

中处于相应位置的个体的态度和认识，进行了广泛的探究。当然，这一研究的显著特征是，它从选民和（实际的和可能的）议员那里直接获得数据。对于这一对比性的访谈数据，还增加了关于我们抽样出来的议员的唱票表决，以及他们所代表的选区的政治和社会特征的信息。

许多政治学研究者有很好的理由去关注代表与选民之间可能存在的联系，虽然这些联系与公共政策问题没有多大关联。比如，族群身份可能会增强一个议员对于他所在选区的情感，而无论他在这些问题上持何种（适当的）立场。而且，许多国会议员在他们的任职期间，轻车熟路地为他们的选区提供从免费文献到大的联邦项目的种种好处。在整个研究（这里的分析只是其中的一部分）中，我们探究了与政策问题没有多大关系的几个构成选民支持的基础。尽管如此，代表在立法问题上应该如何做决定，这一问题仍是关于代表的经典论争中的焦点，这里我们的论述焦点就是比较选民的政策偏好与代表的政策偏好，并就这两者之间的因果关系予以分析。

考虑到选民缺乏关于政府的信息，根本无法预先清楚地作出这样的比较。一些更加轻浮的人民主权拥护者，把公民当作在立法游戏中立于其代表背后的多嘴者。多嘴者与游戏者可能在出哪张牌上意见不一，但他们至少对于可选择的方案有一个共同的理解。

任何熟悉关于大众选民的研究结果的人，都不会接受这样的一种公民观。远不是在立法游戏中立于议员背后，大多数美国人对于华盛顿的立法问题几乎完全无知。普通公民对于国家应该如何运转，最多有一些一般观念，以此在政府应该如何做的问题上给出回应。比如，调查研究表明，对于政府应该在实现社会和经济福利目标上走得多远，大多数人会有一个（尽管彼此不同的）一般观念，这些信念使他们对政府在各种具体问题上采取的行动给出回应。① 尽管公众对于立法事务没什么明确的意识，然而对选民的政策偏好与代表的政策偏好进行比较依然可能，这基于这样一个事实，即议员自身是根据相当广泛的评价维度来对许多

---

① Angus Campbell, Phillip E. Converse, Warren E. Miller, Donald E. Stokes, *The American Voter* (New York, 1960), pp. 194 – 209.

问题作出回应的。无疑，政策方案由行政机构和专门委员会根据标准加以判断，这些标准比较复杂，而且是针对着讨论中的政策。然而，大量证据表明，当提案呈到议院全体大会，对它们的评判是根据更为一般化的评价维度的。① 比如，大多数议员对于政府应在国内的社会和经济福利领域走多远，似乎也有一个一般观念，而这些一般立场显然确定了他们在就具体的社会福利问题予以记名投票时的选择。

由此可以断定，尽管公众对于政治缺乏了解，但这样一个宽泛的评价维度依然能够用来比较选民与代表之间的政策偏好。在这一研究中，我们从选民的访谈，议员的访谈和唱票记录中得到三个这样的维度。正如上面提示的那样，其中一个维度与认可政府在社会福利领域中的行动有关，社会福利是新政—公平施政（the New Deal-Fair Deal）以及新边疆（New Frontier）时期首要的国内问题。第二个维度与支持美国涉入外交事务有关，即支持孤立主义—国际主义联合的现代翻版。第三个维度与赞成保护黑人公民权利的联邦行动有关。②

由于我们的研究集中于这三个维度，因此，我们对于选区影响的分析就限制在这些政策领域。那些试图阐明权力和影响力的概念的人，

① 这一结论充分得到我们自己后来关于国会研究的支持，是邓肯·麦克雷（Duncan MacRae）关于众议院的记名投票研究中的主要发现之一。见他的 *Dimensions of Congressional Voting*: *A Statistical Study of the House of Representatives in the Eighty-First Congress*（Berkeley and Los Angeles: University of California Press, 1958）。关于立法行为中大范围维度存在的补充证据，见 N. L. Gage and Ben Shimberg, "Measuring Senatorial Progressivism," *Journal of Abnormal and Social Psychology*, Vol. 44（January 1949）, pp. 112 – 117; George M. Belknap, "A Study of Senatorial Voting by Scale Analysis"（unpublished doctoral dissertation, University of Chicago, 1951）, and "A Method for Analyzing Legislative Behavior," *Midwest Journal of Political Science*, Vol. 2（1958）, pp. 377 – 402; 麦克雷的另两篇文章, "The Role of the State Legislator in Massachusetts," *American Sociological Review*, Vol. 19（April 1954）, pp. 185 – 194, and "Roll Call Votes and Leadership," *Public Opinion Quarterly*, Vol. 20（1956）, pp. 543 – 558; Charles D. Farris, "A Method of Determining Ideological Groups in Congress," *Journal of Politics*, Vol. 20（1958）, pp. 308 – 338; and Leroy N. Rieselbach, "Quantitative Techniques for Studying Voting Behavior in the U. N. General Assembly," *International Organization*, Vol. 14（1960）, pp. 291 – 306.

② 这三个问题领域的内容，可以通过所使用的记名投票和访谈项得到间接表明。在社会福利领域，包括公共住屋、公共权力、支助教育，以及政府在维护充分就业中的作用。在外交领域，包括对外经济援助问题、军事援助、海外驻军，以及援助中立方。在公民权利领域，包括废除学校的种族隔离、公平就业，以及保护黑人选举权。

在关于一个行动者通过什么样的行为才是对另一个行动者拥有权力、影响力或控制力这一问题上，花了很多精力，也取得了成效。① 因此，我们对影响力的研究范围，就是属于我们的这三个政策领域的立法问题。我们不能说，地方选区能够或不能够控制其代表的所有行为，也许还有为选区争取特殊利益的猪肉桶（pork-barrel）问题，或者其他与选区具有特殊相关性的问题，在这些问题上，议员与选区的关系是非常不同的。不过，还是可能有极少数目前政策的观察者会认为，政府提供社会和经济福利、美国涉足世界事务以及为了黑人采取的联邦行动，这些都是无足轻重的事情。但事实上，近年来国会讨论的绝大多数的重大问题都属于这些领域。

在每个政策领域，我们都运用路易斯·古特曼（Louis Guttman）及其他人提出的累积量表法（cumulative scaling），对议员、反对方候选人以及选民的样本予以整理。在每一个领域中，根据议员在议院中的记名投票对他们进行一次归类，然后根据他们在我们的保密访谈中所揭示的态度再对他们归类一次。这两种分类的结果绝不会一样，这种差异也绝不单单是因为测量方法本身的不确定性。② 反对方的候选人也根据他们

---

① 由于这一点得到广泛论述，因而必然吸引了许多术语。达尔指出，法案（a）的执行（A）能够产生的影响就是 A 的权力范围。见 Robert A. Dahl, "The Concept of Power," *Behavioral Science*, Vol. 2（July 1957），pp. 201 – 215. 这一用法类似于 Harold D. Lasswell and Abraham Kaplan, *Power and Society*（New Haven：Yale University Press, 1950），pp. 71 – 73. 然而，卡特莱特（Dorwin Cartwright）指出，O 能够引起 P 发生行为或心理变化，就是 O 的权力范围，见 "A Field Theoretical Conception of Power," *Studies in Social Power*（Ann Arbor：Research Center for Group Dynamics, Institute for Social Research, The University of Michigan, 1959），pp. 183 – 220.

② 代表的记名投票可能不同于他的真实意见，这一点已经为一系列的研究（这里会报告其中的一些成果）所证实，这些研究关注的是议员的投票立场与他的私人态度在什么条件下有高度的一致性，什么情况下又不太吻合。然而，对于这两种分类的结果并不完全一致的直接证实，只能是通过议员对于他的投票如何有效表达了他的真实观点的自我感觉（我们据此衡量议员的投票立场与私人态度之间的差异）来判断。比如，在外交事务领域，在那些认为他们的投票很好地表达了他们的真实观点的代表中，我们发现私人态度与公开的投票立场之间的相关系数是 0.75。而在那些认为他们的投票没怎么表达他们的观点的代表中，这一相关系数只有 0.04。同样，在其他政策领域，态度与投票之间的一致在那些对他们的投票满意的议员中比较高，而在那些不满意的议员中，这种一致性就比较低。

在我们的访谈中所表示的态度，在各个政策领域中加以归类。全国范围的选民样本分配在每个领域中，同时通过对同一个选区的所有选民的态度取平均值，就可以获得该选区在每一个维度上所呈现的倾向，由此，议员的观点就能够与他们的选区的观点加以比较。① 最后，通过只调查那些在每个选区中共有一些特征（比如都投了现任议员的票）的选民，我们还能对选区中的亚群体进行归类，从而使议员的意见能够进一步与这些亚群体（比如在选区起着主导作用的选民全体）的意见作比较。

在每一个政策领域，对议员以及他们的选区所做的分类，使我们能在经验层面观察议员与选区之间在政策倾向上的一致程度。② 在我

---

① 在这一分析过程中，除了取平均值，我们还通过其他一些方法从居于同一个选区的选民那获得该选区的倾向。特别是，考虑到我们的尺度的序数性，我们常常对选民的态度取中位数，以此获取整体选区的倾向。不过，从这些为获得选区整体倾向而采用的不同方案的结果看，差异其实很小。因此，我们倾向于取平均值的方案，而不是其他可能给出更大分数的方案。

② 这一程序的意义，可以通过两种假想的极端情形下的百分比列表得到阐明，第一种情形是完全一致的，第二种情形是完全不一致的。为了方便起见，以下图表只根据三种对相关政策的偏好程度（赞成、中立和反对）对议员及其所在选区进行分类，并且假定他们在这三种范畴中进行了一个近乎同等的分配。当然，"赞成""中立""反对"这些术语只是表示一种相对而非绝对的看法。在情形 I 中，即完全一致的情况下，所有选区都比较赞成议员也认同的社会福利行动，诸如此类；然而在情形 II 中，或者说完全不一致的情形中，在统计学的意义上对选区的分类独立于对议员的分类：知道一个选区的政策偏好，根本无法推定代表这个选区的议员的倾向。当然，议员与选区的分类结果还可能呈逆相关，而且如下面所显示的那样，如果对非现职候选人与现任者的政策立场都予以考虑，那么这种可能性就值得重视了。为了描述议员与选民之间的一致程度，需要引入一种相关系数的衡量方法。尽管在我们的分析中，已经采用了多种联合的衡量方法，不过我们在这篇论文中所参照的是积矩相关系数。对于我们假设的情形 I 来说，相关系数的度量是 1.0；对于情形 II 而言，则是 0.0。当应用于实际情形时，具体的数字可能位于这两个相关系数之间。问题就是看落在哪里了。

情形I: 政策倾向完全一致
选区

议员	赞成	中立	反对	
赞成	33	0	0	33
中立	0	34	0	34
反对	0	0	33	33
	33	34	33	100%

相关系数=1.0

情形II: 政策倾向完全不一致
选区

议员	赞成	中立	反对	
赞成	11	11	11	33
中立	11	12	11	34
反对	11	11	11	33
	33	34	33	100%

相关系数=0.0

们的研究期间，这一程序揭示了在三个问题领域存在完全不同的政策倾向上的一致程度。在社会和经济福利问题上，代表与其选区之间具有较大的一致性，相关系数大约是0.3。当然，这一系数仍低于1.0很多，这表明，相对来说，许多议员多少拥有独立于他们的选区的"自由"。然而，在外交事务问题上，议员与其选区之间不存在可以辨识的一致性。事实上，像是要强调这一点一样，这里的相关系数呈现为较小的负值-0.09，尽管在统计学意义上这并不重要。在公民权利领域，议员与选区最为一致。当把我们的衡量方法应用于1950年代关于影响黑人的问题上，议员的记名投票与选区的相关系数接近0.6。

这三种简单的相关系数所给出的政策一致性描述，可以用来分析更广泛的问题。比如，为了政策代表而在一个选区展开的政党竞争，其意义可以通过把选区与现任议员之间的一致程度，和选区与非现职的反对方之间的一致程度加以比较，而得到探明。此外，根据多数决定规则从实行单名选区制的选区选择代表的意义，可以通过把议员与他自己的支持者之间的一致程度，和议员与他的反对方的支持者之间的一致程度加以比较，而得到探明。如果把政党竞争和多数决定规则这两者考虑进来，这里所报告的一些相关系数将会得到很大的提高。这一点在社会福利领域更加明确，在那里，候选人和选民的态度沿着政党路线而显示出最大的极端化。在社会福利政策上，选区里的多数意见与议员记名投票之间的相关系数接近+0.4，与非现职候选人之间的相关系数则是-0.4。这两个系数之间将近0.8的差距表明，通过对议员的选择可以确定选区的何种主导性的选举因素与普通民众相合，正是这一因素把他的反对方排斥在职务之外。①

对于本文的主题即选区与代表的关系而言，这三个系数也是对两者之间的因果关联进行分析的出发点。至少在社会福利和黑人权利上，

---

① 谨慎而言，以免我们去比较严格来说不可比较的主题。很显然，绝大多数非现职候选人没有唱名记录，因此我们必须完全根据他们在访谈中显露的态度，判断他们与选区的政策一致性程度。不过，当也根据现职议员在秘密访谈中所表述的态度来判断他与其选区之间的政策一致性程度时，多显示的系数差异也总是非常大。

选区与议员之间的一致性程度相当大。问题是，这一现象应归于选区对国会的影响，还是应归于其他原因呢？如果要对这一问题有一个满意的答复，就必须阐明确保选区控制的必要及充分条件，并把它们与获得的经验证据加以比较。

选区影响的条件

一般而言，选区能够通过两种方式控制代表在政策方面的行动。其中的第一种方式是，选区选择一位与它拥有共同观点的代表，这位代表在遵循他自己的信念时，也在表达其选民的意愿。在这种情形中，选区的意见与议员的行为通过议员自己的政策态度联系在一起。第二种选区控制的方式是，议员为了赢得连任，会听从他对于选区态度的理解（至少是具有一定准确性的理解）。在这种情形中，选区的意见与议员的行为通过议员对选区需要的理解联系在一起。①

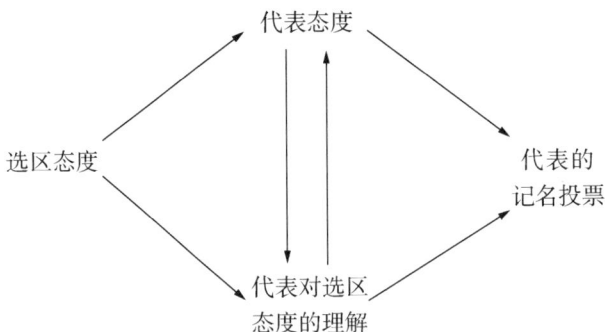

图1　选区态度与其代表的记名投票之间的关系

---

①　如果代表认为他所想就是选区所需，是因为他认为这是一个代表应当做的，而无论这是否是赢得连任的必要条件，那么在选区与议员之间就可能存在这里所没有提及的第三种联系类型。我们这里省略了对于这一联系类型的说明，因为我们所构想的影响联系是这样的，在这种联系中，控制不是从属于它的某个人所自愿接受或拒斥的。当然，选区与代表之间的这一可能的联系决不因为它在我们关于影响或控制的定义之外，而不值得注意，相反，我们在包含本论文的一个更广泛的研究中，对它作了大量的专门研究。

选区控制的这两种方式，在图 1 中得到了呈现。如图所示，每一种方式都有两个步骤，其中一个步骤使选区的态度与"中介的"态度或理解联系在一起，另一个步骤把这一态度或理解与代表的记名投票联系在一起。出于对人类行动者获得认知上的一致性的过程的尊重，我们也在两个中介因素之间标出箭头，因为议员可能倾向于把他的选区看作与他自己拥有同样的意见，而且随着时间的流逝，也倾向于使他自己的意见与选区的意见保持一致。这些箭头让人注意到还存在其他两种影响方式，其中每一种方式都由三个步骤构成，尽管这两种增加的方式在经验上被证明只具有较小的重要性。

图 1 的两种主要方式中，只要其中的某个步骤被阻塞，将无法使议员最后的记名投票与选区的观点联系在一起。由此，我们可以阐明选区影响的两个必要条件：第一，代表在议会的表决必须在实质上与他自己的政策观或他对选区的政策观的理解一致，而且不会完全由议员所受到的其他影响决定；第二，支配着代表的行为的态度或理解必须对应于选区的实际意见，哪怕这种对应是不完美的。除非满足这两个条件，否则就很难把选区与代表的关系描述为一种控制方式。①

然而，这两个必要条件还不足以确定控制。还必须满足第三个条件：选区在选择一个代表时，多少还得把候选人的政策观考虑进来。如果没有的话，议员与选区的一致这一现象并不能合理地推出是选区的控制使然。比如，这样的一致可能只是反映了这一事实，从某个选区选出的代表，纯粹是在统计学的可能性上与选区的主导价值碰巧吻合，而他的当选本身无需看他对这些价值是持接收还是拒绝的态度。

---

① 似乎完全没有必要说明，证明存在着一些选区影响，并不意味着代表的行为完全由选区压力所决定。议员是在一个复杂的制度设置中行动的，其中他也受到广泛多样的因素的影响。如果代表的生活空间中的所有其他影响因素不发挥效应，那么选区就能够作为一种真正的控制尺度。

控制的证据：国会的态度和理解

在美国议员与他们的选民之间的关系中，上述条件得到了多大程度上的满足呢？第一个条件在实质上得到了满足，这几乎没有什么问题；我们的研究证据表明，议员事实上同时根据他们自己的政策观以及他们对于选民的观点的理解进行表决，至少在社会福利、外交事务以及公民权利上如此。如果这两个中介因素被用来预测记名投票，那么这一预测就非常成功。他们在记名投票上的相关系数，在社会福利上是0.7，在外交事务上是0.6，在公民权利上是0.9，这最后的数字尤其具有说服力。此外，议员自己的信念与他对选区的意见的理解，这两者对于他的投票行为具有截然不同的影响。在这三个领域的每一个中，如果同时考虑到这两个因素，而不是分别单独考虑其中一个，那么对于议员记名投票的预测就会更可靠。

议员的观点以及他对于选区的观点的理解对其记名投票行为会产生强大影响，为避免使其显得有些注定——如果是这样，这一发现就没有多大价值了——有必要对影响代表投票的其他可能因素审视一番。比如，在外交政策领域，许多议员都倾向于听从政府的建议，而不管他们自己或者他们的选区的想法。对于这些人而言，记名投票行为与他们自己的外交政策观以及他们对选区的外交政策观的理解的相关系数，仅仅是0.2。其他一些发现也可以用来支持这一观点，即议员自己的偏好以及他所认为的选区的偏好对其投票行为的影响是极其反复不定的。然而，在作为整体的议会中，这些因素在这三个领域中的影响仍十分强大。

国会的态度及其对选区意见的理解与真实的选区意见之间的关系更加脆弱。如果选区与代表之间的政策一致性在政策领域是适度的和易变的，那么事实上，这更加要根据选区控制的第二个条件而不是第一个条件来解释。在黑人权利的问题上，代表的态度及其对选区意见的理解与他的选区的真实态度最为一致。如表1所示，选区的实际意见与代表所理解的选区意见之间的相关系数大于 0.6，而选区的态度与代表自己的态度之间的系数接近 0.4，这反映了这一政策领域带有感情化和两极化的特征。但是在外交事务领域的可比系数则要小得多——实际上几乎可以忽略不计。在社会福利领域，这一相关系数也比较小，尽管对于这一领域的详细探究表明，代表对其选区意见的理解和他自身的态度与大多数选举他的选民的态度之间的关联，要远远强于与整体选区的态度的关联。

表1　选区态度的相关系数

政策领域	选区态度与下面两个方面的相关系数	
	代表对选区态度的理解	代表自己的态度
社会福利	0.17	0.21
外交事务	0.19	0.06
公民权利	0.63	0.39

从选区的态度到议员的记名投票，存在诸多直接或间接的方式，如果我们能充分获取相关的信息，就能够对它们的相对重要性予以评价。由于不同链条上的各个环节间的影响强度并不相同，因此，整个链条体系一般不会具有同等的强度，而这些差异在代表与选区的关系中具有巨大的重要性。对于公民权利领域而言，图2集合了我们的体系中所有变量的相关系数。如图所示，选区态度与记名投票行为在这一领域的根系数是 0.57。但这种政策上的一致程度，有多少可以通过以代表的态度为中介的链条得到解释？又有多少可以通过以代表对选区意见的理解为中介的链条得到解释？当这一体系的相关系数根据我们所假设的因果结构来解释时，经由议员对选区观点的理解的影响就

被发现具有显著的重要性。[①] 即使根据关于它的重要性的最不利的假设，这一方式的解释力也要比以代表自己的态度为中介的影响方式强

---

① 为获取此结果，我们采用了一种类似于其他人在处理这一类型问题上所建议的方差分量技术。尤其见 Herbert A. Simon, "Spurious Correlation: A Causal Interpretation," *Journal of the American Statistical Association*, Vol. 49 (1954), pp. 467 – 479; Hubert M. Blalock, Jr., "The Relative Importance of Variables," *American Sociological Review*, Vol. 26 (1961), pp. 866 – 874; 以及几乎被人遗忘的 Sewall Wright, "Correlation and Causation," *Journal of Agricultural Research*, Vol. 20 (1920), pp. 557 – 585. 在这一技术下，"因径系数"（Wright 的术语，尽管不是他的理论）通过解决涉及这一模型的变量的相关系数的一组方程式，而被分派到每一个因果箭头。因此，分配给一个链条的影响力便是它内部的几个因径系数的合成，进而可以被解释为因变量（这里就是记名投票行为）的方差比例。

这里出现了一个特殊的问题，因为影响可能来自议员态度以及他所理解的选区态度的任一方（如上所述，代表可能选择性地把他的选区的观点理解为与他自己的态度一致，或者改变他自己的态度以符合其所理解的选区观点）。因此，我们不是拥有一个单一的因果模型，而是一整套因果模型，它们随着从态度到理解以及从理解到态度的影响上的相对重要性的变化而变化。为了弄清我们的结果在多大程度随着从我们的一整套因果模型中所选择的因果模型的变化而变化，我们对于这一问题的解决方案一直是计算两个极端的模型的影响系数。由于这一分析中的方程式体系是线性的，我们可以揭示出我们所寻求的系数，在这两种模型中有它们的最大值和最小值。因此，为每一种限制情形计算出的特定系数，就能够用来确定真实系数值必定落于其中的区间。事实上，这些区间非常小；我们关于不同链条的相对重要性的诸多发现，并不因所选模型而有多少改变。

这两种受限制模型连同相关的方程式体系，以及在每一种模型下用以计算三种可能的影响方式的相对重要性的公式型，有如下图：

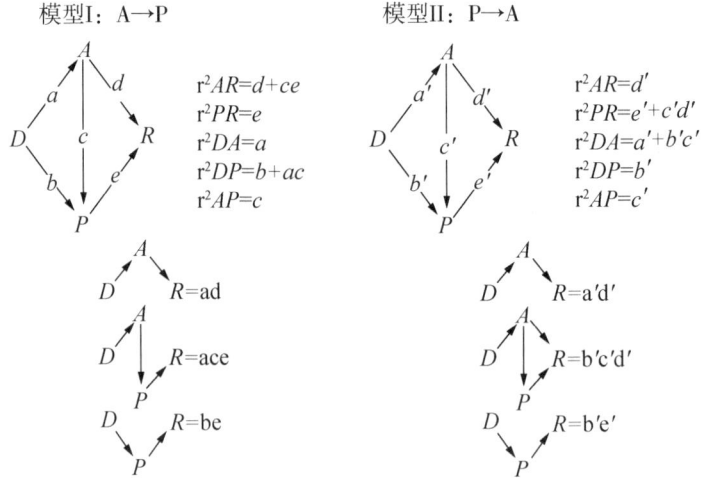

模型Ⅰ：A→P

$r^2AR=d+ce$
$r^2PR=e$
$r^2DA=a$
$r^2DP=b+ac$
$r^2AP=c$

$R=ad$
$R=ace$
$R=be$

模型Ⅱ：P→A

$r^2AR=d'$
$r^2PR=e'+c'd'$
$r^2DA=a'+b'c'$
$r^2DP=b'$
$r^2AP=c'$

$R=a'd'$
$R=b'c'd'$
$R=b'e'$

两倍。① 不过，当这同一程序被用于我们的社会福利数据时，结果则表明，以议员自己的态度为中介的选区与投票之间的直接关联，是所有方式中最为重要的一种。② 随着我们从公民权利领域转向社会福利领域，这两种方式的相对重要性的倒转，是这一分析最引人注目的发现之一。

公民权利：相关系数

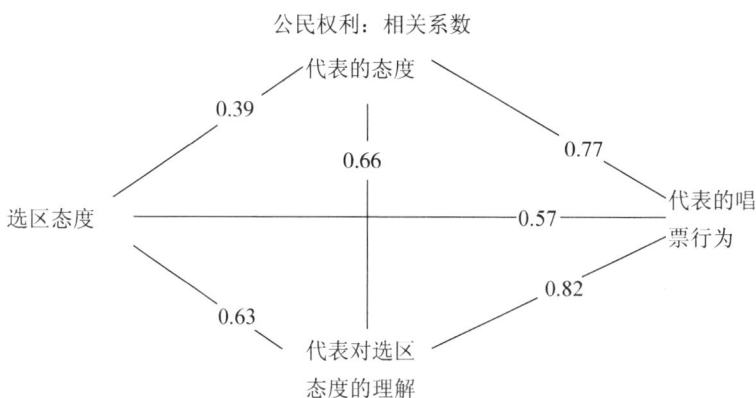

图2　公民权利有关变量的相关系数

————————

①　"最不利的"（least favorable）这个术语，我们意指的是这样的一个假设，即影响只能从议员的态度施加给他对于选区的态度的理解（模型 I），而不能相反。根据这一假设，通过这三种方式得到说明的记名投票行为的方差比例，就可以表达为通过选区态度得到解释的记名投票行为的方差比例，这些情况如下：

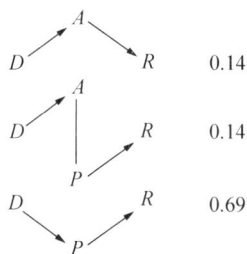

颠倒所假定的议员自己的态度以及选区态度之间的影响方向（模型 II），则完全消除了代表的态度能够对他的表决所施加的影响，不管他对选区态度的理解是什么。

②　根据模型 I 和模型 II，以代表自己的态度为中介的影响方式的方差比例，是以代表对选区态度的理解为中介的影响方式的方差比例的两倍。

控制的证据：选举行为

在选区影响的这三种条件中，选民考虑候选人的政策立场这一条件最难与经验证据相符。确实，普通选民在有限信息的情况下进行投票，这使得公众被认为没有能力胜任任何评价的任务。在居于国会选区的选民中，1958年一个共和党人和一个民主党人进行了一场竞争，只有不到五分之一的选民说他们看过或听到过这两个候选人的信息，而有超过半数的选民承认他们对这两个人一无所知。即使仅基于1958年国会选举的抽样部分，这些比例也没有显得更好，都没有超过半数。选民对候选人的了解程度，显示在表2中。如表所示，即使部分公众对选举有足够兴趣，也几乎有半数对候选人一无所知。

表2：选民对国会候选人的了解

		对现任者的了解		
		是	否	
对非现任候选人的了解	是	24	5	29
	否	25	46	71
		49	51	100%

为了包括1958年所有选区的竞争席位，这个表保留了现任议员不再寻求重新当选的10个选区。这些选区中退休的现任候选人，在这里被当作现任者对待。如果这里计算出的数字只是关于寻求重新当选的现任者的，那么这里的四重表中的条目与所给定的值的差异不会超过2%。

只是我们的访谈对象在说他们看过或听过一个候选人的信息时，必须清楚这一门槛有多低，这一点可以通过对能够将议会候选人与选民联系起来的信息的详细的定性分析而得到指明。除了极例外的情形，选民所了解到的，一般受限于那些散播出来的关于候选人的评价，如："他是一个好人""他通晓这些问题"等等。关于政策的详细信息，并不会像所发现的化学痕迹一样。在面临一系列广泛的自由回答的问题时，选民关于候选人的评价中，不到 2% 位于我们的这 3 个政策领域；确实，100 个中也只有 3 个评论与任何一种的立法问题相关。①

选民的行为很大程度上不受他们对候选人的政策立场的了解的影响，这一点为以下相关证据所补充，即存在影响选民对国会候选人的选择的因素。美国国会选举的主要基础是政党认同。1958 年，只有 1/20 的选票是在没有任何政党忠诚的情况下投出的。在那些拥有政党认同的人中，只有 1/10 的选民投了他们所认同的政党的反对票。结果，那一年大约 84% 的选票，是由那些政党认同者们根据他们通常的政党界线投出的。此外，传统的政党选举与当前的立法问题很少有关联。当全国范围内抽样出的选民中的政党信徒告诉我们说，在 1958 年对于政党他们喜欢和讨厌什么时，只有一小部分的评论（大约 15%）涉及到当前的公共政策问题。②

然而，议员们对于"就立法表决施以奖励或惩罚"的观点很熟悉，他们认为自己和自己的投票记录很容易被选民看到。在我们抽样的 1958 年被反对连任的议员中，有超过 4/5 的人认为在他们选区的选举结果强烈受到了选民对他们的投票记录和立场的反应的影响。的确，这一信念清楚地揭示了一个很明显的矛盾：议员认为他们在立法上的行动对选民会有极大的影响，但是议员有着与选民很不同的特点，这一方面的证据往往暗示了前一点很难成立。

这一矛盾多少可以通过议员倾向于高估他们对于当地公众的可见性而得到解释，这一倾向反映了代表在形成一个关于选区意见的正确判断上的困难。绝大多数议员与他们的选区所进行的交流，不可避免地使他们与组织团体相关，以及与那些对于政治有比较好的了解的个

① 此外，选民对于作为整体的国会的了解也十分有限。1958 年，大多数公众无法说出前两年两个政党中哪一个控制着国会。一些人对共和党的总统和民主党的国会的并存搞混淆了。但是对于绝大多数人而言，这不过是与他们没有参与的国会事务相关的一个基本事实。

② 关于影响国会投票的因素的更广泛分析，见 Donald E. Stokes and Warren E. Miller, "Party Government and the Saliency of Congress," *Public Opinion Quarterly*, Vol. 26（Winter 1962），pp. 531–546.

人相关。代表对他的选民的了解，绝大部分来自于那些会书写，愿意参加集会，以及对他的立法观点感兴趣的人。结果，他与拥有成千上万选民的选区的接触只是通过这些样本来实现的，这显然会带来严重的偏见。即使这些接触明显是他随机作出的，它们也可能是与那样一些人的接触：这些人过分代表了政治信息的程度以及整体选区的兴趣。

不过，这一矛盾也可以通过与代表的选举情形相关的一些方面得到说明，这些方面对于选区影响这一问题有很大的重要性。其中第一个方面隐含在已经有的论述中。由于政党忠诚的普遍效应，没有一个国会候选人会从零开始聚集大多数的选民。议员是精于算计的商人。他从坚定的政党选民阶层开始，如果这一阶层足够广泛，他就能够通过吸收少量额外的选民——或者不失去更大一部分的选民——对他的胜出机会予以测量。因此，在他的大多数选民不了解他的投票记录的情况下，这一记录对于他的选举的成败并无多大意义。

第二，议员与选民的关系不只是一种双面的关系，而且，由于存在包括地方政党、经济利益、新闻媒体、种族和民族组织等这样的中介因素，而呈现出复杂的关系。这就是美国政治的经验，所有政治科学家都对此了然于心。代表常常通过这些中介影响大众，而关于他自己的信息以及他的投票记录，当通过两个或更多的中介散播到选民中时，可能大大变样了。结果，公众——或一部分公众——对于议员只会获得简单的正面或负面的线索，这些线索来自于他的立法行动，但这一行动已经不再有一个可辨识的议题内容了。

第三，对于大多数议员而言，多数时候，选民的惩罚是潜在的而不是现实的。尤其是来自一个地位稳固的选区的代表，他会觉得他在议会里的正确策略应该是避免让自己的反对派（无论是来自于本党还是党外的）掌握可以用来反对他的材料。当议员追寻这一策略时，他可能会有一个不为他的选民所熟知的投票记录，如果这一策略没有赢得选票，它也不会失去选票。这显然是大多数南方议员在处理黑人权利问题上的情形。通过在这一问题上正确地投票，他们不可能增加他们对于选民的可见性。尽管如此，由于有投票上的潜在惩罚作为后盾，选区影响的事实是完全真实的。

这些潜在惩罚的真实性，通过在 1958 年的选举中对阿肯色州第五选区的布鲁克斯·海斯的报复，得到了最好的说明。① 尽管选民视海斯议员在公民权利方面的观点过于温和，更多地是基于海斯在小石城危机中作为白宫与地方长官福布斯之间的中介人的所作所为，而不是来自他在国会的投票记录。但是，作为自填候选人（write-in candidate）的戴尔·阿耳福特的胜利明显地提醒人们注意：一个议员给予他的对手一个反对他的强有力的话题会发生什么情况。公众在此次竞选中的不寻常介入，能够通过对候选人在这一选区为选民所了解的程度与其作为整个国家的候选人（正如上面表 2 所表明的）为选民所了解的程度的比较，而看清楚。正如表 3 所示，我们样本中的阿肯色州第五选区的选民，没有一个人对这两个候选人是一无所知的。② 此外，这些访谈表明，海斯被他的支持者和反对者认为在公民权利上，比阿耳福德更软弱，而这一理解导致了他的失败。在某种程度上，1958 年发生在小石城的事件，可以发生在任何地方，议员的所作所为会对选民的投票产生影响，这一点议员不应该完全怀疑。事实上，他们可能处于来自选民的真正压力之下，即使他们成了大选的遗忘之人。③

---

① 对于这一情形的说明，见 Corinne Silverman, "The Little Rock Story," Inter-University Case Program series, reprinted in Edwin A. Bock and Alan K. Campbell, eds., *Case Studies in American Government* (Englewood Cliffs, 1962), pp. 1 –46.

② 这一选区的样本限于 23 个人。然而，尽管只有这么小的数目，但是这一选区与整体的国家（只是作为抽样变量的一个结果）在对候选人的了解程度上存在差异的可能性，大大小于千分之一。

③ 鉴于选区惩罚的潜在性质，根据近来的权力理论家作出的几个区分——尤其是现实权力与潜在权力的区分、影响力与强制权力的区分，以及影响力与故意的控制的区分——对其施加给代表的影响予以深入探究，具有重要意义。通过观察这些区分，我们可以说，选区影响是现实的，而不仅仅是潜在的，因为正是惩罚行为而不是顺从行为才是罕见的（达尔）。也就是说，议员受到他对于潜在惩罚的计算的影响，遵循着"预期反应的规则"（弗里德里希），尽管选区通常会忘记他的行为。我们可能也会说选区拥有权力，因为它的影响部分依赖于惩罚（拉斯韦尔和卡普兰），尽管它极少进行控制，因为它的影响很少是有意识的或故意的（卡特莱特）。在上面的论述中，我们当然是在可互换的意义上使用"影响"和"控制"这两个术语。

表3：1958 年阿肯色州第五选区的选民对国会候选人的了解

	对于海斯的了解		
对于阿耳福德的了解	100	0	100
	0	0	0
	100	0	100%

结论

因此，尽管选区影响的条件不能得到同等的满足，但是它们足以使得地方选区对其代表的行动进行一定的控制。最能满足的条件是对议员动机上的影响：我们的证据表明，代表的记名投票行为，受到他自己的政策偏好以及他理解的选区所拥有的偏好的强烈影响。然而，那种预设议员与选区之间存在有效交流的条件很难满足。代表对于他的选区的问题偏好所获得的信息很不完全，而选区对于代表的政策立场的了解通常也极少。

本分析报告的发现着重强调了这一事实，即没有哪个单一的代表传统完全与美国的议会政治相符。美国的体系是一种混合，对此，柏克模式、指令代表模式以及责任政党模式，都可以说有所贡献。此外，当我们从一个政策领域转移到另一个政策领域时，代表关系中的变化最有可能发生。没有一个把代表和选区联系在一起的单一的、普遍的态度和理解结构，但有几个独特的模式，而且随着所涉问题的变化应用不同的模式。

议员与选区的关系最接近于指令代表模式的问题领域，是公民权利领域。这一结论通过以代表对选区意见的理解为中介的影响方式所具有的重要性而得到支持，尽管基于以下原因应该对此结论予以适当限制，即在这一领域中，选区也许被认为是在做选举决定时考虑了候选人的立场。

最接近于责任政党模式的代表关系的，是社会福利领域。在这个问题领域，也就是持续了整整一代的党派冲突的舞台，政党符号帮助了选区与代表双方在存在困难的情况下实现更好的沟通。一方面，由于共和党和民主党的选民在他们想让政府如何行动这方面存在差异，代表可以通过观察选票上的政党差异来推断选区的意见；另一方面，由于两个政党倾向于招募那些在政府提供社会福利这一问题上有相似看法的候选人，选区能够从他们所属的政党推出候选人的立场，即使选区关于这些立场本身并没有什么直接的了解。当然责任政党模式在这一领域中的适用性，其程度也不应该过于被夸大。即使在这一政策领域，美国的实践与理想的政党政府观还是有很大的出入。① 但是，与其他领域相比，该领域的政治争议更多的是围绕全国性政党而展开的冲突，而选区与代表之间的相互了解也主要是依据他们与政党的关系。

说外交事务领域符合第三种代表模式，即柏克所提出的理念，未必很适当。显然，在议员是根据别的因素而不是他的选区意见来决定外交政策这一意义上，确实如此。然而，议员对总统和行政部门的依赖意味着，对于何种外交政策有助于实现公共利益的判断，常常变成了行政部门的事。讽刺的是，对外交事务方面的信息进行收集和评价上的困难，导致柏克坚持认为应该是议会而不是公众方拥有决定权，但是这一困难同样使议员在提交有关外交事务的议案时变得力不从心。柏克认为人民所缺乏的背景信息和预测技巧，现代的行政部门基本上都有。因此，在外交事务上，议会的当前作用与柏克所认为的精英所具有的作用有一些相似，而在柏克的时代，选民受到了很多的限制。

---

① 美国选举行为中导致这种偏离的因素在以下文献中得到了论述，见 Stokes and Miller, *loc cit.*

国会中的集体代表 vs. 对偶代表[*]

罗伯特·韦斯伯格／文　高春芽／译　聂智琪／校

　　既往对立法机构—选区的代表关系研究，几乎排他性地专注于国会成员与其选区之间的代表关系。然而，集体代表或许是可行的，比如，考虑国会作为一个机构在何种程度上代表了美国的民众。我们的分析描绘了这种代表概念，通过运用概率论和米勒—斯托克斯的数据分析了它的现实性，并审视集体代表与选举控制之间的关系。我们得出结论认为，公民能够得到比米勒—斯托克斯的数据分析所揭示的更好的代表；代表程度更有可能是制度安排而非选举控制的函数；在集体代表存在的条件下，公民对议会政治诸方面的冷漠是非常理性的。

　　立法机构中的代表问题长期以来是政治分析的基本关注点。尤其是过去的 20 年，学者运用一系列理论、数据和方法，考察议员是否在一定意义上遵循选区的意见。[①] 这些研究结果绝不是结论性的，人们对应该如何分析代表、特定数据显示的含义等问题众说纷纭。[②] 然而，

　　* Robert Weissberg, "Collective vs. Dyadic Representation in Congress," *The American Political Science Review* 72 （1978）, pp. 535 – 547. ——译注

　　① Warren E. Miller and Donald E. Stokes, "Constituency in Congress," *American Political Science Review*, 57 （March 1963）, pp. 45 – 56; Lewis Anthony Dexter, "The Representative and His District", *Human Organization*, 16 （Spring, 1957）, pp. 2 – 13; Wilder W. Crane, Jr., "Do Representative Represents?" *Journal of Politics*, 22 （May, 1960）, pp. 295 – 299; Robert S. Erikson, "The Electoral Impact of Congressional Roll Call Voting," *American Political Science Review*, 65 （December, 1971）, pp. 1018 – 1032; John W. Kingdon, *Congressman's Voting Decisions* （New York：Harper and Row, 1973）, esp. ch. 2; Aage R. Clausen, *How Congressmen Decide：A Policy Focus* （New York：St. Martin's, 1973）, pp. 126 – 150.

　　② 了解这些争论的部分内容，可参见 Morris P. Fiorina, *Representatives, Roll Calls, and Constituencies* （Lexington, Mass.：D. C. Heath, 1974） 第一章。

尽管出现如此多的分析和争论，既往的研究几乎存在一个共同的特点：他们均根据特定议员与选举这个议员的选区的关系来考察代表问题。这种对偶的视角（即一个议员对应一个选区）当然是非常重要的，但它绝非是分析代表问题的唯一方式。需要明确的是，还长期存在另一个同等重要的传统，它从集体代表人民的机构的角度来看待代表。[①] 在这一传统中，中心的议题将是国会作为一个机构是否代表所有的美国民众，而不是国会的每个成员是否代表他或她的特定选区。

本篇论文将从理论和经验上探讨集体代表的概念。[②] 在论证过程中，我们不仅将详细阐述立法机构研究中的一个重要但常被忽视的概念，而且要在我们数据支持的范围内，尝试表明以下观点：（1）把公民意见在立法机关中的代表视为集体代表时，它几乎并不像大多数对议员—选区关系研究所显示的那样低效；（2）美国政治明显地使人联想到低效代表，但至少它的某些特征在事实上有助于准确代表（accurate representation）；（3）考虑到集体代表的作用，很多对立法政治的公众冷漠以及对纪律严明的政党的反对都是理性的。

我们将首先说明研究立法机构—选区意见代表（opinion representation）的对偶方法。这种研究方法将与集体的和事实上的代表概念形成对比。其次，代表的非对偶（non-dyadic）层面也将纳入讨论的范围，并通过沃伦·米勒和唐纳德·斯托克斯收集的数据部分地予以阐发。我们将会看到，比如，特定议员对选区意见的不当代表（misrepresentation）在某些条件下能够提高意见代表的整体水平。我们也将说明，政党在立法投票上的纪律同样会降低意见代表的水平，尽管它声

---

① 数位政治学家已经讨论了集体代表理论。参见 Samuel C. Patterson, "Introduction," in *American Legislative Behavior* (Princeton: D. Van Nostrand, 1968), p. 4. 还有，Alfred De Grazia, *Public and Republic* (New York: Knopf, 1951), pp. 5 – 8. 在某种意义上，对选举代表机制的分析也与集体代表相关。更具理论水平的成果可参见 Hanna F. Pitkin, *The Concept of Representation* (Berkeley: University of California Press, 1967), pp. 216 – 225.

② "代表"的定义层出不穷，我们将其界定为议员投票与选民意见之间的一致性。一致性愈高，代表性就愈"好"。这个定义与大多数对代表进行经验分析时所使用的代表概念是一致的。它与贯穿米勒—斯托克斯分析过程的代表概念也是相同的。

称的目标与之相反。再次，我们将考虑，在通过选举对领导人实行民主控制的情境中的非对偶代表问题。我们将证明，在公民偏好的准确代表与公民对议员的选举控制之间并不存在一一对应的关系。事实上，随机选择议员将会以牺牲公民控制为代价，使代表水平最优化。最后，我们将根据代表和不当代表的不同概念，考察特定的公民态度和公民行为。我们希望说明，考虑到集体代表的存在，诸如对特定国会成员投票记录的忽视，政治冷漠，甚至投票支持不负责任的议员，这些都比以往声称的观点要理性得多。

在展开论述之前，我们要提出两点限定条件。首先，在一般谈及议员时，我们将特指美国国会成员。无疑地，存在这样的立法机构，它们的规则和功能可以反证我们的分析。其次，我们的数据是众所周知的米勒和斯托克斯收集的数据，这些数据因其源自几个选区的小规模抽样而多少存在局限。然而，这两个问题并不严重，因为我们从事的是理论性和阐释性工作。对于这个目标而言，米勒—斯托克斯的数据完全足矣，不会给我们从事同样的研究工作带来严重的问题。

公民—立法机构代表的概念

可能源于我们的内在价值观，对立法机构回应性的新近研究通常是在选举背景下考察代表问题。换言之，公民由他们本可以投票支持或反对的、在选举中产生的官员加以代表（或不被代表）。就此而言，一个公民只可能被一位众议院议员，一位州长，两位参议院议员和一位总统代表，而不可能被最高法院的法官代表。研究者由此质问：选举产生的官员代表那些选举他们的选民（或居住在这些官员选区的选民）吗？无论选区意见是否由访谈加以衡量，还是由社会经济或人口统计的数据推断而来，分析的单位总是对偶出现的议员和选区。代表意味着基于对偶基础上的选区意见和记名投票之间的高度相关性。

但是，应该显而易见的是，意见（或利益）代表在理论上独立于有偏好的选民与代表之间的选举联系。很可能以这种方式，个体选民的经济利益借助他们并不从属的组织得以增进（这种情形被称作"搭便车"），国会中435名众议员和100名参议员中的任一位都能服务于选民的利益。此外，很有可能出现的结果是，选民的最佳代表会随着时间的流逝或议题范围的交叉而有所变化。就事实而言，极有可能出现的情形是，在435名众议员的群体中，选民自己的议员只会在某个问题上代表他的特定意见。在1950年代和1960年代期间，当北方黑人和自由白人选举的国会成员表达南方被剥夺公民权的黑人的诉求时，这种独立于选举联系而实行上述代表的贴切例证无疑就出现了。

虽然将代表同直接的选举联系分离开来不符合常规，但回顾代表的各种含义会发现，代表制度从来就不是自动地等同于选举制度。更进一步，甚至当选举与代表相互衔接时，对偶代表也决不是主导的历史模式。在皮特金（Pitkin）对代表诸种含义的分析中，她描述了一种重要思想，即将立法机构视为议员群体从整体上集体代表公民群体。[1]立法机构的目的在于准确地反映公民的利益和意见，而当不同的利益和意见被排除在讨论之外，不当代表就会发生。根据这种观点，特定的议员不是那些选举他或她的特定选民的代表，而是所有的议员被看作一个集体，既然议员群体是公民群体的反映，他们将像公民自己行动那样行事。这一原则非常近似于随机抽样的原则：从210万无名氏中选取1500人作为样本，不是样本中的特定个人独自代表14万人，而是样本群体是对210万人的近似估算。

实质代表（virtual representation）的概念，尤其像埃德蒙·柏克（Edmund Burke）使用的那样，也将两个人之间的选举联系与他们之间的代表关系分开来。正如柏克指出的那样，"当那些以任何描述中的人民的名义采取行动的人，与以自己的名义采取行动的人民之间存在共同的利益、同情和期望时，虽然受托人在实际上并非由人民选举产生"，实质代表就出现了。[2] 由此可以看出，至少对柏克而言，伯明

---

① Pitkin, p. 61.

② Pitkin, p. 173. 实质代表的出色讨论还可以参照如下文献：Samuel H. Beer, *British Politics in the Collectivist Age*（New York：Knopf, 1967），pp. 15–20；De Grazia, pp. 36–45.

翰城市并不仅仅因为它在国会中没有代表（delegate），就自动地没有被代表（unrepresented）。因为和伯明翰具有共同商业利益的布里斯托尔在国会中拥有议员，伯明翰在实质上就被代表了。柏克甚至声称，在很多情形下，实质代表（virtual representation）优于实际代表（actual representation）（也就是，选民的利益由他们选举的官员代表），因为实质代表建立的基础是共同的情感，而非促进一个人也许不曾共享的利益的错误尝试。① 固然，当柏克谈及"利益"时，他并不是在讨论选区意见，其论辩的攻击性——议员"照顾"选区利益，于是代表了他们——同样适用于对意见代表的分析。

此外，诸多近来对立法决策的研究已经考察了非对偶代表关系，虽然这种类型的关系几乎没有被赋予特别的理论重要性。比如，沃尔克（Wahlke）、尤劳（Eulau）、布坎南（Buchanan）和弗格森（Ferguson）在他们对四个州的立法机构的研究中发现，相当多的议员认为自己代表州的利益而非选区利益。② 有关利益集团/立法互动的研究经常注意到，利益集团必定跨越单纯的地理分界，比如，寻求关税保护的纽约工业可能被来自加利福尼亚而又恰好在相关委员会中的议员所代表。③ 在相似的事例中，比如，汽车保险，从越南撤军，或苏联犹太人的命运，议员将通过转变为基于非地理利益的代言人"拓宽"他们的选民队伍。显而易见，很多研究者已经涉及非对偶代表行为，但他们几乎没有从概念上将这种行为区别于纯粹的选区导向活动。

最后，集体代表的概念甚至嵌入（embedded）在负责任的政党政

---

① Pitkin, p. 175.

② John C. Wahlke, Heinz, Eulau, William Buchanan, and LeRoy C. Ferguson, *The Legislative System* (New York: Wiley, 1962), pp. 290 - 291, 270. 还可以参见 Roger H. Davidson, *The Role of the Congressman* (New York: Pegasus, 1969), pp. 121 - 126; Randall B. Ripley, *Congress: Process and Policy* (New York: Norton: 1975), p. 18.

③ 我们怀疑，国会中有组织利益（organized interest）代表的非对偶特性如此"显而易见"，以至于它几乎没有必要被明确提及。换言之，不言而喻的情形是，"照顾"选区内花生种植者利益的议员也将代表其他选区的花生种植者。参见 John E. Schwarz and L. Earl Shaw, *The United States Congress in Comparative Perspective* (Hindsdale: Dryden Press, 1976), 第十章就诸如黑人集团如何被非集团成员代表的问题进行了出色的分析。

府的理念中，尽管此学说强调个体公民的政策性投票。换言之，公民选出一个政党，胜选的政党代表国家中的多数公民，但胜选政党的成员并不代表他们选区的多数，除非选区的多数和国家的多数完全一致。从而，人们正确谈论的对象只是国家的多数被代表，而非特定选民与他们实际上选择的议员之间的关系。实际上，设立党纪的一个主要目标就是清除单纯的对偶代表。

简言之，即使我们需要在公民与他们的代表之间建立选举联系，也没有历史或理论的理由把我们的分析只限制在对偶代表的关系上。只关注诸如"代表 X 在政策 A、B 和 C 上是否遵从选民的偏好"等问题，将会忽视几个同样合理的提问方式，它据此询问推选的代表是否发挥了代表作用。

没有控制或同意的代表

根据对偶模型，如果议员遵从他们的选民（以某种方式定义）的偏好，最大可能程度的代表将会出现。似乎可以得出这样的结论，如果（a）国会的所有成员随机投票，或（b）国会的所有成员出于任何理由违背选民的偏好，公民将没有被代表。这里我们将揭示，即使国会成员随机投票或者以别的方式选择忽视选民的意见，不当代表的问题也未必发生。使上述论断成为可能，这源自人们愿意从集体的角度审视代表，它集中于机构范围内的意见代表，此机构独立于意见持有人和议员之间的选举联系。让我们从思考随机的立法投票和集体代表开始。我们随后将考察，某些议员的不当代表如何导致对公民偏好作出更好的全面回应。

随机投票和代表。正如我们已经阐述的那样，对对偶模型的代表的分析，是根据成对的选区和议员之间的非随机联系来测度代表关系的（即高相关性显示亲密代表）。我们因而将零相关（比如，议员完全随机投票）等同于零代表吗？我们的回答是，即使议员采取完全随机的立法投票，公民意见也不可能在多数的时间内横遭违背。在某种意义上，同时使用与随机底线（random baseline）的联系以及对偶方式来衡量代表的水平，很容易导致低估多数人的偏好被重视的频率。[1]为了评估完全随机性投票的影响，我们假定存在拥有 20 个成员和选区的立法机构（既然我们将进行的针对 435 个单位的概率计算，无法借助现有可资使用的计算工具完成，我们将单位数设定为 20）。此外，让每位代表遵守以下行为准则：

（1）在任何特定的议题上，议员通过抛硬币的方式（相当于随机投票）决定投票"支持"或"反对"；

（2）诸议员同时投票，议员之间相互独立（即，不存在政党纪律约束，互投赞成票或来自总统的压力）；

（3）每个选区（假设为单一制选区）也同样通过对"支持"或"反对"的议题抛硬币的方式决定它的偏好。

从立法决策实行"多数获胜"规则的角度，我们进一步设定约束条件：只有多数人在特定的议题受到 50% +1 的投票支持，准确代表才会出现。换言之，即使 75% 的选民支持政策 Y，而政策 Y 只勉强过半数获得通过，我们仍将认为政策 Y 的支持者已被代表。[2]我们还应该加上一条，选民中的少数意见将被忽略不计。

在这个设定的立法机构中，特定议员与他或她自己的选区取得意见一致的概率是 0.5（0.25 为出现"支持—支持"组合的概率，0.25 为出现"反对—反对"组合的概率，所以总计为 0.5）。在拥有 20 名成员的立法机构中，在议员和选民多数之间将要出现多少对意见一致组合的情形？表 1 列出了各种代表—选民组合的概率分布（通过二项

---

[1]　需要强调的是，我们理论关注的对象是代表的程度而非代表的可预测性。仅仅因为一些代表在纯粹统计学的意义上，能够在随机模型的基础上被预测，人们并不能就此推断这种代表不存在。如果我支持的国会议员在某关键的议题上"投票正确"，它是源于随机的因素还是对我的期望的细致关注，这可能与我无关。

[2]　既然我们使用的集体代表的概念是指在多数公民与多数议员之间存在政策一致，我们此处的分析需要进一步假设，所有国会下院选区的人口完全相同。除非这一点是真实的，否则在理论上可能出现多数选民与多数人口正相对立的局面。这个假定对于国会下院是合理的，除非选区的规模被假定为稳定不变，否则我们在此假设的例子将变得不着边际。选区规模不相等能够被纳入上述分析中，但它并不能增加任何理论上的价值。

式计算得出）。正如有人可能预计的那样，在特定问题上出现完全对偶一致的可能性微乎其微，$p = 0.0000095$（对于 435 组关系而言，这个数字几乎等于 0）。然而，所有的议员与他们选区的意见完全相反（$p = 0.0000095$）同样是不可能的。为了确定多数选民和他们自己的代表取得一致的概率，可以将表 1 中末行的概率加总。如果合计的结果为 0.412，这意味着在假定议员随机投票的条件下，选民—代表组合中的多数将在举行系列投票的 41.2% 的时段内保持意见一致。如果我们将此概率和只需选民—代表组合中的半数取得一致的概率（$p = 0.176$）相结合，出现的概率大约为 0.588，这表明即使代表随机投票，50% 或更多的选民仍将会让他们的代表"正确"投票。

表 1　随机立法投票、随机选民意见条件下，立法匹配成功组合概率 *（$N = 20$）

成功组合匹配的数量	概率
0	0.0000095
1	0.00001907
2	0.00018120
3	0.00108719
4	0.00462006
5	0.01478577
6	0.0369442
7	0.07392883
8	0.12013435
9	0.16017914
10	0.176198001
11	0.16017914
12	0.12013435

续上表

成功组合匹配的数量	概率
13	0.07392883
14	0.03696442
15	0.01478577
16	0.00462006
17	0.00108719
18	0.00018120
19	0.00001907
20	0.0000095

* 计算结果源自二项式。公式为：$P(r) = \dfrac{N!}{r!(N-r)} \cdot p^r q^{(N-r)}$

其中，

N = 成对组合的总数（在此例中为20）

r = 20 对组合中配对成功数

$(N-r)$ = 20 对组合中配对失败数

p = 配对成功的概率（在此为0.5）

q = 配对失败的概率（在此为0.5）

　　通过使用独立结果形式的二项式分布的共同概率，在不计选民—代表组合一致程度的条件下，计算立法机构中成员的多数和选民中的多数意见一致的概率也是可能的。[1]在此公式中，立法机构—选民同时取得多数的几率是0.5（排除平局的情形）。可以观察到，即使选民—代表组合取得一致的概率非常低，仍能够出现"成功"代表

---

[1] 独立结果共同概率的二项式分布的公式为，$\dfrac{N_1!}{N_1!(N_1-r_1)!} \cdot \dfrac{N_2!}{N_2!(N_2-r_2)!} \cdot p_1{}^{r_1} q_1{}^{N_1-r_1} \cdot p_2{}^{r_2} q_2{}^{N_2-r_2}$

角码是指样本（即，1 = 国会成员数，2 = 选民数）；其他符号含义参见表1。

（多数—多数一致）。此外，已有选票在立法机关中分布的可能性，比如在多数选民中分布的 10%—15% 区间，是非常高的（在 60%—70% 的可能性范围）。所以，即使多数选民被不当代表，随机投票条件下出现的结果也非常"近似"。此外，还可以进一步说明，即使稍微降低立法机构中投票的随机性，遵从选区意见也将导致多数选民在多数时间内被代表，和丧失更多的"近似性"。简言之，我们不能将立法机关对选区意见的忽视、缺乏成为一个代理人的意愿和其他诸如此类的对偶代表的缺陷，当作会自动导致彻底的、制度性的不当代表。

对通过随机投票进行代表的问题存在两种相关的评论。首先，这个随机模型在议员不了解选民意见，无法从选区利益集团处获取信息的条件下最适应（即在"最糟糕"的条件下代表）。在选民偏好的信息非常清楚或能被准确估算的环境中，代表的情形会好得多。在 1950 年代和 1960 年代，面对强大而毫不含糊的选区意见，几乎没有南方的国会议员支持通过民权立法。所以，如果国会成员在这些问题上遵从选区意见而在所有其他问题上随机投票，多数议员和多数选民取得一致所需票决的比例将处于 0.5 和 1.0 之间的某一点上，它决定于明确议题和含糊议题之间混合的状况。

第二点和个人对自己的偏好在立法机构中被代表的程度的判断有关。当选民的偏好在立法机关中至少获得一人支持，我们就可以说"偏好被代表了"，显而易见，在完全随机投票的假定下，选民和议员双方在多数时间内（在 20 个成员组成的立法机关中，约 73.6% 的时间内）极有可能获得至少 40% 的立法投票支持。即使一个人的偏好属于多数派但最终在立法机关中未获代表，上述"出色表现"的可能性，在议员对真实的选区意见分布不知情的条件下显得非常重要。换言之，支持政策 X 的公民可能猜测，这项政策的同类支持者的总数将占总人口的 40% 到 70%。对于政策 X 的支持者而言，选民中 40% 反对和 60% 支持的立法结果可能就显得合情合理，即使支持政策 X 的选民真正比例（但它并不为人所知）大大超过 50%。我们并非在暗示，失败因此能被欣然接受；或相反，不当代表通常会被对真实意见分布的公开忽视以及随机性的立法投票所掩盖。可以将这种情形与如果所有的议员就他们（错误）相信的什么是多数意见——多数选民将被 20（或 435）至 0 张选票不当代表——采取共同投票可能出现的结果进行比较。在某种意义上，随机投票只能保证半数时间的代表性，但它也使总体不当代表（即普遍的多数被极端偏向性的立法投票否决）的可能性微乎其微。

个人不当代表和集体代表。以不同和宽泛些的方式观察代表的水平，是从连续性（或范围）而非支持—反对的投票两分法的角度，考察选区和立法机关的偏好。这是米勒和斯托克斯使用的研究方法，它容许我们考虑更加精确的代表水平。此外，在偏好连续性充分分布的条件下，我们能够考察相对小的政策少数派被代表的程度。在进行这项考察时，正像前文对代表问题的讨论那样，我们持有相同的基本观点，即使议员可能忽视或无视选区意见，一定程度的代表性仍然是可能的。让我们从考虑表 2A—2B 中假设的数据开始，它们描述了由三个选区组成的立法机关的情形。

表 2A 显示了何种状态可视为充分代表。每个选区被一名议员代表，议员拥有准确的刻度位置（scale position）当作他或她的选区。此外，如果我们将全国的意见视为单个议员意见（或行为）的加总，表 2A 的最后一列显示了充分代表。与之相对，表 2B 则显示了 3 个选区中的 2 个被严重不当代表的情形（选区 1 和选区 3）。它是否说明这些选区中的公民没有被充分代表？显而易见，在这个特例中，选区 1 中的公民被来自选区 3 中的议员代表，反之亦然。同等重要的是，表 2B 中的选民和议员的平均刻度位置完全相同。因此，总的来说，选民已被议员充分代表，虽然这种代表并不必然建立在对偶的基础上。在柏克理解的意义上，代表是实质的，而非实际的。

表2A 完全选区间一致，完全总一致

意见/登记表得分	选区			所有选区
	1	2	3	平均值
选民偏好（平均值）	1	2	3	2
议员（量表分）	1	2	3	2
偏好差分	0	0	0	

表2B 微弱选区间一致，完全总一致

意见/登记表得分	选区			所有选区
	1	2	3	平均值
选民偏好（平均值）	1	2	3	2
议员（量表分）	3	2	1	2
偏好差分	−2	0	2	

我们在表2A—2B中阐述的内容是一种一般现象。尤其是，通过对选区和议员分别加总，然后减去支持的总数，再根据选区的数目进行分组，我们让选区的正负误差相互抵消。于是，正如我们在表2B中看到的那样，从选区平均数的角度，选区1和选区3换算位置的误差为2和−2，它们的得分相加时将相互抵消。因此，选区1中的公民被代表了，因为选区3和选区1以截然相反的方式不当代表了他们的选民。在统计学上，这个法则是：

$$\frac{\sum |d-R|}{N} \geqslant \frac{\sum d - \sum R}{N}$$

其中，

d = 选区平均量表分

R = 代表量表分

N = 配对组合的数量

这个公式可以表述如下：在对偶基础上的议员—选区平均差分等于或大于所有议员和所有选民之间的平均差分。此外，为了在下文开展更加充分的讨论，上述公式通常可以写作 $\dfrac{\sum |d-R|}{N} > \dfrac{\sum d - \sum R}{N}$，所以，同每个选区的公民由特定的议员代表相比，作为整体的选民在国会中受到更好的代表。

上述法则可以用米勒—斯托克斯的数据加以验证。理想的验证要求使用相同的刻度衡量议员和选民，我们将设法解决由不同条目和不同范围构成的刻度问题。① 表3显示了在与社会福利、公民权利和外交事务有关的议题上的对偶代表和集体代表（或实质代表）的情形。通过议员—选区的差分（此处以所有那些认同议员所在政党的平均值来衡量）得出的平均选区，可排列为从4.34支持外交政策到2.92支持公民权利。② 然而，正如第二类数值显示的那样，如果根据总差分评判，上述误差将大为降低。议员—选区在社会福利方面的总差分减少了大约对偶差分平均值的25%，然而就外交事务而言，它显示了最大量的对偶不当代表（dyadic misrepresentation）——代表在总量上提高了40%。既然米勒和斯托克斯记录到，选区—国会成员在外交事务方面的相关性近似于0，它导致我们预期存在广泛的不当代表，而事实上国会作为机构的绩效优于较低相关性暗示的结果，那么上文的后一发现就非常重要。这并不是说对偶代表微不足道（比如，可参见菲

① 国会的分值排列从0到9，而选区的分值排列从0到3，它与使这些分值"标准化"的相关系数无关。然而，我们不能使用标准分值，因为这会（根据定义）致使表3中第二列的平均值为0，从而使我们的分析在统计学上显得毫无意义。鉴于选区意见分布的多样性，我们也应该承认，平均值或其他集中趋势指标只能是何者将被代表的粗糙指示器。选区意见是否呈钟形分布或U形分布，这显然具有政治重要性。罗伯特·韦斯伯格更为细致地思考了这些和其他几个处理选区测度的问题，参见"议员—选区政策一致分析的一些问题"（"Some Issues in the Analysis of Legislator Constituency Policy Agreement"），未刊油印稿。

② 我们使用议员的政党标识符作为"选民意见"（与整个选区相对立），这源于两个方面的考虑。第一，在所有我们本可使用的集团中，那些归属于国会成员所在政党的集团，似乎在代表关系方面最相关。当然，国会成员不可能被期望去代表选区中的每个人或反对党的成员。无论如何，使用整个选区的分值并不会改变我们分析的穿透力。第二，随后的分析将考虑具有理论重要性的选区少数派的代表问题，它要求我们分解选区意见。

奥里纳和金登最近的分析①）。毋宁说，无论对偶代表的程度如何，集体代表都会与之相等或比之更好。

表3　根据议题范围统计对偶代表 vs. 集体代表，1958（选区多数派）

议题范围	对偶基础上国会成员与党派委托人之间平均差分	所有议员与所有选区之间的总产分	集体代表较对偶代表"提高率"*
社会福利	3.26	2.45	24.8%
公民权利	2.92	2.41	17.5%
外交事务	4.34	2.62	39.6%

资料来源：密歇根大学调查研究中心。

* "提高率"由从对偶得分中减去总数和根据对偶得分划分结果计算得出。

更一般而言，从公式 $\dfrac{\sum |d-R|}{N} \geq \dfrac{\sum d - \sum R}{N}$ 中可以推导出几个政治方面的重要原则。首先，正如我们所见，对偶不当代表（即选区中持异见者）的极端情形未必导致任何选民或所有选民的不当代表。代表的质量部分有赖于不当代表的分布；对偶不当代表的绝对水平没有不当代表何以分布重要。想象一下，比如，一个极端自由的选区恰好被一个极端保守派的国会议员代表。如果这是政治体系中的唯一选区，这些自由派的公民确实会被不当代表。但是，如果也存在极端保守的选区拥有一位极端自由派国会议员的情形，第二个选区的不当代表将导致总体代表（overall representation）。由此可以得出结论，总体（或实质的）代表将优于对偶代表，以至于对偶不当代表平均分布于总体选区均值（overall constituency mean）的两边。只有在选区均值的两边都存在不当代表的条件下，不当代表的行为才会相互抵消。如果所有的议员均以同样的方式投票或在相同的方向上违背选区偏好，对偶代

① Morris P. Fiorina, "Constituency Influence: A Generalized Model and Its Implications for Statistical Studies of Roll-Call Behavior," *Political Methodology*, 2 (1975), pp. 249 – 266; John W. Kingdon, *Congressmen's Voting Decisions* (New York: Harper and Row), Ch. 2.

表和总体代表的效果将完全相同（当然，如果议员随机投票，这将成为不可能）。

上述最后一点对于负责任的政党政府的宗旨而言，具有重要的含义，对此问题，任何宗旨都要求立法机关中存在更强的政党团结。特别地，在由两个（或更多）具有高度凝聚力的政党组成的立法机构中，公民意见分布中只有两点（或更多）将被准确代表。固然，多数派政党代表的那一点可能是形式上选区议题的位置，或是所有选区议题位置的平均值。另一方面，让我们设想一种情形，它由两个具有不同意识形态重心的政党组成，但一些议员可能严重偏离官方的"政党路线"。如果政党偏离（即与官方的政党立场不一致）均等分布在"右边"和"左边"，立法机关中政党的平均位置，可能和具有凝聚力的政党制度下的情形完全一样。然而，两种情形间存在的显著差别是，在松散政党的条件下，更多的选区意见会被准确代表。由此，即使立法结果在两种情境下完全相同，较少凝集力的情境拥有的可能优势是，它为各种公民立场提供了更加多元的议会代言人。

我们的观点也和在实行简单多数决的单名选区制中代表少数派利益的问题有关。就比例代表制和单名选区制之间优势比较的长期争论而言，某些群体在任何选区都不能构成多数，而他们相当大的利益又能够被代表，这被认为是比例代表制的一个优势，是单名选区制的一个弱势。然而，如果某些议员（1）违背他们自己和所有其他选区多数派的偏好，或（2）如果上述偏好背离行为围绕所有选区多数派中值呈均等分布，单名选区制的弱势就可以避免。于是，只要一个选区的极端不当代表被相反方向上对等不当代表平衡抵消掉，极端偏好就无法操纵任一特定选区的情形（比如，三K党的种族立场），将会在无须违背总体选区偏好的条件下出现。我们并非声称，上述平衡不当代表（balanced misrepresentation）需要出现类似于比例代表制的平等代表制，使所有的公共意见与其社会力量呈严格的比例。毋宁说，总体而言，对选区偏好的违背能够为少数派偏好提供代言人，同时它一般并不会导致立法机构对选区多数派的不当代表。

　　为了评估选区少数派经由实质代表而获得的代表性，在使用米勒—斯托克斯的数据的条件下，我们已经计算了国会成员与少数党成员之间的平均选区差分，以及所有选区少数派和所有国会成员之间的总体差分。对于社会福利、公民权利和外交事务诸问题的这些差分数据，已列入表4中。毫不奇怪，国会成员与少数党标识符中值之间的两两平均差额，要大于表3中描绘的多数党标识符差额。然而，上述更大的差额并不能说明，选区少数派比选区多数派接受了较少的国会代表。当然，将表4中议员少数派选区的总体差分与表3中具有可比性的数据进行对比显示，在公民权利和社会福利方面，选区少数派比多数派受到了较好的总体代表。比如，在公民权利问题方面，多数派总体差分的平均值是2.41，而少数派则是2.20。简言之，只有在一个一个选区的基础上观察，单名选区中的"少数派代表"看上去才成为问题。当然，将立法机关视为代表全体选民的机构并不意味着，所有少数派的偏好因此被均衡代表。毋宁说，我们的分析表明，总体而言，选区少数派几乎和选区多数派一样受到了同等代表。

表4　根据议题范围统计对偶代表 vs. 集体代表，1958（选区少数派）

议题范围	对偶基础上国会成员与党派委托人之间平均差分	所有议员与所有选区之间的总产分	集体代表较对偶代表"提高率"*
社会福利	3.41	2.38	30.2%
公民权利	3.21	2.20	31.5%
外交事务	4.79	2.70	43.6%

　　资料来源：密歇根大学调查研究中心。

　　＊"提高率"计算方法参见表3。

　　我们就对偶代表和集体代表比较分析的最后一点，和立法机关选区的数量有关。如果所有的议员完全遵从选区的意见，很明显，选区的数量和对偶代表的提高无关，即 $\frac{\sum |d-R|}{N}$ 和 $\frac{\sum d - \sum R}{N}$ 总是完全相

等。另一方面，当议员和选区偏好发生分歧时，在假定出现非系统（nonsystematic）分歧的条件下，显而易见的结果是，选区的数量愈多，极端不当代表呈对称性分布的可能性就愈大，于是通过加总相互对立的不当代表，代表水平也同样会提高。换言之，极端自由派不当代表被极端保守派不当代表抵消的可能性，在成员众多的议会比由 5 或 10 名成员组成的议会要大。为了例证这个法则，我们针对米勒—斯托克斯研究中随机抽取的选区样本（表 5），计算了对偶代表和集体代表的比率。我们应该补充一点，既然米勒和斯托克斯没有收集所有国会成员的数据。即使 100% 的样本也不是众议院成员的总数。与这里由 146 名成员组成的议会相对，在由全部 435 名成员组成的议会中，很有可能出现的情形是，通过加总相互对立的不当代表能够使代表水平提高得更多。

表5　立法机构的规模与根据议题、议题领域统计的集体代表的提高率

议题范围	样本		
	0.10	0.50	1.00
社会福利	0.96*	0.77	0.75
公民权利	0.98	0.86	0.82
外交事务	0.86	0.65	0.60

资料来源：密歇根大学调查研究中心。

*输入数据为集体式与对偶式议员—选区差分的比率；数据愈小，通过集体代表获得的提高率就愈大。

正如预期的那样，议员的数量愈大，议会机构作为一个整体拥有的代表性就愈强。对于 10 选 1 的样本（也就是约 15 个样本），对偶代表和总体代表的效能在社会福利和公民权利方面几乎完全相同。总体代表在 50% 样本（约 75 个选区）中显示了相当高的效能，此处的数据和全部选区的数据非常接近。虽然我们不能断言对偶代表和总体代表的比率对所有 435 个样本意味着什么，但我们这里的数据表明，任

何提高都将可能是非常有限的（虽然非常大的议会将可能为更多的观点代言）。

政治控制与代议制政府

代表，至少在选举情境中考虑，通常被视为政治控制的结果（即公民撤换不受欢迎的官员的能力）。① 此观点认为，公民通过普遍、直接的选举选拔官员，这种选拔过程将导致公民偏好（或利益）在政策制定中被代表，或者是后者必要而非充分的条件。反之，它假定免于公民控制的领导者（无论是被"可靠"选举的还是被任命的），将会自感过于自由以致漠视选民的需求。毫无疑问，这种促进代表的政治控制的逻辑，揭示了在选举竞争（被假定为控制的手段）和各种被视为对选民偏好的政策回应之间常为人们探索的联系。然而，在借助选举力量终结官员的任期以实现对其的控制与代表之间，并没有逻辑上的内在联系。为什么选举控制和代表之间的联系显得密切，其主要原因可能源于与之相联系的一种假定，即领导者将取悦（也就是代表）那些控制他们命运的选民，选民控制得愈明确，官员取悦得就愈卖力。

我们已经看到，意见代表的发生可能远离选举控制联系。事实上，通过与其没有选举联系的某些人，公民可能被最大限度地代表，即使在随机投票的条件下，选民多数派通常也被遵从。我们在此将从事的工作是，探讨通过议员集体的公民意见代表与对议员的公民选举控制之间的关系。我们将说明，如果人们接受了与对偶代表相对的集体代表的概念，高强度的公民控制不仅是不必要的，它在事实上还可能成为准确代表的阻碍。

---

① 既然像"选举控制"这样的概念总是非常麻烦，我们在此重申一下或许是有益的，"选举控制"是指公民决定谁将统治他们的可资利用的机会。可以预见的控制的最大化，将出现在有一名官员和一位投票者的政治制度中。增加第二位选民将减少第一位选民的控制力。如果再增加一名官员或一个选民不被允许参与选举过程，对政府的选举控制力将进一步降低。

如果一个人的宪法目标只是制定一种对大众意见的最佳代表制度，最优的解决方式就是随机抽取 1500 位公民作为样本，他们将准确"代表"全体公民。① 或者，将全体公民细分为相对同质的集团，从这些集团中（作为限额样本）随机选取公民。当然，这两种随机抽取样本的解决方案，都不允许公民通过投票或诸如州这样的地域单位进行干预。然而，如果我们引入公民选择的条件和意见同质性以外的标准界定的选区，就不必放弃通过随机样本建立的立法机构模型。不过在依旧维护现有宪法对选举制度的规定的同时使立法机构的模型近似于这种随机抽样的模型，是可能的。其中最显著的机制就是增加议员的数量。如果我们拥有 42000 人的立法机构（即每位议员代表 5000 位公民），我们将预期，立法机构完全凭借其规模，能够比每位议员代表50 万位公民时，更好地成为全体公民的缩影（microcosm）。一个人必须比较美国众议院和参议院之间的人种、种族和性别构成，才能明确大机构何以比小机构成为较好的样本。当然，每位公民都有选举联系，对众议员选举控制的可能性仅为 1/435，与之相对，对参议员选举控制的可能性则为 2/100。

如果大规模公民集会是不受欢迎和不切实际的，将会出现什么样的情形呢？在随机选取样本的基础上，我们将表明，如果选区尽可能地同质和不计地理限制，集体代表性将会增强。在现行实践中，这种选区划分的基础将不是意见数据，而必须是诸如经济基础、收入水平和种族人种构成等更为明确的标准，或与可预期的政治偏好相联系的其他特征。在上述环境中，每位议员代表选区的机会将会增加，如果这样的选区同质性具有普遍性，立法机关将近似成为全体选民的限额样本。毋庸讳言，上述标准很有可能导致出现奇形怪状的"杰利蝾螈

---

① 我们提出随机选择想法的主要目的是，获取精确代表的基本模型，但抽签任职的方式拥有长期的理论和实践传统。随机选择的原则曾经出现在古希腊，中世纪的西班牙和现代陪审员的选择上。参见 Dennis C. Mueller, Robert D. Tollison, and Thomas D. Willett, "Representative Democracy Via Random Selection," *Public Choice*, 12（Spring 1972）, pp. 57 – 68.

式"选区①，这可能将违背联邦法院建立的议席重新分配的标准。

为划分选区而根据限额样本的标准选择议员，其组成的立法机关将在集体和对偶的基础上提供代表性。换言之，当公民作为整体比他们处于分散选区条件下，能够被上述立法机关更准确地集体代表时，下述判断也是正确的：在选区中占据主导地位的集团中的每个公民能够从他或她"自己的"议员处接受最准确的代表。所以，至少乍看上去，个人意见的代表与投票决策之间的关系被修复了。然而，在意见同质性盛行的地方，选举竞争性的程度将非常低，这也是可能的。难以想象在政策偏好高度一致的国家，会出现发展良好的两党制和势均力敌的选举。即使上述同质性选区的议员在重要议题方面与选区的意见不一致，议员为了给投票者真正的选择权而公开支持相反的观点也将是不可能的。② 简言之，即使选举控制与代表有联系，考虑到稳定的选举间隔和缺少有组织的反对派，控制更有可能是名义上的而不具有威胁性。

在提出公民与议员之间的对偶式选举控制关系对政策代表未必特别重要的观点时，我们并非声称这种关系是不合理的。描述集体代表的本质并不等于贬低对偶代表的价值。显而易见，撇开集体行动不论，议员总是在选举中对选民负有责任。这种责任可能是有缺陷的，但其本质在政治上并非微不足道。为了加深对这一点的体会，一个人应该想象一下不通过选举上台的领导者（nonelected leaders）的可能性，这些人无论遭到大众怎样的反对都不可能下台。显然，就公民对领导者进行民主控制和某种程度的政策控制的观念而言，上述责任具有重要

---

① 1812 年，美国马萨诸塞州州长杰利（Elbridge Gerry）将选区划分得奇形怪状，尤如动物蝾螈（salamander），其目的是将反对党州议员的选票集中到少数选区，从而有助于本党在其他多数选区选举获胜，以此达到增加本党议席的目的。这种不公平的选区划分被称为"杰利蝾螈"（gerrymandering），也就是州长 Gerry 和 salamander 两词的组合。——译注

② 了解有关选区稳定性和准确代表的一些有趣数据，可参见 Warren E. Miller，"Majority rule and the Representative System of Government," in *Cleavages*，*Ideology and the Party Systems*，ed. Erik Allardt and Yrjö Littunen（Helsinki：Academic Bookstore，1964），pp. 343 – 376；Morris P. Fiorina，*Representatives*，*Rool Calls*，*and Constituencies*，pp. 90 – 100.

意义。此外，除了整体的政策代表之外，纯粹的对偶代表能够有效地为公民提供心理收益，他们可能会感觉自己被特定的议员代表（或者至少在选举期间享受被关注的乐趣），不论代表源于何处。

启示与思考

与对偶代表相对的集体代表显然具有历史合理性和政治可能性。我们已经表明，即使特定的议员漠视他们的选民，公民偏好事实上也能被集体代表。我们所不知道的是，公民通过对偶的方式还是仅作为公民集体的组成部分与议员发生联系。让我们暂时假定（与多数政治科学家不同）公民对立法机构对偶联系的兴趣不及对集体代表的兴趣。如果这一点是真实的，我们将对公民行为作出如下预测：

首先，假定投票支持或反对 435 名议员中的 1 位，都不可能显著地改变个人所受到的代表状况。议会选举缺少公民的关注和参与是可以理解的（虽然公民未必进行必要的计算），毕竟，当一个人甚至不能投票决定其最好的代表，或一个人的投票即使在其选区具有绝对重要性，但也只能影响代议机构的一小部分人员时，致力于提高个人的代表水平没有多少意义。在这种条件下，只有能够从特定议员处获得立法收益时（比如私人性的议案），公民的积极参与才是值得的。如果我们假定人们对他们能够影响的事物感兴趣，我们将预测，公民的参与将和代议机构的规模同步变化。需要特别指出的是，议员的数量愈少，每个议员对代表的影响就愈大，在小型议会选举中出席的选民应该愈多。这种关系的讽刺意义是，与高兴趣产生的较小议会机构相比较，低参与产生的大型议会机构更有可能成为公民偏好的代表。

第二组预测建立在集体代表的基础上，后者与公民对个体议员的表现的满意度有关。人们已经习以为常地观察到，除了在特别重要的议题上（比如 1950 年代和 1960 年代的南方国会议员投票支持民权法案）出现不当代表之外，多数议员都能侥幸地忽视选区意见而不必遭受选举报复。① 在个体选民意识到，议员疏忽选区意见未必意味着选区多数或特定选民的意见在整个立法机构中没有被代表之前，没有遭受报复可能看似只是暂时的情形。于是，我们能够推测，总体上选民对议员的满意度可能与对政策结果的满意度无关。立法机关的总体绩效（即使立法机关自身没有受到高度评价）将可以"解释"，那些没有特别好地代表其选区的议员为何继续留在议会中。另一方面，同样的推理也可以解释，为什么议员很好地代表了选区意见，而若事态总体上运行不利，也有时会遭遇失败。②

我们对集体代表的分析也将预测，在公民满意与无能为力之间存在不太明显的关系。对政治权力的讨论通常将权力视为一种工具性价值。我们在随机投票和代表性选举控制连结（representatire election control nexus）的讨论中已经声明，公民在没有对议员施加很多或任何选举影响力时也能从中受益。实际上，诸如强大的两党制、势均力敌的选举等一些强制机制的缺失，可能伴随准确代表的出现。在选举控制不力的条件下，甚至当公民只能影响立法机构中很小部分成员时，公民仍然能够受益（即获得代表性），这会使他们非常理性地容忍（如果说不满意的话）那些"不力"的情形。对于那些如果议员盲目地顺从选区的多数，就将被议会完全"拒之门外"的人们而言，上述

---

① 比如，可以参见 Dexter，"The Representative and His District."

② 有关个体国会成员因全国经济事件而易受攻击的确定性证据，可参见 Gerald H. Kramer，"Short-Term Fluctuations in U. S. Voting Behavior，1896 – 1964," *American Political Science Review* 65 （March 1971），pp. 131 – 143. 有关特定国会成员成为经济状况和总统声望"无辜牺牲品"的数据，可参见 Edward Tufte，"Determinants of the Outcome of Midterm Congressional Elections," *American Political Science Review*，69 （September 1975），pp. 812 – 826. 事实上，选民对其国会议员的评价与国会机构之间的关系，要比文中显示的要复杂。芬诺最近的观察表明，公民对国会机构评价较低的同时喜欢他们自己的国会议员，这支持了我们的论点，即上述两种评价之间可能互不相关。麻烦的问题是，当国会整体比国会的具体成员更有可能具有代表性时，为什么公民竟然更信赖后者而非前者。显然，正如芬诺指出的那样，公民作出这些评价比对政策表示满意卷入了多得多的因素。参见 Richard F. Fenno，Jr.，"If, as Ralph Nader Says，Congress Is 'the Broken Brach,' How Come We Love Our Congressmen So Much？" in *Congress in Change*，ed. Norman J. Omstein （New York：Praeger，1975），pp. 277 – 287.

逻辑就显得尤其中肯。无疑，诸如像 H. R. 格罗斯（Gross）或维托·马卡提里奥（Vito Marcantonio）这样声名狼藉的反传统众议员，在可能不当代表了他们选区多数的同时，也代表了相当数量其他舍此而无法获得代表的公民。

集体代表的益处也使普遍存在的大众冷漠显得似乎更加合理，这种冷漠针对责任政党政府的理念或其他涉及更强立法凝聚力的计划方案。① 现行代表制度在标新立异者和政党叛逆者的补充下，确实表达了可能被纪律严明、凝聚有力的议会政党强烈排斥的偏好。在某种程度上，现行制度将两类世界中的最佳图景赋予了公民：合理的准确代表（即使对选区少数派而言也如此）和愿意提供狭隘选区服务的议员。因此，要求公民放弃那些特别的益处，比如对官僚机构的立法干预，在已有代表性可能很强（但并不完美）时获得更高代表性的希望，是易于驳斥的提议。上述要求强化政党纪律的提议可能在下述条件下更加富有吸引力：（1）公民知道全体成员偏好的真实分布；（2）全体公民中的多数派意愿在立法过程中被那些无纪律的立法者系统地违背（systematically violated）；并且（3）同信任"更好"的国会议员相对，被不当代表的公民更信任责任政党将矫正不当代表。显然，这些要求非常难以满足。概言之，考虑到在目前条件下立法成功的合理数量，代表制度的剧烈变迁缺乏吸引力。

概要和结论

我们讨论的主要观点可以总结如下：

（1）假设我们把立法机关的随机投票视为最不可能实现代表的情况，在此条件下，多数选民仍将能够在大约半数的时间内得到代表，即使没有，立法机关投票的结果通常也是非常接近。假定公民对全体成员中真正的多数缺乏意识且使用宽泛的估计进行决策，公民感受到

---

① Jack Dennis, "Support for the Party System by the Mass Public," *American Political Science Review* 60（September 1966）, pp. 600 – 615.

的显著不当代表将可能小于米勒—斯托克斯式的低相关性数据显示的情形。

（2）集体代表从不会逊于对偶代表。如果个体议员可以"自由地"偏离选区意见，很可能，这种偏离将接近于常态，而立法机构作为一个整体对全国意见的代表性将高于普通议员对选区意见的代表性。

（3）集体代表也似乎解决了令人棘手的理论问题，即少数如何在实行简单多数决的单名选区制中被代表。只要对选区多数的极端偏离能够被对立的偏离"相互抵消"，一般的公众和选区少数都能被赋予代表性。

（4）选举控制并非准确代表的逻辑前提。事实上，一个选民的"最佳"代表来自他投票支持（或反对）的候选人，这似乎是不可能的。但通过增加议员的数量，减少公民能够选择的立法机构成员的比例；或通过划分同质性的选区以降低选举的竞争性，代表的准确性将会提高，这似乎是可能的。

（5）最后，如果我们接受集体代表对公民是有意义的观点，一些多少有点让人迷惑的态度和行为就变得更好理解了。其中包括公民对立法机关选举的冷漠，愿意容忍来自他们选区但回应迟钝的议员，以及对日益严格的议会中的政党纪律的厌恶。

为了避免我们的观点被误解，我们有必要补充如下内容：

（1）我们并没有声称对偶代表是不重要的。显然，正如梅休（Mayhew）和其他很多学者承认的那样，国会议员为他们的选民做什么与他们自己的职业生涯和选民投票高度相关。[1] 我们并不试图以集体代表的研究取代对偶代表的研究，而是表明在对偶代表之外还存在集体代表。

（2）我们并没有辩称集体代表就是准确代表。我们的观点是，集体代表可能更加准确，而非完美无缺。令人遗憾的是，正像我们使用的米勒和斯托克斯的数据，没有为有关代表的绝对程度的论述留有

---

[1]　David R. Mayhew, *Congress: The Electoral Connection* (New Haven: Yale University Press, 1974).

余地。

（3）我们并没有声明选举将导致不当代表。我们声称的是，公民偏好的代表将独立于国会成员和选民之间的选举联系，这是可能的，甚至是非常可能的。选举并非与代表的忠诚无关，但其不是唯一的决定因素。

最后就有关代表研究发表一些评论是适当的。正如我们先前已经指出的那样，对偶代表的模式已经完全支配了目前的研究。无论资料是关于选区的意见、选民还是社会经济特性，上述判断都是一样的。考虑到我们的宪法秩序从未被设计成使议员完全成为大众意见的反映，以及在公民和领导者之间缺乏中立的沟通渠道，寻求广泛的对偶一致可能是在寻找不可能的目标。让一名议员准确地代表40万位公民，这也许是不可能的；然而，让435名议员更准确地代表2.2亿位公民的意见，这也许是可能的。固然，特定的议员是否遵从他或她的选区是一个重要的问题，但如果我们问："代表在发挥代表的作用吗？"上述问题就未必是最恰当的一个。

对代表的再思考[*]

简·曼斯布里奇／文　尹钛、都静／译　聂智琪／校

　　在传统的"承诺式"代表模式以外，从事经验研究的政治科学家近来分析了几种新的代表形式，此处称之为"预期式""自主式"和"替代式"代表。这些近来认识到的代表模式中，没有哪种模式符合针对承诺式代表而发展出来的问责标准，然而，它们每种模式都形成了一套规范标准，根据这些标准可以对它们进行评判。这些标准是综合性的（systemic），而与之对照的是适于用来评判承诺式代表的二元标准（dyadic）。这些新的标准是协商性的，而不是聚合性的（deliberative rather than aggregative）。它们是多元的，而非单一的标准。

　　过去二十年来，从事经验研究的政治科学家已经对美国的立法者（legislators）与其选民之间的关系有了越来越详尽的描述。然而，纵然经验研究工作常常受"一种关系模式比另一种关系模式更好"这一规范层面的信念所启发，但是，什么样的代表（representation）是"好"的代表呢？关于这一问题的规范理论却没有跟上现在的经验研究发现的进展。这篇论文就是旨在缩小这种差距。

　　传统的代表模式所关注的是这样的理念：在竞选期间，代表们（representatives）向其选民做出承诺，其后他们可能信守这一承诺，也可能食言。我称此种模式为承诺式代表（promissory representation）。除此之外，过去二十年里的经验研究还发现了其他的三种代表模式，我分别称之为"预期式代表"（anticipatory representation）、"自主性代

---

　　[*] Jane Mansbridge, "Rethinking Representation," *American Political Science Review*, 2003, 97 (4), pp. 515 – 528. ——译注

表"（gyroscopic representation）和"替代式代表"（surrogate representation）。预期式代表直接来源于回顾性的投票（retrospective voting）观念：在预期式代表中，代表们所关注的，是他们认为其选民在下一次选举中将会同意的那些事情，而不是他们自己在上一次选举中做出的那些承诺。在自主式代表中，代表们向内诉诸利益观念、"常识"（common sense）和一些来自代表自己的出身背景的一些原则，来作为其行动的基础。替代式代表则出现在这样的情况中：立法者代表的选民超出了其选区范围。

这些代表模式都具有合理性。然而，上述三种模式中没有哪种代表模式符合从承诺式代表模式中发展出来的那种民主问责（democratic accountability）标准。我认为，用来评判这些新发现的代表模式的合适的规范标准，应当是综合性的，这与适于评判承诺式代表的那种二元标准（dyadic croteria）相反。这一标准差不多都是协商性的（deliberative），而不是聚合性的（aggregative）。而且，在民主中，有不止一种方式可以实现正当的代表，与此结论保持一致的是，这一标准是多元而非单一的。

这里辨识出的这些代表形式，和传统的"指令式"（mandate）代表/受托式（trustee）代表这种二分法并不十分吻合。不管是指令式代表还是受托式代表，可能表面上看都是承诺式代表的翻版（或者，换个说法，"受托"的概念可以说成是自主式代表的一个次级概念），但是，最近经验研究所发现的这些新的代表概念，和早先的那种二分法并没有明显的联系。

实际上，代表们的行为通常是混合了这些模式中的几种模式。人们并不总是能通过观察某个具体的行为，来讲清楚那行为后面的驱动力是什么。然而，通过分别分析每种代表模式，却可能将每种模式中的权力关系，在这模式中协商所起的作用，以及适于这一模式的规范标准，都一一找出来。这些规范标准是要努力实现的目标（"具有指导作用的理念"〔regulative ideals〕），而不是能够完全实现的标准。如果将民主的正当性看作一个连续谱，而不是要么有正当性要么无正当性这样一个黑白分明的状态，我们也许可以说，一种代表制度越是近乎满足了民主的聚合和协商（aggregation and deliberation）这两方面的规范标准，这一制度就越具有规范意义上的正当性。

当我们说要找出适合于某种代表制度的规范（norms）时，这是在假定，代表这样的东西可不单纯是直接民主差强人意的替代物，它本身就有一种刻意要取代民主的价值规范。① 选民选择这些代表，不仅是因为这些代表在考虑目的和手段等方面比自己更为周详，而且因其在谈判时比选民更为敏锐，斗争起来更有技巧，或者时间更充裕，意愿也更强烈。因为代表与直接民主之间有这种差异，就需要特定的针对民主代表的规范。然而，民主代表有不同的模式，也就有不同的适合于这些模式的规范。

承诺式代表（PROMISSORY REPRESENTATION）

承诺式代表是一种传统的代表模式，来源于古典的委托人—代理人模式（principal-agent format）。对于（身处布里斯托尔或俄亥俄州的）委托人来说，问题在于如何控制（身在伦敦或华盛顿的）代理人。政治生活中的这个问题，就与怎样令经济代理人对其委托人的要求作出回应这样的问题类似。经济史和经济理论近来关注的问题，是在没有基本的政府制度来强制执行合约安排时如何进行长途贸易。14世纪时的地中海就是这种情况，这就使得下面两种情形必居其一：要么靠亲属关系来维持长途贸易；要么通过高于市价的报酬来确保满载由成千上万劳动力创造的剩余价值的船只，在返航时实际上带回的是在贸易中收到的货品（Greif 1993）。当控制（如在海运船的例子中）或信息（如在与专家的关系中）不对称时，对于委托人来说，问题是

---

① 尽管协商性的直接民主形式（deliberative forms of direct democracy）可能在很多情况中都是民主统治的有效方法，但民主的代表模式（representative forms of democracy）有其自己的用处——它们不仅仅作为选民意见的"传送带"而发生作用。（Schwartz 1988；see also Achen 1978：476；Hibbings and Theiss-Morse 2002；Manin 1997and Pitkin［1967］1972）

要确保代理人（船长、律师、会计师）的行为将促进委托人（商人、客户）的利益。在政治代表中也是如此，从事经验研究和规范研究的人，都将这个问题看成是一个选区中的选民对其所在选区的代表保有一种法律上或道德上的控制力的问题。从规范层面来理解承诺式代表中的问责（accountability），就是要求代理人对其选民"承担责任"（responsible to）、"负有责任"（answerable to）、"受其约束"（bound）甚至是"被其束缚"（bound by）。① 按照"指令式"（mandate）代表观念来理解这种模式的话，这种模式中代理人是在承诺遵照选民的指令或明确的要求而行事；按照"受托式"（trustee）代表观念来理解这一模式，则代理人是在承诺要促进选民的长远利益以及整个国家的利益。

在承诺式代表中，从选民到代表、从委托人到代理人的权力关系是单方面向前作用的（runs forward in linear fashion）。通过索求某项承诺，选民在 Time 1（选举时）对处在 Time 2（当政时期）的代表运用其权力，或者试图运用这样的权力：

$$V_{T1} \rightarrow R_{T2}$$

因而，承诺式代表使用的是标准的、前瞻式的（forward-looking）权力概念，就如罗伯特·达尔（Robert Dahl 1957：202–203）直观表述的那种权力概念："A 能让 B 做 B 本身不愿意做的事情即 A 对 B 拥有权力。"事实上，任何源自韦伯（Weber〔1922〕1978：53）的权力定义，如达尔这样的定义，都会暗含着这种前瞻式的意向（forward-looking intentionality）。达尔使用"让"（get）这个词既意味着 A 是在有意地行动，同时也意味着 B 的行动将发生在未来。此种权力关系遵

---

① 参见 Pitkin［1967］1972，55ff。传统的问责理论包含两个可以分别分析，而实际上通常交织在一起的部分。第一个部分：问责只不过意味着代表有责任说明（"给一个理由"）他或她过去的行为，而不管对其进行制裁的制度如何（e. g. Behn 2001：220 n. 12；Guttman and Thompson 1996）。第二个部分只关注对过去的行为实施制裁的能力（e. g. Manin, Przeworski and Stokes 1999：8–10）。参见 Fearon 1999：55 和 Goodin 1999。本文的分析运用的是第二种含义。

循着最简单的委托—代理（principal-agent）模式，静态地理解的话，选民是委托者，他试图对作为代理者的代表施加其权力。[①]

从规范层面来看，承诺式代表模式是靠当选的代表向其选民或明言或暗示某些承诺而发挥作用的。它通过计算利害，也就是通过选民在下一次选举时（Time 3）的奖惩（sanction），来发挥作用。代表依照前一次选举时（Time 1）许下的承诺而行事即奖赏之，或者他们不依其承诺而行即惩罚之。不管从规范层面还是从利害算计这一层面说，选民在 Time 3 时进行审查时所关注的，是代表在 Time 1 时做出的承诺是否兑现。乔治·布什（George Bush）因为违背了他一目了然的竞选承诺而令其支持者大为光火。（他曾许诺："看我的嘴：绝不会开征新税。"）[②]

承诺式代表的优势在于，它以一种比较直接的方式反映了公民的意志（尽管这不一定是慎思之后的意志），至少在指令性更强的那种模式中（in its more mandated versions）是如此。它比其他任何模式都更接近这样一种理想，即，选民意志的简单印记（simple imprint）通过一些制度而传递到一种平等的权力运用上，而这种权力又最终作用于政策。尽管承诺式代表从未完整地描述出实际的代表过程，但它迄今为止一直都是公民通过其代表而影响政治结果的最重要方式之一。

因此，承诺式代表所关注的是代表们的规范性的义务——代表有义务兑现其在授权性的选举中（Time 1）所作的承诺，其中的权力概念，也即选民施加于代表的那种权力，暗含着一种前瞻性的选民意图，这种权力概念相对直接地体现了选民的意志，而结果是通过奖惩来实现问责。

然而，当我们考虑将 Time 3 时的奖惩制度化时，我们对代表的理

---

① 除了讨论耐戈尔（Nagel 1975）最具概括性的权力概念之外，我在此处和别处使用的"权力"（power）都是指"强制力"（coercive power），这是耐戈尔更具概括性的权力概念的一个子概念。强制力，与之相对的是"影响力"（influence），前者包括实施制裁的威胁，或者武力的使用。

② 我感谢道格拉斯·阿诺德（Douglas Arnold）提供了这个例子。然而，如曼宁（Manin 1997）指出的那样，没有哪种政治体制曾经合法地迫使其代表们遵守其选举时的承诺。

解就开始变了。

预期式代表（ANTICIPATORY REPRESENTATION）

十几年来，做实证研究的政治科学家早就意识到代表体制中的"回顾性投票"（retrospective voting）很重要。在"回顾性投票"中，选民在决定下一次选举中如何投票时，会回顾某个代表过去的所作所为。然而，这种看待代表的方式有什么规范意义，迄今为止还没有充分的研究。回想一下承诺式代表模式，在这种模式中，选民行使权力看起来显然是通过选民隐而未发的奖惩（potential sanction）——在Time 3 将代表选下去——而实现的。这就是"回顾性投票"。然而，从代表的角度看，回顾性投票不仅仅是对违背承诺进行可能的惩罚，它还产生了我所说的"预期式"代表（"anticipatory" representation）——在预期式代表中，代表试图取悦未来的选民。承诺式代表中的代表在 Time 2（在任期间时），代表的是处在 Time 1（授权性的选举）的选民；而预期式代表中，处在 Time 2 的代表所代表的是处在 Time 3——也就是下一次选举时——的选民。[1]

因此，在预期式代表中，对于代表来说，"权力关系"不是向前发挥作用的，而是通过预期的选民之反应而"向后"发挥作用的，是从 Time 3 时的选民指向 Time 2 时的代表：

$$\boxed{R_{T2} \leftarrow V_{T3}}$$

严格说来，处在 Time 2 的代表之行动动机，是处在 Time 2 的代表所相信（beliefs）的处在 Time 3 的选民之未来偏好，而不是 Time 3 的选民的真正偏好发生在后面的事情不可能是发生在前面的事情之原因。

---

[1] 因此预期式代表的概念是回顾式投票这一概念的必然推论结果（as in Fiorina 1981）。基于早先 Downs（1957）、Key（1961）和 Fiorina（1974：32 – 33；1977；1981）（同时参见 Page 1978：32）对这一概念的系统表述，回顾式投票这个概念现在已经成了美国经验政治科学中的标准概念。关于预期（anticipation）的相关观点，参见 Fiorina（1989：5 – 6）、Goodin（1999）、Manin、Przeworski、Stokes（1999）和 Zaller（1994）的论著。

的确，代表所相信的，最终可能被证明是错的。然而，从代表的角度来看，对自己实施惩罚因而具有控制力的，是处在 Time 3 的选民。

因而，预期式代表模式需要一个新的"权力"概念，一个不同于像达尔或者韦伯提出的那种传统的、前瞻性的、以权力行使者意图为基础的"权力"概念，它需要一个能够将"预期的（选民之）反应"（anticipated reactions）考虑进来的权力概念。我们可以在卡尔·弗里德里希（Carl Friedrich 1937：16 - 17，1958；1963，ch. 11），彼得·巴克莱奇（Peter Bachrach）和摩尔顿·巴拉茨（Morton Baratz 1963）以及斯蒂芬·卢克斯（Stephen Lukes 1974）等人的作品中找到早先对这一概念进行的简洁阐述。这方面最好的系统阐述则出自杰克·内格尔（Jack Nagel 1975：29），他以最高的概括程度将权力定义为"和某个后果有关的某个行为者的偏好与这一后果本身之间的因果关系"。这一定义并没有牵涉到权力行使者的意图和权力行使的时间，从而该定义与预期式代表的模式并不冲突。不像达尔的定义，内格尔的这个定义包含了这样的可能性：代表们预料 Time 3 时的选民的偏好（即代表所认为的那些偏好）引起 Time 2 时的代表做出行动。

预期式代表使得经验研究的关注重点从 Time 1（授权性的选举）和 Time 2（代表的任职时期）之间的关系，转向 Time 2（代表的任职时期）的开端与 Time 3（下一次选举）这二者形成的那种关系。随着时间推移而偏好渐趋稳定，此时处在 Time 1 的选民和处在 Time 3 的选民之间就没有什么重要差别了（Miller and Stokes 1963：50；Nagel 1975：24ff）。但是，当偏好不稳定或者有新的偏好出现时，Time 2 时的代表就会有动机在 Time 2 这一时段去研究 Time 3 的选民之特点。因为对选民偏好的这种预计经常面对极其困难的信息问题（Stimson, Mackuen and Erikson 1995：545），研究选民特点的研究者就将注意力转向了和"国民情绪"（mood of the nation）有关的民意调查、焦点小组访谈（focus groups）和流言蜚语（Kingdon 1984：153；Stimson, Mackuen and Erikson 1995：544）。同时，这种预计还催生出这样的意图：改变 Time 3 的选民，以使选民更有可能赞同代表的行动。

对于经验描述和经验分析来说，这种时域的转换（temporal shift）有三种含义：第一，这一模式变得更加具有协商性。在 Time 1 和 Time 3 之间的空间里，权力的行使和沟通的运用你来我往，循环往复，而这大多是由代表所主动的：

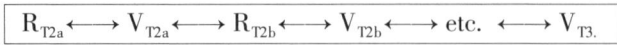

$$R_{T2a} \longleftrightarrow V_{T2a} \longleftrightarrow R_{T2b} \longleftrightarrow V_{T2b} \longleftrightarrow \text{etc.} \longleftrightarrow V_{T3.}$$

第二，预期式代表使得研究者像关注目前的选民偏好一样关注选民的根本利益。例如，本杰明·裴杰（Benjamin Page 1978：221 – 222）指出，一个以代表的预期——对自己可能受到的奖赏和惩罚的预期——为基础的民主理论，"使政府的回应性（responsiveness）针对的是人们的基本需求和价值，而不是短命的或动摇不定的政策偏好"。道格拉斯·阿诺德（Douglas Arnold 1990：17；1993：409）写道，代表如果能想到下次选举时选民的"结果"偏好而不是"政策"偏好，他就可以更加应付自如了。詹姆斯·斯蒂姆森（James Stimson 1995：545）和他的同事亦有类似看法：理性预期中牵涉的信息问题促使代表们旨在获取一般性知识而非专门知识。如果我们在上面的看法之上再考虑到这个观点——选民在对利益进行思考之后可能改变自己的偏好，那么，我们就可以让本来纯粹是偏好导向的（preference-oriented）政治行为模式中的"利益"（interests）这一概念（定义为反思之后形成的偏好〔enlightened preferences〕），在经验理论中也具有一定的地位。①

第三，根据前面两点，预期式代表促使我们将处在 Time 1 的选民视为可启迪（educate）的（或者是可操纵的）选民。在 Time 1 和 Time 3 之间的选民不仅可能被其代表——这个代表追求选票，还预备

---

① 在本文的分析中，应该接受协商的那些偏好和利益可以是和自身相关的（self-regarding），和他人相关的（other-regarding），以及和观念相关的（ideal-regarding）。因此，我使用"利益"这个词时，用的是美国式而不是欧洲式的意义，也即包括了基本的和观念相关的认同（commitments），同时包括了物质需要和需求。因为改变认同（identities）也就改变了利益，就可以既把利益视为"经过反思后形成的偏好"（将"经过反思后形成的偏好"视为经验、情感和简单认知的产物），又可将利益看做是可改变和可争议、可讨论的东西。

对自己的投票决定做出各种"解释"——所"启迪",还可能——这对民主实践来说是很关键的——受到政党、利益集团、媒体、反对派候选人和其他公民的"启迪"（Arnold 1990，1993：409；Kuklinski and Segura 1995：15 – 16；Young 2001）（下图中，利益集团、媒体、反对派和其他公民统一被称作"群体"〔Groups〕，简称"G"，箭头表示权力和沟通）。

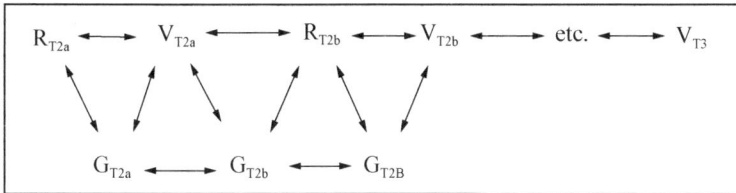

$$R_{T2a} \leftrightarrow V_{T2a} \to R_{T2b} \leftrightarrow V_{T2b} \leftrightarrow \text{etc.} \leftrightarrow V_{T3}$$
$$G_{T2a} \leftrightarrow G_{T2b} \leftrightarrow G_{T2B}$$

阿诺德（Arnold 1993）、斯蒂姆森（1995）等人和其他研究者已经将做实证研究的政治学者的注意力吸引到这种代表模式上来。然而，他们做这些研究时却没有强调这种模式的协商性的一面。阿诺德的"替代性控制模式"（alternative control model）本来可以很好地描述我所说的"预期式代表"这一过程，但它却没有充分把握住持续的沟通和潜在的不断改变的选民偏好中最关键的因素。阿诺德（Arnold 1993：410）在其模式中静态地将公民描述成这样的人：他们的行为更"像观众，在一场表演结束之后表明自己赞同还是反对"。然而阿诺德（Arnold 1993：412）自己也承认，当公民注意到立法者"从利益集团、委员会听证会、办公室职员和其他立法者那里获取政策结果和具体决策的政治后果"时，预期式民主可能和公民有密切的互动关系。利益集团和委员会听证会都是公民借以沟通其不断变动的利益和意见的制度（尽管这些制度并非不存在干扰性的偏差——这些偏差是由选择性的沟通和沟通媒介造成的）。

阿诺德还静态地将立法者描述成"受控制的代理人"（controlled agents）。尽管当他说立法者不是"接受指令的代表"（instructed dele-gates）时他这种说法是对的，但是，他所用的"受控制的代理人"这个词并没有把握住立法者的这一角色：立法者是潜在的倡议者和施教

195

者。与之相反，预期式代表模式在大多数情况下是互动的，而且有更为持续的呼应能力（reflexive）。预期式代表源自一种市场模式，当阿诺德（Arnold 1993：412）说"电影出品方、汽车制造商和房地产开发商试图预测和取悦消费者的偏好"时，他自己就采纳了这一模式。在市场中，顾客不仅仅是"观众"，企业家也不仅仅是"受控制的代理人"。相反，顾客积极地（即使不是故意地）对市场发挥权力和影响力，同时，企业家也在积极地搜寻顾客的偏好，有时甚至是创造出偏好。同市场中顾客/企业家的关系一样，预期式代表中选民/代表的关系最好是视为一种相互的权力关系和持续互动的影响力关系。

预期式代表所带来的时域转换对规范理论也有类似的影响。最显著的是，它削弱了对问责的那种传统认识。因此它也需要新的、据以对它进行评判的规范标准。

传统的问责概念关注的是 Time 1 和 Time 2 之间的关系，它要问的是，代表们是否在做选民——被静态地理解的选民——在 Time 1 时希望其去做的事情。以 Time 3 的选民取代 Time 1 的选民，预期式代表模式就使得处在 Time 1 的选民无关紧要了。如果我们将代表比作一个企业家，他在预测潜在的客户的偏好，那么使得代表"负责任"的力量则全是前瞻性的（forward looking）。然而，要说这个代表对 Time 3 的选民负有责任，则听起来有一些奇怪。

预期式代表模式削弱了传统的问责观念，这个观点听起来可能是违背直觉的，因为，在我这里介绍的所有模式中，预期代表模式是与那些传统观念最为接近的。当选民要求重新选举的时候，这种要求通常被解读为一种确保代表忠实于选民意愿的机制，而 Time 1 和 Time 3 的选民之间没有任何区别，这样的解读很合理。的确，如果 Time 3 的选民与 Time 1 的选民没有区别，我们便可以认为 Time 3 的选民只不过像在承诺式代表中那样，给予奖励或惩罚以行使权力关系。

大多数理论家和公众仍然按照传统的承诺式代表模式来看待代表，在那种传统模式下，选民的权利向前发挥作用，而代表的注意力是向后的（look backward）。例如，公众赞同任期制，这即是接受了这一传统模式的静态特征。选民担心的是，代表离家越远——这既指字面意义的远，也指比喻意义的远，则选民掌控代表的纽带就越脆弱。选民希望他们钩在代表身上的"钩子"是牢靠的。由于这种强烈的愿望，他们似乎愿意放弃重新选举的动机。他们这种潜藏的计算似乎没有考虑到内在于 Time 3 中的动机。

但是，预期式代表中这种时域重点的转移从一开始就带来了意想不到的规范标准的改变。如果说我们认为立法者是在代表处于 Time 3 的选民，那么我们在某种意义上让立法者变成了熊彼特意义上的（Schumpeterian）企业家，这个企业家被激励着试图吸引未来消费者的选票。正如我们所看到的，在这种观念中，严格说来，传统的委托—代理模式就不存在了。我们并不认为一个经济活动中的企业家就是一个代理者（agent），而未来的消费者就是委托人（principals）。一个试图预测 Time 3 的选民之需求的代表与那些选民之间的关系，是一种精心计算的利害关系（prudential）而非道德关系。如果说代表想要再次当选，那么他/她会将取悦 Time 3 的选民（和支持者）视为实现再次当选这一目的之手段。然而，在传统的问责中，我们可能会说代表"应该"（ought）履行他/她已经向 Time 3 的选民所作的承诺，而不会说代表"应该"尽量取悦 Time 3 的选民。从这方面来看，纯粹出于利害计算的动机，已经取代了道德考量与厉害计算兼而有之的、必须履行的责任（imperative）。

在预期式代表的动机结构中利害算计取代了道德，这促使我们以新的规范标准来评断这一代表过程。它使我们在规范方面关注的重点从个体转向制度，从聚合性的民主（aggregative democracy）转向协商民主（deliberative democracy），从偏好转向利益，从立法者投票的方式转向立法者沟通的方式，从履行承诺的质量转向选民和立法者之间的相互启迪（education）的质量。

预期式代表迫使规范理论变成综合性的（systemic）。在大多数预期式代表中，在 Time 2 和 Time 3 之间的这段间歇期，选民与代表彼此沟通得越好，则代表的质量就越佳。在理论上，一个代表无需任何的相互沟通，也可以准确地预测出处在 Time 3 的选民之需求。而实际上，代表却经常找机会并且乐意有这样的机会与选民进行交流，既为了借此预计 Time 3 的选民的偏好，也为了影响这些选民。这种相互沟通的效果如何，很少取决于代表和选民双方的努力。它更大程度上取决于整个代表过程的功能，包括各个党派、政治对手、媒体、利益集团、听证会和民意调查，以及所有其他的沟通程序。其中的每一个因素，在或许可称之为"持续的代表"（continuing representation）的整个过程中都具有重要作用。这是规范理论应该追问而实证政治科学应该努力解答的问题：整个代表制度对持续进行的、确实准确而又相互启迪的沟通到底有多大的帮助（Williams 1998 and Young 2000：128，130 on interaction；Thompson 1988 on representation over time）。

关注 Time 1 和 Time 3 之间的选民和代表关系的变化，还凸显了代表的协商功能。从事规范研究的理论家一旦意识到代表的主动性有可能改变和预测出 Time 3 的选民（的偏好），他们就能帮助做实证研究的政治科学家追问这样的问题：代表们让选民发生那样的改变，那些改变是"启迪"（education），还是"操纵"（manipulation）呢？哪种说法更好？（Cf. Jacobs and Shapiro 2000）①

操纵，可以根据意图而辨别出来：意在欺骗，或者意在制造出选择的条件，使得他人做出不符合其利益的选择（Lukes 1974）。除了非操纵（nonmanipulation）这一标准外，启迪的质量如何还可以通过以下协商性的标准来判断：Time 1 和 Time 3 之间的互动是否使选民（1）或多或少意识到其潜在利益和这些利益的政策含义；同时（2）或多或少让自己有所改变（包括变得更关心公共利益），而且他们后来也会认为改变自己的那些方式也还不错。

简言之，启迪是我称之为"影响力"的一种形式，而操纵是我称之为"强制力"的一种形式。在奈戈尔对权力的广义理解之中——他将权力理解成导致结果的偏好——我们可以区分这两种形式：影响力

---

① 在这一语境中，"启迪"本质上要求将人们在手段和目的方面实际上需要的和他们应该需要的（因此应该"启迪"他们去需要的）区分开来。

的特点是施加影响者和受影响者之间在某一问题上有（相对的）共同利益，它通过观点本身的是非曲直来发挥作用；而强制力的特征是权力行使者和权力受动者之间存在利益冲突（家长式统治关系除外）。强制力有两种子类型："制裁的威胁"（the threat of sanction），这指的是行动者的意志受制于权力；还有"力量"（force），这不仅包括有形的力量，也包括任何替代性选择的构造（the structuring of alternatives），这种构造制约了行动者的选择，不管其意志为何都被迫屈从于权力。"启迪"可以视为影响力的一种形式，因为它通过观点本身的是非曲直来发挥作用，而且就其定义来说，它符合受动者的利益。"操纵"则可以看作强制力的一种形式，因为根据其定义，它在受动者搞不明白自己的境况有什么特点的情况下——他们若是明白其境况的话，本来会采取别的行动——损害了受动者的利益（Bachrach and Baratz 1963；Lukes 1974）。[1] 这两种形式的权力操作起来都不简单，因为其定义都牵涉到关于这一问题的争议：哪些东西符合个体的利益？哪些又不符合其利益？

从事规范研究的理论家们当下正在做的一项工作，是为"强制力"和"影响力"这两个概念制定出恰当的标准。关于强制力和集合性民主模式（aggregative models of democracy）相匹配的规范理论要求每一个选民的偏好应该对结果具有大致相等的强制力。与之相对照的是，在协商民主模式中，理想的情况是不存在任何强制力的。[2] 在协

---

[1] 这些约定义在我们做分析的时候是有用的，但它们没有包含这些词语的所有日常语言含义。在本文这一部分，为了避免和耐戈尔广义的权力概念混淆，我用在（和其他很多人合作撰写的）一篇论文中径直称为"权力"的概念来表示"强制力"。本文的分析忽略了关于积极动机（positive incentives）的任何讨论，积极动机提出了一个棘手的问题：如何用这些词语对其概念化（参见 Barry［1975］1991 and Nozick 1972）。对于权力的其他理解方式，参见 Wartenberg 1990。

[2] 关于相等的强制力这一聚合性民主的观念（这是实践中不可能实现的具有指导作用的观念），参见 Lively 1975；Mansbridge［1980］1983（but cf. Beitz 1989）。关于不存在强制力这一协商民主的观念，参见 Habermas［1984］1990：235.（这一具有指导作用的观念在实践中也不可能实现，因为没有哪种影响力的运用可以完全脱离强制力的运用，而后者总是影响到讨论的制约性条件、讨论参与者的能力和决策的贯彻。）

商民主中，影响力可以合理地（legitimately）极不平等（至少在这些情况下是合理的：不平等地运用影响力不会损害对参与者大致平等的尊重，不会阻碍下一步行使平等的权力的机会，或者不会剥夺任何参与者通过参与而发展壮大的机会）。奈特和约翰逊（Knight and Johnson 1998）非常令人信服地为协商民主中"获取政治影响力的机会平等"这一理念做了辩护。但是，甚至这个理念也还是一种消极立场（default position）——除非有很好的理由来支持影响力方面的机会不平等，否则就应当支持影响力方面的机会平等这一立场。例如，在正式的代表（formal representaiton）中，公民就有良好的理由将代表推举到比大多数选民更具潜在影响力和强制力的位置上。当代表在进行协商——例如制定议程——而使用这种更大的强制力时，这种行为在规范意义上（不管是根据"获取影响力的机会平等"还是根据"不存在强制力"这两个理想标准来说）并不一定是错的，而是应该依据三个标准，三个适合用来对协商进行评判的标准，来对其做出评判，这三个标准是：不存在操纵，揭示了选民的利益所在，促成了那种选民回过头来看也觉得不错的转变（retrospectively approvable transformation）。

有些分析努力追求纯粹的"客观"，对于这样的分析来说，不幸的是，与选民的偏好相比，和选民的利益相关的问题并不容易得到确定的分析结论。这些问题在"本质上就有争议性"（essentially contested）（Gallie 1962）。不过，这些问题正是我们要探究的。这些问题迫使观察者思考：和代表相互沟通的这个过程，是巩固了选民偏好所依赖的基础，还是相反，带来了一些具有误导作用的意见或关注点（emphases）。也就是说，如果选民有充分的信息和时间来进行充分的思考，他们本来是会摒弃这些意见或关注点的。

目前，美国现在的代议机构在促进互相之间的启迪、沟通和影响等方面表现不佳。例如，威廉·班考（William Bianco 1994：51）问国会议员，他们是否认为自己能够向其选民解释清楚自己的一项致力于良好的公共政策的表决（反对撤销医疗保险中的异常灾祸保险〔Catastrophic Coverage〕），这时很多国会议员说自己启迪选民的种种尝试，搞得这些选民怒气横生①。在这个例子中，一些选民（这项保险基本能够覆盖到他们个人）比其他人有大得多的机会发挥自己的影响力。有些政治经营者（political entrepreneurs）欺骗了公众，很可能是故意为之（King and Scott 1995）。严格地说，代表们既没有政治空间也没有时间去向选民解释政策理由，并反过来从选民那里领受教益。公民们也没有一个平台可供他们一起全面探讨事情的方方面面。因而，协商的过程不只是远没有达到"获取影响力的机会平等"和"非操纵"这两个标准，甚至和下述标准——阐明利益所在，促成那些回过头来看也觉得不错的转变（在此处这个标准相对来说不那么重要）——这个标准也相去甚远，这种状况可能证明了"获取影响力的机会不平等"无可厚非。

在异常灾祸保险的例子中，政党、媒体和相关的利益集团对于纠正代表过程中的这种扭曲之处所起的作用极为有限。然而，在一个像美国这么大的国家中，这些中介因素却在更大的代表体制中起着至关重要的作用。传统的承诺式代表因为强调选民与代表之间的距离，就很不重视两者之间的沟通的质量。相反，预期式代表后面的动机结构则创生出一整套的民意调查、核心小组和利益集团等等机制，这些东西值得更进一步对其进行规范研究。由恰当的规范关怀（normative concerns）指导的经验分析，不是将民意调查和焦点小组仅仅视为操纵的工具，将利益集团只视为"特殊利益"的代言，而是应该探究：这些制度与反对派候选人、政党和媒体一起，在避免财力不平等的组织形式所带来的偏误方面做得如何，以及在服务于相互沟通和启迪这一

---

① 亦参见 Bianco 1994：50、Kingdon 1981：48 中的其他例子。例如："非常坦率地说，如果我有机会坐下来和我的所有选民谈上 15 分钟，我应该会投票反对这整个提案。但我没有那样的机会。他们想要的是［X］。如果我投票反对这个提案，在他们看来我是在反对［X］，而我将不会有机会来给自己辩解。"理查德·费诺对此深表赞同："如果启迪是一种据其定义来说不得不伤害一些人（因为让人们改变自己的心意）的家常活动，那么我的确没有看到过多少启迪活动。"（Richard Fenno 1978：162；Bianco 1994：51）

有规范价值的目的方面，发挥了多大的作用。[①] 这种关注将必然使研究者的研究重点，从二元的代表—选民关系转向由多元行动者和持续性的代表所构成的更大的体制上来。

简言之，如果在预期式代表模式中，代表只是单纯预测 Time 3 的选民的偏好，并不去努力改变这些偏好，那么，作为承诺式代表模式之基础的这个聚合性民主的规范——每个选民都有平等的权力——就没什么需要补充的地方。但是，如果代表们使用其权力和影响力去改变 Time 2 的选民的偏好——就如绝大多数实际情况那样，那么，良好的协商所具有的那些规范就必须发挥作用，我们也必须追问：如非操纵、阐明利益所在以及促成那些回过头来看也觉得不错的转变等等标准。这些标准证明了"获取影响力的机会不平等"是合理性的——到底有没有达到，或者是否至少在接近这样的标准。

因而，预期式代表关注的是下次选举（Time 3）时取悦选民的那些出于利害算计的动机。它使用的权力概念是：选民的权力作用于代表身上，代表可以预期到选民的反应；以代表取悦选民的渴望代替了选民意志的传达；同时，规范审查的对象也从问责过程（the process of accountability）转向了代表的整个任职期间的协商质量。

自主式代表（GYROSCOPIC REPRESENTATION）

我用"自主式代表"来称呼一种不仅和预期式代表不同，而且在某种程度上也与其难以兼容的代表模式。其他人称此种代表模式为"征召"（recruitment）（Kingdon 1981：45）或"初选"（initial selection）（Bernstein 1989），或称之为选举轮替（electoral replacement）

---

① 认真对待这些制度，把它们看做相互学习的机制，那意味着要以增强政治平等的各种方式来扩大利益集团的数量和提高利益集团的地位（参见 Cohen and Rogers 1995；Crosby 1995；Dahl 1997；Fishkin 1991，1995，1996；Nagel 1992；Schmitter 1995）。

(Stimson et al. 1995)①。在此种代表模式中，选民选择的代表按照这些选民无须外部激励也会赞同的那些方式来行事。这些代表就像陀螺（gyroscopes）一样，围绕着他们自己的主轴在转动，保持着一定的方向，追求某种内在的目标（尽管这些目标并非完全不变）。就如在此处介绍的其他新的代表模式一样，这些代表不是传统意义上的对其选民负责。在这种情形中，代表们只根据"内在的"（internal）理由来行事。他们只对自己的信仰和原则负责。

这种模式可能有好几种形式，但在所有的各种形式中，代表们都是向内诉诸一套根据具体情况而对利益、对说明方案（interpretive schemes）（也即是"common sense"〔常识〕）、对良知和原则的理解，作为其行动的指导原则。在美国，一个选民可能选择这一类型中代表范围最狭的一种，如选择致力于像堕胎合法化这个单一议题的代表；或者，一个选民也可以选择代表范围最广的一种，如选择一个投身于公共利益的品质高尚的人。一般来说，人们通常会想方设法选择费龙（Fearson 1999：68）所说的"好人型"人物，"好人型"人物具有如下特点：（1）和其选民有类似的政策偏好；（2）诚实而有操守；（3）有充分的专业技能。选民们用诸如这样的说法来解释其选择："他可是个好人"，或者说，"她这人不错"（Fenno 1978：55；Miller and Stokes 1963：54）。

代表的品格（character），包括坚持原则，是选民据以做出选择的一个重要因素，但它不是唯一的考量因素。在美国，选民还把代表的各种可描述的特征，以及党派认同和品行的各种表现，作为预测代表未来行为的依据（Popkin 1994）。议员们自己也常常这样来理解代表这一概念，他们认为自己和其选区的多数保持着同样的态度（Bianco 1994：39；Fenno 1978：115；Kingdon 1981：45–47）。因此，费龙所说的两个主要特征——有和选民类似的政策偏好，诚实而有操守——

---

① Miller and Stokes（1963：50）也把他们的第一种选民控制的方式描述成选民"为这个选区选出一个代表，这个代表的观点和选民如此切近，以至于当他遵从自己的信念时也是在贯彻其选民的意志。"他们的第二种选民控制方式就是期望式代表模式。

在分析的时候可以分开来，而实际上却是紧密结合在一起的，因为，如果代表可以被贿赂的话，他们光是和选民有类似的政策偏好是不够的。①

在欧洲大部分地区特有的"政党纪律"这一模式中，代表们向内诉诸一套原则和约束（commitments）来行事，这些原则和约束部分来自其理念，部分来自于他们对政党的集体决定的遵守。代表还受制于政党的制裁——如果他们不服从政党的话，而政党反过来受制于选民的制裁。在这里，我只关注盛行于美国的自主式代表模式。

在所有各种版本的自主式代表模式中，选民都不是通过影响代表的行为（不是像许诺式代表或预期式代表中那样，通过"诱导性的偏好"〔inducing preference〕）来影响政治结果，而是通过将这样的代表——他们的行为在某种程度上可根据其可观察的特征而事先预料到——选择或安置到政治体制中，来影响政治结果。在许诺式代表和预期式代表模式中，代表的偏好是被选民引导的（induced），而在这种代表模式中，代表的偏好是内在决定的。在许诺式代表和预期式代表模式中，选民（在 Time 1 或 Time 2）引致代表的行为变化，而在自主式代表模式中，选民首先是引致立法机关中的结果发生变化，而更长远来说是引致更大的政体（larger polity）中的结果发生变化，这不是通过改变代表的行为趋势，而是通过在立法机关和更大的政治体制（the "system"）中安插由这种代表构成的积极而有力的因素去实现。因此，选民的权力不是作用于代表，而是作用于体制：

$$V_{T1} \rightarrow SYSTEM_{T2}$$

在此种代表模式中，代表不管在 Time 1 或 Time 2 都没必要认为自己是在——用皮特金（Pitkin 19671：1972）的术语来说——"为着"

---

① 因此，菲尔逊所说的"好人型代表"（good type）和詹姆斯·麦迪逊希望选出的那种品德好而又聪明的代表有些细微的差别，这个类型更多的是基于偏好方面的相似性，而非对公共利益的普遍性理解和对公共利益的服从。在强调选民是基于美德这一品格而选择代表时，布热纳和哈姆林（Brennan and Hamlin 1999, 2000）也忽略了偏好和利益方面的相似性这一问题。亦参见 Lott 1987：183。

选民而"行事"。代表的动机可能仍然是不可知的。选民基于对代表未来行为的预测来选择代表,而代表未来的行为是从其过去的行为或别的线索中推导出来的。

我们可以这样设想:那些竞相要赢得选举的候选人,就像一架架对思维、情感和行动自我驱动、自我导向的机器,而选民从这些机器中选出一个去安置到体制中。选举结束之后,这一架自我驱动的机器没必要随后还和这一选民保持着关系。因此,在此种代表模式中,对其选民—代表关系来说,关键的并不是那种传统的问责,而是一种很强的预测能力,在某种意义上是预测内在的、多若繁星的、像选民自己的价值一样重要的各种价值。在某些选举制度中,对于选民来说,政党比单个的政治家更可预测,而且也更易与自己的利益联系起来。而在美国,政治家的个人声望、可描述的特征和(如选民判断出来的)品行,有着比党派认同这一预测因素更强的可预测性。

在美国,代表程序有相当大的部分是由自主性代表构成的。就如约翰·金敦(Kingdon 1981:45)说的那样:"选民可以影响议员的最简单的机制,就是从一开始就挑选一个赞同他们立场的人来任职。"金敦(Kingdon 1981:45)发现,大多数选民想要的,与他们在国会中的代表的个人态度,这二者在差不多四分之三的时间内并无抵触。因而,美国国会的代表活动中,可能有多达四分之三的是由自主性代表(或者由征召而来的代表)构成的。罗伯特·伯恩斯坦(Bernstein 1989)赞同这一估计,他造了个流行一时的词来称呼我所说的许诺式代表和预期式代表,称之为"选民控制的神话"。在迄今为止最详细的分析中,斯蒂姆森(Stimson et al. 1995)提供的材料表明,在美国的参议员和总统中,自主性代表(也就是他们所说的"选举轮替")是代表们回应公众意见变化的最重要机制。他们的材料还表明,在众议院中,最重要的机制是预期式代表(他们所说的"理性预期")。

像预期式代表一样,自主性代表和许诺式代表中要求的那种传统问责形式有一定的联系，但是也有关键的差别。在自主性代表中，代表们确实对其选民负有道德上的责任，即不要在选举的时候，在他们赖以当选的那些品质方面对选民撒谎。但是，在自主式代表模式中，代表们对他们自己（尤其是在美国以外的选举制度中）或者对他们归属的政党有着更强的责任感。他们与其选民之间的关系不是如代理人与其委托人之间的关系。就如金敦（Kingdon 1981：46）说的那样，在此种模式中，国会的成员"甚至都从不考虑（选民）"。或者，就如费龙（Fearon 1999：56）说的那样，"选举问责并非必不可少"。这种关系中，受托人的责任很弱。在 Time 1 这一阶段，选民的控制几乎不存在。

自主性代表也不同于柏克说的那种"信托"式代表模式。柏克（Burke［1774］1889）设想的代表是一个国务活动家，他关心的是利益而不只是偏好，而且所关心的是整个国家的利益而非地区的利益。①然而，在自主性代表中，选民选择一个代表，可能只是因为他和这个代表有某些共同的压倒一切的自我利益，诸如降低税负一类。或者，选民可能选择一个和自己的基本品行有很多相同点的代表，因为这样的代表之行事方式会和这个选民成为议员时的方式大体一样。对于选民来说，关键的只不过是把这样的一个代表——选民可以预期这个代表的自觉行为会促进此一选民自身的利益——安插到体制当中。因此，柏克的"信托"概念是自主式代表这一更广泛的概念中的一个次级概念。

自主式代表模式有一个重要方面不同于柏克的信托概念。一旦确信代表已经出于内在的原因而想采取和选民所期望的一样的路线方针，这个选民常常还期望代表（或者政党）在议会中的行事慎之又慎。这种期望就使得立法层面的创造性协商与讨论成为可能。妥协，改变心意，甚至重塑基本利益格局，这些都是自主式代表模式的规范所允许的。

---

① 对于柏克思想的标准阐释，参见 Miller and Stokes（1963：45）的观点："柏克希望代表所服务的是选民的利益，而非其意志。"更全面的阐释，参见 Pitkin［1967］1972。

如我们所见，在自主式代表模式中，传统的那种问责制是无关紧要的。如金敦指出的那样，在纯粹的这一模式中，代表并不考虑选民的意见，而且也没有人期望他们这样做。代表和选民之间持续的沟通搞得好不好，也是无关痛痒的。因此，在对这种代表模式做出评价时，需要一个不同于传统的问责制的标准。

一个关键的标准，即对授权进行协商，要求我们对在 Time 1——即授权性的选举——这一时点以及之前的选民与代表之间的协商质量做出规范性的评价。在这时候，好的协商就会有这样的结果：选民们既对他们自己的利益非常了解，还能非常精确地预计到他们所选的代表此后的行为。好的协商要求代表们在他们未来的行为这个问题上不要故意欺骗公众。选民的目的，是基于公共利益这一标准而在代表和选民之间进行辨别和选择（参见 Bianco 1996）。

第二个标准，即让代表继续任职和使其下台的容易程度，这要求选民们能定期地隔段时期重新进入这一体制——要么通过让那些自我驱动的代表继续任职，而使其现有的方向维持不变，要么通过换掉一个代表而安插进另一个，来改变那一方向。任期限制在许诺式代表模式中是重要的，而对预期式代表或自主式代表来说则意义不大。任期限制使得选出来的代表不可能长久安身于体制中。

简而言之，适合于自主式代表的规范标准是，在选举（授权性的选举）时有良好的、范围广泛的协商，以及能相对容易地让某个当选的代表继续任职或让那个代表下台。自主式代表强调的是代表们自己的原则和信仰，认为选民的权力不是作用于代表（representatives），而是（通过将代表安插进那一体制来）作用于体制，将规范审查从传统的问责转向了授权选举时的协商的质量。

替代式代表（SURROGATE REPRESENTATION）

替代式代表，是由与某一选民不存在选举关系的代表履行的代表活动，也即是说，他是其他选区的选民的代表。就和其他代表形式一样，我并非第一个注意到这种代表模式在今日美国之重要性的人。罗伯特·维斯伯格（Robert Weissberg）在 1978 年将其说成是"集体代表"（collective representation），而约翰·杰克逊和戴维·金（John Jackson and David King）在 1989 年称之为类似于"制度性"代表（"institutional" representation）的东西。埃德蒙·柏克有个说法，他称之为"实质性"代表（"virtual" representation），但柏克的概念所关注的是在道德上正确的答案，还有智慧，而不是意志，以及相对固定的、客观的利益和整体的利益，这只是替代式代表可能具有的众多目标中的一个。①

在今日美国，个人和代表个人的利益集团常常转而诉诸替代式代表来促进其实质利益，包括牵涉到其理念的那些利益。举例来说，一个来自明尼苏达州的国会议员可能领导一场国会中的反战活动，这场战争受到密苏里州和俄亥俄州相当多选民的反对，而这两个州的选民们自己的代表却支持这一战争。地区性代表（territorial representation）过去代表着选民很多种最重要的利益，情况今非昔比，而美国的代表制度并没有随之发生变化。在美国，替代式代表——一种非制度性的、不正式的、意想不到的措施，是非地区性代表模式中的一种很抢眼的代表形式。

对于富人（或者有组织者，如通过劳联而组织起来的人）来说，因为有可能从其他选区向代表们的竞选活动贡献资金，替代式代表得到其大力弘扬。单个的候选人、政党以及众多的政治组织，理所当然地从其选区之外吸纳资金支持。有着充裕的额外收入的公民们，通过也许可称之为"金钱代理"（monetary surrogacy）的方式，找到了很多他们最有价值的立法代表。

替代式代表，不管是州这一层次还是全国这一层次的代表，在为那些在自己州中失利的选民提供代表这一方面，起着极为关键的作用。

---

① 参见柏克（［1792］1871）。皮特金（［1967］1972：174ff）探讨了柏克的实质性代表这一概念不同于现代的概念的种种不同之处。关于与这相关的一个概念，参见 Gutmann and Thompson（1996：144ff）论述道德选民（moral constituents）的部分。

因为，不管是联邦还是州的选举制度都采用单名选区制（single member districts），伴之以先达先胜、赢者通吃的多数票决制，在这种制度中，有些公民偏爱的政策在其自己的选区中只吸引了少数选民，从理论上说，这些公民在立法机关中可能最终完全没有被代表。然而，那些在一个地区失利的利益集团和观念，如果它们在地理区域上充分集中起来，就可以在别的地方取胜，这样的话，在 A 地区居于少数的选民，靠 B 地区的代表也会得到替代式的代表。在为此种代表方式提供了空间的选举体制中，这种由替代式代表模式提供的、对现存制度偶一为之的补充因素，对于民主的正当性是至为关键的。我们将会看到，如果这个意外的宝贵补救办法没有形成足够的替代式代表渠道去满足衡量民主之合法性的综合标准（criteria for legitimacy），那么这一选举制度总的来说就不能经受规范层面的审查和考验。

在不和金钱或别的捐献挂钩的这类替代式代表（"纯粹"的替代式代表）模式中，代表和被代表的选民之间不存在问责关系。他们之间也没有权力关系：

$$V_{TI} \rightarrow 0.$$

唯一的权力关系（意思是威胁要进行制裁或者动用力量）存在于这两者之间：那些捐献了钱财或其他东西的人和其竞选活动从上述这些人那里受惠的代表。在有金钱关系或捐献关系的代理中，捐献者通过索取代表的许诺而运用其权力，这就像传统代表模式中那样；它也像预期式代表模式中那样，通过预期其代表的反应而运用其权力，还像自主式代表模式中那样，通过将某个预计会按某种方式行事的议员安插到体制中而运用其权力。因为在任何替代式代表模式中，各种形式的权力都是通过金钱或其他捐献、通过捐助人而不是投票人来发挥作用的，所以在今日美国，替代式代表体现了甚至比传统的议员—选民关系还远甚的政治不平等。

然而，即使接受代理的代表并不担心失去金钱或其他捐助，也没有人对他们进行任何正式的问责，这些代表有时还是觉得（feel）自己对其他地区的那些被代理的选民负有责任。那些和某种特殊意识形态观念有着深厚关系的立法者，常常觉得自己对于来自那一观念或群体的非本选区的选民负有责任。

当替代式代表和被代理的选民有某些共同的、立法机构中的多数议员不能感同身受的体验时，此种代理人的责任感就更加强烈。如果代表是女性，是非洲裔美国人，或者有波兰人血统，或者有一个孩子是残疾人，或者成长于农场、矿区，或者成长于工人阶级社区——这样的代表通常不仅对和这些经历相关的议题特别敏感，而且在代表这些群体的利益和观念时也特别有责任感，纵然这些群体的成员并非其选民中人数众多的群体。当上面提到的团体在立法机关中只有很少或者极少数的代表时，这些代表对于其选区外的选民的那种责任感甚至会变得更加强烈。①

巴尼·弗兰克（Barney Frank）是来自马萨诸塞州的民主党代表，他明确地自视为整个国家的同性恋公民的替代式代表。弗兰克自己就是一个出柜的同性恋，他本选区的选民是同情他的："我本州的选民理解我的立场。与同性恋歧视相关的议题对我来说至关重要。"他指出，他之所以能够承担这一角色，是因为这并没有占用他太多时间，因此也没有太多地干扰他为自己选区所做的工作。弗兰克认真地对待自己的代理人职责。他相信他在全国范围代理的那些选民"知道我理解他们的关切……我有一个工作团队是由三个'出柜'的男同性恋组成的，他们都是富有才干的律师，而且觉得自己有责任尽最大努力在这个问题上帮忙"②。他收到来自全国各地的男同性恋和女同性恋公民的、与"他们对同性恋权利和歧视的关切"有关的邮件。而他觉得自

---

① 关于国会中非洲裔美国人议员的例子，参见 Swain 1993：218；关于女性议员的例子，参见 Carroll 2002；Congressional Quarterly 1983：76；Dodson et al. 1995：15, 21；Thomas 1994：74；Williams 1998：141. F. 关于归属于某个团体的政治心理学效应，参见 Conover 1988。关于其他可能负有责任的人缺席时，议员的责任感增强的例子，参见 Latane and Darley 1970。更多关于"描述式"代表（"descriptive" representation）的规范之讨论，参见 Mansbridge 1999；Phillips 1995；Williams 1998。当极少数的描述性代表（descriptive representatives）最初之所以出任代表是，因为过去或现在发生的针对其所在群体的不公正行为时，他们的责任感变得尤其强烈。

② 对国会议员巴尼·弗兰克的访谈。April 14, 1997, in DiMarzio.

己对那一群体负有特殊的责任，因为他自己就是众议院中少数出柜的同性恋议员之一。在他这一事例中，因为从全国各地给他写信的选民通常因为针对他们的歧视而无法在自己的选区中积极地搞政治活动，他的责任感就更加强烈。①

替代式代表和被代理的选民之间的关系中，也可能有些协商性的因素。在替代式代表模式中被代表的群体，除了捐钱输物和志愿效劳——这就形成一种权力关系——之外，他们还可以提供信息和经验。（他们还会在道德上赞同或反对某些东西，这些态度一部分可以视为信息，有些还可视为在使用权力。）替代式代表者可以同群体中的成员协商，尤其是同这些人协商：他们有正式或非正式的权利来代表群体中的其他人，从而信息和见识是双向交流的。

尽管在纯粹的替代式代表模式中，完全不存在二元的、以选区为基础的代表——选民问责制，我们还是能搞出一套规范标准，在一个综合性的基础上来评判替代式代表在多大程度上符合民主的标准。最明显的标准是，立法机关在整体上应该大致根据公民群体在人口中的比例来代表这些公民群体的利益和观念。但是，我们必须对这一宽泛的标准加上某些注意事项。

首先，民主的目的中包括了聚合的各种利益（the aggregative aims of democracy），这个目的要求尽最大的努力处理那些冲突最激烈的利益，以实现代表中的比例。当利益冲突无法通过协商来协调时，自 17 世纪以来发展出来的盎格鲁—萨克森一派的民主理论，靠着大体上让各政党都有同等的强制权力而保障冲突解决程序的公平性。"一人／一票"这一规定意味着，在直接民主中一个选民具有同等的个人权力，而在代议制民主中则具有等比例的权力。冲突越重要，相关利益的比例代表性就越关键。

第二，民主的目标中还包括了协商性（the deliberative aims of democracy），这就要求与决策相关性最大的那些观念（perspectives）在

① 来自和巴尼·弗兰克的私下交流。May 15. 1998.

关键的决策中要得到代表。代表这类观念的代表之数量，倒不一定要按照持有这类观念的公民之数量（相对于所有公民之数量）的比例来确定。① 目的是要通过相互影响而不是通过强迫性的权力，来得出最好的见解和最切题的信息。在协商过程中，这种影响可能是不平等的，但这不平等却是正当的，而那种强迫性的权力，在理想状态下就不应该出现。

民主的协商性这一目标也可能使得某些不平等具有了合理性，而在目前，替代式代表和其他形式的代表都典型地具有这些不平等因素。当内嵌于选举体制中的协商机制运作良好时，这些机制应该通过"更好的观点之说服力"，至少要把那些最没有见识的政治立场从政治体中排除出去。因此，立法机关中拥护这类立场的代表，其在立法机构中的比例应该小于拥护这一立场的公民在公民总数中的比例。良好的协商，应该通过选举程序和其他互相切磋的程序，来扬弃那些最没有见识的观点，而将最好的观点留待于积极的论辩。②

美国目前的代理人式选举过程与民主的标准相去甚远，尽管现有的选举体制在某种程度上确实选出了最好的观点，但代理人式制度主要还是选择那些有最多的财力支持的观点和利益，在这方面它比直接选举更甚。在美国，这种不平等常常基于这样的理由而对其合理性予以论证：它们反映了"言论"自由，这种言论自由通过金钱的捐献而表达出来。但是，我要说，不管是从对等式公平（adversary fairness）

① 金里卡（Kymlicka 1993：77–78；1995：146–147），菲利普斯（Phillips 1995：47，67ff）和皮特金（［1967］1972：84）指出，协商一般来说只要求在形成更大范围更高层面的观点时，每一种观点都有最低限度的表达（a "threshold" presence of each perspective）。只有在多数派保证开听证会，通过协商达成协调，或者促进同一观点内部的意思分歧、不同阐释和细微差别的表达时，这个一般性的规则才有重大例外（Mansbridge 1999）然而，根本性的标准仍然是一个观点能够为正确的决策做出多大的贡献，而不是严格的比例制原则。

② 关于"更好的观点之说服力"，参见哈贝马斯［1977］1984：22ff, summarized in Habermas ［1984］1990：235。有人可能期望良好的协商还能减少或者甚至消除政治体中的最没有伦理价值的观点。有的人所说的"通过协商而扬弃"（deliberative winnowing.）——在这种扬弃中，尊重"其余的人"（"remainders"［Honig 1993］）和暂时承认某些观点胜于其他观点，这二者之间存在着张力——引出了一些规范性的话题，这些话题需要在别的地方更详细地探讨。

（即为互相冲突的利益提供等比例的代表）的角度，还是从协商的功效（就某项决策为相关的重要观点提供代表）的角度来说，这种对替代式代表的不平等捐献（unequal contributions to surrogate representatives）都是没道理的。①

对替代式代表模式来说，相关的规范性问题不同于由传统的问责制提出的那些问题。在替代式代表中，立法者代表了一些并没有选举他的选民。因而他们是无法用传统的方式来向选民负责的。就如在自主式代表模式中一样，立法者为了各种各样的、内在于其自身信念、良知与认同的理由而致力于维护和促进其代理的选民之观点和利益。或者，他们所致力的是确保有滚滚财源源源不断地支持其竞选活动。因此，对于替代式代表模式来说，规范性的问题不在于这些代表是否准确地反映了其选民目前的观点，或反映了其潜在的利益。问题在于，总的来说，每种互相冲突的利益是否都在立法机关中有其对等的代表（adversary representations）（Weissberg 1978：esp. 54），而且每一个重要的观点都得到充分的协商性的代表。这一规范的分析必定包括了关于这些问题的争论：什么样的利益冲突是利益聚合中冲突最剧烈的（因而也是最应当采用比例代表方式来代表的），以及什么样的观点可以算是协商中的重要观点。②

简而言之，替代式代表模式必须在冲突相当严重的议题方面满足利益的比例代表这一标准（这是利益聚合方面的标准），而在既冲突而又有更多共同利益的利益方面，则必须满足观点得到充分代表这一标准（这是协商方面的标准）。因此，替代式代表所关注的不是代表与选民之间的双向关系，而是立法机构整个体制的构成方式——这种模式认为，被代表者既不能向代表，也不能向整个体制施加权力，除非被代表者向代表提供捐献（通常是金钱）。它将规范审

---

① 支持这种不平等的观点，参见 Sunstein 1990。

② 在所有可能被影响的参与者之间进行的协商——其标志是最小限度的权力介入和更好而非更坏的观点发挥作用，在理想状态下应该决定何种利益冲突最剧烈，何种观点最重要。

查的重点从选民导向的问责制转向了代表模式中的体制性的不平等这一方面。

协商的、综合性的、多样化的规范标准

表 1 概括了这些不同的代表模式的某些特征。① 当做实证研究的政治科学家想要回答一个政治系统有多符合民主规范这一问题时，他们就需要一个能将这些民主规范阐释清楚的民主理论，以便更轻易地说明白真实世界的情形什么时候符合这些规范，什么时候违背了这些规范。在美国的立法研究这一领域中，和代表有关的民主规范通常被

表 1　代表的形式

	承诺式	期望式	自主式	替代式
关注点	授权性选举	连任选举和后续任期	授权性选举	立法机关的构成
选民权力的作用方向	作用于代表（前瞻性的）	作用于代表（回顾性的）	作用于体制	选民没有权力，只有提供捐献的人才有
规范标准	信守承诺	任职期间选民和代表之间的协商质量	首选性选举期间的协商质量选举、维持任职和去职的容易程度	1. 冲突性利益之代表根据其人数在人口中的比例来代表 2. 重要的观点得到有意义的代表
传统的问责	是	不是	不是	不是

---

① 表 1 粗略地展示了这一分析中的一些主要观点。这个表没有打算将所有和评判代表的质量相关的规范标准（如"干净"的选举、平等的投票）都含括进来。它也没有把文中提到需要考虑的事情完全涵括进来。

简化为一个标准：当选的议员追求的政策，符合这个议员的选区中的选民的偏好吗？这个标准是单一的，是利益聚合导向的（aggregatively oriented），而且是以选区为基础的。与之相对照，本文的这一分析赞同采取多元标准（cf. Achen 1978；Beitz 1989）。它进而提议，这些标准中的有些标准应该是协商导向的（deliberatively-oriented），是综合性的。

从协商的观点来看，即使是承诺式代表也要求有良好的协商，以确定代表们是否兑现了其承诺，或确定他们是否有合理的理由不履行承诺。预期式代表要求公民和代表在选举间歇期那一段互相沟通的时期，不管是什么时候，只要代表试图在下次选举之前影响选民的偏好（他们几乎总是有这样的意图）——进行良好的协商。自主式代表要求选举代表的时候在公民之间、公民和其代表之间有良好的协商。替代式代表所要求的，不只是最重要的相互冲突的利益要有相等的、针锋相对的、与其人口中的数量成比例的代表，还要求重要的观点要得到良好的协商性的代表。

还应该根据每种代表形式对立法机构中的协商质量之贡献来评判其优劣。在预期式代表模式中，公民、团体和代表之间在选举间歇期间良好沟通也许会提升立法机构中的协商质量。与之相对照的是，自主式代表中有种模式——这模式的基础是，选民选择一个他们预期会致力于公共利益观念的代表——并不是通过相互的持续接触或启迪，而是通过选择那些可能有更好的协商能力的人，而且让这些人自由地追求他们自认为合适的目标，来促成良好的立法协商。替代式代表通过让不同的、重要的观点有更大的可能性包容进立法协商而促进良好的立法协商。

虽然对这些代表形式一一进行规范层面的评判包括了对这些代表形式所产生的协商活动或者产生了这些代表形式的协商活动之质量进行评断，但政治理论家目前还只是在逐步地发展出一套关于何者应为良好的协商的标准。关于这套标准的基本解释是，民主的协商应该是自由、平等、理性的。然而，如我们在"平等"这一问题中所见，这些特征中每一个都需要有更加详细的说明，因为，并非所有这些词的日常语言含义都可以适用于协商。就其向所有相关（relevant）的（在这里，就和其他地方一样，这种相关性又很大程度上取决于对"相关"的定义）参与者都开放而言，民主的协商应该是自由的。在理想状态下它应当尽可能趋近这种情况：强制性的权力没有什么地位，而唯一的"力量"就是更有说服力的观点的力量。在理想状态下它应该允许所有的选民有同等的施加影响的机会——除非能为这种机会的不平等给出充足的理由。它应当促进相关的情感和认识的表达和处理。它应当不受人操纵。它还应该一方面让个人利益和集体利益，不管它们是协调一致还是冲突，都明确化，另一方面又恰如其分地转化这些利益。①

这些标准中，没有哪个标准是取代"选民—代表要协调一致"这一标准的（the criterion of constituent-representative congruence）。它们是在这一标准之上再增加的标准。实际上，在每一种形式的代表中，都存在某种类型的协调一致。这在许诺式代表中是最明显不过了，在此种模式中，必定有一个明确的许诺，这个许诺反映了选民之偏好和代表未来之行动之间的契合点（points of congruence）。在预期式代表模式中，这一点也适用于连任选举，在这种情形中，可以预料到的是，选民会向代表的立场靠拢，并和代表之立场协调一致，而且代表亦复如此向选民的立场靠拢，和其协调一致。在自主式代表中，当某种程度上这个代表被选出来是为了亦步亦趋地反映中间选民的意见，则可以预料选民和代表之间有更大的一致性，而当某种程度上选这个代表是要他像个有操守的贵族一样行事的话，则可以预料他和选民之间的一致性就较小。在替代式代表中，当一致性这个标准适用的时候，它

---

① 上面列举的标准并没有打算穷尽所有关于良好协商的标准。关于以前和民主正当性有关的民主协商标准之"标准解释"（standard account），可参见 Cohen 1989。关于对这些标准的批评，和更深入的标准与探讨，可参见 Applbaum 1999；Gutmann and Thompson 1996；Thompson 1988；Young 2000，以及更具经验研究视角的研究，Braybrooke 1996；Entman 1989；Herbst 1993 and Page 1996。关于共同利益这一方面的转变，实证的观点参见 Barber 1984 and Cohen 1989。对这一看法的适当的提醒，参见 Knight and Johnson 1994，1998；Sanders 1997。

适用于整个政治体。

然而，在最近发现的这些代表形式中，没有哪种形式包含了古典代表形式中的那种问责。严格来说，在预期式代表中，代表只不过是像个企业家那样行事——为未来的买家提供其产品，并为此而预做准备。严格说来，在自主式代表中，选民选择的代表是那种在当选后纯粹自行其是的人。在纯粹的替代式代表中，在代表和一个个的选民之间根本就不必要有什么关系。这三种代表形式对传统的那种承诺式代表模式是一个补充——在承诺式代表的古典形式中，倒的确包含了问责。它们并没有替代传统模式；它们也没有将问责这一概念替换掉。然而，作为代表模式合理而有用的一种补充，它们分别需要用不同的规范来评判。

这些代表模式在大多数方面是彼此兼容的，而且和承诺式代表也不相悖。在不同的情形下它们的功能是相辅相成的，因此可以将它们看做是相互叠加，而非彼此对立的。它们共通的方面是，转而关注代表制度不同时点的协商——选举时的协商、选举之间的协商和立法机关中的协商。它们还有一个方面也是共通的：它们都要求在利益发生冲突的情况中，每一个选民的利益都具有同等的重要性，虽则只有承诺式代表最接近直接民主的规范标准——在这种代表模式中人民在自我统治。它们互通有无之处还有：替代式代表为民主全面的正当性提供了其所需要的全国性层面的补充因素，而这些是其他三种代表形式无法提供的。自主式代表最适合于处理分散的利益和变动不居的情势，但它需要选民对其有相当程度的信任，而这种信任在大多数情况下并不具备。承诺式代表甚少要求这种无限的信任，但在迅速变动的情势中其效果却很差。预期式代表也甚少需要这种信任，而且可轻而易举地因应变动的情势，但它导致的是只顾眼前的动机和着眼于下次选举的花招。

在少数的几个方面，这些模式是互相抵牾的。最重要的是，承诺式代表限制了代表在选举之后的行为，而自主式代表却要让代表行事自如；预期式代表吸引的是雄心勃勃的经营家们，自主式代表吸引的是具有公共精神的高尚士绅。某些看来在一个方面可兼容的功能（例如，要求相当程度的选民信任的自主式代表和相对来说甚少需要选民信任的期望式代表），从另一个角度来看，可能是有非常大的冲突的（那些甚少需要信任来作为其支撑的制度，有时候会将那些需要更多的信任来支持的制度排挤掉）。随着时间的推移，其他的冲突可能会变得显而易见。

这些代表形式并不是互相排斥的。此外，它们可能会随着时间的推移而互相影响。某个预期式代表在下次选举的时候可能变成了承诺式代表。一个议员可能开始的时候是个自主式代表，而随着他羽翼折损，信任流失，就变成了承诺式代表。承诺式代表中的选民在 Time 1 表达的偏好，可能是早先的预期式代表、自主式代表或替代式代表之代表过程中的产物。①

尽管在某些方面来看，评断这些代表形式的规范标准是叠加的，但这一分析框架中的多元标准并不要求这些代表模式彼此完全协调一致，更不需要"自由"和"平等"这样的每个单独的规范标准协调一致。结果就是，当代表们面对的选民偏好并不是这些选民的长期利益所在，或者其偏好和整体的利益无法兼得时，从代表理论的视角来看，代表们所应当做的，其实是不确定的。代表们可以合法地采取好几种行事方式，只要他们尊重道德规范，遵守与他们所奉行的那种代表模式相适宜或与多种模式的结合体相适宜的规范。

参考文献

Achen, Christopher H. 1978. "Measuring Representation." *American Journal of Political Science* 22 (August), pp. 475–510.

Applbaum, Arthur Isak. 1999. *Ethics for Adversaries: The Morality of Roles in Public and Private Life*. Princeton, NJ: Princeton University Press.

Arnold, Douglas R. 1990. *The Logic of Congressional Action*. New Ha-

① 在这一观点上我要感谢 Dennis Thompson。

ven, CT Yale University Press.

Arnold, Douglas R. 1993. "Can Inattentive Citizens Control Their E-lected Representatives?" In *Congress Reconsidered*. 5th ed. , ed. Lawrence Dodd and Bruce Oppenheimer. Washington, DC: CQ Press.

Bachrach, Peter, and Morton Baratz. 1963. "Decisions and Non-Decisions: An Analytical Framework. " *American Political Science Review* 57 (September), pp. 632 – 642.

Banfield, Edward C. 1961. *Political Influence*. Glencoe, IL: Free Press.

Barber, Benjamin R. 1984. *Strong Democracy: Participatory Politics for a New Age*. Berkeley: University of California Press.

Barry, Brian. [1975] 1991. "Power: An Economic Analysis. " In *Democracy and Power: Essays in Political Theory I*. Oxford: Oxford University Press.

Behn, Robert D. 2001. *Rethinking Democratic Accountability*. Washington, DC: Brookings Institution Press.

Beitz, Charles R. 1989. *Political Equality: An Essay in Democratic Theory*. Princeton, NJ: Princeton University Press.

Bernstein, Robert A. 1989. *Elections, Representation, and Congressional Voting Behavior: The Myth of Constituency Control*. Englewood Cliffs, NJ: Prentice Hall.

Bianco, William T. 1994. *Trust: Representatives and Constituents*. Ann Arbor: University of Michigan Press.

Bianco, William T. 1996. "A Rationale for Descriptive Representation: When Are Constituents Better Off Electing 'Someone Like Us. " Presented at the Annual Meeting of the Midwest Political Science Association.

Braybrooke, David. 1996. "Changes of Rules, Issue-Circumscription, and Issue-Processing. " In *Social Rules: Origins; Character; Logic; Change*, ed. David Braybrooke. Boulder, CO: Westview Press.

Brennan, Geoffrey, and Alan Hamlin. 1999. "On Political Representation. " *British Journal of Political Science* 29 (January), pp. 109 – 127.

Brennan, Geoffrey, and Alan Hamlin. 2000. *Democratic Devices and Desires.* Cambridge: Cambridge University Press.

Burke, Edmund. [1792] 1889. "Letter to Sir Hercules Langriche. " In *The Works of the Right Honorable Edmund Burke*, Vol. 3. Boston: Little Brown.

Burke, Edmund. [1774] 1889. "Speech to the Electors of Bristol. " In *The Works of the Right Honorahle Edmund Burke.* Vol. 2. Boston: Little Brown.

Carroll, Susan J. 2002. "Representing Women: Congresswomen's Perceptions of their Representational Roles. " In *Women Transforming Congress*, ed. Cindy Simon Rosenthal. Oklahoma City: Oklahoma University Press.

Cohen, Joshua. 1989. "Deliberation and Democratic Legitimacy. " In *The Good Polity: Normative Analysis of the State*, eds. Alan Hamlin and Philip Pettit. Oxford: Basil Blackwell.

Cohen, Joshua, and Joel Rogers. 1995. "Secondary Associations and Democratic Governance. " In *Associations and Democracy*, ed. Eric Olin Wright. London: Verso.

Congressional Quarterly Weekly. 1983. "Varied Legislative Styles, Philosophies Found Among Congress' 23 Women. " 41 (April 23), pp. 784 – 785.

Connolly, William A. 1972. "On 'Interests' in Politics. " *Politics and Society* 2 (Summer), pp. 459 – 477.

Conover, Pamela Johnston. 1988. "The Role of Social Groups in Political Thinking. " *British Journal of Political Science* 18 (January), pp. 51 – 76.

Crenson, Matthew A. 1971. *The Un-Politics of Air Pollution A Study of Non-Decisionmaking in the Cities.* Baltimore: Johns Hopkins.

Crosby, Ned. 1995. "Citizen Juries: One Solution for Difficult Environmental Problems." In *Fairness and Competence in Citizen Participation*, ed. Ortwin Renn et al. Norwell, MA: Kluwer Academic.

Dahl, Robert A. 1957. "The Concept of Power." *Behavioral Science* 2 (July), pp. 201 – 215.

Dahl, Robert A. 1997. "On Deliberative Democracy." *Dissent* 44 (Summer), p. 548.

DiMarzio, Amy. 1997. "Surrogate Representatives: A Congressional Voice for Minorities." Undergraduate paper. Harvard University.

Dodson. Debra L. , et al. 1995. *Voices, Views, Votes: The Impact of Women in the* 103*rd Congress*. New Brunswick, NJ: Center for the American Woman and Politics, Rutgers University.

Downs, Anthony. 1957. *An Economic Theory of Democracy*. New York: Harper and Row.

Entman, Robert M. 1989. *Democracy Without Citizens*. New York: Oxford University Press.

Fearon, James D. 1999. "Electoral Accountability and the Control of Politicians: Selecting Good Types versus Sanctioning Poor Performance." In *Democracy, Accountability, and Representation*, ed. Adam Prezworski, Bernard Manin, and Susan C. Stokes. Cambridge: Cambridge University Press.

Fenno, Richard F. , Jr. 1978. *Home Style: House Members in their Districts*. Boston: Little, Brown.

Ferejohn, John. 1986. "Incumbent Performance and Electoral Control." *Public Choice* 50 (Fall), pp. 5 – 25.

Fiorina, Morris P. 1974. *Representatives, Roll Calls, and Constituencies*. Lexington, MA. : Lexington Books.

Fiorina, Morris P. 1977. "An Outline for a Model of Party Choice." *American Journal of Political Science* 21 (August), pp. 601 – 625.

Fiorina. Morris P. 1981. *Retrospective Voting in American National Elections.* New Haven, CT: Yale University Press.

Fishkin, James. 1991. *Democracy and Deliberation.* New Haven, CT: Yale University Press.

Fishkin, James. 1995. *The Voice of the People.* New Haven, CT: Yale University Press.

Fishkin, James. 1996. *The Dialogzce of Justice.* New Haven, CT: Yale University Press.

Friedrich, Carl J. 1937. *Constitutional Government and Politics.* New York: Harper and Bros.

Friedrich. Carl J. 1958. "On Authority." In *Authority: NOMOSI*, ed. Carl J. Friedrich. Cambridge, MA: Harvard University Press.

Friedrich, Carl J. 1963. *Man and His Government.* New York: McGraw-Hill.

Gallie, W. B. 1962. "Essentially Contested Concepts." In *The Importance of Language.* ed. Max Black. Englewood Cliffs, NJ: Prentice Hall.

Gaventa, John. 1980. *Power and Powerlessness.* Urbana: University of Illinois Press.

Goodin, Robert E. 1999. "Accountability." In *The International Encyclopedia of Elections*, ed. Richard Rose. Washington, DC: Congressional Quarterly Press.

Greif, Avner. 1993. "Contract Enforceability and Economic Institutions in Early Trade: The Maghiribi Traders' Coalition." *American Economic Review* 83 (June), pp. 525 – 548.

Gutmann, Amy, and Dennis Thompson. 1996. *Democracy and Disagreement.* Cambridge, MA: Harvard University Press.

Habermas, Jiirgen. [1968] 1971. *Knowledge and Human Interests.* Trans. Jeremy J. Shapiro. Boston: Beacon Press.

Habermas, Jiirgen. [1977] 1984. *The Theory of Communicative Ac-*

tion. Vol. I. Reason and the Rationalization of Society. Trans. Thomas McCarthy. Boston: Beacon Press.

Habermas, Jiirgen. [1984] 1990. "Justice and Solidarity: On the Discussion Concerning 'Stage 6'." Trans. Shierry Weber Nicholsen. In *The Moral Domain: Essays in the Ongoing Discussion between Philosophy and the Social Sciences*, ed. Thomas E. Wren. Cambridge, MA: MIT Press.

Herbst, Susan. 1993. *Numbered Voices.* Chicago. University of Chicago Press.

Hibbings, John R. , and Elizabeth Theiss-Morse. 2002. *Stealth Democracy.* Cambridge: Cambridge University Press.

Honig, Bonnie. 1993. *Political Theory and the Displacement of Politics.* Ithaca, NY Cornell University Press.

Jacobs, Lawrence R. , and Robert Y. Shapiro. 2000. *Politicians Don't Pander: Political Manipulation and the Loss of Democratic Responsiveness.* Chicago: University of Chicago Press.

Jackson, John E. , and David C. King. 1989. "Public Goods, Private Interests, and Representation." *American Political Science Review* 83 (December), pp. 1143 – 1164.

Key. V. O. , with Milton C. Cummings. 1961. *The Responsible Electorate.* New York. Vintage Press.

King, David, and Esther Scott. 1995. "Catastrophic Health Insurance for the Elderly." Cambridge, MA: Kennedy School of Government Case CIS-95-1278. 0.

Kingdon, John W. 1981. *Congressmen's Voting Decisions.* New York: Harper and Row.

Kingdon, John W. 1984. *Agendas, Alternatives, and Public Policies.* Boston: Little Brown.

Knight, Jack, and James Johnson. 1994. "Aggregation and Deliberation: On the Possibility of Democratic Legitimacy." *Political Theory* 22

（May），pp. 277 – 296.

Knight, Jack, and James Johnson. 1998. "What Sort of Political E-quality Does Democratic Deliberation Require?" In *Deliberative Democracy*, ed. James Bohman and William Rehg. Cambridge, MA: MIT Press.

Kuklinski, James H. , and Gary M. Segura. 1995. "Endogeneity, Exogeneity, Time, and Space in Political Representation." *Legislative Studies Quarterly* 20 (February), pp. 3 – 21.

Kymlicka, Will. 1993. "Group Representation in Canadian Politics. " In *Equity and Community: The Charter, Interest Advocacy, and Representation*, ed. E L. Siedle. Montreal: Institute for Research on Public Policy.

Latane, Bibb, and John M. Darley. 1970. *The Unresponsive Bystander*. Englewood Cliffs, NJ: Prentice – Hall.

Lively, Jack. 1975. *Democracy*. Oxford: Blackwell.

Lott, John R. 1987. "Political Cheating. " *Public Choice* 52 (2), pp. 169 – 186.

Lukes, Stephen. 1974. *Power: A Radical View*. London: Macmillian.

Manin, Bernard. 1997. *Modern Representative Government*. Cambridge: Cambridge University Press.

Manin, Bernard, Adam Prezworski, and Susan C. Stokes. 1999. "Elections and Representation. " In *Democracy, Accountability, and Representation*, ed. Adam Prezworski, Bernard Manin and Susan C. Stokes. Cambridge: Cambridge University Press.

Mansbridge, Jane. [1980] 1983. *Beyond Adversary Democracy*. Chicago: University of Chicago Press.

Mansbridge, Jane. 1999. "Should Blacks Represent Blacks and Women Represent Women? A Contingent 'Yes'. " *Journal of Politics* 61 (August), pp. 628 – 657.

Mill, John Stuart. [1859] 1974. *On Liberty*. New York: Pelican Books.

Mill, John Stuart. [1861] 1969. "Utilitarianism." In *Essays on Ethics, Religion and Society*, ed. J. M. Robson. Toronto: University of Toronto Press.

Miller, Warren E., and Donald E. Stokes. 1963. "Constituency Influence in Congress." *American Political Science Review* 57 (March), pp. 45 – 56.

Nagel, Jack H. 1975. *The Descriptive Analysis of Power*. New Haven, CT: Yale University Press.

Nagel, Jack H. 1992. "Combining Deliberation and Fair Representation in Community Health Decisions." *University of Pennsylvania Law Review* 140 (May), pp. 2101 – 2121.

Nozick, Robert. 1972. "Coercion." In *Philosophy, Politics and Society*, 4th ser., ed. Peter Laslett, W. G. Runciman, and Quentin Skinner. Cambridge: Blackwell.

Page, Benjamin I. 1978. *Choices and Echoes in Presidential Elections: Rational Man and Electoral Democracy*. Chicago: University of Chicago Press.

Page, Benjamin I. 1996. *Who Deliberates: Mass Media in Modern Democracy*. Chicago: University of Chicago Press.

Phillips, Anne. 1995. *The Politics of Presence*. Oxford: Oxford University Press.

Pitkin, Hanna Fenichel. [1967] 1972. *The Concept of Representation*. Berkeley: University of California Press.

Popkin, Samuel L. 1994. *The Reasoning Voter*. Chicago: University of Chicago Press.

Rogowski, Ronald. 1981. "Representation in Political Theory and in Law." *Ethics* 91 (April), pp. 395 – 430.

Sanders, Lynn M. 1997. "Against Deliberation." *Political Theory* 25 (June), pp. 347 – 376.

Schmitter, Philippe. 1995. "The Irony of Modern Democracy and the Viability of Efforts to Reform its Practice." In *Associations and Democracy*, ed. Joshua Cohen. New York: Verso.

Schwartz, Nancy L. 1988. *The Blue Guitar: Political Representation and Community*. Chicago: University of Chicago Press.

Stimson, James A., Michael B. Mackuen, and Roberts S. Erikson. 1995. "Dynamic Representation." *American Political Science Review* 89 (September), pp. 543 – 565.

Sunstein, Cass R. 1990. *After the Rights Revolution*. Cambridge, MA: Harvard University Press.

Swain, Carol M. 1993. Black Faces, *Black Interests: The Representation of African Americans in Congress*. Cambridge, MA: Harvard University Press.

Thomas, Sue. 1994. *How Women Legislate*. New York: Oxford University Press.

Thompson, Dennis. 1988. "Representatives in the Welfare State." In *Democracy and the Welfare State*, ed. Amy Gutman. Princeton, NJ: Princeton University Press.

Young, Iris Marion. 2000. *Inclusion and Democracy*. New York: Oxford University Press.

Wartenberg, Thomas E. 1990. *The Forms of Power: From Domination to Transformation*. Philadelphia: Temple University Press.

Weber, Max. [1922] 1978. *Economy and Society*, ed. Guenther Rothand Claus Wittich. Berkeley: University of California Press.

Weissberg, Robert. 1978. "Collective vs. Dyadic Representation in Congress." *American Political Science Review* 72 (June), pp. 535 – 547.

Williams, Melissa S. 1998. *Voice, Trust, and Memory: Marginalized Groups and the Failings of Liberal Representation*. Princeton, NJ: Princeton University Press.

Zaller, John. 1994. "Strategic Politicians, Public Opinion, and the Gulf Crisis." In *Taken By Storm: The Media, Public Opinion and U. S. Foreign Policy in the Gulf War*, ed. W. Lance Bennett and David L. Paletz. Chicago: University of Chicago Press.

四、群体代表权

延异的群体代表[*]

艾利斯·马瑞恩·杨／文　聂智琪／译

很多地方的女权运动活动家和女权主义学者都认为，几乎由男性把持的议会是不能很好地代表女性的。基于对此类主张的回应，有些国家如阿根廷，在立法上规定政党的候选名单必须包括特定比例的女性代表。[①] 即使没有这样的法律，世界上很多政党也认为，如果没有特定数量的女性代表，他们的候选名单就不具有很好的代表性，故而决定在其名单上为女性代表留下一定配额。

在美国，有关种族、族群上的少数群体的特殊代表问题，也出现了类似的讨论。某些选区或投票活动已进行相关调整，以增加非洲裔和西班牙裔美国人当选的可能性。虽然提高少数群体的特殊代表，无论其理念还是实践都面临争议，但是这一问题不可能从美国公众的视野中消失。其他很多国家也都为社会群体的特殊代表问题制定了计划，其形式包括保留特定席位，就政党候选名单予以特定的规定，以及设定特殊的投票规则。

* Iris Marion Young, "Deferring Group Representation," Nomos: *Ethnicity and Group Rights.* eds. Will Kymlicka and Ian Shapiro (New York: New York University Press, 1986), pp. 349 – 376. ——译注

我感谢琳达·阿尔科芙（Linda Alcoff）、戴维·亚历山大（David Alexander）、威尔·金里卡（will Kymlicka）和伊恩·夏皮罗（Ian Shapiro）对本文初稿的有益评论。初稿曾提交于由捷克科学院哲学所和德国埃森文化研究所举办的两次会议。我感谢让·科恩（Jean Cohen）和格特鲁德·科赫（Gertrud Koch）安排我在这些会议上发言，本文从这些会议上的讨论受益良多。——原注

① Nelida Archenti, "Political Representation and Gender Interests: The Argentine Example," paper presented at the Sixteenth World Congress of the International Political Science Association, August 1994.

在早先的文章中，我曾主张如下一种原则，即在政治决策的过程中给予那些曾受到压迫和处于弱势地位的群体以特殊代表。① 我认为，只有对于这些受过压迫和处境不利的群体，特殊代表才是必要的，因为处于支配地位的群体已经得到代表了。那些明确保证让受过压迫或处境不利的群体获得代表的程序，使那些除此不可能得到倾听的利益和视角得以表达。群体代表权还使那些处于支配地位的群体的表达和视角相对化了，这就使他们难以预先假设其提出的观点及政策的公正性与普适性。

但是，有关群体代表权的政策、建议和主张面临很多反对意见。其中有一个我发现尤其值得注意，因为它主张为了抑制支配和压迫，社会差异应该受到重视，而不应被掩盖。这种反对意见指出，群体代表权的想法预设妇女、非洲裔美国人或者毛利人拥有某种可被代表的共同属性或利益。但这往往是错误的。种族、阶级上的差异与性别差异交叉，性别、族群上的差异又与宗教差异交叉，如此等等。性别或种族群体中的个体成员所各自拥有的生活阅历，使他们之间在利益和观念上存在种种差异。群体代表权所要求的一体化过程将流动性的相关身份冻结成一个整体，会重新导致压迫性的隔离。② 群体代表权的主张还进一步认为，在利益表达以及就具体问题发表公开意见上，群体中占据支配地位的人群会压制或边缘化少数人群的观点。举个例子，如果拉丁裔美国人在美国政治中有了特殊的代表，其中主张异性恋的观点就可能主导他们的讨论和政策偏好，这显然会导致该群体中的同性恋者被边缘化。③

---

① I. M. Young, "Polity and Group Difference: A Critique of the Ideal of Universal Citizenship," in *Throwing Like a Girl and Other Essays in Feminist Philosophy and Social Theory* (Bloomington: Indiana University press, 1990); I. M. Young, *Justice and the Politics of Difference* (Princeton: Princeton University Press, 1990), Chapter 6.

② 关于这种反对意见，可参见 Anne Phillips, *Democracy and Difference* (Cambridge: Polity Press, 1993); Chantal Mouffe, "Feminism, Citizenship, and Politcs," in *The Return of the Political* (London: Verso, 1993).

③ Maria Lugones, "Purity, Impurity, and Separation," *Signs: A Journal of Women in Culture and Society* 19: 2 (Winter 1994), pp. 458 – 479.

在这篇文章中，我将对群体代表权的理念所暗含的这些问题予以考察。我的观点是，一个人如何能代表多个人，以及将那些被代表者冻结成一个整体的趋势，这些问题并不只是群体代表权才会有的，所有类型的代表都会遇到此类问题。因此，为了回应那种直觉上认为女性群体或文化上的少数群体的缺席会使决策机构有缺陷的观点，同时又为避免针对此缺陷采取的解决措施所可能带来的本质主义和边缘化后果。将政治代表的含义与功能一并予以考察，实属必要。

依我之见，认为群体代表权将一个群体冻结成一个整体的批评意见，预先设定了代表与他们的选民，是或者应该是一种同一性的关系。在对民主的解释中，视直接民主为最真实民主的主张，同样也倾向于将代表视为某种同一性的关系。而我在理论上把代表构想成另外一种关系，其中最重要的要素就是授权（authorization）和责任（accountability）。我将进一步表明，这一思考进路解决了某些人们在讨论代表时所出现的问题和悖论。

此外，我也很重视那种认为社会群体的成员通常在他们的利益和意见方面有很大差异的看法。我将介绍并详细论述一种区别于利益或意见的社会—群体视角（social-group perspective），从而为那种广泛持有的直觉判断，即社会群体能够并且应该在某些方面被代表，给出明确的阐释。最后，我将重申我的观点：被压迫和处境不利的群体需要获得特殊代表。

代表的悖论

当论及女性在政治中的参与问题时，群体代表权的问题似乎显得尤为突出。一方面，女性群体曾长期并且依旧被大范围地剥夺决策权，与此同时在社会和经济方面一直处于弱势地位。这样看，女性及其利益似乎应该在公共决策中得到代表。但另一方面，女性到处都是，她们在很多方面都存在巨大差异，以至使那种认为获得代表职位的女性能够合法地代表其他女性的观点，不免显得荒谬。

但是，所有形式的政治代表都会遇到这一问题。一个由某个选区选出的代表该选区的成员发言和行动的人，其合法性也许比一个代表女性群体的女性更有问题。美国的国会选区所包括的人数都超过 50 万。一个人如何可能代表那么多在利益、经历和需求诸方面都是极具多元化的人？某个非洲裔美国人以其他非洲裔美国人发言人的身份来行事，其合法性经常面临争议，争议的原因也是说在非洲裔美国人这一群体中，观点和经历存在很多的差异。但即使利益集团的代表也会受到此类观点的挑战。一小撮说客和官员如何能够代表其成员有着多样经历和视角的群体，比如塞拉俱乐部（the Sierra Club）[1]？

某些民主理论家断言政治代表无法与强势民主相容，他们宣称这是因为代表必定会远离他们的选民。参与政治就必须让人们自己来表达和采取行动。[2] 直接民主才是真正的民主，在那里，每个人都亲自出席并参加决策过程。在最好的情况下，代议制民主是对规模或效率的一种勉强妥协；最坏的情况下则根本就不是民主。

我认为，这种将直接民主拔高到最高点视为唯一"真正"民主的观点是错误的，政治代表不仅必要而且可欲。就其自身而言，代议制民主至少与直接民主一样民主，不过它的确是一种多少有些特殊的民主架构。鉴于全面论证这一观点本身就需要一篇文章，所以我这里只择其中的某些理由谈一谈。

代表之所以是必要的，是因为现代的社会生活网络经常将一个地方的某些人和机构的行为与其他很多地方和机构产生的后果捆绑在一起。对于所有的决策或影响人们生活的决策机构，人们不可能事必躬亲，因为人数是如此之多，且分布又是如此地分散。即使经常陷于失望的境地，人们所希望的，仍是别人会为她的处境着想并将其反映到

---

① 塞拉俱乐部是美国影响最大且人数最多的环境保护组织。——译注

② Benjamin Barber, *Strong Democracy*（Berkeley：University of California Press, 1984），pp. 145 – 146；Paul Hirst, *Representative Democracy and Its Limits*（Oxford：Polity Press, 1990）.

决策机构。①

也许有反对意见认为，这种论证预设了一个大规模的社会和政治体的存在，而这是直接民主的拥护者们所否定的。无需代表的民主必须由诸多小规模、权力分散、自给自足的单位组成。但是罗伯特·达尔给出了一系列有力的论证，证明这种对分权化的直接民主的理解，仍然无法回避代表。他指出，平等地参与政治协商，只能发生在小规模的委员会中。即使在有数百人的大会上，大多数人也只是消极的参与者，听其他人为各自立场辩护，思考一下，然后就投票。除小规模的委员会外，时间和互动方面的限制必定会产生事实上的代表。但是这种事实上的代表是任意性的。实际上直接民主常常让那些飞扬跋扈、嗓门大的人窃取政治权力，而人们其实并没有说要选择他们做代表。将正式的代表规则予以制度化，是更公平且可能更明智的做法。达尔还指出（我也认为他说的这一点是合理的），权力的腐败趋势和人类生活中无处不在的竞争，意味着小规模、分权化的政治单位将可能因为征服或者联盟而变得越来越大。一旦规模问题又回来，代表问题也将随之而来。②

政治代表不仅必然会以如上方式出现，其实作为促进协商的手段，政治代表也是可欲的。我认为，与仅仅是聚合公民私人偏好的政治活动相比，由公共讨论（其目的在于就政治问题达致最公正最明智的解决方案）所主导的民主过程更为优越。③ 通过减少讨论者的人数，代

---

① 琳达·阿尔科芙指出，一个人只能且只应为其自己代言，这种观点实际上是逃避责任。它未能注意如下事实，即人们的生活其实受到很多遥远的行动的影响，而他们当下的参与行为又会影响到其他人。参见 Linda Alcoff, "The Problem of Speaking for Others," in *Cultural Critique* (Winter 1991 – 1992), pp. 5 – 32.

② Robert Dahl, *Democracy and Its Critics* (New Haven: Yale University Press, 1989), chapter 16.

③ 这是一般意义上对协商民主的理解。参见 Joshua Cohen, "Deliberation and Democratic Legitimacy," in A. Hamlin and P. pettit, ed., *The Good Polity* (London: Basil Blackwell, 1989), pp. 7 – 34; John Dryzek, *Discursive Democracy* (Cambridge: Cambridge University Press, 1990); Iris Marion Young, "Communication and the other: Beyond Deliberative Democracy," in Seyla Benhabib, ed., *Democracy and difference* (Princeton: Princeton University Press, 1996).

表促进了此类讨论。协商模式更为重要的优势在于，一个经过审慎和公平设计的代表体制，比人人皆可自由参与的直接民主，能更好地确保那些默默无闻、处于少数地位或者弱势的参与者在讨论中发出声音。代议机构使不同群体或相隔甚远的人们走到一起进行交流，展示各自的处境和需要，将有助于他们更好地理解社会政策及其相应的后果。

不过这些观点似乎仍未使我们摆脱困境。一个人与多个人的关系问题没有解决。一个人要代表多个人，为其代言，并按他们的意愿行事，是不可能的。我们不可能找到能够超越选民多元的利益、经验及观念的唯一的共同利益，也即所谓的选民的本质属性。这种代表是无法实现的。但是代表既必要又可欲。我认为以上所说的困境是不真实的，其之所以会产生，乃是因为此种认识暗自将代表者在某种意义上等同于那些被代表者。接下来，我将分析这种暗含的预设，指出应该从延异（differance）而非同一性的角度来理解代表。

作为延异的代表

上面论及的代表难题之所以会发生，部分是因为代表关系常被暗自视为一种同一性的关系。比如，某些批评代表体制中缺乏足够比例的女性、黑人或穆斯林的人，常预设了一种"镜射式"代表观（mirror representation）。换言之，他们认为代议机构应该模仿社会实体的特征。镜射式代表观似乎还主张，与其选民共享特定属性——性别、阶级、种族、宗教，等等——的代表，足以保证那些选民被恰当地代表。

代表拥有了特定的群体属性，一个人或一个群体就得到了正当的代表，对于此种说法，不少作者都给出了正确的批评。与选民拥有这样一种同一性或相似性的关系，并没有触及到代表的行动。[1] 镜射式代表观同样遭到了我前面谈到的针对群体代表权的批判，即在社会地

---

① 这是皮特金对镜射式代表（她也称之为描述性代表）的批评。参见 Hanna Pitkin, *The Concept of Representation* （Berkeley：University of California Press，1972）；也可参见 Will Kymlicka, *Multicultural Citizenship* （Oxford：Oxford University Press，1995），chapter 7。

位方面拥有相似特征的人或者文化群体，其内部通常仍拥有非常不同的利益和观点。① 仅仅是与选民共享类似的群体属性并不能确保选民得到正当的代表。

但是，那些反对群体代表观的人同样将代表预设为一种同一性的关系。他们反对群体代表权的理由是，社会群体不能化约为一个意志的统一体或代表能够为之代言和行动的状况（condition）。这种反对意见似乎预先假定，若缺乏这种有意识的统一的群体、利益或授权，正当的代表就不能够实现。

其实我在前面已经指出，很少存在这样的代表关系，能将众多选民的联合体凝结为某种代表可为其代言和行动的共同意志或利益。当意识到选民与其自身都难以保持同一因而不可能代表这种同一性的问题时，很多人断定代表本身就是不正当的。直接民主因而被视为是唯一真正的民主，因为没有人能够代表另一个人独特的经验和利益。可见，纯粹的直接民主论同样认定，代表就是一种在代表者与选民之间的同一性关系。

现在我就要论证，这种同一性的假设如何错误地描述了政治代表的含义和功能。我建议采用雅克·德里达对在场形而上学的批判，并且借助他的延异概念来界定代表。

有关一个人与多个人的经典问题之所以发生，乃是基于一种在场的形而上学，抑或是同一性的逻辑。这种形而上学的主旨在于捕捉运动中流动的时间性和稳定状态中的变化。它从自我同一的实体这一角度来理解物质的活动，这些自我同一的实体是变化中的基础，在变化中保持原样，这种看法在有关实体的本质属性的定义中也能找到。虽然某个物质种类中的个体总是有各自不同的属性，但是它们因为共享一系列共同的特征而同属于一个类别。

这种关于在场和同一性的实体形而上学建构了一个等级式的两分

---

① 参见 Ann Phillips, *The Politics of Presence* (Oxford: Oxford University Press, 1995); Rian Voet, "Political Representation and Quotas: Hannah Pitkin's Concept (s) of Representation in the Context of Feminist Politics," *Acta Politica* (1992 – 1994), pp. 389 – 403。

法。其中一种被划分为物质的本原（它构成时间流变中的根基），另一种则是派生出的补充物。这种在实体与事件、原因与结果、在场与缺席之间的等级式划分，将体验到的差异分成两极并将之固定化。这种两分法的目的在于将第二极还原为第一极。

德里达对在场形而上学的批判还指向了某种对语言以及主体与世界间关系的传统看法。这种看法赋予声音也就是口头语以优先地位，将其视为语词意义的本原。此种哲学暗含了让主体直接、真实地呈现给谈话中的听众的意义。依此传统之见，书面语是一种补充性的、疏远了的语言形式。虽然有形符号的目的就是表达话语的真实含义，但是根据这种看法，书面语总是一种可怜的替代品，一种不在场的，含混的派生物。①

德里达提出"延异"这一术语来表达经验及语言的运用。延异有两层含义："差异"与"延迟"。当在场形而上学因致力于将多个化约为一个同一性而产生反向性（polarity）时，从延异的角度思考实体，则使它们仍保持多元的状态，而并没有要求它们的集合体变成一个共同的同一性。根据它们在差异化关系中的位置，事物确定其存在，符号获取其意义。事物之间是不同一的相似，和非对立的差异，端赖于运动中的参照点和瞬间。

这样，根据延异概念的第二个方面，最好把实存和意义视为在时空间隔中的游戏。诸如实体与事件、原因与结果、在场与缺席或实存与符号这样的二元对立，将真实的存在置于一个本原中，该本原发生于更早的一个时刻，而目前的运动则是其派生性的复制品。德里达建议用"踪迹"（trace）这一术语来重新思考这样的对立，也就是一种将过去与未来沟通起来的时间化运动。这种谈话中的瞬间，这种山之生命中的瞬间，带着孕育它的关系的历史踪迹，其当前的趋势又在预

---

① Jacques Derrida, *Of Grammatology* (Baltimore: Johns Hopkins University Press, 1974).

示着未来的关系。①

　　德里达自己就将他对实体与事件、符号与所指之间关系的传统论述的批判与政治代表的问题联系起来。符号于是被看成是一种延迟了的在场。不管是口头的还是书面的符号（货币符号、选举的代表或者政治上的代表），符号的运动都延迟了与事物本身相遇的瞬间，在这一瞬间，我们可以控制它，消耗或扩展它，触碰它，看着它，对它有一种在场的直觉。②

　　我认为，很多对政治代表的讨论，都秉持如下一种对于代表功能的理解，因而同样预设了一种在场形而上学或者同一性的逻辑。代表被假定为把握并代表了"人民的意志"。理想上，"人民"在一个原初的在场性时刻集会，表达他们的意志，并选择某个人来代表这一意志。在这种原初的时刻，多个人变成了一个人。代议机构之所以必要，乃是因为政治体规模巨大，需要由一个协商者们组成的管理机构，在一个大多数人都不在场的中心地点来进行决策。代表的责任就是，代替选民出场，在他们不在场的时候表达他们的意愿。他的话语和行动只是结果，其原因则存于人民原初的意志之中。根据这种模式，代表永远是派生性的，次要的，有距离的，含混的和可疑的。"真正的"民主就在于，"人民"面对面的聚集在一起，在彼此都在场的时候为他们自己做出决定。正当的代表就是试图再现这种原初性的决策时刻。

　　当然，我正在建构的这种对于政治代表的想象，我认为正是以民主的理由拒斥代表（也就是指责代表不可能将多个人变成一个人）的基础。这是一个神话，认为存在一个真正民主的、人民都在场的时刻，这种神话妨碍了我们对政治代表的规范性思考。不同于将代表看作某

---

　　① 我对延异的阐述主要来源于德里达的文章（Derrida, *Speech and Phenomena and Other Essays in Husserl's Theory of Signs*, *Evanston*, Ⅲ.: Northwestern University Press, 1973）。毫无疑问，那些熟悉德里达哲学的人会认为我对延异的论述太简单，那些不熟的人又可能觉得太抽象。我的目的不是要阐释德里达的思想，而是对其借用并予以可能的转换，我相信这些概念有助于我更好地描述政治代表的功能。

　　② Derrida, "difference." 还可参见 Derrida's essay, "Sendings: On Representation," translated by Peter and Mary Ann Caws, *Social Research* 49 (Summer 1982), pp. 294–326。

种同一性的关系（其中的代表者代表了一个统一起来的选民意志），我主张将代表视为一种差异关系（differentiated relationship）。

这种代表观首先意味着在代表与选民之间存在一种差异，一种间隔。当然，没有人能够代替作为复数形态的其他人，并以这种身份发言。

代表的代言（speak for）功能不应该与同一性的要求相混淆，后者是指代表言选民之所欲言（speak as），设法在选民不在场的情况下为他们出场。

其次，作为差异关系的代表意味着不存在代表应该仅将其作为结果来表达的原初性"人民意志"。因为选区里面的选民之间就存在差异，代表其实没有可兹代表或参考的关于意见或利益的实体或本质，而传统的看法认为代表的工作就是将这种实体或本质描述出来，并为之奔走呼告。

最后，将代表视为一种差异关系，鼓励我们的思维方向从实体转向过程。代表问题中要紧的，既不是代表者的属性，也不是选民的属性。代表是否准确地描绘出一个本原性的意志或本质，也不是要紧的。相反，代表是一种包含选民与代表者两方面的过程，而且规范的政治理论能对此过程的民主特征予以评价，下一部分我会对此详加阐述。在对代表的经典研究中，汉娜·皮特金反对从代表的身份而非代表的行为来理解代表的倾向。将代表视为一种过程而非实体的看法，与她的看法是一致的。①

皮特金还探讨了这样一种争论，即代表应该只是表达来自选民的指令，还是反之保持自己的自主性，并根据他对共同利益的合理推断来采取行动。她指出，无论是将代表视为代理人（delegate）的观点，还是将之看作是受托人（trustee）的观点，都是不全面的，代表的功能毋宁是这两方面都包括。将代表视为一种差异关系，有助于进一步揭示代表如何以及为什么兼具代理人和受托人两种角色。代表与选民

---

① Hanna Pitkin, *The Concept of Representation* (Berkeley: University of California Press, 1972).

是分离的，他们在一个选民不在场的地方，与其他的代表们进行讨论并做出决策。即使选民能就某个指令达成一致，在远离他们的环境里却可能出现使指令变得不相关的新问题，以致代表别无选择，只能按他认为最佳的方式行事。而如果代表自认为或者被认为是纯粹的受托人，那他与选民之间的关系就是断裂的，代表的功能就无从说起了。作为差异关系的代表，带来了一种在代理人和受托人两种角色之间的移动辩证法。

代表的关系：授权与负责

我已经指出，很多政治理论与实践都是潜在地从一种在场形而上学的角度来看待代表的。这种观点错误地将代表的功能看作是把缺席者的声音呈现出来，言他们之所欲言，行他们之所欲行。从延异角度思考的代表，强调的是一种时间性，也即代表是一个过程，而非一个替代性的身份。① 代表是一种在选民和代表之间的延迟性关系，在授权、代表和负责三个时刻之间移动。我现在将对代表过程中这三个时刻逐一进行详细阐述，并着重考察这个过程中每一个时刻是在哪里印上其他两个时刻的踪迹的。

此外，授权、代表和负责在三种意义上表现出了延异。首先，它们存在于与选民存在差异的代表之间的流动中，也存在于彼此不同的选民之间的流动中。第二，在代表活动中，决定性的指令总是被暂时地延迟。最后，授权与负责之间的关系意味着这样一种辩证法，其中选民和代表都对对方的判断予以尊重。

代表"人民的意志"的理想假定，"人民"的存在优先于（也独立于）代表的过程，是代表行动的起始动因。这一理想同样假定，这个人民能够形成一个共同的意志，并将其托付给代表。但是这一想象

---

① Claude Lefort, *The Political Forms of Modern Society* (Oxford: Oxford University Press, 1986), pp. 305 – 325; Chantal Mouffe, "Democratic Citizenship and the Political Community," in *The Return of the Political* (London: Verso, 1993), pp. 74 – 90.

对无法作为一个统一体而存在且自己不能亲自出席的选民的多元性视而不见。大多数需要代表的场合，要么是选区的规模大，要么是选区内选民各自的活动极为分散，要么是选区的界定和边界暧昧不清，以至不可能会有这样一个过程，其中选区内的全体选民会在某个时刻达致一个集体性的意志。

尽管如此，民主代表仍需要一个在选民和代表之间建立关系的授权过程。在授权过程中，选民能预知未来的代表时刻，这种预期也使分散的选民结成一种相互关联的关系。不存在优先于代表活动的选区，也不存在能够形成一个原初性统一体并将之托付给派生出来的代表的人民。如若不是制定政治决策（该决策将由对人民负责的人通过公共程序来制定）的需要，"人民"也许就不会为了形成一个公共意见和观点的基础而相互找寻对方了。[1]

在授权过程中，选民根据问题来组织自身，人民认为或者希望这些问题由代议机构来解决。理想上，这个过程要包括对问题进行广泛深入的公共讨论，以及选民们自己就决策的议程，代表应该采取的行动和选择谁来做代表这些问题展开公开的讨论和争辩。这种讨论会随着时间的变化而变化，因此确切的授权时刻总是被延迟。这个过程虽以达致一致意见为目标，但总是向未来的争议开放，因而一致也总是被延迟。授权要满足民主的标准，就应该包括公平和公开的联接选民和代表之间关系的选举规则。但同样重要的是，民主性的代表还应该包括对问题进行讨论的结构化过程，其中要允许选民旁听，他们的呼声也要被听到。如果制度允许甚至鼓励广泛的参与性讨论，它们或多或少都具有一定的民主性。但是，在代议制民主中，政策的制定延迟到了代表那里。

在这一过程中，理想的代表活动应该包括回忆和预期。代表应该使自身的言行与选民保持适当的联系。但是代表绝非仅仅是之前存在于人民意志中的原因的一个结果。相反，代表的活动带有或者应该带

---

[1] Brian Seitz, *The Trace of Political Representation* (Albany: State University of New York Press, 1995), especially chapters 4 and 5.

有授权活动（有关讨论和决策的）的踪迹。同时，代表的行动还应该考虑到在未来的某个时刻，选民将会要求她就其过去的言行给出解释，并承担责任。

代表的行动既要往回追溯到授权活动，也要往前指向负责的时刻。虽然代表被授权采取行动，但他的判断总处于一种待检验的状态。他根据授权采取的行动是否有问题，取决于未来的某个时间，那时他将为自己的行动承担责任。如果选民发现他的行为或判断有误，他必须尊重选民的评判。

因此，第三个时刻，也就是负责阶段，与其他两个同等重要。在向代表问责的过程中，选民们再一次聚集在一起，修正自己，并展开新的辩论和碰撞。这种新意见的形成也许带有授权活动的踪迹，但是也加入了新的元素，因为选民不知道问题是如何进入代议机构的，那里又会提出什么样的见解。问责以及被要求给出解释的预期，能够规制选民和代表的行为，使他们维持双方之间的联系。

在当今大多数的民主国家，负责的时刻要比授权的时刻微弱。甚至更令人忧心的是，对很多代表而言，连任的压力是促其负责的唯一方式。除了授权程序，强势民主还要求借助某些活动和程序来实现选民对代表的问责。如若没有强势的问责活动，代表自己就能履行好代表的职责，选民在授权活动结束后就不需再有所作为了。虽然这种问责的活动应该带有授权的踪迹，但是授权活动自身也应该受制于对问责活动的预期。依此方式理解，起源也就不存在，那种做出判断的决定性时刻也不存在。制度性的问责手段，除了选举，还包括公民审查委员会，对执行情况的监督，以及政策制定后官方定期主办的参与式听证会。

我把代表的功能描述为选民与代表之间的一种流动过程，这种流动处于授权与负责的循环中。这种看法有一种规范的维度，因为它表达了某种评价民主程度的标准。民主不是一件要么全有要么什么都不是的事物，又纯粹又真实的民主观（与之相比的其他所有理念似乎都黯然失色）只是一种梦想。相反，正如弗兰克·坎宁安所说的，民主

是一件程度之物。① 代表活动或多或少都带有民主性。对代表活动的
规范性评价，应当看它促成选民参与讨论的程度，建立了多少促进参
与者的政策影响力而不仅仅是数量上的政治平等的公平投票程序，以
及拥有多少独立的问责机制。

代表方式

代表不应该被视为他（她）所代表的那些人的替代物。我讲过，我
们也不应该认为代表能够或者应该表达和扮演某个统一起来的选民意
志。代表可以既不代表其他任何一个人的身份，也不代表一个选区的集
体性身份。在代表与选民之间必然存在差异和分隔，这种差异和分隔的
确会让我们怀疑选民对政策结果的影响方式和程度到底如何。但是在现
代政治中，代表既必要又可欲。对于参与式民主和激进民主论者而言，
不应像前面所说的那样一味地贬低代表，而应该去评价代表过程中的授
权和负责活动在多大程度上存在，其独立的程度如何，以及这些授权和
负责机制在多大程度上促使选民积极广泛地参与了民意的塑造。

我认为，另外一个测量民主程度的方式，是看人们是否能通过授
权与负责的关系与几个甚至很多的代表联系起来。那种认为代表应该
以某种方式等同于选民的预设，实际上提出了一个不可能实现的要求，
即只有一个人的所有相关方面都在政治过程中发出声音，才能说他被
代表了。因为没有代表能够代表所有选民的个性的所有方面，所以主
张每个人只能代表他自己的直接民主，被误认为是唯一真实的民主。
代表必定与选民存在差异，而一种民主是好是坏，取决于如何调适好
那些不同立场之间的关系。通过多元的代表方式和场域，民主也能够
得到加强。政治代表制度代表不了人们的个性，应该代表的毋宁是一
个人的生活经验、身份或者实践方面的情况，在这些方面，她（他）
与其他人会拥有某些相似之处。社会上潜在地存在很多这样的方面或

---

① Frank Cunningham, *Democratic Theory and Socialism* (Cambridge：cambricdge University Press，1987)，chapter 3.

者是亲缘性群体。就一个人被代表的方式而言，这里我建议区分三种一般性的方式：对利益、意见和视角（perspective）的代表。在某种特定的政治环境中，一个人可以被多种方式代表。这里尤其是要讲清楚代表视角到底意指何物，因为这将为给予被压迫的或处于弱势地位的社会群体以特殊代表的观点提供新的论辩基础。

当我说我在政治活动中被代表了，到底是什么意思？对于这一问题，可以给出很多可能的回答，但是我认为其中的三种回答是最为重要的。首先，当我认为某人追求的东西恰好符合我自己的利益，并且我还与其他人共享这些利益，那么可以说我认为自己被代表了。其次，对我而言，重要的是政治讨论中要能听到原则、价值观和优先权（priority）的理念，这些因素在我看来应该主导政治决策。最后，我感到自己被代表了，还可能因为，至少某些就政策展开的讨论和投票活动能够理解和表达我的社会经验，这种经验是基于我所属的社会群体的地位以及社会群体之间在历史上的关系的。鉴于利益和意见在政治理论中已被讨论了很多，我仅对其作简要阐述。我更多的注意力将集中于代表视角这一方面，因为这一理念不太为人熟悉。

利益。我将利益界定为对一个人的生活前景或对一个组织获取成功显得重要（或者说对其造成影响）的事物。一个行动者，无论是个体性的还是集体性的，就其实现自己设定的目标所必需的抑或可欲的东西而言，他（她）或者他们都会拥有某种利益。这些利益包括物质上的资源和运用相关资源的能力，比如文化表达、政治上的影响力和经济上的决策权力，等等。我这里将利益理解为自我指涉的并且不同于理念、原则和价值观。理念、原则和价值观可以帮助一个人设定他的目标，而利益指涉的是取得那些目标的手段。

无论是一个行动者的内部还是不同行动者之间，利益都可能并且常常是相互冲突的。当多个行动者都需要资源来完成多种目标时，他们可能会发现某些他们所需要的资源相对稀缺。有时，一个行动者为实现自己的特定目标所需采取的手段，会直接阻碍另外一个行动者获取其目标所需东西的能力。但是指出如下一点也很重要，即利益之间并不一定相互冲突。社会上对不同目标的追求，以及便于这些追求的政治架构，并不一定会呈现出零和博弈的结构。

在政治实践中，对利益的代表很常见，而且有关利益代表的理论也许比任何其他一种代表方式都要多。这里我并不想回顾有关利益集团和他们获取政治影响力的手段的全部文献。我这里只想指出，人们那些能够服务于他们自身利益的政策施加政治影响力的自由，以及为了获取政治影响力而与其他拥有相似利益的人组织起来的自由，是沟通式民主中自由联合过程的一部分。

意见。我将意见界定为一个人持有的原则、价值观和有关优先权的理念，它们影响、约束他对应该追求什么样的优先权和目标这一问题的判断。这是安妮·菲利普斯称之为"观念的政治"[1] 所探讨的主要领域，这种观念的政治也是当代的多元主义讨论中的焦点。比如，罗尔斯最近对政治自由主义的原则及其问题的探讨，就是集中于：现代社会多元观念和信仰的存在；这些多元的观念和信仰如何正当地影响政治生活；持有不同信仰和观念的人们又如何维持一个有效运转的政体。[2] 我所说的"意见"，意指任何一种有关事物是什么和应该是什么的判断或信仰，以及以此为基础的政治判断。意见可以是宗教性的，或者是来源于宗教方面的理由，又或者是植根于一种关于社会实践历史的文化上的世界观。它们也可能根源于某种学科或知识体制，正如政治意见可能来源于新古典经济学的特定前提，又或者是植根于诸如自由主义或激进生态学（radical ecology）这样的一系列规范性原则。我对于大多数人的政治意见都来源于一种单一的"完备性学说"（comprehensive doctrine）的看法表示怀疑，我倒认为大多数人对社会或政治问题做出的判断乃是依据于某些在更广范围

① Ann Phillips, *The Politics of Presence* (Oxford: Oxford University Press, 1995).

② John Rawls, *Political Liberalism* (New York: Columbia University Press, 1993). 但是我这里使用的"意见"这个词，并不一定是指像罗尔斯所说的"完备性学说"这样全涉性和基础性的事物，这部分是因为我怀疑现代社会的大多数人所持有的道德及政治判断受到单一完备性学说的支配。参见 I. M. Young, "Rawls's Political Liberalism," *Journal of Political Philosophy* 3: 2 (June 1995), pp. 181-190。

内适用（如果不是在所有情况下都适用）的价值观、优先权理念或原则。意见之间当然有争论，而且某些意见还常常显得比其他意见更为有力。但是，沟通式民主要求在以政策制定为导向的讨论中确保意见的自由表达和争论，以及对意见的广泛代表。

就意见代表而言，政党是最为常见的工具。通常情况下，政党提出的计划不是在表达某些特殊选民的利益，而是根据其自身通常宣称代表的原则、价值和优先权理念来看待时下的政治问题。然而，更小规模的或者更特殊化的组织，是能够而且的确经常代表了公共生活中的意见，进而影响公共政策。传统的利益集团理论将这些组织视为另外一种利益集团，在大多数情况下，这种不加区分的做法并无大碍。但是，我认为在一般意义上将如下两种组织区分开来，依然重要：一种是为工具主义利益所驱动的政治组织，另一种是基于对信仰和价值的承诺而形成的政治组织。前一种组织的动机是自私的，即使这种自私是为了某个群体，而后者经常认为自己是公正的甚至是利他主义的。

视角。社会视角意指人们基于他们结构性的社会地位对问题和事件予以阐释的方式。结构性的社会地位起因于社会中存在的群体差异及集体性的属性——诸如年龄、性别、种族、族群、种姓、宗教、身体素质，以及某些社会中注重的健康状况甚至是性取向等，这种属性对于人们互动的方式或他们自身所处的地位有着文化和实践上的意义。在这些社会行为之间构成的结构性关系中，至少有一种使人们相互区分开来。在大多数的社会，这些群体性的差异导致了某些声望、权力或者资源获取上的社会不平等。不同群体之间的结构性关系，有很多表现为一方面有特权另一方面受压迫或处于弱势处境的关系。

有一种精致的理论将这种种的社会结构描述为对个体的"定位"。个体的行动者发现他们被安置于一个社会关系（这些社会关系复杂多变，且随特定的社会历史进程而改变）网络中的某个与他人相关的位置。① 当代美国社会把我定位为一位女性，白人，盎格鲁人，以及专业人员等等。我发现不经我的选择自己就被另外的因素以某些方式定位了，这些因素意味着一些特殊的规范以及与他人相关的地位。我们中的任何一个人都会发现，身处现代社会的我们其实都以多种方式被定位了。其他有些人也与我处于类似的位置，我和他们会有相似的目标，这也意味着我和特定的一些人有着相似的关系。通过对行为施以约束以及对收益和负担进行分配，社会性的定位深深地影响了人们的生活。但是，认为结构性的定位形成了人们的身份，却是错误的。虽然我的生活受到了我是一个女性这样的社会定位的影响，但是这一点几乎没有就"我是谁"这一问题给出任何说法。② 在我们的行为以及自我的建构过程中，我们中的每一个人都要对社会性的定位采取某种态度，这种社会性的定位既赋予又限制了我们在社会上的潜力，他人看待我们的方式，我们看待他人的方式，指导我们有意和无意的互动的社会规范，以及我们可能有也可能没有的正式的官方身份。但"我是谁"却是我自己的独特历史和积极地同影响我生活的社会定位的多重面相进行互动的结果。这样，我们就可以说，同属于比如女性或者某种肤色的人群中的成员，在一个特定的社会里有着类似的位置，但是这并不意味着她们可以被归为一个共同的身份。

社会中所处的相似位置，会使某些人对某种特殊的社会意义和关系较为适应，而其他一些人则不然。甚至有时候不同处境的人都不知道对方的存在。基于各自的社会位置，人们对社会事件及其后果的认识各有差异。由于人们的社会位置在一定程度上来源于他们自己与其他人的相互建构，处于不同位置的人们对行为、事件、规则和结构的

① Diana Fuss, *Essentially Speaking: Feminism, Nature, and Difference* (London: Routledge, 1989), chapter 1; Bill Martin, *Matrix and Line: Derrida and the Possibilities of postmodern Social Theory* (Albany: State University of New York Press, 1992), pp. 149–160.

② 我详细讨论过社会集体性这一概念，它将社会上被定位了的集体的成员身份与群体身份区别开来。参见 "Gender as Seriality: Thinking about Women as a Social Collective," in *Signs: A Journal of Women in Culture and Society* 19: 3 (1994), pp. 713–738。

意义会有不同的解释，虽然这些解释并不一定相互冲突。因此，结构性的社会位置产生出与位置相关的特殊经验，以及对社会事件及其后果的特定认知。

社会视角指的便是这种根源于社会位置的经验、历史和社会知识。代表一种社会视角，就意味着以一种结构性的特殊方式带着与那些社会位置相关的经验和知识来参与公共讨论与决策。我认为，代表一种利益或意见通常都是为了在决策过程中实现某种特定的结果。而代表一种社会视角通常意味着提升讨论的起点。从一个特殊的社会视角出发，代表提出特定的问题，展示特定的经验，回忆特殊的历史故事，抑或是表达一种特定的看待他人处境的方式。这些都非常有助于将决策过程中不同的人包容进来，使人们关注所建议的政策对不同群体的效果。不过，表达视角通常并不意味着要就最终结果得出一个结论。

我之所以要引入社会视角以及代表社会视角这样的理念，就是为了着手批判本文开始介绍过的那种群体代表观。我希望我们保持这样的直觉判断，即基于性别、种族、民族、宗教、能力甚至性取向等因素而形成的社会群体，在对政治问题的感受和表达上，会有某些特殊的方式。不过，我认为应该认真对待如下主张，即不能通过一系列的共同利益来界定这样的群体，其成员也无法就指导政治讨论和决策的原则、价值观达成一致意见。比如，在美国的非洲裔美国人，其内部存在大量不同的甚至是相互冲突的利益，所服膺的政治意识形态和观点也是各有不同。基于此种理由，在政治生活中对非洲裔美国人的代表不可能意味着代表一套特殊的利益或意见。但是我希望保留这样一种直觉判断，即非洲裔美国人仍有理由宣称他们应该在美国的政治生活中得到特殊的代表。我相信在一个历史上有过种族主义现象的社会里，非洲裔美国人所处的结构性位置，以及因此种历史和位置而来的特殊的社会及文化后果，使他们对社会的运行拥有特殊的经验背景和知识，这种背景和知识又进而使他们能发现某些其他人可能考虑不到的争端、问题或事件。

在五十多年的时间里，对于匹兹堡市和美国其他地方的非洲裔美国人而言，《匹兹堡快报》一直都是一份重要的报纸。我认为这份报纸很好地解释了视角与利益、意见这二者之间的差异。每个星期这份报纸的版面上都会报道很多事件和争议，这些事件和争议展现了匹兹堡和其他地方的非洲裔美国人的利益多元性，其中某些利益之间甚至是不可调和。而且，在评论版发表的社论，从右翼自由主义到左翼社会主义、从经济分立主义到自由融合主义，其范围可谓广泛之至。尽管存在如此多样化的利益和观点，我们却不难看出《匹兹堡快报》是如何在表达非洲裔美国人的视角。其所讨论的大多数事件，都是以非洲裔美国人为主角，事件发生的地点和机构，也多半有非洲裔美国人参与其中，要不然也是与他们有着特殊的关系。每当报纸讨论在当地或全国发生的与非洲裔美国人并无特别关联的事件，也通常都会提出独特的问题或者指出特别的关键所在，而这些都是由那些与非洲裔美国人有着更为特殊关联的问题和经验所特别激发出来的。

也许有人会反对说，非洲裔美国人的视角或者女性的视角这样的观念，与利益代表或意见代表一样会受到批判。难道说谈论一种本土美国人的视角不是与谈论一种本土美国人的利益一样是一种不恰当的化约？事实上是这样的。每个人都有他或她自己不可化约的给予其独特的社会知识和视角的历史。但是我认为，我们必须避免由这一事实得出这样一种个人主义的判断，即认为任何有关结构性的社会定位和群体性经验的说法都是错误的或者逻辑不自洽的。得出以下判断显然是有意义的，即没有专长的工人阶级因为他们在职业结构里所处的位置，其劣势和机会都是可以预见的。视角的说法就是要捕捉这种基于群体性定位的经验感，但视角本身并不意味着要具体指出某种一致性的内容。由与其他结构性位置的关系以及有着非意图后果的社会过程所造成的社会定位，只是提供了某种用以解释特定社会事件和问题的背景和视角，它们本身并没有给出解释。因此你可以看见不同的人虽有着类似的社会视角，但是对同一问题也会给出不同的解释。视角是一种看待社会事件的路径，它制约但并不决定一个人能看到什么。

我将利益、意见和视角视为人身上能够被代表的三个重要方面。

三者中没有一个可以化约为某个人或某个群体的身份，但是每一个都是一个人的一个方面。而且我不说这三者穷尽了人们可以被代表的方式，有充分理由断定还存在其他可能的代表方式。但是我发现，对于我们在当代政治中所讨论的代表方式以及就那些指责群体代表权存在概念和实践上的问题的说法所作出的回应而言，这三种代表方式尤其重要。

人身上这三个方面的任何一个都不能化约为其他两个方面。它们在如下意义上是逻辑独立的，即一个人不可能从一个普遍的社会视角得出一套利益或意见。在个人的生活中也许可以解释，被某种特定方式予以社会定位，为何会导使一个人提出一套特定的目标或价值观。但是这种存在于利益、意见和视角之间的联系只能发生在个体的层次。

而且，与利益或意见不同，社会视角之间不太容易被想象成是相互冲突的。放在一起时，它们通常并不是相互排斥，而毋宁是各自提出了额外的问题，丰富了已有的社会知识。不过，视角之间看上去却常常是不可通约的。根据那些已是八十多岁的老人的视角对战后美国给出的看法，其所使用的语言和暗含的预设，都不可能与那些二十来岁的年轻人的视角一样。

对群体代表权新的辩护

我们现在又回到本文开始提出的那个问题。倡导包容性民主（inclusive democracy）的人面临某种两难困境。一方面，在几乎每一个社会里，都能够从很多维度观察到处于弱势地位的社会群体没有得到足够的代表。所有地方的女性都没有得到充分代表，某些种族、族群或宗教群体常常缺乏重要的政治影响力，穷人和工人阶级亦是如此。很多人都认为这种未获充分代表的现象是错误的，这导致他们呼吁建立一系列对被排斥群体予以特殊代表的机制。

但另一方面，推行群体代表权的措施似乎意味着被代表的群体拥有或者应该拥有一套共同的利益或意见。这种利益或意见的统一体几乎从不存在，这一事实看上去又意味着对社会群体的代表是不可能的。代表社会群体的视角这一理念，加上将代表视为一种差异关系而非某种同一性或替代物的论辩，主旨就是要使民主理论摆脱这一两难的境况。一个结构性的社会群体并不是在代表时刻之前就以某种统一体（这个统一体拥有一套清晰的指导代表行动的利益和意见）的状态而存在。相反，正是对代表的授权机制，激发了社会群体的成员，就他们对问题所采取的视角予以相互讨论，或许还激发了他们阐明其社会定位。代表一个社会群体，主要就在于代表该群体成员由其结构性的社会定位而来的视角。视角更多关注的是问题、预设和特殊的经验，而非答案或结论。

因此，一种新的为受压迫或处境不利的社会群体的特殊代表提供的辩护就是这样的：包容性民主意味着政体内的每一种结构性的社会群体的视角都应得到代表。每种视角都要有代表，并非仅是基于政治公平的理由，还因为它最大化了达致公平、明智的决策所需的社会知识。在那些由特权群体和弱势群体组成的社会里，程序自由主义的政治运作一般都会导致特权群体的视角支配政治讨论和政策制定。因此，民主的包容性要求有特殊的措施来实现对受压迫和处境不利群体的代表。确保对多元视角的代表，让社会上那些特殊的经验能够表达出来，并使那些被预先假定为标准、中立的支配性视角相对化。

这一辩护是否意味着处于少数或弱势地位的群体的利益或意见应该得到特殊的代表？在决定将同样的推理运用于利益和意见代表之前，我们应该注意这二者与视角之间的区别。社会视角起源于广泛的社会结构，这一结构以相似的方式对很多人予以定位，无论他们自己是否喜欢这种定位。这使得视角比某些利益和意见显得更为基本。人们有时可以同众多的他者共享某些利益和意见，有时利益和意见又带有极强的个人色彩。很多利益和意见都是自愿形成和组织起来的，在一个特定的社会里，其潜在的数量非常之大。

但是利益、意见这二者与视角之间的主要差异却在于，某些宣称的利益或意见可能是不好的或不正当的，而社会视角本身是不会不正当的。比如，在一个白人拥有特权的社会，白人的社会视角通常都不正当地支配了很多公共讨论，它应该由那些在种族主义主导下的社会结构中处于不同位置的人们的社会视角来平衡并加以稀释。但是白人的视角本身并不是错误的或者不正当的。当然在另一方面，主张对所有有色人种实行强制性种族隔离的白人优越论者，其意见并不具有正当性。在一个自由的社会里，像这样的一小撮人所持有的意见，也许应该允许其表达，但是并没有义务仅因为这些意见在观念市场中所处的不利地位就对其提供任何特殊的支持。

一般来说，言论自由和结社自由的原则支配着利益和意见的代表。每个人都应该拥有言论和结社的自由，以实现宣传自己的目的。每个人都应该拥有自由结社权，以促进其特定的利益。言论自由与结社自由，这两种自由权利的行使都应该受到如下规则的限制，即其他人也应拥有相同的自由，且对他人造成不当伤害的行为应该予以禁止。当然，对于这种禁止伤害的原则的具体内容，简直是众说纷纭，在此我也无意卷入此种争论。关键是，大体上言论和结社自由的最大化应该成为指导利益和意见代表的普遍原则。

不过，某些批评利益集团自由主义的论者正确地指出，在一个由某些利益和意见掌握更大资源优势的经济体制里，不受限制的表达自由和结社自由会导致明显的不公平。就此而言，为旨在确保视角代表的特殊措施所作的某些辩护，同样也可用来支持为确保政治讨论中利益或意见的代表而采取的特殊措施。政治平等要求媒体关注那些掌握较少资源的群体，或者限制更富有的群体在公共事务上的影响力。而且，正如乔舒亚·科恩（Joshua Cohen）和乔尔·罗杰斯（Joel Rogers）所指出的，一个公平的利益集团的代表制度，应该对那些拥有正当利益但资源很少的人予以资助，以增强其组织能力。①

对沉默或被排斥的视角予以特殊代表的原则应该如何实施呢？限于篇幅，这里只能对这一重要的问题予以简要回答。在我先前对群体

---

① Joshua Cohen and Joel Rogers, "Secondary Associations and Democratic Goernance," *Politics and Society* 20：4（December 1992），pp. 393－472.

代表权的研究中，我主张对受压迫和处境不利的群体提供资源以使其组织起来，让其拥有特殊的代表席位，并使他们对某些将最直接地影响该群体成员生活的问题拥有否决权。这是对视角代表所暗含的要求的一种强势阐释。我并不是要收回这一立场，此刻我只是将其先搁置，在这里我将考虑另外一些不那么强势的旨在促进对社会视角的政治包容的实践策略。

很多关注群体代表权的论者和政策制定者都指望通过划分议会选区或设计投票程序来实现目的。我认为，通过划分代表的选区界限来增加代表性不足的社会视角的被代表的可能性，这种做法并没有错。但正如拉尼·吉尼尔（Lani Guinier）和其他人所指出的，我们几乎不可能划出一个同质性的选区，而且按群体进行选区划分会不当地割裂选区。因此，我同意她和其他人的看法，即在投票安排中运用多种形式的比例代表制，也许是将选择、公平这二者与最大化对社会视角的代表的期望结合起来的最佳方式。①

重要的是要意识到立法机构并非唯一的其成员是根据代表的规则而被选上的政府机构。一个更加民主的代议制政府将包括多个层次的为议程设置服务的机构，这些机构有被选举的，有被任命的，还有志愿性机构——如咨询委员会、行政审查委员会和立法审查委员会。在这些机构里，有可能对那些特殊的社会群体的视角给予特别代表，若无此种特别代表措施，这些视角也许就无法在政策制定和审查活动中出现。比如，在那场最终导致1990年通过俄勒冈州卫生保健资源分配计划的公民讨论中，如果对那些受压迫或处境不利的群体的特殊代表问题予以更多的关注，参加公民讨论的群体也许就不会带有如此多的

---

① Lani Guinier, "The Representation of Minority Interests: The Question of Single-Member Districs," *Cardozo Law Review* 14 (1993), pp. 1135 – 1174; "No Two Seats: The Elusive Quest for Political Equality," *Virginia Law Review* 77: 8 (November 1991), pp. 1413 – 1514. 还可参见 Center for Voting and Democracy, *Voting Democracy Report*, Washington, D. C., 1995。

白人、中产阶级和高等教育的色彩了。①

最后一点，构成代表功能的授权与负责这两个过程，不应该视为只存在于官方政府机构。市民社会中自由联合的生活对于利益和意见的形成和表达是如何的重要，这一点我已经讨论过。对于社会视角的整合与表达，市民社会同样是一个重要的领域。深化民主，就意味着要极力促进人们根据他们认为重要的无论是利益、意见还是视角这些方面来自愿结社。对受压迫或处境不利群体的特别代表原则也适用于市民社会，所用的方式就是通过资助以促进这些群体的成员组织起来，并将他们与政策制定的过程联系起来。比如，为确保移民群体的视角在政策制定过程中的代表，荷兰政府支持移民群体组织起来，并定期与他们进行磋商。②

我早已指出，担心群体代表权必定意味着该群体内的所有成员都拥有同样的利益的看法，其实预设了代表者必须代表群体中的每一个人抑或是以某种方式将该群体统一起来。我认为，将代表视为一种差异关系（其中主要包括授权与负责两种时刻），有助于祛除此种同一性的逻辑。而且，对由性别、种族、民族、阶级、年龄等因素塑造的社会地位的代表，应该被视为主要是对视角而非利益或意见的代表。代表一种社会视角，就是将某些类型的经验、问题和情感带到讨论中，而不是就政策的结果给出确定的断言。因此，代表视角要比代表利益或意见更少一元化的特征，一种特殊的视角还可以与多种利益和意见兼容。确保那些除此就不可能被代表的视角得到代表的特殊机制，使公平和社会知识都实现最大化。

---

① Michael J. Garland and Romana Hasraen, "Community Responsibility and the Development of Oregon's Health Care Priorities," *Business and Professional Ethics Journal* 9：3 and 4 （Fall 1990）, pp. 183 – 200.

② Yasemin Nohglu Saysal, *Limits of Citizenship*：*Migrants and Postnational Membership in Europe* （Chicago：University of Chicago Press, 1994）, chapter 6.

民主与代表：或者更确切地说，为何"我们的代表是谁"如此重要？*

安妮·菲利普斯／文　屈从文、聂智琪／译　聂智琪／校

　　尽管所有有关女性在政治事务中的统计数据一直在告诉世人她们的代表性不足这一令人郁闷的故事，但直到现在，女性的代表性不足才被广泛认为是一个问题，为数不少的政党也已经采取措施提高女性当选的比例。这个问题引起讨论本身就是一个重要的转变。更引人注目的是，各种激活机制（enabling devices）（比如说旨在鼓励潜在的女性候选人的业余学校），连同那些为确保男女平等而对少数群体予以支持的措施，日益得到人们的支持。北欧国家的政党在这方面走在了前面，他们从 20 世纪 70 年代中期起就开始在议员选举中引入性别配额制。扫视一下整个欧洲就可以发现一系列类似的发展，如今，采取积极行动增加女性的当选比例现已提上人们的政治议程，它已成为政治家们争执不休的一个话题。

　　其实，在某些方面，政治实践者已走在了理论家的前面。相对于政治学家，政党政治家们显然更有可能承认女性的代表性不足的问题，尽管他们在所支持的具体措施方面存在很深的分歧，但他们中的绝大多数至少都会对如此少的女性当选表示哪怕是半心半意的"遗憾"。政党竞争的压力在他们的肩上并不轻。在一个选民越来越多变的时代，他们承受不起因轻视竞争对手可能用来改变选举优势的议题所带来的代价。正如挪威政治中出现的相互竞争导致的一系列叠加效应那样，社会主义左翼政党于 20 世纪 70 年代首先采用性别配额；紧接着在 20

　　* Anne Phillips, "Democracy and Representation: Or, Why Should It Matter Who Our Representatives Are?" *Feminism and Politics*. （Oxford: Oxford University, 1998）, pp. 224 – 240. ——译注

世纪 80 年代工党和中间政党推出了类似的举措；同时保守党的女性候
选人也得到了大幅度的增加（Skjeie 1991）。此后是德国绿党在 1986
年的选举中决定在名单上轮流推出女性和男性候选人所带来的冲击，
这个小党（不过当时也正在快速发展）的威胁，促使基督教民主党采
纳自愿配额制，社会民主党则转而采用正式配额制（Chapman 1993：
Ch. 9）。之后另一个让人惊喜的共识来自于英国的主要政党（至少包
括中央层级的），它们赞成进一步提高女性候选人的比例（Lovenduski
and Norris 1989）。如果没有来自政党内部的有力推动，以上变化都不
会发生，这些运动在那些政党已经开始关注自身选举吸引力的地方被
证明是非常有效的。

这种实用主义驱动的转变在政治科学界遭到了更为顽强的抵制，
包括从质疑"性别会影响政策决定"的判断缺乏证据，到反感其规范
论证中所暗含的那些思想。女性在政治中的代表性不足在某种意义上
只是一个经验上的事实：她们在当选的议员者中所占的比例与其在全
体选民中的比例并不一致。但那些当选者的特征可能与其选民的特征
存在各种各样的差异，而这并不总被视为与民主相关。在一篇被广泛
引用的关于代表的文章中，A. 菲利普斯·格瑞福斯（Phillips Griffiths
1960：190）提出，一些差异可以被认为是具有积极意义的。我们通常
不会认为疯子的利益最好是由疯子来代表，而且，"我们也许会去抱
怨工人阶级在议会中没有足够的代表数额，也不会去抱怨诸如笨蛋或
罪犯这些规模不小的群体在议会中的代表太少——我们希望的结果恰
恰相反"。女性主义者或许也会发现类似的主张没什么说服力，特别
是当我们回忆起数十年前女性被归入儿童以及精神病人一类而被剥夺
投票权的历史。但是一般性的观点还是存在。关于特定人群代表性不
足的经验事实的确立，本身并不构成对他们实行平等或比例代表的规
范性辩护。它可能提醒我们存在公然将特定人群排斥在外的歧视形式，
但这依然不构成激进变革的基础。

菲利普斯·格瑞福斯论点的当代版本采用的是一种声名狼藉的
"滑坡谬误"（slippery slope）的论证方式：如果采取措施确保女性在

选举中达到一定比例来实现平等代表权，为什么不可以也应用到同性恋、领取养老金者、失业者、有蓝眼睛和红头发的人们身上？尽管这种反问通常是带有故意开玩笑的意图，但此类问题往往与更为严肃的关于代表的研究合在一起，后者认为描述性（descriptive）或镜像（mirror）代表观只是对直接民主的一种怀旧因而不值一提。在她有影响力的作品《代表的概念》（*The Concept of Representation*）中，汉娜·皮特金（Pitkin 1967：80）认为，描述性代表观在两种人中最为普遍：将代议民主看作是一个可怜的次优方案的人以及据此找寻更为"精确"或逼真的代表形式用以模拟古代公民大会的人。但是她指出，代表是要采取行动的，而一种不涉及对所制定的政策承担责任的代表制度有什么意义呢？此外，将太多的注意力放在"谁是我们的代表"上，可能使我们忽视了更为紧要的即"代表实际上做了什么"这一问题。"将议会想象为一种逼真的代表形式或者是整个国家的代表性样本，你将几乎肯定是专注于它的构成而不是它的行为。"（Pitkin 1967：226）在皮特金喜欢的代表理论中，代表的行动以及行动之后发生的事情才是最为紧要的，而不是代表表面上的特征和行动之前的情况。代表"意味着要以一种对被代表者予以回应的方式为他们谋取利益"（Pitkin 1967：226）。公正的代表并不能事先得以确保，它是在一个持续的过程中取得的，这一过程取决于代表对选民的回应程度（程度具体为何还不太确定）。代表也许甚至几乎肯定地会与他们所代表的人有差异，这不仅仅体现在他们的社会和性别特征上，还存在于他们对选民的"真正"利益的理解上。驱使代表的是对回应性的要求。虽然不一定要有一个持续不断的回应行为，但是必须要有一个使得回应性能够实现的持续性条件，即一个能使回应的意愿成为可能的条件（Pitkin 1967：233）。

激进主义者也许会质疑这种方案使代表拥有过多的独立判断和行动的空间，但他们的批判方向对呼吁性别平等的观点并没有提供多少支持。他们中间的最激进者会嘲笑那些对政治精英的构成身份过于关注的改革者，他们也许还会对曾经令人激动不已的民主女权运动已经雄心不再，只孜孜于这样有限的目标而表示出某种沮丧。另外一些人虽然将更多的关注投向那些致力于增加目前国家议会的代表性的改革，但是他们仍偏好能降低当选个人的重要性的负责机制。从直接民主向代议制民主的转变，使重点从"政治家是谁"转向了"他们代表了什么（政策、偏好、观念）"，在这一过程中，"向选民负责"成为了首要的关注。我们可能对于参与政府的行动不再抱有很高期望，但至少我们可以要求我们的政治家履行对我们的承诺。这样，代议制的质量就被认为是依赖于更严格的将政治家与其声称要代表的观点更紧密的联系起来的负责机制。这一机制成功的地方在于他们减少单个代表的自由裁量权和自主权，其中，这些代表究竟是男是女，他们似乎也不认为有多重要。

比如看一下由美国民主党人在 20 世纪 70 年代早期引入的以便增强他们的全国代表大会（该会议在决定总统候选人的问题上承担关键责任）在党内的代表性的指导方针。对 1968 年那次看上去不太民主的全国代表大会的沮丧情绪，推动了一个关于政党结构和代表选举的委员会的成立，该委员会建议党员在代表的选举中要有更广泛的参与，同时引入配额方面的规则，以增加女性、黑人和青年在代表中的比例。结果，1972 年的全国代表大会的构成在对这些群体的"描述性"代表上较之先前任何一届大会都有显著增加：40% 的代表是女性，15% 是黑人以及 21% 是 18 到 30 岁的青年。但这一改革存在潜在的矛盾，因为他们既寻求增加普通党员在代表选举中的参与，又要将代表与普通党员的偏好更紧密地联系在一起，同时还试图确保产生更多的按照年龄、性别和种族来选择的描述性代表。正如一位委员会成员，奥斯汀·兰尼（Ranney 1982：196）后来提到的，前两个倡议的成功削弱了第三个的重要性。到 1980 年，绝大多数的代表是在政党初选中产生的，这就约束了他们的选票必须指向某个特定的候选人，结果他们变得无足轻重了，他们所做的只是将那些已经表达了的偏好予以登记罢了。"如果是这样，"兰尼说，"那么，谁是代表就真的没什么关系。"愈是强调负责，谁承担代表工作就愈发无足轻重。

　　虽然那些推动性别配额运动的人们已经在政党政治家那里取得了某些成功，但在立场坚定的代议制理论家那里几乎没有取得什么进展。我在此处的关注点放在后者身上，我将重点讨论那些更为激进的有关男女平等①的要求，而不是更为温和的仅要求更多女性被选上的主张，虽然这对我而言是一个巨大的挑战。这反映了我对于自己的一种也许幼稚的自信：在认真考虑过此事的人当中，没有人将当下男女之间的平衡视为一种公平的代表程序。在女性缺乏代表权最甚之时（比如到1987英国下院也只是将女性的比例提高到了5%以上），男性只需换位思考就能感觉到这种民主体制的缺陷。在一个女性以19比1占据优势的政治代议制体系中，男性又会作何感想？对这样一种明显的性别不平等现象，欲为其合理性辩护的人必须变得巧舌如簧且顽冥不化。不过最近的一些动议将这一代价大大提高了，这些动议坚持将积极行动作为有效改变的前提，并以50%对50%的均衡比例，或任何一个性别至少要占40%以上的比例为目标。这种更为激进的立场是如何展开论证的？他们与现有的关于责任和代表的传统观点的关系又是如何？

　　主张提高女性当选代表比例的人大致可以归为四类。他们分别是：关注成功的女性政治家充当的行为榜样的作用；呼吁在男女之间适用正义的原则；指出女性存在可能被忽略的特定利益；主张在代表和参与之间架起沟通桥梁以复兴民主。在我看来，最不令人感兴趣的是关注行为榜样的观点。当更多的女性候选人当选，她们的例子被认为有助于提高女性的自尊，鼓舞其他女性追随她们的脚步，摒弃有关男女适合做什么的成见。对此主张我不予置评，因为从本质上讲，它对于政治学本身并没有特别的价值。正面的行为榜样当然是有益的，但我想讨论那些与民主和代表问题有着更直接关联的观点。

　　在导言的最后一部分，我要指出的是，尽管我这里仅仅关注有关

---

　　①　我这里使用的"平等"（parity）一词，指的是当选的男女之间在比例上的大致平等。我对这个词的使用不应混同于最近由欧洲委员会提出的所谓的"平等民主"（parity democracy）的主张。对与此相关的研究文献的批判性评论，可参见奥茨胡恩（Outshoorn 1993）。

论证的一般性观点，但还是存在"正当目标如何才能最有效地实现"这样次一级的问题。对配额机制以及其他此类保障的强调，甚至会激起那些同样要求实现女性的政治平等的人的强烈抵制，虽然其中一些人的话由于智识或政治上的不诚实而不可全信，但大部分人是因为对在特定语境下如何推行可行的实践方案有着不同的判断。一个可能的抵制理由是，在现实中找不到足够的女性候选人，这也是一些政党宣称在具体的实践方面所遇到的困难。有些抵制则依赖于对积极行动表示反对的更一般性的论证；有些反映的是性别和阶级之间依旧没有缓解的紧张；有些体现了政治论证中所惯常遇见的问题，即用来实现某一可欲目标的手段可能会损害其他同样可欲的目标。限于篇幅，我不能详细讨论这些次一级的问题，我只想提醒，我们不能仅从一般性的关于目标的结论直接推出具体的操作方案。但如果男女平等被认为是重要的，而现存的制度被认为是妨碍了这一目标，那么这就构成对积极行动的有效辩护。

对男女平等的辩护：正义的理由

关于男女平等最有力的主张之一就是以正义为名义：即由男性垄断代表权显然是不公平的。如果不存在将特定族群排斥在政治生活之外的障碍，那么我们应该可以预期政治影响力的分布在性别及构成社会的所有族群内部将是随机的。可能会存在一些小的和无关紧要的偏离，但任何政治职位分配上的严重扭曲都证明存在蓄意或结构性的歧视（Philips 1991）。在这种情况下（也是大多数的情形！），女性被剥夺了男性所拥有的权利和机会。这是对积极行动的初步辩护。

关于这种主张有三个方面要言明。一个是它需要将目前男女在职位上的分布情况牢牢地界定为不平等的和"不自然"的。试想一想政治中类似的年轻人和年迈者缺乏代表的问题。大多数人接受这样的事实，将其视为一种正常和自然的生命周期中的一个部分，年轻人没有时间参与常规性的政治事务，而年迈者已经奉献了他们的担当；且由于原则上每个人都有人到中年的机会，这种缺乏代表的现象并没有让我们感到特别的不公平。当然，对这些特殊观点或经验的"排斥"或许是个问题。但无论人们对此有多么担忧，他们很少会争论说要对超过 70 岁者和小于 25 岁者实行比例代表。[①] 女性的处境看起来更为不公平，因为女性终其一生都将处于缺乏代表的境地，但任何一个关心目前男女工作上的分布状况的人都可能将其视为一个类似的案例。一个女人的生命周期中通常包含一个漫长的照顾孩子的阶段，而且还包括另一段同样漫长的照顾渐渐衰老的父母的时光。因此，很少出现女性候选人，或者很少有女性当选就没什么可奇怪的了。同样，这里存在特殊经验和认识没有得到充分代表的问题，但基于这是特定的生命周期中非常自然的现象，因而也就与平等或正义无关。

虽然我认为以上对比并没有多少说服力，但我的确发现，在女性主义者中间有一种分析在将男女工作上的差异界定为"不自然"和不公正的时候犯了类似的毛病。这种分析只有与一般性的对于平等权利和机会的论证结合在一起，方能转换成对政治领域中的男女平等的特定辩护。如果不能做到这一点，它仅仅是在谈论那些公然将女性排斥在政治职位之外的歧视现象，而不能得出任何更为有力的结论。正义原则的确要求我们去消除歧视（这一点已经暗含于正义观之中），但是对女性在政治中的平等代表的辩护则有赖于发现其他更多的导致这种结构性歧视的因素。女性主义者要做到这一点，其实不会有多大的困难。如此，这第一个方面有助于阐明在将一种有关女性缺乏代表的描述转换成对这一现象的不公正性的分析时所要注意的问题。

第二和第三个方面的内部更成问题，牵涉到将代表视为一种政治行动的看法。如果我们将女性在政治领域中代表不足的问题看作类似于她们在管理或专业技术领域中代表不足的问题，我们似乎是主张包括政治在内的所有职业都应该平等地对女性开放。在每一个领域，都存在令人困扰的男女不平等现象，都必须采取积极行动加以改变。这

---

① 有一些政党提出要为年轻人提供配额，正如我自己举的 1972 年民主党全国代表大会的例子。但是一旦触及议员候选人的资格，很少人会为 25 岁以下的年轻人的缺乏而担忧。

种观点诉诸我们的正义感，但这违背了另一种同样重要的观念，即成为一个政治家绝不仅仅是一种工作而已。"职业政治家"依旧毫无疑义地是一个被滥用了的词；然而，无论该词在描述人们在政治中的行为方面是多么的贴切，它都没能触及到我们的政治理想。如果政治职务已然被简化为另一种讨人喜欢的有特权的职位，那么就可以基于正义的理由得出这样明确无误的结论，即这种职务应该向女性平等地开放。然而，大多数民主主义者都倾向于反对这种看待政治职务的方式。因此，虽然男性没有"权利"垄断政治职务，但是将女性的政治平等要求立基于女性在一个有趣的工作上的平等权利之上，显然不太能令人满意。

一个替代性的，也是更有希望的设想是，将女性在议会中的代表不足问题看成类似于她们在加入政党或参加政治会议上的参与不足问题，继而将女性在成为当选代表上的平等权利视为平等的政治参与权利中的一个部分。这就提供了一个理论上更让人满意的基础，因为参与的平等是判别民主制度的一个标准，而特定社会群体的低参与通常被认为是一个政治问题（Verba，Nie and Kim 1978；Parry，Moyser and Day 1992）。这并不是说每个人都必须对政治活动抱以同等程度的痴迷：对政治的兴趣是不均衡分布的，正如同对体育或爵士乐的兴趣一样。但当这种分布太过于与阶级、性别或族群的分布一致的时候，政治参与必定是不平等的，结果，政治影响力的分布也会不平衡。在不同社会群体之间保持大致平等的原则已暗含于我们关于参与的观念之中，而且对此原则的明显偏离被视为是一种政治上的失败。一旦性别被认为是造成不平等的一个相关因素，那很容易由此主张在女性和男性之间寻求平等的参与。

然而，当将其应用到代表问题上的时候，这种观点似乎在宣扬一种尚需证实的看法：代表就是参与的另一个方面，对其的评判应适用同样的标准。然而许多民主理论家恰恰是从相反的角度来展开论证的，他们很多对直接民主或参与式民主的批判正是奠基于代表与参与之间的区别之上。参与意味着行动，而行动往往是少数人的事务。正是将参与的要求设定为一个不可能实现的高度，主张参与式民主的理论家们被认为是在推动一种"非代表的"和不平等的政治，因为大多数公民虽然偶尔会光临投票站，但是很少有人愿意或能够持续性地参与，这样权力就会落入那些最喜欢政治的人手中。代议制民主宣称，通过免除对人们必须亲力亲为的要求，这一难题得到了解决。只要在投票行为上存在最低限度的平等，那么代表权就可以说是平等的，我们不需要额外地使自己承担政治方面的辛苦工作。

人们在到场上的平等已然暗含于参与的观念中，这种到场大致反映了构成社会的各种群体。但是在代表的观念中却未必有这种含义，代表更有可能是为对克服这一令人困扰的情况而被建构起来的。当然这两个概念之间是有联系的，因为一个为人们在开会、压力群体和政党方面提供真正平等的参与机会的社会，几乎肯定会在当选的人中间实现同样的平等。但从原则上讲，这两者是各自独立的，因为代议制民主在将自己与参与式民主分开的同时，已然意味着不同于那种将亲自出席视为政治平等的前提的理念。比如，代议制民主宣称要通过赋予我们每个人平等的投票权来代表劳资双方的竞争性利益，据说这样会鼓励各种为我们不同的利益代言的政党的出现。但是代议制民主并没有说一定要在议会里面使工人身份的代表达到一定比例：工人虽然应该被平等地代表，但是代表不一定要是工人。可见，当我们能够轻易地借助于对民主的现有理解来为女性的平等参与呼吁时，为当选代表上的性别平等作辩护则需诉诸于其他更多的理由。

也许我们要做的是转换论证的思路，追问在能力或经验方面拥有"自然"的优越的男性，究竟有何依据可以宣称自己有权利掌控议会？举证的责任便转给了男性，他们必须要么证明在理解问题、进行决策上存在确实的性别差异（即男性能够做得更好），要么表明存在某些来源于社会层面的优势使得他们拥有更高水平的政治技能。但这两种论证方式看上去都特别没有说服力：前者从来没有找到切实的证据；后者如果是由于结构性歧视所导致的，也不具有正当性。因为不存在可以为现状辩护的正当理由，所以从反面讲，这就意味着可以从正义的角度为男女平等辩护了。但是这里仍遗留一个棘手的问题，即这样的论证方式忽视了，对于一种政治行动意义上的代表而言，什么才是它的真正特质？当民主变得要广泛代表各种特殊的政策、计划或观念时，就给我们留下来一个问号：为什么代表的性别特征才是重要的？

对男女平等的辩护：女性的利益

第二种为男女平等的辩护角度是基于利益，这种利益在其他情况下不会得到很好的代表：这是一种政治现实主义的论证方式。在现代民族国家的异质性社会结构里，不存在显而易见的"公共利益"，而是存在多种不同的和具有潜在冲突的利益，这些利益必须去辨明和审核。但是我们的代表也只是人而已，他们不能假装自己会比那些被代表者拥有更宽宏大量的心灵。也许他们中间有利他主义者，但是依此作为我们宪政安排的理据，实为不智之举。柏拉图用来排除私人利益的干扰的方法（比如护卫者阶级不能有自己的财产或者家庭）是失败的，所以我们必须寻找其他限制暴政倾向的方法，其中大多数都牵涉到给予所有利益以正当的表达机会。

其实这也是詹姆斯·密尔为代议制政府和延伸出的授权进行辩护的理由，虽然广为人知的是他将此论证与如下主张结合了起来：在可能提出要求的名单中，女性会"很容易地被排除掉"，因为她们的利益被认为已经被她们的父亲或丈夫的利益包含了。（他还认为我们同样可能会排除掉40岁以下年轻人的表达利益的机会。）看上去这种为增加女性政治代表所做的论证，部分意义上是对一个女性主义者的观点的再现和扩展。女性在社会上占据了一个与众不同的位置：比如她们主要从事的是低收入职业；她们还承担了照顾他人这样毫无报酬可言的主要责任。从这种独特的女性经验生发出特殊的需求、利益和观点，这些在男性主导的政治中难以得到充分的关注。平等的投票权不足以解决这个问题，还必须在当选代表上实现男女平等。

凭直觉判断，这种论证并没有错。它采用的是已被广泛接受的我们对民主的理解，并且将其运用于女性处境上。但是如果进一步想想，这种从女性的利益或观点着手的论证似乎要仰赖于三个条件：女性有着作为女性而言的独特利益；这种利益不能通过男性得到充分的代表；女性的当选能确保这种代表的实现。正如性别配额制的批评者所指出的，每一个条件都很容易受到挑战。女性至少拥有某些不同于男性甚至与其冲突的利益，这种看法较容易理解（我们能找到这样的合适例子），但是这远远不足以推出所有女性将共享一系列特定的利益。如果对女性利益的判断是基于女性就她们的优先性和目标所做的表达，那么女性之间肯定会在这上面产生很多分歧，虽然有民意调查显示在男女之间存在"性别差异"，但是近些年来有更为引人注目的发现表明，男女在投票行为上有趋同之势。也许认为女性拥有独特利益的看法有其他的价值，如果将其理解为某种潜在的仍没有被注意到的"事实"的话，但这种论证方式诉诸令人不齿的"虚假意识"，这是大多数女性主义者想要避免的。事实上预设一种界限分明的不分阶级和国家的"女性利益"，是近来女性主义遭致批评的原因之一，而对女性群体内部的多元差异的揭示，打击了那种对女性拥有的利益和观念采取更为整体式理解的视角（例如参见 Mohanty 1993）。如果不存在清晰的、一致同意的和可辨识的"女性利益"，代表主要是男性这一点真的要紧吗？

上述反驳看上去很有力，其实它并没有严重削弱要求男女平等的主张，毋宁说加强了后者。这里可以看下埃德蒙·柏克对利益的非常古怪的理解，他认为利益反映的是"一种客观的、非个人化的和独立的实在"，能够被任何一位足够有能力和诚实的人所代表（Pitkin 1967：168）。这种看法虽然古怪，也揭示了部分的真理。利益越固定、越明确、越容易界定，由谁来当代表就越不重要。所以如果任何一位聪明的观察者都能轻易识别出女性的利益所在，坚持代表本身也要由女性充当，除了预设代表与被代表者之间的长期信赖关系，这一点就难获得特别的支持了。我们也许会认为男性不会很积极地去表达女性的利益和关注，但是如果我们大家都已知道女性的利益所在，也就很容易判别该利益是否被很好地代表了。然而，如果利益是多样化的，不确定的，甚或仍处于形成的过程，就很难说"要代表的东西"与"由谁来代表"两者之间没有内在的关联。如果无法确切地界定利益，或者政治议程的设置并没有指向特定的领域，又或者在制定恰当政策上需要更多新鲜的思想，人们将面临更为棘手的问题。就此而言，正是在界定女性利益上有难度，才使得争取代表由更多的女性担任这一主张有了更多的正当理由。

第三个条件就更有问题了。更多女性的当选就能确保她们的利益得到代表么？同样，这一次从直觉上看，增加女性代表的人数似乎有可能改变政治的实践和重点考虑的事项，引导人们更多地关注女性承担了如养儿育女这样的事务，或者确保女性在职业市场上的弱势地位受到更多的关注。那些改变议会中性别比例的国家的相关经验部分地证实了这种直觉。但是当我们说到"政治代表"时，到底是意指什么呢？选举活动通常是根据地理意义上的选区来组织的，有些选区可能是特定族群或宗教群体的聚集地，有些则是特定社会阶级占主导，但不可能会出现女性或男性群体聚集的选区。选举一般在中间政党中角逐，其中每个政党推出的候选人都要代表本党的政策、纲领和目标。那在何种意义上我们可以说通过此过程当选的女性代表额外承担了代表女性利益的责任？在责任机制尚未建立的情况下，将"更多女性代表的当选"等同于"对女性利益更充分的代表"的做法，其民主性看上去令人怀疑。被选上的女性代表如何能知道选举她的女性选民想要什么？她们根据什么权利宣称对女性负有责任？

虽然在既有文献中很少被提及，但是从女性利益角度展开的辩护暗示了代表自身有着很大的自主性：即当前他们的确有这样的自主性，而且暗含了以后还应继续享有自主性。女性被排除于政治之外，之所以被认为是一件要紧事，恰恰是因为政治家们并没有遵守原先承诺的政策和目标。正如任何一位政治观察家所知道的，政策制定不可能在政党纲领之前就提前安排好，因为新的问题和事情会连同未预料到的制约因素一起出现，而且接下来对这些因素的诠释及优先性的权衡，使得谁是代表成为至为重要的事情。女性主义者对此深有体会，她们曾费尽精力和时间争取社会对男女平等的承诺，却被排除在最后的决策议程之外。当在做最终的决策时，如果女性代表严重不足，就会而且确已造成了严重的后果。某种意义上也是基于此，女性主义者才将注意力从政策承诺方面的细节转到决策群体本身的性别构成。政治经验告诉我们，如果议会里面都是或者绝大多数是男性，的确在判断女性的利益、优先考虑和关切的事情上做得不是很好，而试图通过原先达成的计划来支撑自己的判断，其效果也极为有限。在这里，政治现实主义的考虑极为必要。代表确实有很大的自主性，而这正是"谁是代表"这一问题显得重要的原因。

指出这一点是很有意义的，因为它揭示了目前女性主义者与激进民主论者在重点关切点上的差异。激进民主论者不信任官员拥有的任意裁量权和他们集中权力的方式，通常试图采取能够迫使官员更严格地遵守承诺和分散过于集中的权力的措施来遏制此种倾向。第二种措施一般是女性主义者支持的：女性主义通常赞成将政治与本地的距离拉近；女性也常常是很积极地参与地方和社区的事务。但是当女性主义者坚持认为代表的性别属性是很重要的，她们对第一种措施的态度则更为矛盾。例如，限制对代表的授权使代表变成了光荣的信使，这样所有的重点就放在了选民要传递的信息本身的内容上，谁是信使也就无关紧要了。通过对代表的性别问题的争辩，女性主义质疑的恰恰是这种版本的民主负责机制。

最后，从女性利益的角度展开的辩护其本身并不能使女性获得平等或相应比例的代表的做法具有正当性。在最近一个有关加拿大群体代表权的讨论中，威尔·金里卡（Kymlicka 1993）在如下两种主张之间做了一个很好的区分：一个是对平等或相应比例代表的呼吁（女性、印第安土著或说法语的加拿大人在任何一个议会里的代表数都要符合该群体整体上在国民人口中所占的比例）；一个是对特定群体设定某种比例的代表数的辩护（特定群体的代表数达到一个必要值以确保每个群体的声音都能得到充分的表达）。如果某群体在人数上属于较小的少数民族，其代表在议会中的比例也许应大于其在整个人口中的比例；而如果某个群体在整个人口中占了一半，其代表所占的比例可能要降低很多。若按这种思路，就有理由赋予像印第安人这样少数群体更多的代表数，相反女性代表在议会中的比例就要少于其在人口中所占的比例。这不是说女性代表的比例必须正式地限定在25%或30%，而是说为了改变政治议程，女性群体并不需要有比这更多的代表。正是从正义的角度展开的辩护最有可能导向那种严格的平等观，而基于女性利益的论证未必会得出如此强势的结论。

对男女平等的辩护：朝向一个复兴的民主

这第三种论证方式没有得到很好的展开，我这里主要从解决某些上面提及的问题的角度对其予以讨论。从将从政视为同其他任何一种工作一样的职业和拒斥一切为男性支配提供正当基础的理由这两方面来看，从正义角度展开的辩护还是很有道理的。从女性利益展开的辩护如果是导向某种比例而非一定是平等比例的代表数，也是有说服力的，不过最好将其理解为对男性代表很少履行他们之前达成的承诺这一现象采取的一种现实主义的批判。虽然这些辩护都很有道理，但是总体上看并不是女性主义者最想要的那种辩护方式：它们对民主的理解过于贫乏，因而无法支撑起女性主义者所有的抱负。而且它们还没有解决常常萦绕人们心中的一个热切关切：如何控制刚愎自用的官员。除了女性应该在政治职业上获得平等的机会（这本身是一个非常充足的理由，但是本质上与民主无关）这一辩护理由，我们只能在认为代表的性别属性会影响其具体行为的情况下认定代表是男是女这一点很重要。这样说来，我们似乎削弱了代表在遵守政党纲领上的责任。我们要说的是，我们希望我们的代表比他们在竞选过程中许下的承诺做得更多，或者去做承诺以外的事。

例如，经常有人希望女性政治家采取跨政党的合作方式以结成联盟，敦促提高育婴方面的条件，改变有关堕胎的法律。在她的有关挪威议员的研究中，海格·沙耶（Skjeie 1991）列举了不少这样的立法动议，但是她发现最终指导女性政治家投票的还是她们的政党方针。如果我们对此表示惊讶或者失望，那必定是因为我们以为女性政治家的增多会挑战政党制度的主导地位或者根据政党来投票的传统。对于这样的结论，那些认为更为严格的政党纪律对严肃的讨论和辩论造成了伤害的人会非常高兴。但是在缺乏其他替代性的磋商或负责机制的情况下，这种结论意味着代表可以做任何他们决定做的事情。

我认为要使这种主张有意义，必须仰赖另外一种暗含于大多数女性主义者秉持的观点中的前设性判断，即坚信改变现今议会中的性别构成，只是更广泛地增进和提高民主的计划的一种体现而已。当对于男女平等的辩护脱离了这一思路，就只能更多地依赖基于政治现实主义的论证方式。虽然这些论证方式就其本身而言是很有力的，但是它们忽视了某些关键的问题。从完善民主的角度所展开的论证，则常常揭示出一个更为远大的计划，比如通过扩展决策性议会的范围来分散权力，改变参与民主之间的平衡。

这里我们也许可以设想一些更多的有关女性政治的典型建议：使用公共论坛，比如将其作为一种在地方社区与女性磋商的方式；将报告发往涉及女性的部门或有关女性的会议；或者只是鼓励女性政治家投入非凡的精力去履行她们视为在代表女性方面所应承担的责任。即使在那些对政党政治很投入的人（很多女性故意选择不涉入其中，而是选择参加较为不固定化的女性运动）的眼里，政党也常常被视为不足以承担代表的职责。比如在 20 世纪 80 年代的英国，地方政府的架构中出现了很多女性委员会（常常还伴随着一系列更加左翼的劳工委员会），这些委员会广泛利用增选机制或公共论坛作为政党之外的与女性磋商的方式。你可能会将这视为针对女性当前的代表不足现象的暂时性的弥补措施，但是这种看法并不是很在理。更为普遍的是，那些与女性委员会的发展有关的人将这些补充性的磋商和参与机制看作是常设性的且到处都值得推荐，即使在未来或许女性已占据一半议席的情况下，也是如此。涉入这些机制的女性质疑那种只强调政党是实现代表的手段的观点，她们探索能够让女性的要求得到更好表达的互补性（有时候也会相互冲突）措施。

我认为对于政治领域中实现男女平等的辩护应该放在这个更广泛的语境中来理解，从这个角度讲，它证实了汉娜·皮特金的直觉。对"描述性"代表或"镜像"代表的辩护与突出民主的参与特征的论证的确越走越近；那些关心女性在政治中代表不足的人也确实依靠补充性的用以磋商、负责和参与的机制来弥补我们偶尔投票的不足。我们不需要用这些额外的理由来为增加女性代表的措施作辩护；从正义或利益的角度展开的辩护就足以为实质性的改变提供依据。但是作为一系列涉及民主和代表的意义更为深远的问题，对男女平等的辩护只有与更为远大的梦想联系在一起，才是最不可挑战的。

参考文献

Chapman, Jenny. 1993. *Politics, Feminism, and the Reformation of Gender* London: Routledge.

Grofman, B., Lijphart, A., Mckay, R. B., Scarrow, H. A. eds. 1982. *Representation and Redistricting Issues*. Lexington, Mass.: D. C. Heath and Co.

Kymlicka, Will. 1993. Group Representation in Canadian Politics." Paper prepared for IRPP project on "Communities, the Chart and Interest Advocacy".

Lovenduski, Joni and Norris, Pippa. 1989. "selecting Women Candidates: Obstacles to the Feminisation of the House of Commons." *European Journal of Political Research* 17, pp. 533 – 563.

Mohanty, Chandra. 1993. "Feminist Encounters: Locating the Politics of Experience." in Michele Barrett and Anne Phillips eds., *Destabilizing theory: Contemporary Feminist Debates* (Cambridge: Polity Press), pp. 74 – 92.

Outshoorn, Joyce. 1993. "Parity Democracy: A Critical Look at a 'New'

Strategy" paper prepared for workshop on "Citizenship and Plurality", European Consortium for Political Research, Leiden.

Parry, Geraint, Moyser, George, and Day, Neil. 1992. *Political Participation and Democracy in Britain.* Cambridge: Cambridge University Press.

Phillips, Anne. 1991. *Engendering Democracy.* Cambridge: Polity Press.

Phillips Griffiths, A. 1960. "How Can One Person Represent Another?" *Aristotelian Society*, Supplementary Vol. xxxiv, pp. 187 – 208.

Pitkin, Hanna F. 1967. *The Concept of Representation.* Berkeley: University of California Press.

Ranney, Austin. 1982. "Comments on Representation Within the Political Party System," in Grofman *et al.* (1982), pp. 193 – 197.

Skjeie, Hege. 1991. "The Rhetoric of Difference: On Women's Inclusion into Political Elites", *Politics and Society*, 19/2, pp. 233 – 263.

Verba, Sidney, Nie, Norman H. , and Kim, Jae-on. 1978. *Participation and Political Equality: A Seven National Comparison* (Cambridge: Cambridge University Press).

应该由黑人来代表黑人，女性来代表女性吗？视情况而定*

简·曼斯布里奇／文　聂智琪／译

　　至少有四种情况，为了发挥四种不同的功能，弱势群体可能希望由描述性代表（descriptive representatives）来代表自己。这些代表的出身背景反映了其在经历和外部特征上归属于某一群体。根据这种代表模式的两种功能——在不信任的语境下实现充分的沟通；在利益尚未明确化（uncrystallized）也就是没有完全清晰表达出来的语境下进行创新性的思考——描述性代表通过提升协商的质量促进了对利益的实质性代表。而基于另外两种功能——在某群体的统治能力受到严重质疑的历史语境下为其构建"有能力统治"的社会意义；在过去对某群体实行过歧视的语境下增强政体的实际合法性——描述性代表使我们获得了实质性代表之外的好处。

　　在群体不信任、未明确化的利益、暗示缺乏统治能力的历史和实际合法性的不足这四种语境下，宪法的设计者和个体选民有理由制定促进描述性代表的政策，即使这些政策的实施可能妨碍其他有价值的目标。当政党、议会委员会和选民还在对描述性代表的利弊予以权衡时，本文的分析意图唤起我们对那些最需要描述性代表的特殊历史语境的注意。

　　本文要强调的是，民主的协商功能要远比民主的聚合功能更需要描述性代表。正是在我们起初追问如何促进协商（即包括纵向上的选民与代表之间的协商，也包括水平方向的代表之间的协商）之时，我们发现了共同经历（shared experience）的优点，而这正是描述性代表

---

　　* Jane Mansbridge, "Should Blacks Represent Blacks And Women Represent Women? A Contingent 'Yes'," *Journal of Politics* Vol. 61, No. 3 (Aug., 1999), pp. 628 – 657. ——译注

的核心所在。

何谓"描述性"代表?

在"描述性"代表模式下,代表是与被代表者一样的人,并且在某种意义上还是他们所代表的社会群体中的典型。黑人议员代表黑人选民,女性议员代表女性选民,如此等等。

少有论者注意到修饰代表的"描述性"这个单词,不仅能够表示诸如肤色这样的外部特征,还能表示共同的经历,因而一个有农业背景的代表在某种程度上就是他(她)的农民选民的描述性代表。人们希冀用这种共同经历的标准来激励代表准确地代表选民利益并全心全意为其服务,而这种标准其实早就存在于社会习俗甚至是法律中了。镇上的长期居民通常赞成选举某个在该镇出生的人来担任公职,其暗含的理由就是,生活的经历增加了代表与选民之间的共同经验,使前者更为卖力地为后者的利益服务。类似的主张也出现在对州议会里"非本地区的参政者"(carpetbaggers)的反对当中。美国宪法甚至要求国家总统必须是在美国出生。"是我们中的一员"被认为能增强对"我们"利益的忠诚度。

对描述性代表的反对意见

在规范理论家那里,描述性代表并不流行。确实,大多数的规范性民主理论家都是较为草率地拒斥描述性代表,他们的看法常与潘诺克那尖刻的评论类似,"没有人会主张蠢货应该由蠢货来代表"(Pennock 1979:314,引用于 Griffiths and Wollheim 1960:190;同样参看 Grofman 1982:98;Pitkin [1967] 1972:Ch. 4)。甚至在那些明确主张群体代表权的倡议者那里,描述性代表的理想也找不到什么支持。威尔·金里卡(Kymlicka 1995:139)写道:"镜射式(描述性)代表的一般理念是站不住脚的",艾利斯·玛瑞恩·杨(Young 1997:354)也呼应道:"与选民拥有这样一种同一性或描述性性的关系,并没有触及代表的行为"。

研究女性和黑人议员的实证政治学家也有类似否定的结论。比如，艾琳·戴尔蒙德（Irene Diamond），第一个深入调查女性议员行为的实证政治学家，发现议会中女性比例最高的州，也就是新罕布什尔州，女性议员并不认为自己是在代表（acting for）（这个词是皮特金用过的）女性。在新罕布什尔州，低薪酬（在 1972 年是 200 美元一年）以及代表在选民当中所占的高比例（由此导致代表的低竞争性），使年龄大的主妇在议会中占据了较高的比例。由于不太自信以及对政治职业无甚兴趣，她们并不将自己看作是要代表女性的利益（Diamond 1977）。基于这一证据，女性政治学家常断言，同样是女性与支持女性的实质利益之间并无可以预见的关系（比如 Schlozman and Mansbridge 1979）。第一次调查国会中的黑人议员行为的实证政治学家，卡罗尔·斯韦恩（Swain 1993：5），同样断定在美国国会中，"政治机构里的黑人面孔越多（也就是说对非洲裔美国人的描述性代表越多），并不一定带来对黑人切实利益更多的代表"。

这些规范性理论家和实证研究者触及到一个重要的、无可置疑的方面。代议制民主的主要功能就是通过协商和聚合来代表那些被代表者的实质利益。评价描述性代表也应该主要根据这一标准。当非描述性的代表因种种原因而更有能力代表他们的选民的实质利益，这就构成对描述性代表的有力反驳。

抽签的代价：能力不足

对描述性代表最为常见的批判就是指责这种代表不能比其他人更好地完成代表实质利益的任务："没有人会主张蠢货应该由蠢货来代表。"

这一批判主要依赖于两种易被混淆的描述性代表的形式："缩微式"（microcosmic）和"挑选式"（selective）。[1] 根据"缩微式"代

---

[1]　"缩微式"这个词来自于布奇（Birch 1993：72）；"挑选式"这个词是我自己首倡的。

表，整个议会都被设计成全体选民的缩微品或者是代表性的样本。缩微式代表是约翰·亚当斯、詹姆斯·威尔逊、米拉波以及其他一些18世纪的理论家，尤其是美国的反联邦党人（Manin［1995］1997：109–114）的理想。几乎所有汉娜·皮特金对描述性代表的批判（这些批判常被看作是具有决定性的）都是或明或暗地指向这种形式（Pitkin［1967］1972：Ch. 4）。

如果用这种只能借助于抽签或者其他选择形式才能实现的缩微式代表来取代选举出来的代表性议会，的确会导致一个代价，即从人群中随机选择出的议员很可能没有凭选举上台的议员那么有能力和更专业，其投身于公共利益的决心也可能没有后者强烈。在现今的选举制度下，很多参与竞选的人都是将立法作为自己的职业。他们要花费成年生活中的大量精力来获得这一工作所需的技巧。选民然后在这些人中进行挑选，而挑选的依据部分是候选人在他们所属领域的能力和接受过的训练。有理由相信这样选出来的代表，要比通过代表性样本的方式选择的代表，更有能力，经验也更丰富。[①] 那些将政治视为某种天职并通过竞争性选举上台的代表，比那些通过代表性样本的方式选择出来的人，对公共利益有着更强烈的奉献之心，虽然某些参与选举和复选的人的动机与此截然相反。我自己在镇民大会民主方面的经历（Mansbridge［1980］1983）让我得出结论，普通公众的能力、专长和对公共利益的奉献之心足以使公民中的相对随机的一个样本成为一个虽然绝不可能理想但较为可行的议会。与皮特金认为的在描述性代表的概念里没有为"领导能力及主动性或创造性的行为"留下任何空间

---

① 伯恩海姆（Burnheim 1985）通过建议混合使用任命与抽签两种方式，减少了缩微式代表导致无能之人上台的可能成本。曼宁（Manin［1995］1997）追溯抽签在古希腊、罗马和文艺复兴时期意大利的共和国的政治体制里的不同运用方式，在每一个案例中都详细探讨了能增强以抽签方式上台的官员的能力和责任感的机制。他看似合理地将18世纪对抽签的政治兴趣的突然消失归结为两个原因，一是公民的同意被认为应该通过选举参与的方式来表达，二是很多英国、法国的作者以及美国的联邦党人认为，在能力、美德和财富方面，代表都比他们的大多数选民优秀。他争辩道，以某种形式的抽签来选择代表，甚至在那些规模有如18世纪的英国的政体中都是切实可行的。对随机选择方式的一般性讨论，参见埃尔斯特的论述（Elster［1987］1989）。

的观点相反，我觉得并不难想象美国人口的一个代表性样本，会产生新英格兰的镇民大会一般都会有的那种领导能力及主动性或创造性的行为。像这样的领导者、发起者和创造者的能力毫无疑问达不到现在领导美国的那些人的水平，但是我不确定他们就会做得更糟。

不过，鉴于在大州和国家层面的立法工作通常需要相当强的能力和后天习得的技巧，完全凭在人口中随机挑选的人组成的议会来替代目前通过选举组建的议会，所付出的成本将远大于目前的收益。极少有民主理论家主张用缩微式代表替代选举式代表。甚至是澳大利亚的约翰·伯恩海姆（John Burnheim），虽然他倡导以某种修正了的抽签制度为基础的缩微式代表，也不希望他的建议在我们这个时代的任何一个现今的民主国家里付诸实施。更有可能被采纳的建议是，在现今的选举制度上添加缩微式代表的某种因素。①

更为常见的"挑选式"描述性代表，相比于现存的选举制度，其制度设计考虑的是为那些被挑选的群体带来更多的描述性代表，从而使他们在议会中的比例接近于其在人口中的比例。只有当某种相反的选择方式在现存体制下的运作导致特定群体在议会中的比例减少，使其低于他们可能获得的席位，挑选式描述性代表才是必要的。否则人们会希望将全部人口的所有特征或多或少都复制到议会中，以使人们在议会中的比例与他们在整个人口中的比例相一致。因此，挑选式代表应该被视为是对另外某种活动的校正，这种活动妨碍了预期比例的

---

① 穆勒、托里森·威利特（Tollison, Willett 1972），巴伯（Barber 1984：290–293），卡伦巴赫·菲利普斯（Callenbach, Phillips 1985）建议用抽签来选择官员，但是他们并不期望此建议被广泛地采用。达尔（Dahl 1970：149；1977：17；1985：86–89；1992：54–57）提议增加一个其成员从全国人口中抽签产生的第三议会，为美国的参议院和众议院提供建议。达尔最近又建议创建一个更小规模的协商机构，其成员从全国人口中抽签产生，职能则是考虑诸如卫生保健这样的特别事务，而在现今的选举体制下，政治家们再次当选的动机加上老百姓不劳而获的想法，共同导致了相关协商的缺乏（Dahl 1997）。这些机构类似于内格尔（Nagel 1992）的"建立在随机基础上的协商性议会"（DARBs），菲什金（Fishkin 1991，1995，1996）的"协商式民意调查"，和克罗斯比（Crosby 1995，1996）的更为地方性的"公民陪审团"，后两个已经在实践中留下了令人瞩目的印迹。但是，这些主张缩微式代表的理论家们没有一个使用了"描述性"或"镜射式"代表这样的词语，也没有明确回应那些批判描述性代表的文献并就此对他们推荐的缩微式代表予以评价。

实现。

有一种挑选式代表的版本，主张通过划分选区的地理界线来帮助那些比例上代表不足的群体选出自己的代表。在其他版本中，议会和政党为诸如说法语的人、天主教徒、贱民或女性这样的特定描述性群体留出一定的席位。还有其他一些版本寻求在一个更一般性的基础上指认并减轻或消除导致某些特定群体代表性不足的特殊障碍。

相较于那些并不是基于描述性特征而选择的代表，拥有挑选式描述性特征的代表未必能力更差，也未必更缺乏投身于公共利益的热忱。确实，将任何一种挑选的标准（比如一个代表必须在当地选区居住四五年以上，抑或拥有某一特定的性别或归属于某一特定的族群）添加到另外一种标准中，总会在某种程度上冲淡后者的影响力。但关键的问题是，让某种群体没有自己足够比例的代表，其理由是否与履行代表职责的能力有关。这种能力上的相对欠缺也许是现今制度下某些群体的特征不被挑选的理由（如"蠢货"的案例）。但是如果拥有某种特征的群体未获足够比例的代表的理由与代表能力并不相关，且这种被人们挑选出来的描述性特征具有广泛的覆盖范围，我们就可以预期在将描述性标准添加到其他的选择标准中出现的能力下降现象几乎可以消除。①

近来使用的用以促进描述性代表的制度手段（比如美国对选区的界限重新划分或者欧洲对政党列出的候选人名单的构成内容的修改）看上去并没有导致代表的德与才的明显削减。虽然在缩微式代表中能力方面的代价可能很大，但是在挑选式代表中这些成本似乎可以忽略不计。

---

① 万一添加描述性的标准在事实上会明显导致代表素质的降低，政府可以通过减少其他因素对代表的挑选所造成的负面影响（比如建立竞选的公共基金或增加议员的薪水）来补偿任何一种能预期的描述性群体所遭受的损失。假如族群和性别等描述性特征在选择代表方面发挥更大的作用，那目前因低薪水以及募集竞选基金中的政治妥协导致的德才兼备之人在州和联邦的选举政治中的流失数目，毫无疑问要大为减少。

选择的代价：哪些群体，为什么以及每个群体要出多少代表？

如果说缩微式代表的代价是存在某种导致代表能力缺乏的可能，那至少就描述性代表而言，它无需面临是从这些群体还是那些群体中挑选代表的困扰。挑选式代表则恰恰相反。虽然其在能力不足方面的代价相对较低，但在挑选哪个群体方面的成本却相对较高。不过，即使是这样，其挑选成本也远远比通常认为的要低。

在 1981 年，詹姆斯（James）和马尔默（Marmor）批判了要求公民咨询委员会"广泛代表该区域的社会经济、语言和种族情况"[①] 的国会立法，他们慷慨激昂地追问何种人口统计学上的特征才应该得到代表：

> 拒绝对左撇子或红发人实行代表，此乃常识。那立陶宛人呢？意大利人呢？犹太人呢？未受教育的人呢？镜射式代表观就何种社会特征值得代表所提供的指导何其之少。

其他论者同样认为，就何种群体应该得到代表或者何时实行这种代表这些问题，并不曾有阐明了的原则性的指导方针。[②] 这种批判是如此经常地被认为完全无法回答，以至仅仅是这样简单的声明就被视为定论。但是，通过检视民主的协商和聚合功能，我们其实很容易回应这种批判。

代议制民主的协商功能致力于探究什么样的政策对整个国家、被代表的那些选民有益，以及一个国家内部的不同群体和选区的利益何时发生冲突。其目标还包括转变利益，并且创造出对所有人都真正有

[①] James, Marmor（1981：431），引自 1974 年通过的全国卫生计划和资源发展法案，该法案要求 200 多个卫生系统的机构的委员会都要有卫生保健的消费者。

[②] 比如，格罗夫曼（Grofman 1982：98）写道："镜射式代表观的一个困难在于，为了确保得到一个公平的样本，需要反映选民的何种特征，这一点并不清楚。"还可参见 Pitkin［1967］1972；Voet 1992：395；（Gutmann and Thompson）1996：154。

益的公共性（commonality）。就每一个能为决策提供相关的新信息、新视角和新见识的群体而言，民主的协商功能要求一个理想的代表性机构至少应该包括一个能为其代言的代表。但是，这并不意味着要复制社会上所有的观点。选择代表的过程在某种程度上应该拒斥那些对整个国家无用或有害的观点。（Mansbridge 1998）。

民主的聚合功能的目标在于，在根本利益相互冲突的情景下达致某种相对合理的决策。根据这种聚合功能，在面临利益冲突的情况下，一个理想的代表大会应该根据各群体在人口中的比例来代表那些利益相互冲突的群体。这种议会中实行的有同等投票权的比例代表制，其实就是直接民主所追求的"一人一票"的聚合理想的代表式等价物。虽然单单是对利益的比例代表并不能提供民主合法性，但是若再加上交叉性利益或权力的共享以及对少数人权利的有力保护，就非常接近这一目标了。①

这种分析使我们可以断定，当左撇子的视角与决策相关时（比如在考虑设计手术器械的决策中），应该在协商过程中使其视角得到代表；而当他们的利益与其他人有冲突的时候，又应该在聚合过程中使其利益得到代表。红发人、立陶宛人、意大利人、犹太人、未受教育的人和其他所有的群体，都是如此。

在聚合方面，非描述性的代表较为容易实现对利益的代表。如果惯用右手的代表在投票时不为左撇子的利益着想，在下次选举时就会遭受后者严厉的惩罚，因而连任的动机必然足以促其投票行为符合恰当的规范。而事实上，代表自身就是左撇子这一点有助于使代表产生

---

① 哪些视角有助于对决策的理解，哪些利益是相互冲突的，这些问题常常充满争议，正如任何一个特定情境下的问题在何种程度上是利益共享的还是利益冲突的一样。而且，获得理解和合理地解决冲突这些理想总是"调适性的"，也就是说，人们应该以此理想为目标但不能期望其能完全实现（参见曼斯布里奇［Mansbridge 1996］对于实际中的政体从来没有完全实现民主合法性的论述）。给予那些与决策问题深切相关的群体以否决权，对于构建某种形式的合作性自治的妥协方案（否则合作将无法实现）诚然有用，但是这种否决权却以不平等的方式支持了现状。仅将此否决权赋予弱势群体（Young 1990），又会导致一个棘手的问题，即如何判定哪些群体才有资格享有这种否决权（Kymlicka 1995：145；Phillips 1992：89；Williams 1998：198）。

一种发自内心的对被代表者的关注，因而在问题不仅仅需要简单的投下票时（比如当需要为立法进行准备、提供草案并为之集聚各方支持时），左撇子身份的代表通常更可能投身于相关的争辩中。但是在纯粹的聚合性事务中，因为存在连任的动机和其他形式的问责机制，描述性代表就没有必要了。如果只是需要聚合，规范性的民主理论仅要求权力的运用根据不同群体在人口中的比例来代表其特定的利益，而不需要任何一种特殊的权力运行机制。

在协商方面，非描述性代表就较难实现对视角（perspective）的代表。通过阅读、对话以及与左撇子生活在一起，惯用右手的代表可以了解左撇子群体的很多与协商相关的视角。但是，正像我们将要看到的，在不信任的对话和利益尚未明确化的语境下，这种由那些本身并没有与其他群体共享经验的代表给出的有关他人经验的替代性描述，常不足以促成有效的协商——纵向上的选民与代表之间的协商或者横向上的代表之间的协商。虽然为了便利交流以及巧妙地完成协商，一个代表不一定需要自身与被代表者分享共同的经验，但是协商的开放式特征给那些经验上与所讨论的问题有着密切关联的代表提供了交流和信息上的便利。①

协商需要根据有着相关视角的群体在人口中的比例来分配代表的名额吗？从理论上讲，为了有助于扩大理解，协商看上去只需要一种视角提供一个或者特定门槛比例的代表（Kymlicka 1993：77 - 78，1995：146 - 147；Mansbridge 1981；Phillips 1995：47，67ff；Pitkin［1967］1972：84）。在协商中纳入相关的事实、洞见和视角，应该关注其内在的内容是什么，而不是有多少人提供了这些事实、洞见和视角。但是在实践中，弱势群体经常需要完全按照其在人口中的比例来代表，以实现如下一些目标：协商式协同、有重要意义的人数、影响力的扩散和代表群体内部一系列多样化的观点。

---

① 皮特金（Pitkin［1967］1972：63、81、83、84、88、90）对描述性代表的指责虽然意识到了其在协商中的作用，但是我认为她在"谈话"与"有效治理"之间建构了一种错误的两分法，并且有时还似乎将协商的功能仅仅局限于"提供信息"。

首先，协商常常是协同性的（synergy）。更多的代表通常会产生更多的有时还更好的信息和洞见，尤其是在他们需要探索新的不同于流行意见的想法时。因而将受到决策影响的群体甚至在协商的标准下也可以合理地要求根据其在人口中的比例来分配代表名额。

第二，弱势群体的代表也许需要在人数上达致一个重要的多数，以使他们变得有意愿阐明他们的少数派立场。他们也许还需要这种人数上的力量使他人——尤其是支配性群体的成员——相信，他们所提出的视角或洞见在他们自己的群体内部是被广泛分享、确实感受到和坚定信奉的。

第三，治理机构通常包括种种委员会和小组委员会，在这些机构进行的协商过程中，经常要煞费苦心地对政策的最为关键的部分进行研究。通过将足够多的代表进入相关的决策领域以及包容相关的视角，弱势群体的成员就能影响决策（无论决策是在哪里进行），使之变得更好。

最后而且是最为重要的一点，因为任何一个协商的内容和范围常常都是不可预知的，因此任何一个群体通常都需要多个代表者来代表异质、多样化且内部存在相互冲突的视角、意见和利益。这一系列的观点是不容易仅仅通过少数几个人就能代表的。

这种分析表明，从协商的角度看，一个包括威廉姆·格雷III（一个因为是众议院预算委员会的主席而不支持国会黑人核心会议提出的预算方案的黑人国会议员）和乔·克罗基特（一个谴责国务院拒绝向亚西尔·阿拉法特签发入境签证的黑人国会议员）的国会，要比一个仅有他们俩中的一个的国会，更能充分地代表非洲裔美国人。① 不论议会中的协商是如何地纯粹，协同、重要的多数、有益的扩散和内部

---

① 关于格雷和克罗基特，参见斯韦恩（Young 1993：41，49–71），书中到处都可看到，20世纪80年代和90年代初的国会里，非洲裔美国人的代表，在意见和风格上的多元性。关于单一"视角"内部意见的多元性概念，参见杨（Young 1997）。就协商和聚合这两个目标而言，理想上任何一个大的视角或利益里面全部的多样性，都应该根据其在人口中所占的比例来决定对其的代表，但是这要受到关键性的来自协商方面的限制，即（1）门槛代表制（threshold representation），若无此种制度，一个有用的视角可能在按比例分配的情况下根本无法得到代表；（2）扬弃和减少明显有害和无用的观点。

的多元性这些理由，必然导致实践中每个群体通常都会想要获得与其在人口中的比例相符的代表。

对比例性的要求因为如下事实而得到进一步的强调，即实践中几乎所有的民主议会都是聚合性与协商性兼备，且在聚合功能上若要完全实现规范上的合法性，代议机构中的成员在投票时就要考虑到每一种受到影响的相互之间冲突的利益，其投票还要与这些利益的承受者在人口中的比例保持一致（参见 Mansbridge 1981，1996，1998，对这些观点的更为全面的探究）。

"本质主义"：挑选的一种代价

挑选式描述性代表的最大一个代价就是强化了一种朝向"本质主义"的趋势，这种本质主义预设了特定群体的成员拥有一种本质性的身份，这种身份只是这个群体所有成员享有的，其他人都不可能具有。比如坚持要女性代表女性、黑人代表黑人，其实暗含了一种该群体所有成员共享的女人性或黑人性这样的本质属性。坚持其他人不足以代表一个描述性群体的成员，同样意味着该群体的成员不足以代表其他人（Kymlicka 1993，1995；Phillips 1992，1995；Swain 1993；Young 1997）。

每一个希望在政治上围绕一种身份（包括像出生地、性别和种族这样的描述性特征）组织起来的群体，都无法摆脱本质主义的问题。本质主义假定存在一种单一的或本质性的特性或本性，这种本质将一个描述性群体内的所有成员联结在一起，使他们拥有共同的利益，在最极端的本质主义版本中，这种共同利益使他们能够超越将他们分割开的那些利益。这一预设不仅导致拒绝承认一个群体内部存在严重的分裂，而且同化了支配性群体内部的少数派利益或从属性利益，甚至还不承认这些利益的存在（Fuss 1989；Spelman 1988；关于从本质主义的思考角度看待群体存在的诸种方式，参见 Young 1994，1997）。当身份与性别、肤色这些生物上的特征捆绑在一起，本质主义的问题就更严重了，因为这样会鼓励我们将任何一种被假定为对群体有着核心意义的共同特征视为生物意义上的，而非历史生成的。

当然，在最基本的层次上，思维活动本身就是一种本质化的形式。我们绝大多数人在想到"桌子"时，都是下意识地想到一种有着四条腿的褐色家具，并且在自己的意识里将那些有着更多或更少的腿以及不同颜色的桌子边缘化了。这种简单的分类方式在人类事务里更常见，也带来了更严重的后果，比如当一个在社会上占据支配地位的群体自身就成为一种标准，主导着社会目标的设置和制度的设计，那些不服从其标准的群体就会被视为不正常抑或是能力上有缺陷，他们自己也可能认为是不正常的，且在这种为支配性群体成员所设的结构中的表现也不会很好。

即使那些以描述性身份为基础的对支配性群体的霸权构成挑战的政治群体，也无法摆脱这种内在的困境。女权主义运动中那些诉诸"姐妹之情"的女权主义群体，其所勾画的姐妹之情主要反映了女性中占据支配地位的群体（白人中产阶级）的关注（比如参见 Harris 1990；Spelman 1988）。对女权主义中出现的这种支配现象予以批判的黑人女权主义作家认为，黑人妇女有一种独特的"非洲中心主义立场"（比如 Collins 1990）。虽然人类认知活动的特点使我们难以彻底消除在群体内部预设一种同质性的倾向，但是通过在我们的组织内部培养异议、反对和差异的存在空间，学会欣赏一个大的稳定立场的内部矛盾，加上在我们的著述中运用复数而非单数的表达形式，我们就可以消解这种倾向。

有些描述性代表的倡导者会强调本质主义中最糟糕的部分。当一个极端的描述性代表论者写道："男人不可能代表女人。"（Boyle 1983：797）① 这种叙述必然隐含如下推论，即女人也无法代表男人。

---

① 还可参见菲利普斯（Phillips 1995：52），她举了1789年一个法国女性群体的观点（"一个男人，无论他是如何的正直，都不可能代表一个女人"）；以及威廉姆斯（Williams 1998：133），引用的是1852年安托瓦内特·L·布朗（Antoinette L. Brown）牧师的话（"男人不可能代表女人"）。

它还暗示任何一个女性代表都可以代表所有的女性（并且这些女性之间都被视为平等的），而不管女性之间在政治信仰、种族、族群或其他方面有什么不同。

通过强调在描述性代表中之所以选择特定的群体乃是基于非本质主义的情境性理由，可以缓解描述性代表的本质化倾向。本文对描述性代表的所有辩护都是援用这种情境性的理由。这种观点在更为普遍的层次上对利益的比例代表制予以辩护，强调在特定历史语境下描述性代表有可能促进对利益的实质性代表。当这种描述性代表反映了任何描述性群体内部所存在的多元性，就最大程度地接近了那些规范性理想。

也许有人会从另外一个角度来谈论这种情境性的理由，即首先追问现存的选举过程的何种特征导致了某些描述性群体在议会中的代表比例低于其在人口中的比例——这种结果不被人们视为只是碰巧发生的，并且意味着存在如下的可能性，即"某些声音是沉默的或者被压制了"（Phillips 1992：88；1995：53，63）。接下来应该要问的问题是，该群体的成员是否认为自己就足以能够代表他们自身。如果回答是肯定的，那么第三个问题就涉及到规范上的责任，即是否有证据表明在社会上占主导地位的群体曾经有意地造成该群体的成员在代表他们自己方面的困难或者予以法律上的禁止。历史上若存在一个群体对其他群体的强烈偏见，就提供了此类证据。如果这第三个问题的回答也是肯定的，那么对于挑选式代表而言，该群体看上去就是一个很好的候选者。举个极端的例子，如果一个群体在过去被法律禁止拥有投票权，那么导致一个群体用法律剥夺另外一个群体政治参与权的社会、政治和经济方面的因素，似乎完全可能对当下有着后续的影响，这种影响依然会通过非正式的社会、政治和经济结构（不是正式的法律）

表现出来。①

像这样的思考进路关注的是向后追溯情境性的历史进程，而非向内诉诸于一个本质属性。这种进路还意味着，当改革和社会的进步消除了围绕参与方面的系统性壁垒，为确保描述性代表的实现而采取肯定性措施的必要性就消失了。描述性代表的制度本身也变得是情境性的了。

描述性代表的其他代价

挑选式描述性代表的另外一种与本质主义相关的代价在于，它鼓励人们视自己为不同次级群体的成员，因而会腐蚀一个国家、政党或政治运动中使人们团结起来的纽带（比如参见 Phillips 1995：22 以后的内容）。根据不同的制度安排，这种危险的代价可大可小。在有些情况下，鼓励次级群体的制度会撕裂整体内部的联结网络。但在其他一些情况下，次级群体又堪称个人与整体之间的联系纽带。② 随着"市民社会"研究的进一步展开，对某些制度易于产生分裂，其他制度具有统合功能这一点，学者们应该比原来更容易辨别导致这一现象的特征和语境。

① 这种主张的目的并不是要将适合挑选式代表的群体仅限于那些被法律剥夺投票权和其他公民权的群体，而是提醒我们注意从社会责任的角度检视此类事件的规范性。当某种形式的歧视（比如对同性恋的歧视），其影响如此之深，以至于导致对这些群体政治参与权的涉嫌非法的剥夺，责任问题同样牵涉其中。历史上的歧视通常也为因不信任、社会上对某群体公民资格的怀疑及实际上的合法性（这三种情况加上未明确化的利益就构成了四种需要对描述性代表予以特殊关注的语境，是本文核心论证之所在）导致的沟通问题负责。这些可参见菲利普斯（Phillips 1992，1995）；金里卡（Kymlicka 1993，1995）；威廉姆斯（Williams 1998）年对历史上和系统性伤害的相关论述；但吉尼尔（Guiner 1994：140）指出，她的辩护并不主要依靠于那些剥夺某些群体公民权的历史语境。注意，我们这里关注的政治边缘化问题，并不一定是由经济上的弱势地位导致的。

② 举个组织方面的例子，美国心理学学会自从其内部的次级机构获得更大的权力后就发展出一系列各自独立的次级组织，而美国政治学学会却在其组织机构获得更大的管理权后更加壮大了。对加强中央还是地方权力的争辩同样会涉及到这些问题，但是我并不知道有什么人做了这方面的比较研究，用以判定何种情况下强势的下级政府会削弱上次政府，何种情况下又在巩固上级政府。

　　然而另外有一种代价，与某种为实现挑选式描述性代表而采取的特殊方法——试图通过划分选举的边界来创造相对同质的选区——相关。这种做法可能造成该群体在其他选区影响力的下降。比如，若白人民主党人比白人共和党人更能代表黑人选民的利益，虽然将黑人选民集中到黑人选区会使黑人议员多一些，但代价可能是更多的共和党人在其他选区当选，这样在某些历史情境下，比如当一个实行多数规则的议会里的民主党人和共和党人各自所占的比例基本不变时，民主党议员的减少会带来严重的实质性影响，对于黑人而言，结果可能得不偿失（比如参见 Snain 1993：7－19；Lublin 1997）。

　　最后一种代价在于问责方面。一个代表身上所拥有的描述性特征会对选民产生一种催眠效应，坚信他们的实质利益得到了代表，即使事实并非如此。正如一位美国的黑人国会议员向卡罗尔·斯韦恩所说的："用黑人代表黑人，其优点和缺点都在于黑人选民对于黑人代表的愚忠。即使你猥亵小孩，都可以逃脱惩罚，被人宽恕。你无需对你的行为有任何的责任心。"（Swain 1993：73）① 或许有人会希望通过让更多的描述性代表参与竞争并进入到议会（人们也因此能更容易地考察代表的优点）来缓解这种由盲目的忠诚所导致的危险。克拉伦斯·托马斯（Clarence Thomas）被任命为美国最高法院的大法官应该是黑人社会在争取权利的过程中的带有里程碑性质的事件，但尽管他是黑人，有些非洲裔美国人组织（比如国会里的黑人党团和全国有色人种协进会）仍然反对这一任命（参见 Swain 1992；Renshaw 1992；West 1992）。而很多女性群体决定在选举中不支持所有的女性候选人，同样成为美国女权主义者身上的标志性事件。

　　与这些代价相对应，人们必须考量通过描述性代表而得到提升的

---

　　① 代表缺乏责任心，部分是因为如下事实，即"从历史上的黑人选区选出的黑人代表肯定会再次当选，只要他们顺利完成第一届任期"（Swain 1993：220），而这又部分源于黑人选民对"最为支持种族改革的政党、集团或个体候选人的几乎一致的忠诚"（参见吉尼尔［Guinier 1994：35，58－60，82］的研究及德·拉·加扎和德西皮欧（de la Garza, Desipio 1993）论述了设计那种能增进选民政治参与热情的代表性制度的重要性，以及重划选区使少数人在某些选区能获得多数票所可能导致的类似问题）。

协商在实质性代表方面所带来的收益。我认为，在沟通上的不信任和尚未明确化的利益这两种语境下，这些收益是最大的。

不信任的语境：加强沟通的好处

在不同的群体和不同的时代，代表与选民之间相互沟通的特性也会有所不同。历史环境会影响两个群体的成员之间的充分沟通，尤其是当其中一个群体在历史上曾占据统治地位，而另一个群体处于从属地位时。这种统治与从属的历史尤其会滋长前者的漠然甚至是傲慢的情绪，以及后者对前者的不信任感。

在沟通有碍（包括因漠然和不信任导致的沟通不畅）的情况下，描述性代表身上所展现出的与选民共享部分经验的特征，便利了纵向上的代表与选民之间的沟通。代表与选民在一般的经验以及依此经验所外显的符号上拥有某种共识，就能较为容易地使双方理解所使用的符号，实现相对准确、快速的沟通。代表与选民同属于某个次级群体，也有助于打造信任的纽带（这种纽带尤其是奠基于双方共同的群体归属感）。

例如，克劳丁·盖伊（Claudine Gay）提供的数据表明，由一个非洲裔美国人的议员代表的非洲裔美国选民，要比由一个白人议员代表的非洲裔美国人，更愿意与他们的代表沟通（Gay 1996）。正如唐纳德·佩恩（Donald Payne）这个黑人国会议员向卡罗尔·斯韦恩所说的，"黑人选民和我在一起会感觉很舒服，也能看到我和他们在一起时也很舒服"（Swain 1993：219）。但是在这方面，那些在选举中同样处于弱势地位的群体却会有不同的表现。伊丽莎白·海恩斯（Elizabeth Haynes）用盖伊的方法研究女性群体时发现，就选民与代表的联系而言，由一个女议员代表的女性，与由一个男议员代表的女性，两者不分轩轾（Haynes 1997）。虽然男性与女性之间的沟通问题肯定存在，但是男女之间的沟通障碍也许要小于因种族、族群、民族或阶级导致的沟通障碍。①

在美国，选民很多至为重要的利益，都是经由其他选区的议员的"替代性"代表（surrogate representation）来代表的。比如，某种政见的鼓吹者虽然在某个选区落选了，但仍可寄希望于由其他选区获胜的持相同政见的人来代表自己。② 替代性的代表者未必就是描述性的代表者。但是在这种替代的过程中，描述性代表常能扮演其最为有用的角色，因为代表与选民同属于某个次级群体，使其能够超越横亘于支配性群体与从属性群体之间的厚厚的沟通壁垒。比如，黑人议员可能与"整个地区"的黑人都能实现沟通，而并不仅限于他自己的选区。米奇·利兰（Mickey Leland）（一个得克萨斯州的黑人民主党人）最后所在选区的长官告诉卡罗尔·斯韦恩，"人们不明白，为何米奇·利兰必须成为代表整个西南地区黑人的（黑人）国会议员"（Swain 1993：218）。

有个例子可以揭示描述性代表在沟通方面的好处，即使对于女性这个在与男性沟通上的障碍或许低于黑人与白人间的障碍的群体，也同样适用。在1970年，也就是在当今美国女性参议员数量微升之前的

---

① 威廉姆斯（Williams 1998）在讨论"信任"问题时描述了美国黑人对白人的合乎情理的不信任史。还可参见坦南（Tannen 1994：73，188）的论述，他隐含地比较了性别差异与族群差异。只有在海德（Hyde 1990）谕示我们要同时注意这种差异的存在以及差异的大小后，心理学家们方开始步其后尘，在他们的研究中测量这种差异尤其是性别差异的大小。不过很多语言学家并未采纳此种策略。在这两个领域就性别差异和其他常见差异予以比较，仍非常态，而这种遗漏势必导致性别差异的进一步放大（Mansbridge 1993）。就阶级差异导致的选民与代表之间的沟通问题，我没看到相关的研究（一些提示性的资料，可参见 Heilig，Mundt 1984：85-91。注意这种分析关注的是，沟通上的不信任妨碍了达致富有成效的协商。根据在美国做的调查，女性并不比男性表示出更多的对"政府"的不信任，黑人与白人相比，也是如此（Orren 1997：86）。

② 在很多方面，替代式代表类似于柏克所说的"实质性代表"（virtual representation）（Burke［1792］1871：293）。在运用了民主的聚合功能和协商功能、意志和智慧、变化性的偏好和相对固定客观的利益以及自私的群体之间的谈判和作为整体的国家的利益这些不同方面时，实质性代表也会有所不同（Pitkin［1967］1972：169-175；对柏克有关人民的"描述性"概念进行的细致分析，可参见威廉姆斯 Williams 1998：33 及以后）。因此柏克并不谈及比例性的问题，我的替代式代表论、韦斯伯格（Weissberg 1978）类似的"集体代表"论以及金（King 1989）的"制度性"代表论亦是如此。对替代式代表更为全面的分析，参见曼斯布里奇的观点（Mansbridge，1998）。

时代，布奇·贝耶（Birch Bayh）大概是最同情平等权利修正案的信奉进步论的参议员了。因而他的角色之一就是充当那些支持平等权利修正案的女性的替代式代表者。贝耶为那些平等权利修正案的积极分子服务，充当他们的顾问，不仅因为他的进步主义信条而成为他们的导师，也因为他的司法委员会的主席身份扮演了把关者的角色。

此宪法修正案提出伊始，贝耶参议员就向提议者们建议，在现有的确保种族之间平等权利的宪法第十四条修正案的基础上选择一个不同于平等权利修正案的措辞。平等权利修正案的支持者们对此表示拒绝，认为贝耶的措辞"削弱"了修正案的力量。但如今回过头看，这种指责未必正确。而且毫无疑问的是，贝耶建议用的措辞极大地廓清了修正案中的含糊之处，而这种含糊恰是平等权利修正案未能得到足够的州批准的一个主要原因。

布奇·贝耶和平等权利修正案的支持者们之间的互动历史反映了后者对前者的严重的不信任——这种不信任因为一位被分派来参与该项计划的名叫艾维·里格（Ivy League）的年轻男职员而加剧了，据说他将平等权利修正案的支持者们称为"歇斯底里"的女人们。假如当时的参议员中有一位像帕特丽夏·施罗德（Patricia Schroeder）那样有影响力的服膺进步论的女议员，平等权利修正案的支持者们无疑会奉她为导师。这样基本可以确定的是，这位女议员不会派一位如此莽撞的职员来参与这项计划。一位女议员或许甚至会说服平等权利修正案的支持者们采纳一个与宪法第十四条修正案相适应的措辞，这样就极有可能使平等权利修正案获得足够多州的批准。这种批准也许会刺激最高法院的大法官在他们的分析中将性别确认为一种"可疑的分类"（如今的法院已不这样认为）。不过，经由更为深入的协商过程，女议员和积极分子们也可能保留原来的措辞，即使这样有导致不被批准的风险。

布奇·贝耶与平等权利修正案的支持者们之间未能营造出一种相互信任的气氛，彰显了描述性代表在一个更大规模的替代式代表体制中所具有的重要性。这表明如下一个原则：支配性群体与从属性群体之间的沟通裂痕越深，就越需要描述性代表来弥合这一裂痕。

利益尚未明确化的语境：
凭经验协商（Experiential Deliberation）的好处

有时候，公民在一系列特定问题上的相关利益还不是很明确。这些问题很久没有出现在政治议程上了，候选人对此没有公开表示立场，政党的组建与此也无甚关联。例如在苏东剧变后的中东欧地区，很多政治利益相对来说都尚未明确，成百上千的新政党都努力在问题的谱系上界定自己（有一个波兰的政党自称为"政党 X"，故意用一个毫无实质内容的符号；另外一个政党的名字稍微有些内容，叫"耀眼的西方中心"）。

当利益尚未明确，最好地代表一个人最重要的实质利益的方式，通常是在那些预期要出现的问题上选择一个与自己有着类似描述性特征的代表。人们也许想从他自己的居住地、所属的阶级或族群中选择代表。而如果出现了未曾预料到的问题，选民有理由相信，基于双方在描述性特征上的相似性，代表或多或少会采取与自己一样的反应方式。美国起初从地理角度来选择代表的做法，无疑也是部分地想实现这种描述性代表。

在政治体系内部，有很多较为明确的利益，诸如经济地位这样的问题就是如此；但也有其他一些比如牵涉到性别的问题，很难把握其内在的东西，而且在政治议程表上也是变化不定的。倘如此，对极为珍视这些尚未明确的利益的人而言，一个描述性的代表最能代表他们的实质利益。① 这里，重要的沟通不是发生在纵向上的代表与选民之

---

① 菲利普斯对描述性代表的"四种辩护"中，有两个与此问题相关。一个是"用以解决那些用政党打包政治观念所必然导致的排斥"；另一个是"追求一种转变的政治以开放出更广泛的政策选择的重要性"（Phillips 1995：25；还可参见 43 - 45，50，70，151 及以后）。她的分析，尤其是关于转变的政治的论述，比我这里所能做的要更为详细。如果在实质性代表上其他特征都一样，当支配性群体将那些关键问题排除于政治议程之外时，人们会认为描述性代表在利益尚未明确的领域能最为有效地代表自己（Bachrach，Baratz 1963）。

间，而是横向的参与协商的议员们之间。在这种横向的沟通中，一个描述性的代表能够借助其与选民共享的经验去探究新问题的潜在后果，对这些问题的发言也会显得更有底气。

在政党纪律较为松弛、代表因之拥有较大自主权的美国，议员的投票行为常常是基于一种"反思式代表"（introspective representation），亦即依据这样一种判断：对他们的选民和国家而言，何种政策才是正确的。在这种情况下，选民不是通过改变代表的行为（传统的责任机制就是如此）而是借助选举的办法来行使权力。[1] 选民常常以描述性特征、政党身份及其他揭示特征的事物为线索，预估被选上的特定代表是否能代表自己的无论明确与否的利益。

比如，当1981年伊利诺斯州议会要对平等权利修正案进行表决时，我问一些议员他们是如何判断选民对该修正案的看法。一位来自农村的议员向我解释他了解他选民的感受，因为他们跟他的感受是一样的，"我来自我的选区，我们的成长环境和行事方式都是一样的"（Mansbridge 1986：152）[2]。在他被选上的时候，平等权利修正案还没有进入政治议程，因而他也不可能咨询选民对此问题的意见，但是他相信作为他选民的描述性代表，他能够知道他们的反应。

美国国会一名来自中西部的共和党议员也持有类似的观点，他指出另一个议员的所在选区也存在类似的同质性：

"我可以把你带到走廊那向你引见一位议员，他全身上下都代表了他的选区。你无需去他的选区，你只要看他是什么样就行了……国会之所以代表了各个选区，主要不是因为议员会竭力使自己的个人理

----

① Mansbridge 1998。其他人用不同的术语来称呼这种代表过程，比如"招募"（Kingdon 1981：45），"初始选择"（Bernstein 1989），或者"选举替换"（Stimson，Mackuen and Erikson 1995）。

② 又如一个国会议员对金登所说的："我和这些人一块长大，我能猜到他们在想什么"（Kingdon 1981：45）。正是因为与大多数自己所代表的选民拥有几乎一致的态度，大多数议员会宣称并且深信："你们会发现，多数时候议员都希望按照他们的选民所理解的义务与原则来投票。政治考虑倒是其次"（同上：46）。正如一位记者对这种关系所总结的："他们（国会议员）只是表达出自己来自何方"（同上：47）。此类判断反映了如下一种预设，即选举代表的多数选民内部在利益和视角上有一种相对同质性（Bianco 1994）。

念适应他的选民，更多的是因为每一位议员都来自于各自的选区"（Bianco 1994：39）。

关于什么才更应该算作描述性特征，一位黑人议员这样告诉理查德·芬诺（Richard Fenno），当他作为一个黑人按良心投票时，他就必定代表了黑人社会。在了解黑人社会的想法和需要方面，他不会有任何困难（Fenno 1978：115）。然而，这位议员的反思式代表观并不仅仅来自于他的肤色。芬诺认为："他自己与黑人社会的关系是显而易见的，也是完完全全的。他说出的每一个词都传达出这样的理念：'我是你们中的一员'。"（Fenno 1978：115）代表认为他和他的选民之间拥有共同的经验，这些经验产生了一系列需要在议会中得到代表的特定视角和利益。而且他的选民不止是凭借肤色这一有形的特征，还通过观察他的身体语言、所选择的词汇以及口音这些外部的符号来预测他是否与自己及其他非洲裔美国人共享广泛的经验。①

当没有可靠的描述性特征可供选择的时候，选民常常会选择我称之为"准描述性"的特征，即对那些描述性特征予以模仿的行为。萨缪尔·波普金（Samuel Popkin）详细描述了杰拉尔德·福特总统在得克萨斯州的竞选活动中的冒险经历，当时福特为了向墨西哥裔美国人展示自己"喜欢他们"到了连他们的食物都很欣赏的程度，不太成功地试着吃了一块墨西哥玉米面团包馅卷。波普金解释说，对一种文化中的食物的熟悉情况，"是一种简单明了的测试代表能在多大程度上接触、理解并关心某一族群面临的问题及其内心感受的方法"（Popkin 1994：3）。随后他进一步肯定地指出：

"人口统计上的事实是一条信息成本相对较低的评估候选人政策偏好的捷径……诸如候选人的种族、民族、宗教、性别和地域这样的特征都是重要的标识，因为选民观察到这些特征与候选人现实中的行

① 相反，科林·鲍威尔将军的西印度群岛背景及其在语言、举止和政治身份等符号上的差异，使得不少非洲裔美国人并不将他视为这样一个描述性代表，即他们可以期望其在议会中能够像他那样采取行动。以上可参见威廉姆斯（Williams 1998）就共享经验在描述性代表中所处的的关键地位所作的论述。

为（这些行为是他日常经验的组成部分）之间存在关联。当这些特征与选民利益有着密切关系时，那么根据它们，我们就能较为容易并简捷合理地推断出候选人的行为。"（Popkin 1994：63－65）

这些标识的准确性，以及选民据此推断候选人与自己之间拥有的"同质性"（Fenno 1978：58－59）或"共同利益"（Bianlo 1994）的程度，均仰赖于这些描述性特征与选区中大多数选民的利益在事实上的密切程度，因此那些持反思式代表观的代表所选择的政策，同样会是他们选民的选择，如果这些选民拥有更多的知识和更多的思考时间的话。

在反思式代表中，选举后的交流以及代表向选民负责的传统机制，均不存在，但两者之间的关系依然符合民主规范。由于这不是传统意义上的委托－代理关系，而只是一种挑选关系，因此民主规范的要求是，该挑选过程中的交流应该公开、准确并且有助于参与者更好地理解他们自身的利益。我们还可以从第三人的视角来评估选民的利益以及议会中的代表在多大程度上确实有效地促进了这些利益，并据此对这种挑选关系进行规范上的评判（Mansbridge 1998）。

当议员们主要从事的是反思式代表，那么当选民的利益处于尚未明确的状态时，也就是说，当政党身份和竞选声明并不构成对代表未来行动的有效提示，描述性代表最能提升代表的质量。比如，在很多与性别相关的事情上，人们的观点经常变化，为了适应急速变化的情境，政策的变化也是较为常见的，如果其他条件相同的话，描述性代表的行动比那些非描述性代表更有可能符合选民的期望。

在美国，相较于性别问题，利益相对更为明确的种族问题同样会面临利益不明确的情境，此时也需要描述性代表的行动。当1993年杰西·赫尔姆斯（Jesse Helms）参议员试图将一个无关的修正案（该修正案要求延长邦联之女联合组织关于邦联旗帜的设计专利）与某部法律捆绑在一起时，只有当时唯一的黑人参议员卡罗尔·莫斯利－布朗（Carol Moseley-Braun）立即对此采取行动。她对参议院以承认此专利的形式使邦联旗帜合法化的做法表示坚决反对，并成功地通过说服足够的参议员推翻原来的立场，最终挫败了这一修正案。①

作为一名非洲裔美国人，无疑莫斯利·布朗比那些即使是最进步的白人议员更有可能注意并认识到对杰西·赫尔姆斯参议员的行为予以谴责的重要性。此前，无论是在全国还是伊利诺斯州（莫斯利·布朗的选区）的政治议程中均未出现过旗帜事件。莫斯利·布朗也的确没有在她的竞选活动中提到过这一问题。她也不可能会担心自己如果在这一问题上没有采取行动就会导致在下一次寻求连任的竞选中受到惩罚，因为假使没有她的介入，那个修正案就会通过，并不会引起多少人的注意。诚然，结果的确是她在下一次的竞选中运用这次事件巩固了自己在民主党选区中的位置，但是我们也可以设想出另外一个不那么引人注目的问题，在这一问题上不会出现上述的效果。她之所以如此行动，最重要的原因看来应归因于由她的经验所带来的特别的判别力，这种判别力使得她能够注意到邦联旗帜并对此予以愤怒的抨击。她的那些描述性特征——不仅仅是肤色，还应该包括她的语言特色、宗教信仰等——早就向她的黑人选民们传达出她的判别力。这些有形的特征是她与选民之间拥有共同经验的外部象征，让作为代表的她以符合大多数选民的期望的方式行动。②

至于性别方面的问题，很多与对女性的性骚扰和性暴力相关的问题虽具有政治上的重要性，但未达到非常明确的程度，以至于美国的两大党均未就此提出鲜明的乃至于互相对立的观点，候选人通常也不会在竞选活动中对此发表观点。然而不必奇怪，女议员们则通常会将这些问题带到议会当中。比如在伊利诺斯州有一个叫女性状况委员会的跨党议会组织，该组织包括一些非议员身份的诸如菲莉斯·施拉夫利（Phyllis Schlafly）那样的反女权主义者，它曾经向议会提交了一个要求确立婚内强奸罪的议案。这种对女性利益的特别关注模式，在议

———————————

① Adam Clymer, "Daughter of Slavery Hushes Senate," *New York Times*, 23 July, 1993; Gutmann and Thompson 1996: 135 - 136.

② 身为一名非洲裔美国人的经验，也帮助了莫斯利·布朗找到能够转变其他参议员观点的描述这一问题的话语。参见威廉姆斯（Williams 1998）对"呼声"的论述。

会并不鲜见。让更多的女性进入政府，无疑使政府的决策能更好地回应多数女性的利益诉求。① 描述性的比例代表制使女性的观点得到更广泛的表达，揭示女性群体内部存在的诸多细微的差异。当所讨论的问题还没有明确化，尚处于其初始的抑或有待界定的状态，将群体内部的差异反映出来，对于协商而言，尤为重要。

为了使那些尚未明确化的实际利益得到充分的代表，弱势群体同样需要描述性代表（参见 Phillips 1995：67，及其他各处，她论述了"人们对他们自己所关注的事物极力支持的程度"）。正如帕梅拉·康诺弗（Conover 1988：75）在另外一个地方所指出的：

"我们看待社会群体的方式，极大地依赖于我们是否属于那个群体。不管我们如何努力，我们对其他群体的政治同情，绝不可能等同于这些群体对自身的感受，与我们对自己的感受也大为不同。"

例如，在参议院就是否任命克拉伦斯·托马斯（Clarence Thomas）为最高法院大法官所举行的听证会上，出现了克拉伦斯·托马斯涉嫌对安妮塔·希尔（Anita Hill）性骚扰的问题（美国众议员在竞选时并未将此类问题列入他们的议事日程）。而正是众议院的女议员们（她们的数量已经达到一个关键值）采取了决定性的行动。那张被抓拍的著名的五位女众议员前往参议院要求推迟任命托马斯的照片表明，对于许多女性选民来说，议会里面有她们自己性别的代表，甚为必要。

---

① 托马斯（Thomas 1994）归纳了关于议员性别差异的文献，并补充了她自己调查的重要数据。她和莫西（Mosey 1994）都指出，虽然在某些女权问题上政党身份比女性的身份能更好地预估关于女权主义的立场，但是性别因素有自己独立的影响。也可参见柏克曼和奥康纳（Berkman，O'connor 1993）、沙耶（Skjeie 1991）、乔纳斯多蒂尔（Jonasdottir 1988）、施特劳斯（Strauss 1998）。每一个描述性群体在代表上的多样性（及其内部一大堆重要的次级群体）将大大增加协商过程中代表多元视角的机会。例如，当伊利诺斯州的女性状况委员会就性侵犯法案（该法案同时更改了强奸的举证责任，要求由强奸嫌疑犯而不是受害者提供受害者对性行为表示同意的证据）展开辩论时，虽然在 16 个委员中有一个黑人妇女，但是很难说该委员会会在多大程度上讨论这位黑人妇女在此问题上的特殊关注，即使她们真的讨论了。非洲裔美国人和白人的不同定罪率，历史上的私刑遗产，以及依旧存在于当今大多数警察部门中的种族偏见，使黑人妇女在批准任何一部像这样的将强奸案中涉及受害人是否同意的举证责任从受害者转移到强奸嫌疑犯的法律时，将考虑更多复杂的情况（Crenshaw 1991；Gulmore 1996，Ch. 3；Richie 1996；Wacker 1981）。

尤其是对于还没有成形或者很多议员尚未对其予以全面深入思考的问题，自己就是受影响的群体中的一员这一个人性的特征，会促使一个议员产生某种道德上的压力，进而提出相关的主张，或者呼吁大家在对该群体颇为重要的问题上投赞成票。①

超越实质性代表

描述性代表的另外两个好处虽然无助于提高实质性代表，但是如欲就描述性代表的利弊进行讨论，就值得在此提及。这些好处乃是基于议会在建构社会意义和事实上的合法性方面的作用。

社会意义的建构

在某些历史情境下，成为一个特殊社会群体中的一员，就意味着是某种形式的"二等公民"。当国家曾在某个历史时期通过法律剥夺过某一群体的投票权，就会出现这种情况。在这样的条件下，一个人若是这一群体的成员，源于那段历史遭遇的某种特征就会转移到对他现在状态的评价上，"拥有这些特征的人没有统治过"，就可能导致如下暗示："这样的人没有能力进行统治或者不适合统治。"②

果真如此，被赋予这种特征的群体中是否有一定比例的成员在议会（还有诸如行政部门、法院这样的机构）这样的权力机构中任职，某种程度上将塑造该特征所具有的社会意义，而这将影响绝大多数该群体中的成员。

一个政治之外的类似案例或许可以澄清社会意义的建构过程。在美国的第二波女权运动及由此引发的女性在体育运动方面的革命之前，"女性"这个词本身就意味着与体育运动无关。这种看法当然不符合

---

① 我从众议员巴尼·弗兰克（Barney Frank）那里听到了这种看法（个人交流，1998年6月）。他是美国国会中一名公开宣布自己是男同性恋的议员，认为自己在很多与同性恋相关的问题上充当着同性恋人群的代表。

② "适合统治"的概念在德语中有一个词可以表示：Regierungsfahig。

事实：有些女性也可能具有运动天赋。但是绝大多数女性仍被认为同时也自认为不具备什么体育运动方面的能力。如今，学校里已经有女性参与的体育运动，虽然通常其水平比不上男性的体育运动；在新闻里也可以看见女运动员，虽然其出现频率同样无法与男运动员相比。但是这些社会事实某种程度上还是改变了之前对女性缺乏运动天赋的看法，这无疑对每一位女性的思想和行为都会产生影响。

同样，如果某些描述性的特征预示了公民身份上的重要差异，那么拥有这种特征的群体在代表机构中未能获得充分的代表，会使社会对所有具备这种特征的人产生偏见。例如，议会中黑人议员和女性议员的严重缺乏会给人留下这样的印象，即黑人和女性没有统治的能力，或者不适合统治。

弗吉尼亚·夏皮罗（Virginia Sapiro）在1981年就提出应该增加议会中女性的比例，以破除那种将政治视为"男人主导"的领域的观念（Sapiro 1981：712；Philipps 1995：39，79ff）。据麦克·琼斯（Jones 1976）报道，在南方被选上的黑人官员人数的日益增长改变了该地区的政治文化："将黑人视为政治中的参与者而非服从者，日益成为习以为常的观念。"（Jones 1976，406）1989年，一位阿肯色州的黑人众议员提出要致力于帮助黑人在当地的选举中胜出，因为他想打破"某些白人可能抱有的认为黑人不能或不应该在当地政府任职的神话"（Guinier 1994，54，还可参见第34、36页）。不过，如果女议员基本上都是白人，而黑人议员几乎都是男性，也依然会产生这样的暗示，即黑人女性不能抑或不应该统治。同样对于男同性恋和女同性恋，也是如此。

这些理由都是基于特定的历史语境。就规范上而言，从这些理由为描述性代表所作的辩护必须要有历史依据，以表明社会上对某群体的看法的确受到了该群体在历史上的二等公民身份的影响。为了确证这一点，上述辩护必须指出该群体在历史上曾在法律上被剥夺过投票权。

这种对描述性代表的辩护，除了会受到前面已讨论过的本质主义的责难，主要还面临这样的批评：某种程度上正是这种将该群体历史上的无能大肆宣扬的方式，削弱了从其他政治角度看同样可欲的一个主张，即该群体已经获得了一等公民的地位。正如所有声称对弱势群体要予以公正对待的要求，在公开宣扬这种弱势的同时也妨碍了该群体在进入公共领域时实现真正的平等。我们需要权衡其中的利弊。

这种部分是基于补偿的理念而提出的要求，理论上其实未必导致该群体被描绘成弱势的形象，因为提出补偿要求的也可以是在政治、经济和社会上拥有平等地位（甚至地位更高）的人，就像发生在前苏东国家要求补偿财产的案例一样。但是提出补偿的要求的确需要举出历史上曾遭受故意的不公正对待的证据，并且要令人信服地证明某种特定的补偿形式（在本文就是指某种形式的挑选式描述性代表制）是矫正这种不公正的最佳方式。①

这里对建构社会意义的辩护并非基于权利的理由，而是为了实现社会公益。这种观点不过是说，如果代价不是很大，那么任何一种有助于全社会将那些描述性群体视为有同等统治能力的措施都是有益的。

事实上的合法性

描述性代表的第二个好处是有助于增强政体的经验上的（社会学意义上的或者事实上的）合法性。当公民尤其是那些未获得充分代表的群体看到有相应比例的自己人在议会履行统治职责时，他们会觉得仿佛自己也参与了决策，这样政体的合法性就得到了提高（Gosnell 1948：131。转引自 Ritkin［1967］1972：78。还可参见 Guinier 1994：35，39；Kymlicka 1993：83；Minow 1991：286 n. 69，291；Phillips

---

① 金里卡（Kymlicka 1995）把一个国家内部存在的少数民族（minority "nationalities"）与少数族群（minority "ethnic groups"）区别开来，并且基于补偿原则就少数民族采取与多数人不同的代表形式给出了令人信服的辩护。虽然金里卡并不主张少数族群或女性实行描述性代表，但是同样可以从历史的角度为临时性的挑选式描述性代表制辩护。可参见威廉姆斯（Williams 1998）对"记忆"的论述，他建议只采取当代是否有不平等的遭遇和历史上是否存在歧视这两种标准来建构挑选式描述性代表制。据此标准，那些亚洲裔、拉丁裔、18 到 21 岁之间的年轻人以及无产者等群体就可以推选出挑选式代表的候选人。

1995）。例如前面讲过的女众议员对参议院的抨击（男性议员则没有这样做），就会让那些看到这一画面的某些女性公民感到自己得到了积极的代表。

在很大程度上，这种好处是前述诸多好处的附带结果。更容易与自己的代表沟通，认为其能更好地代表自己的利益，及确信一个人的身份本身并不意味着不善统治，这些都有助于人们感到自己更深入地融入了这个政体。这种参与感继而增进了政体在人们眼中的民主合法性。能在特定政策的制定过程中发出自己的声音（即便这种声音是通过自己的代表发出的，甚至自己的观点最终未被采纳），也有助于增强该政策的合法性。①

上述感觉往往与人们常说的描述性代表所带来的"心理上"的好处联系在一起。这种心理上的好处包括塑造行为的榜样，实现认同以及查尔斯·泰勒所说的"平等的尊严"和"承认的政治"。很多历史上发生的运动中，这些因素对于某些特定的群体可能具有非常重要的意义。

但是就那些未获充分代表的群体而言，我更愿意强调描述性代表制在建构社会意义和事实合法性上的好处，而不是诸如为该群体中的个人塑造行为榜样这样的效果，因为后者更多的是涉及个人心理层面的问题。② 相反我试图指出社会意义并不存在于描述性群体的成员的头脑中，事实上的合法性也自有其实质性的效果。

我同意群体间的关系对于个人的认同会产生重要影响。重要的是不应让弱势群体的成员产生如泰勒所说的"自我贬低"（Taylor 1992：

① 海里希和蒙特（Heilig and Mundt 1984）发现，20世纪70年代实行的从不分区的选举制度到单名选区制的转换虽然增加了墨西哥裔和黑人在市议会的数量，但是较严苛的财政约束使得这些群体即使在议会里获得了多数席位也难以实施能大大影响其选民的政策（也可参见 Karnig and Welch 1980）。不过与此同时，他们也发现与那些在不分区的选举制度下选上的代表相比，来自低收入选区的代表更乐于扮演"申诉专员"的角色，为其选民解决个人问题，提供政府服务。无论其间原因为何，选民们看来更满意单名选区制下的这种结果（Heilig and Mundt 1984：85，152）。

② 关于行为榜样，比如可以看斯韦恩对众议员克雷格·华盛顿的采访。普雷斯顿（Preston 1978：198），尤其是科尔（Cole 1976：221-223）强调了我这里讲的社会意义。

65）。从这个角度看，如果代价不是很大，我们应尽可能地让更多的群体进入所有的权力机构，及其他需要卓越表现的领域。对青年人而言，尤其需要这样的榜样。我并不是反对这一点。我只是觉得更为重要的应该是社会意义对更强势的群体的观念和行为所产生的影响。这些强势群体或者人数众多，或者更有权力。我的目标，简而言之，更多的是要改变强势群体而非弱势群体的心理。

基于同样的原因，我并不认为"象征代表"和"实质代表"是对立的。在政治语境下，"象征"这个词的前面常常会冠之以"仅仅"这个修饰词。而且，象征往往被视为"只"存在于人们的头脑之中，而非"现实"之中。心理上的需求是无形的，很容易误将"无形的"等同于"非现实的"（Swain 1993：211）。在大多数关于该主题的文献中，描述性代表的结构性效果未能得到应有的重视，人们过多地关注其在心理上的效应了，这其实未能反映它们在当代政治生活中的实际影响力。

描述性代表制的弹性建构

由于对任何一种确实有助于促进实质代表的特征的优先强调都要付出一定的代价，选民和设计制度的人都必然要权衡其中的利弊。而且因为我说过的在不同语境下描述性代表所带来的好处也是极为不同的，因此若要将描述性代表融入特定的民主制度的设计中，明智的做法应该是使其呈现非固定化、动态化及易改变的形态。

本文的分析表明，当存在以下四种历史情境时，选民和设计代表制度的人应该接受描述性代表所产生的某些代价：（1）沟通受到常常由不信任所导致的阻碍；（2）利益相对还未明确；（3）某个群体曾经被认为不适合统治；（4）某个群体认为政体的事实合法性还比较低。这些不同的语境有力地表明，任何一种描述性代表制的建构最好都应该保持一种弹性。描述性代表制的具体形式最好先采取一种可供参考的状态，并且试验一段时间，就像现在所做的一样。挑选式的描述性代表制最好也是试验性的。固定的配额制较为不可欲，因为那样既僵化又非常本质化。例如，任何一位女性（黑人）都被错误地认为可以代表所有的女性（黑人）。这种观点未能很好地反映选民多面性和交叉性的利益。

通过政治边界的划分来创造"少数族群占多数的选区"同样也是比较僵化和本质化的。而在单一选区实行的累积性投票制（Guiner 1994）则灵活得多，人们既可以选择将他们所有的票都投给一个描述性代表，也可以将选票分散投给不同的代表，其中每个代表都代表了选民的某方面利益。不过像这样的制度也会有代价，即政党在提名候选人的时候相互串通导致选举并不具有竞争性，选民因而也就丧失了参与的热情。① 政党名单比例代表制虽然也有一些众所周知的问题，但仍不失为一种产生挑选式描述性代表的相对灵活的方式，因为在每次选举中名单都可以轻易地改变。② 同样针对那些未获得充分代表的群体，政党试验性地推出某种比例的候选人，要比直接在法律和宪法里规定一个固定的配额要更好。这种临时性的安排可以随时间而调整。

其他还存在一些不那么显眼的"激活措施"，虽然毫无疑问不能像上面所述的措施那样取得更直接的成功。这些措施包括诸如成立培养潜在候选人的学校，以及旨在减少代表权上的障碍的改革，如加拿大皇家选举改革委员会探索的一些改革方案："在候选人的提名上提供选举经费上的保障及成立公共基金……；在每个政党内部成立正式的遴选委员会，用以从弱势群体中识别并提名潜在的候选人，如此等等"（Kymlicka 1993：62）。选举出来的公职人员所在的机构为其未成年儿女提供（高质量的）日常照料上的代金券，可以减少那些尚有年幼孩子的父母进入政治领域的障碍。为那些属于历史上曾处于弱势地

---

① 伊利诺斯州曾实践过累积性投票制，直到在 1982 年一次旨在通过减小议会规模来消减成本的努力中废除。这种制度导致民主党和共和党在州议会里面的比例代表的数目都得到了增加，但是选民的选择度并未因此得到同步的扩大，因为两党基于策略性的考虑常常在每个拥有三个席位的选区总共提出三个候选人（Sawyer and MacRae 1962；Adsms 1996）。

② 参见齐默曼（Zimmerman 1992，1994）就累积性投票制和不同形式的比例代表制的利弊所做的阐述。

位的群体和未获充分代表的群体的法学院学生提供奖学金，将有助于减少另一个主要的进入政治的障碍。① 这种思路在更广泛的层次将目标锁定在识别并减少那些妨碍弱势群体在参与正式的政治活动方面的结构性壁垒，这些壁垒会导致这些群体在权力机构中所占的比例偏低（参见表 1）。

表 1　描述性代表制的弹性建构

最没有弹性的

1. 由宪法规定配额

2. 由法律规定配额

3. 由政党章程规定配额

4. 划分出少数族群能够获得多数的选区

5. 在政党的决策中规定配额

6. 比例代表制或累积性投票制

7. "激活措施"

a. 为潜在的候选人提供培训和专项资金支持

b. 在候选人提名上提供选举经费的保障

c. 在候选人提名上就选举经费成立公共基金

d. 在每个政党内部成立正式的遴选委员会，用以从弱势群体中识别并提名潜在的候选人

e. 为被选上的公职人员的年幼孩子提供高质量的日常照料服务

f. 为那些属于历史上曾处于弱势地位的群体和未获充分代表的群体的法学院及公共政策学院的学生提供奖学金

最富弹性的

我在这里的目的，是希望扭转那种从非此即彼的角度看待描述性

---

① 达西、韦尔奇和克拉克（Darcy, Welch and Clark 1987：101）对符合条件的候选人予以了重点观察，发现从 970 年到 1984 年女性在州议会中所占比例的上升幅度与法律的相关规定是同步的。

代表的观点。本文认为，描述性代表并非总是必要的，而最适当的方式则是根据不同的语境来分析描述性代表，追问在何种情形下采纳描述性代表的预期收益最有可能超过其成本。代表在某种程度上是一个协商的过程。意识到这一点，会提醒我们关注那些基于不信任而受到妨碍的沟通语境和利益尚未明确的语境。在这两种语境下，通常而言，描述性代表有助于提高协商的质量，进而促进对相关群体的利益的实质性代表。这种代表制度还有两种超越代表过程本身的外部好处，即建构社会意义和政体的合法性。意识到这一点，有助于提醒我们注意过去对某些群体参政能力的贬低以及目前统治的合法性不足这两种情况。描述性代表在这两种语境下使整个政治体系受益匪浅。

参考文献

Adams, Greg D. 1996. "Legislative Effects of Single-Member Vs. Multi-Member Districts." *American Journal of Political Science* 40 (1), pp. 129 – 144.

Aminzade, Ronald. N. d. "Racial Formation, Citizenship, and Africanization." *Social Science History*. Forthcoming.

Bachrach, Peter, and Morton Baratz. 1963. "Decisions and Non-Decisions: An Analytical Framework." *American Political Science Review* 57 (3), pp. 632 – 642.

Barber, Benjamin R. 1984. *Strong Democracy: Participatory Politics for a New Age*. Berkeley: University of California Press.

Berkman, Michael B., and Robert E. O'Connor. 1993. "Do Women Legislators *Matter?*" *American Politics Quarterly* 21 (1), pp. 102 – 124.

Bernstein, Robert A. 1989. *Elections, Representation, and Congressional Voting Behavior*. Englewood Cliffs, NJ: Prentice Hall.

Bianco, William T. 1994. *Trust: Representatives and Constituents*. Ann Arbor: University of Michigan Press.

Birch, A. H. 1964. *Representative and Responsible Government*. London:

Allen and Unwin.

Birch, A. H. 1993. *The Concepts and Theories of Modern Democracy.* London: Routledge.

Boyle, Christine. 1983. "Home Rule for Women: Power Sharing between Men and Women." *Dalhousie Law Journal* 7 (3), pp. 790 – 809.

Burke, Edmund. [1792] 1871. "Letter to Sir Hercules Langriche." In *The Works of the Right Honorable Edmund Burke*, vol. 4. Boston: Little, Brown.

Burnheim, John. 1985. *Is Democracy Possible?* Berkeley: University of California Press.

Callenbach, Ernest, and Michael Phillips. 1985. *A Citizen Legislature.* Berkeley: University of California Press.

Cole, Leonard A. 1976. *Blacks in Power: A Comparative Study of Black and White Elected Officials.* Princeton: Princeton University Press.

Collins, Patricia Hill. 1990. *Black Feminist Thought.* London: Allen and Unwin.

Conover, Pamela Johnston. 1988. "The Role of Social Groups in Political Thinking." *British Journal of Political* Science 18 (1), pp. 51 – 76.

Crenshaw, Kimberle. 1991. "'Mapping the Margins': Intersectionality, Identity Politics, and Violence against Women." *Stanford Law Review* 43 (6), pp. 1241 – 1299.

Crenshaw, Kimberlt. . 1992. "Whose Story Is It Anyway? Feminist and Antiracist Appropriations of Anita Hill." In *Raceing Justice, Engendering Power: Essays on Anita Hill, Clarence Thomas, and the Construction of Social Reality*, ed. Toni Morrison. New York: Pantheon.

Crosby, Ned. 1995. "Citizen Juries: One Solution for Difficult Environmental Problems." In *Fairness and Competence in Citizen Participation*, ed. Ortwin Renn et al. Nonuell, MA: Kluwer Academic Publishers.

Crosby, Ned. 1996. "Creating an Authentic Voice of the People."

Presented at the annual meeting of the Midwest Political Science Association, Chicago.

Dahl, Robert A. 1957. "The Concept of Power." *Behavioral Science* 2, pp. 201 –215.

Dahl, Robert A. 1977. "On Removing Certain Impediments to Democracy in the United States." *Political Science Quarterly* 92 (1), pp. 1 –20.

Dahl, Robert A. 1985. *Controlling Nuclear Weapons.* Syracuse: Syracuse University Press.

Dahl, Robert A. 1992. "The Problem of Civic Competence." *Journal of Democracy* 3 (4), pp. 45 –59.

Dahl, Robert A. 1997. "On Deliberative Democracy." *Dissent* 44 (3): 54 –58.

Darcy, Robert, Susan Welch, and Janet Clark. 1987. *Women, Elections, and Representation.* New York: Longman.

De la Garza, Rodolfo O. , and Louis DeSipio. 1993. "Save the Baby, Change the Bathwater, and Scrub the Tub: Latino Electoral Participation after Seventeen Years of Voting Rights Act Coverage." *Texas Law Review* 71 (7), pp. 1479 –1539.

Diamond Irene. 1977. *Sex Roles in the State House.* New Haven: Yale University Press.

Elster, Jon. [1987] 1989. "Taming Chance: Randomization in Individual and Social Decisions." In *Solomonic Judgements.* Cambridge: Cambridge University Press.

Fenno, Richard F. , Jr. 1978. *Home Style: House Members in Their Districts.* Boston: Little, Brown.

Fishkin, James. 1991. *Democracy and Deliberation.* New Haven: Yale University Press.

Fishkin, James. 1995. *The Voice of the People.* New Haven: Yale University Press.

Fishkin, James. 1996. *The Dialogue of Justice*. New Haven: Yale University Press.

Fuss, Diana. 1989. *Essentially Speaking: Feminism, Nature, and Difference*. New York: Routledge.

Gay, Claudine. 1996. "The Impact of Black Congressional Representation on the Behavior of Constituents." Presented at the annual meeting of the Midwest Political Science Association, Chicago.

Gilmore, Glenda Elizabeth. 1996. *Gender and Jim Crow*. Chapel Hill: University of North Carolina Press.

Gosnell, Harold Foote. 1948. *Democracy: The Threshold of Freedom*. New York: Ronald Press.

Griffiths, A. Phillips, and Richard Wollheim. 1960. "How Can One Person Represent Another?" *Aristotelian Society Supplementary* 34, pp. 182 –208.

Grofman, Bernard. 1982. "Should Representatives Be Typical of Their Constituents?" In *Representation and Redistricting Issues*, ed. Bernard Grofman et al. Lexington, MA: D. C. Heath.

Guinier, Lani. 1994. *The Tranny of the Majority: Fundamental Fairness in Representative Democracy*. New York: Free Press.

Gutmann, Amy, and Dennis Thompson. 1996. *Democracy and Disagreement*. Cambridge: Harvard University Press.

Harris, Angela. 1990. "Race and Essentialism in Legal Theory." *Stanford Law Review* 42 (3), pp. 581 –616.

Haynes, Elizabeth. 1997. "Women and Legislative Communication." Harvard University. Typescript.

Heilig, Peggy, and Robert J. Mundt. 1984. *Your Voice at City Hall: The Politics, Procedures, and Policies of District Representation*. Albany: State University of New York Press.

Hyde, Janet Shibley. 1990. "Meta-Analysis and the Psychology of

Gender Differences. " *Signs* 16 (1), pp. 5 – 73.

Jackson, John E., and David C. King. 1989. "Public Goods, Private Interests, and Representation. " *American Political Science Review* 83 (4), pp. 1143 – 1164.

Jonasdottir, Anna G. 1988. "On the Concept of Interest: Women's Interests and the Limitations of Interest Theory. " In *The Political Interests of Gender*, ed. K. B. Jones and A. G. Jonasdottir. Beverly Hills: Sage.

Jones, Mack H. 1976. "Black Office-Holding and Political Development in the Rural South. " *Review of Black Political Economy* 6 (4), pp. 375 – 407.

Karnig, Albert K. , and Susan Welch. 1980. *Black Representation and Urban Policy*. Chicago: Universityof Chicago Press.

Kingdon, John W. 1981. *Congressmen's Voting Decisions*. New York: Harper and Row.

Kymlicka, Will. 1993. "Group Representation in Canadian Politics. " In *Equity and Community*: *The Charter*, *Interest Advocacy and Representation*, ed. F. L. Siedle. Montreal: Institute for Research on Public Policy.

Kymlicka, Will. 1995. *Multicultural Citizenship*. Oxford: Oxford University Press.

Lublin, David. 1997. *The Paradox of Representation*: *Racial Gerrymandering and Minority*; *Interests in Congress*. Princeton: Princeton University Press.

Madison, James. [1788] 1987. "Federalist Ten. " In *The Federalist Papers*, ed. Isaac Kramnick. New York: Penguin.

Manin, Bernard. [1995] 1997. *The Principles of Representative Government*. Cambridge: Cambridge University Press.

Mansbridge, Jane. [1980] 1983. *Beyond Adversary Democracy*. Chicago: University of Chicago Press.

Mansbridge, Jane. 1981. "Living with Conflict: Representation in the

Theory of Adversary Democracy. " *Ethics* 91 (1), pp. 466 – 476.

Mansbridge, Jane. 1986. Why *We Lost the ERA*. Chicago: University of Chicago Press.

Mansbridge, Jane. 1993. "Feminism and Democratic Community. " In *Democratic Community: NOMOS XXXV.* ed. John W. Chapman and Ian Shapiro. New York: New York University Press.

Mansbridge, Jane. 1996. "Using Power/Fighting Power: The Polity. " In *Democracy and Difference: Contesting the Boundaries of the Political*, ed. Seyla Benhabib. Princeton: Princeton University Press.

Mansbridge, Jane. 1998. "The Many Faces of Representation. " Working Paper, John F. Kennedy School of Government, Harvard University.

Mezey, Susan Gluck. 1994. "Increasing the Number of Women in Office: Does It Matter?" In *The Year of the Woman: Myths and Realities*, ed. Elizabeth Adell Cook, Sue Thomas, and Clyde Wilcox. Boulder, CO: Westview Press.

Minow, Martha L. 1991. "From Class Actions to Miss Saigon. " *Cleveland State Law Review* 39 (3), pp. 269 – 300.

Morone, James A. and Theodore R. Marmor. 1981. "Representing Consumer Institutions: The Case of American Health Planning. " *Ethics* 91, pp. 431 – 450.

Mueller, Dennis C. , Robert D. Tollison, and Thomas D. Willett. 1972. "Representative Democracy via Random Selection. " *Public Choice* 12, pp. 57 – 68.

Nagel, Jack H. 1992. "Combining Deliberation and Fair Representation in Community Health Decisions. " *University of Pennsylvania Law Review* 140 (5), pp. 2101 – 2121.

Orren, Gary. 1997. "Fall from Grace: The Public's Loss of Faith in Government. " In *Why People Don't Trust Government*, ed. Joseph S. Nye

Jr., Philip D. Zelikow, and David C. King. Cambridge: Harvard University Press.

Pennock, J. Roland. 1979. *Democratic Political Theory*. Princeton: Princeton University Press.

Phillips, Anne. 1992. "Democracy and Difference." *Political Quarterly* 63 (1), pp. 79 - 90.

Phillips, Anne. 1995. *The Politics of Presence*. Oxford: Oxford University Press.

Pinderhughes, Dianne. 1987. *Race and Ethnicity in Chicago Politics*. Urbana: University of Illinois Press.

Pitkin, Hanna Fenichel. [1967] 1972. *The Concept of Representation*. Berkeley: University of California Press.

Popkin, Samuel L. 1994. *The Reasoning Voter*. Chicago: University of Chicago Press.

Preston, Michael. 1978. "Black Elected Officials and Public Policy: Symbolic and Substantive Representation." *Policy Studies Journal* 7 (2), pp. 196 - 201.

Richie, Beth. 1996. *Compelled to Crime: The Gender Entrapment of Battered Black Women* New York: Routledge.

Sapiro, Virginia. 1981. "When Are Interests Interesting?" *American Political Science Review* 75 (3), pp. 701 - 716.

Sawyer, Jack, and Duncan MacRae. 1962. "Game Theory and Cumulative Voting in Illinois: 1902 - 1954." *American Political Science Review* 56, pp. 936 - 946.

Schlozman, Kay, and Jane Mansbridge. 1979. "Review of *Sex Roles in the State House* by Irene Diamond." *Haward Educational Review* 49, pp. 554 - 556.

Skjeie, Hege. 1991. "The Rhetoric of Difference: On Women's Inclusion into Political Elites." *Politics and Society* 19 (2), pp. 233 - 263.

Spelman, Elizabeth. 1988. *Inessential Woman: Problems of Exclusion in Feminist Thought*. Boston: Beacon Press.

Stimson, James A, Michael B. Mackuen, and Robert S. Erikson. 1995. "Dynamic Representation." *American Political Science Review* 89 (3), pp. 543 –565

Strauss, Julie Etta. 1998. "Women in Congress: The Difference They Make." Ph. D, dissertation, Northwestern University.

Swain, Carol M. 1992. "Double Standard Double Bind: African-American Leadership after the Thomas Debacle." In *Race-ing Justice, En-Gendering Power: Essays on Anita Hill, Clarence Thomas, and the Construction of Social Realit*, ed. Toni Morrison. New York: Pantheon.

Swain, Carol M. 1993. *Black Faces, Black Interests: The Representation of African Americans in Congress*. Cambridge: Harvard University Press.

Tannen, Deborah. 1994. *Gender and Discourse*. New York: Oxford University Press.

Taylor, Charles. 1992. *Multiculturalism and the Politics of Recognition*. Princeton: Princeton University Press.

Thomas, Sue. 1994. *How Women Legislate*. New York: Oxford University Press.

Voet, Rian. 1992. "Gender Representation and Quotas." *Acta Politica* 4, pp. 389 –403.

Walker, Alice. 1981. "Advancing Luna-and Ida B. Wells." In *You Can't Keep a Good Woman Down*. New York: Harcourt Brace Jovanovich.

Weissberg, Robert. 1978. "Collective vs. Dyadic Representation in Congress." *American Political Science Review*: 72 (2), pp. 535 –547.

West, Cornell. 1992. "Black Leadership and the Pitfalls of Racial Reasoning." In *Raceing Justice, En-Gendering Power: Essays on Anita Hill, Clarence Thomas, and the Construction of Social Realit*, ed. Toni Morrison. New York: Pantheon.

Williams, Melissa S. 1998. *Voice, Trust, and Menzory: Marginalized Groups and the Failings of liberal Representation*. Princeton: Princeton University Press.

Young, Iris Marion. 1990. *Justice and the Politics of Difference*. Princeton: Princeton University Press.

Young, Iris Marion. 1994. "Gender as Seriality: Thinking about Women as a Social Collective." *Signs* 19 (3), pp. 713 – 738.

Young, Iris Marion. 1997. "Deferring Group Representation." In *Ethnicity and Group Rights: NOMOSXXYIX*, ed. Ian Shapiro and Will Kymlicka. New York: New York University Press.

Zimmerman, Joseph F. 1992. "Fair Representation for Women and Minorities." In *United States Electoral Systems: Their Impact on Women and Minorities*, ed. Wilma Rule and Joseph F, Zimmerman. Westport, CT: Greenwood Press.

Zimmerman, Joseph F. 1994. "Alternative Voting Systems for Representative Democracy." *PS. : Political Science and Politics* 27 (4), pp. 674 – 677.

五、思想史视野中的代表

霍布斯论代表[*]

昆廷·斯金纳／文　李石／译　谈火生／校

I

汉娜·皮特金（Hanna Pitkin）在其名著《代表的概念》中指出，托马斯·霍布斯为我们提供了"英语世界中对代表的第一次全面而系统的讨论"[①]。她声称，正是在《利维坦》中我们才看到了"政治理论中对代表这一理念的第一次考察"[②]。在卢西恩·乔莫（Lucien Jaume）关于代议制政府的新著中也表达了类似的观点。他也从《利维坦》开始谈起，同样认为霍布斯"是第一个定义了代表这一概念"，并将其作为政府理论之核心的哲学家。[③]

在我看来，这些论断似乎给霍布斯的成就造成了双重误导性的印象。首先，它们远远不符合历史事实。当霍布斯在 1651 年发表《利维坦》时，许多英国的政治作家已经发展出了一套成熟的代议制政府理论。而且在 17 世纪 40 年代，他们已将自己的理论当作革命的武器，来挑战查尔斯一世政府，并且最终在 1649 年将英格兰转变为共和国或者说"自由国家"。我的另一个批评是，上述论断扭曲了霍布斯自己在《利维坦》中的构想。霍布斯在《利维坦》中所做的根本不是第一次阐明了政治代表的理论，而是对当时存在的一系列理论，尤其是那

　＊　Quentin Skinner, "Hobbes on Representation," *European Journal of Philosophy* 13 （2005），pp. 155 - 184. ——译注

①　Pitkin 1967：14.

②　Pitkin 1989：140.

③　Jaume 1986：7.

些斯图亚特王朝的议会派反对者在英国内战刚开始的时候所提出的理论，进行了批判性的评论。①

为了支持我的上述观点，我需要花一些篇幅来谈一谈英国革命时期的议会派作家，以及一些很少被人提及的政治理论家。需要强调的是，我并不认为自己前半部分的讨论仅仅只是为理解霍布斯的思想提供了"背景"。相反，我在这里试图质疑任何进行如下区分的企图：将政党的政治宣传手册这一背景和霍布斯政治哲学的系统工作区分开来。简而言之，我力图说明《利维坦》本身在何种程度上就是一个政党的政治宣传品，而且是一个宏大而野心勃勃的宣传手册。

II

在 1642 年秋天内战爆发的前后几个月里，查理一世政府的反对者们第一次开始印发他们关于代议制政府的理论。当时很多法学家加入了论战，其中最突出的是亨利·帕克②和威廉·普林③。另外，一大批神职人员也参与其中，如约翰·古德温④、查尔斯·赫勒⑤、菲利普·亨顿⑥和威廉·布里奇⑦。除此之外，还有一大批匿名的宣传人员，他们创作了一些非同寻常的宣传手册，比如《论根本原则》（*Maximes*

---

① 鲍姆格尔德（Baumgold）在 1988 年已经对这一观点作了有价值的研究。
② 亨利·帕克（Henry Parker）：1604—1652，宣传家和小册子作者，英国 1640 年代议会事业最有影响力的作家。从 1640 年开始，他陆续写了 20 多本小册子，提出并坚决捍卫议会主权理论。——译注
③ 威廉·普林（William Prynne）：1600—1669，英格兰清教派小册子作家，1627 年开始发表清教派论文，1660 年支持王政复辟，拥立查理二世即位。——译注
④ 约翰·古德温（John Goodwin）：约 1593—1665，英国杰出的清教派神学家、新阿明尼乌派领袖。——译注
⑤ 查尔斯·赫勒（Charles Herle）：1598—1659，17 世纪英国杰出的神学家，一位温和的长老会派牧师。他反对君权神授，强调君主的权力来自于人民，其思想被认为是从混合政府理论向权力分立思想转变的先驱。——译注
⑥ 菲利普·亨顿（Philip Hunton）：约 1600—1682，英国牧师和政治作家，以其 1643 年发表的反对绝对君主制的著作《论君主制》而闻名，该文在王政复辟时期被列为禁书。——译注
⑦ 威廉·布里奇（William Bridge）：约 1600—1670，英国宗教和政治作家。——译注

Unfolded）和《主权的赞美词》（*Soveraigne Salve*），这两篇文章都发表于 1643 年的春天。①

我将集中讨论这些理论家中最具原创性和穿透力的亨利·帕克，他的重要论文《对陛下晚近的回答和表现之观察》（*Observations upon some of his Majesties late Answers and Expresses*）最初发表于 1642 年 7 月。正像那些追随帕克的神职作家，帕克认为自己应该直面国王神圣权利理论的复辟，并对之进行回应。这一政治观点认为，现存的社会和政治秩序都是直接秉承上帝的意旨，对这一秩序的任一部分进行挑战就等同于是在挑战上帝的神圣意志。正像 1642 年 6 月查理一世在他对议会的《答复》（*Answer*）中断言的那样，他自己的权威必须被看作是信托的结果，这种信托是"上帝和法律永生永世施加于我们和我们的子孙的"。信托一词是指由他单独对上帝负责，而议会的地位不过是一个纯粹的咨询机构，"只要我们高兴，随时可以取消它"②。

议会派的宣传家们在回应这一观点时，其讨论的起点是在下述问题上提出了与之相对的观点：在上帝所创造的世界中，我们究竟处于何种位置？他们的分析既可以用消极的术语也可以用积极的术语来表述。用消极的术语来说，他们的主张是，我们没有理由将我们现存的法律和政府当作是上帝的特别赐予。正像亨利·帕克在《观察》的开篇所言，"国王将自己王权的来源归结于上帝"，然而真相却是"上帝已不再是王权以及贵族权力的源泉，也不是其神圣性以及所属命令之神圣性的源泉"。③ 约翰·古德温认为"上帝并没有降旨或指定，特定国家或社会的人民应该采取这种形式的政府或那样形式的政府"，并据此得出结论，在这个意义上，我们现在的"君主政体"可能"并不是上帝的命令"。④

---

① 这个宣传小册子是匿名发表的，但是其原作者已被确定，我在后面的参考文献中将作者的名字写在方括号内。

② Charles I 1643: 287.

③ Parker 1642b: 1.

④ Goodwin（John）1642: 8.

用积极的术语来表达，议会派的观点就是，自然状态中存在的不是国家和政府，而仅仅只是自由的共同体，它拥有管理其自身事务的各种必要手段。帕克宣称："从起源上讲，权力来源于人民，它不是别的什么东西，就是一个社会或其人民自身所具有的力量和活力。"① 菲利普·亨顿重申，在社会的成员"让自己屈从于一个公共人格，并听从其意志的支配之前"，他们可以说是"自由的人民，并没有什么事先的约定在束缚着他们"，他们"从一开始就享有自己管理自己的权力"。② 威廉·普林强调，这一观点同样适用于英格兰人民，就像任何其他"自由的人民"，英格兰人民必然从一开始就完全拥有"国家的权威、权力和各种特权"，并完全拥有自治的"权威、权力和自由"。③

对于这些议会派来说，为什么以人民的自然自由来奠定其论证的基础是如此的重要呢？这有两方面的原因。首先，这使得他们可以将政治联合体的建立描绘成完全是出于人民的决定和选择。如果在自然中存在的不是政府，而仅仅是创立政府的能力，那么，人民就应该被看作是各种权威的创造者，尽管这些权威在建立之后凌驾于他们之上。当帕克在《观察》的开篇中宣称，是人而不是上帝才是国王和大臣们手中所有权力的"自由而自主的创造者"时，他所表达的恰恰就是这个意思。人民始终是"所有权力的来源，也是所有权力的目的"，因此也就是"君主权威的终极原因"。④《论根本原则》的作者同样明确地告诉我们，"上帝并没有明确地指定哪些人应该成为统治者"，他情愿将这一权力交给人民，由他们自己来决定他们该由谁来统治。正像他总结的那样——用典型的霍布斯哲学的话语——政府的"创造者、手段、质料、形式和目的"都是由人民来充当的。⑤

---

① Parker 1642b: 1.
② Hunton 1643: 13, 23.
③ Prynne 1643: I, p. 91.
④ Parker 1642b: 1, 2, 3.
⑤ *Maximes Unfolded* 1643: 14.

　　一些议会派作家还通过更准确的术语来深化这一论证。如果只有当作为所有权力之创造者的人民为政府的权威提供背书时，合法的政府才能得以建立的话。那么，我们同样可以说国王和大臣们的统治权威必须是人民授权的，而且，只有这样的政府才是合法的，其权威也仅限于被授权的部分。威廉·布里奇解释说，当"世俗的或社会的权力"被"人民授予给一人或多人"时，法律行为就发生了，该行为使"一些人被授予了在国家内对其他人进行管辖的权限"。① 菲利普·亨顿强调，这一制度安排决定了国王的权限是有严格边界的。当人民将权力授予给某个统治者时，"他的权威也就被限定了"，而且，"他的意志不能超出那些由人民所认可的法律"。如果他接下来违反这些授权的条件，或者"权威的范围"，那他的行为"就不是合法的，也就是说，它是没有权威的"。②

　　按照议会派大多数作家的意见，我们可以对人民给其国王和大臣们进行授权的方式给出更加准确的说明。正像帕克所说的那样，他们的核心主张是：任何政治权威要想得到承认，都要求"公众同意"的表达，由全体人民明确表达出来的"共识和同意"。③ 亨顿也同样断言，每一个政府都"从它所统辖的社会的同意和选择中获得其力量和正当性"。而且，每一个君主都从全体人民的同意中获得其权力。④ 普林认为，"自由的人民"只能通过他们自己的"自由选举和同意"而成为国王的臣民。⑤

　　这些普遍同意的行为必须以契约或信约的方式来表达，在这些契约或信约中，人民表明他们对国王和其他高级官员的接受。用帕克的话来说，只有通过"契约和协议这样的政治联合"，合法的政府才能得以建立起来。⑥ 当亨顿补充道"国王没有神圣的言词和有约束力的

① Bridge 1643b：3.
② Hunton 1644：27，31.
③ Parker 1642b：1，13.
④ Hunton 1643：15，19.
⑤ Prynne 1643：1，p. 91.
⑥ Parker 1642b：1.

法律来确立自身的主权"时，他指出了神圣王权这一论证路径的问题。他们只能通过"全国人民的同意和原始契约才能得以建立起来，同意赋予他们以权力，而契约传达的则是服从的意愿"，只有这样人民才会觉得王权是可以接受的。①

可能有人会问，全体人民订立契约并同意建立政府，我们怎么可能期望发生这样统一的法律行动呢？我所考察的这些作家也考虑到了这些困难，他们的回答是：我们决不能将人民看做仅仅是个体的集合，而应该将他们看做一个统一的共同体或团体。正像帕克所说的，总是可能将他们不仅看做是个体，一个独立的主体，而且可以将他们看做是联合体，作为整体的人民或"政治联合体"。② 布里奇也同样指出，我们既可以将人民想象成"可分的"，也可以将他们想象为"统一的"。③ 正像布里奇所言，这一区分的意义在于，如果我们认为人民是"可以联合的"，那么，我们就可以说同意和订约的主体是"社会"或"全体人民"本身。④《论根本原则》的作者后来得出同样的推论。当人民通过"全体的同意"而行动时，他们可以被说成是在作为一个"整体"在行动，通过作为一个联合体所具有的"统一的力量"而行动，并因此而像一个具有单一意志和声音的独立的人那样行为。⑤

正像我在开头时所强调的那样，这些作家之所以坚持人民有原始的自然自由，还有第二个与之相关的理由。如果没有人生来就是处于奴役状态，那么，我们就无法想象他们会同意放弃他们全部的自然自由。相反，我们只能推论出他们仅会同意授权建立一个权力受到严格限制的政府。这一观点通常是对如下问题——一个合法政府最初是如何产生的，并最终呈现为目前的形式——的一个历史推测。最细腻地描述了这一历史推测的人要算亨利·帕克，而且在他的勾勒中，这两

---

① Hunton 1643: 12. Cf. also Hunton 1644: 21.
② Parker 1642b: 18 and cf. pp. 1–2.
③ Bridge 1643a: 1.
④ Bridge 1643a: 2–3.
⑤ *Maximes Unfolded* 1643: 26.

个部分是可以被区分开来的。

帕克的起点是，人作为堕落的存在，将无可否认地发现有必要尽早将自己臣服于统治者及其官员。"人类被亚当的堕落所玷污，变得粗野无礼而桀骜不驯。上帝将律法刻在其心中，亦不足以将他从悲剧的命运中拯救出来，或将他变得温良恭顺"。① 很显然，"没有社会，人就没法生存；没有法律，人就没法交往；没有权威来保证有法必依、执法必严，那法律就变得空洞而无效"。② 在这种情形之下，为了维持和平，人民的共同体才决心授权给那些道德高尚、受人信任的领袖，让他们创造出一套法律并执行之。

但是，帕克补充道：我们决不该忘记这些赋予领导以权威的人民，在他们这样做的同时，他们拥有完全的权力来管理他们自己。这样，一个必然的推论就是任何合法君主的权力都比那些赋予他权威的人民要小。"我们知道在《君主论》中权力是第二位的，是派生的"，正像帕克所坚持的，"权力源于人民，并直接由人民授予"。据此，"我们可以合理地得出如下结论：君主虽然大权在握，但是比起使其获得正当性和权力的人民和政治联合体来说，其地位还是要稍逊一筹"。③

君主"作为个体崇高无比，但面对全体仍自惭形愧"（maior singulis sed minor universis），对君主的这种定位后来在关于宪政的讨论中一再引起争议。帕克以《为反对暴政辩护》（*Vindiciae contra tyrannos*）而著称，而这一著作后来又因普林在其《议会和王国的至高权力》的附录中翻译了其中的若干段落而变得更加著名。④ 普林数次援引帕克的著作来说明如下的观点：尽管"人民中的每一个人单独来说都比君主低了一等"，但是，"人民作为一个整体要高于君主"。⑤《论根本原则》的作者也支持这一观点，他用拉丁语重申君主"作为个体崇高无

---

① Parker 1642b: 13.
② Parker 1642b: 13.
③ Parker 1642b: 1, 2.
④ *Vindiciae, Contra Tyrannos* 1579: 89, 193.
⑤ Prynne 1643: Appendix, p. 143.

比，但面对全体仍自惭形愧"，并且解释道："比较而言，君主是最伟大的"，但是，"直到他成为君主以后他才是最伟大的；同样，那些臣服的人民，直到他们将自己变成臣民之后才如此的"。①

从这一准则中议会派作家推导出另外一个更加重要的结论：如果人民比他们的国王伟大，那么，按照严格的限制性条件以缔约的方式授予君主以权威，此乃人民权限范围内之事，而履行契约则是君主不可推卸的义务之一。正如帕克所言，君主和他的人民之间的关系必须是一种"信托"的关系。人民作为一个整体"可以对信托的条件进行规定，并预先确定它希望信托应受到哪些限制"，据此，可以将统治者置于"有条件"的信任之下，使其有义务按照这些条件进行统治。②查尔斯·赫勒重申，人民作为整体总是"更伟大的、并且比君主更有力"，所以，君主总是由人民"按照特定的法则和条件创造出来的"。③威廉·普林甚至认为，"如果我们将人民当成一个集体"，它不仅"凌驾于君主之上"，而且"只要有正当的理由，人民能够限制并质疑君主的行动，以及其错误的管理措施"。④

这是否意味着，如果国王不能履行其受托的条件和条款，原先信任他的人民就可以正当地反抗他，乃至废黜他？在内战爆发前夕，帕克的言论异常小心，避免使用任何煽动性的言词。然而几个月之后，赫勒和普林等人激烈地宣称，人民有权拿起武器反抗君主，以捍卫自己的利益。普林主张我们不能认为自由的人民将"他们所有的权威、权力和特权"都完全地转移或者让渡出去了。他们必须将"至高的权力和权限保留在自己手中，以便当他们有正当理由的时候，指导、限定和约束其君主对权力的过度滥用"。如果君主的行动未征得人民的同意并违反人民的利益，人民就能够而且应该要求君主进行解释，并

---

① *Maximes Unfolded* 1643：26
② Parker 1642b：2，4.
③ Herle 1643a：18.
④ Prynne 1643：I，p.104.

且用"必要的防御性武器"进行抵抗。①

尽管有这些防范措施，在帕克所勾勒的历史画面一开篇就是以暴政和战争为其归宿的。正像他所观洞察到的，"人天生就是野心勃勃"，而且那些拥有权力的人总是被权力所腐蚀。② 我们因此可以很自信地认为，虽然人民最初给予他们君主的仅仅是根据合约和契约条款来进行统治的权力，但是他们可能很快就发现"他们所托付的官员不久就走向了暴政，他们自己也被置于非正常的毁灭危险之中，就像没有任何官员时所可能面临的危险一样，这种危险几乎是致命的"。③ 按照帕克的历史想象，随之而来的将是一段时期的无政府状态。在发现自己受到欺骗，并且缺少任何制度性手段来挽救自己的苦难时，"人民将被迫奋起反抗，并且借助一个主要派别的力量来结束所有的内部纷争"。但是，"在很多时候，灾难已经发展到无法收拾的程度"，以至于"在经过多次的毁坏和流血之后，其结果不过是用一个暴君来取代另一个暴君"。④

在第二章中，按照帕克对历史的想象，经过这个危机阶段后，最终会实现一个皆大欢喜的结局。人民认识到他们需要找到一些不太暴力并更加有效的手段来加强他们的统治权。"大多数国家"最终得出的结论是：授权公民大会，让它和君主一起来进行统治，并使他们的权力保持平衡，在必要的情况下让它们相互制衡。按照帕克的观点，当人民再一次拥有所有的权力，并向议会授权，让其代表和捍卫他们的利益，从而防止统治者和官员滑入暴政的泥沼之时，上述机制就开始运作了。⑤

当帕克及其追随者以议会的权利来代表人民时，他们在选择恰当的语汇来表达自己的主张时几乎马上就想到了"反暴君派"（monar-

---

① Prynne 1643：I, p. 91.
② Parker 1642b：39–40.
③ Parker 1642b：13.
④ Parker 1642b：14.
⑤ 参见 Parker 1642b：5，关于作为"所有者"的"整个王国"和"议会的本质"。

chomach）的论述，这很可能是受了 1579 年发表的《为反对暴政辩护》的影响。《辩护》一再强调（帕克有时候是逐字逐句地照搬），公民大会的作用是代表人民及其原始主权。① 但是，当反暴君派的作家运用这一词汇时，他们大量援引的是古希腊和中世纪的文献。如果我们要理解与"代表"这一术语相关的概念群在当时所表达的含义，我们就需要首先考察更早些时候的经典文献。

作为一个基础性的概念，"代表"（repraesentare）这一动词最初所表达的意思是将某物再现出来，将某种不在场的或缺失之物带入现场。在两种语境中我们可能会碰到该词的基本含义。其一是在法律程序中，尤其是在关于遗产支付和债务偿还的争论中。在罗马法中，这两个行为都被视为如下情况的例证：原先一方所提供或承诺给另一方的一笔钱被重新展现给指定的受益人。西塞罗已经使用了动词"代表"以及其名词形式（repraesentatio），用来指代现金的移交，② 而且，这也是《查士丁尼法典》中该词的标准用法。③

我们遭遇该词的另一个语境对于我目前的讨论来说意义更大。我们发现，从很早以前开始这个词就被用来表达产生图像或相似物——"代表"某人或某物的外在形象（repraesentatio）——的行为。在这种情况下，"代表"的含义是某些不在场的东西被重新带入我们的视野。一个经常被引用的例子是普林尼在《自然史》第 34 卷和 35 卷中关于绘画和雕塑的论述。据说艺术家帕拉修斯（Parrhasius）画了一幅如此逼真（repraesentata）的窗帘，以至于他的对手宙克西斯（Zeuxis）竟然没有意识到他看到的是一幅画，还叫人把窗帘拉下来，他想看窗帘后面的画。④

这一则轶事带领我们走进古典美学和新古典美学的核心，而且向

---

① *Vindiciae, Contra Tyrannos* 1579：47，94，194.

② Cicero 1999：XII. 29，vol. 3，p. 320 and XII. 31，vol. 3，p. 326.

③ 参见 Digest 1985：35. 1. 36. 1，vol. III，p. 187，代表通常用来指继承祖先留下来的遗产。同时参见 Digest 1985：33. 4. 1. 2，vol. III，p. 115，在那里，代表指立即付款，或是特指从嫁妆中获得遗产。

④ Pliny 1952：XXXVI，65，pp. 308 - 310.

我们展示了绘画和雕塑杰作中几乎不可思议的表现力量（或者说"效果"）。艺术的力量正在于利用自身的能力生产出形象，并利用它来再现不在场的或纯粹想象中的人或物，使观看者产生一种幻觉，仿佛真的看到了他们。弗朗西斯·朱尼厄斯（Franciscus Junius）在1638年发表的《论古代绘画》中准确地捕捉到了模仿的根本目标。在结尾部分他写道："所有试图对艺术进行严肃思考的人都必须通过这些图像使他们的心灵习惯于如下观念，他们在绘画中所看到的东西是如此的栩栩如生，就仿佛他们看到的是那些东西本身而不只是仿造之物"。①

这可能就是"代表"及其同源词在古罗马文献中的主要用法。然而，我们发现大约从4世纪的基督教时代开始，该词被用作乍看起来与上述用法完全无关的另一种用法。我们发现它们被所谓的教会博士用来指以他人的名义发言或行动的行为，而且是特指那些得到允许或授权的行为。

在圣·安布罗斯（St. Ambrose）的信中可以发现一个较早的例子。当萨洛尼卡的主教（他曾通过和蛮族部落谈判而成功地保卫了萨洛尼卡省）去世时，他给那里的人民写了一封慰问信。安布罗斯担心现在已经没有人能够再像主教那样如此有效率地为他们说话和做事了，他用了一个反问句来表达自己的担忧："现在谁能够代表我们呢？"② 在格雷高利（Gregory Great）的书信中可以发现一个更加明显的例子。他派了一个主教到西西里去，他写信去安抚当地的圣会：通过这一任命，"当我们自己不能亲自到场的时候，那些经我们指导的人将代表我们的权威"③。

在拉丁语中，"以他人的名义发言或行动"这一观念最初并不是以这种方式被使用的。开始时人们借用了一系列源于戏剧的隐喻，最典型的例子就是西塞罗。他用这些隐喻来说明在法庭上为委托人说话，

① Junius 1638：345.

② Ambrose 1845：col. 958："hunc nobis quis poterit repraesentare?"

③ Gregory 1887－1899：vol. I, p. 1："ubi nos praesentes esse non possumus, nostra pereum, cui praecipimus, repraesentetur auctoritas."

或执政官以公民的名义行动。西塞罗围绕着角色、面具展开了极具影响力的分析，在古代的戏剧中演员通过佩戴面具来标明他们所扮演的角色。西塞罗认为，当我替他人说话或做事时，就仿佛戴上了他们的面具，其结果就是我可能被说成是"承担"或"承受"着他们的人格——扮演他们的角色，以他们的名义行动。这就是他在《论义务》（De officiis）第一卷中所使用的含义，我们将官员看作是公共角色的扮演者。一如《论义务》的第一个英语译本所译："一个官员的职责是承担一个城邦的人格，并以其尊严和信仰来维护法律。"①

西塞罗对如下思想也很感兴趣：由于我们可能有许多职责和义务需要承担，所以可以说有许多角色等着我们扮演。他在很多地方论述及此，② 但最详细的可能要算《论演说家》（De oratore）第二卷。在那里他借安东尼乌斯之口来说明，作为一个辩护人，他是如何开始准备一个案件的。安东尼乌斯解释说，他首先去采访了他的委托人，然后努力准备自己的辩护，并且预测他的对手将进行的反驳以及法官的反应。他总结道：他竭尽全力"毫无偏袒地去扮演着三个角色——我自己、我的对手，还有法官"③。

西塞罗在上述文本中从未使用过"代表"的动词形式，但我们并不难看出该词最终是如何作为一种替代性方式，被用来表达如下的观念：可以"承担另一个人的人格"。如果说"当我为你说话或行动时，我在承受或承担着你的人格"这种说法是有意义的，那么，"我为表现你的自我提供了一个图像或代表"这种说法同样可以说是有意义的。不管怎么说，在中世纪早期这一语义终于发展出来了，其结果就是在中世纪早期，"代表"一词不仅用来描绘某人的外貌，而且指以他人的名义说话和行动，这成了"代表"一词的标准用法。

---

① Cicero 1534：Sig H，1r. Cf. Cicero 1913：I. 34. 124，p. 126："Est igitur proprium munus magistratus intellegere se gerere personam civitatis. "

② See，for example，Cicero 1913：I. 30. 107，p. 108；I. 32. 115，p. 116 and III. 10. 43，p. 310；Cicero 1949：I. 16. 22，p. 44；I. 52. 99，p. 148.

③ Cicero 1942：II. 24. 102，vol. I，p. 274："tres personas unus sustineo summa animi aequitate，meam，adversarii，iudicis. "

"代表"一词后来又经历了一个长期而复杂的演变过程，尤其是关于法学和教堂艺术的讨论中。但是，就我目前所关心的问题而言，关键之处在于当16世纪60年代激进的宣传家们开始讨论议会代表人民的能力时，他们常常故意强调如下的事实，即他们不仅对我此处所讨论的这些含义感兴趣，而且还非常关心它们之间的关系。

当他们说议会代表人民时，其基本含义是议会有权以王国或者全体人民的名义言说和行动。正像帕克在他的《观察》中所说的，强调"上、下两院代表整个王国"就是在宣称，他们"被赋予了通过讨论并形成一致意见的权利"，并且，他们"代表了整个王国"。[1] 亨顿后来在其《君主论》（*Treatise of Monarchie*）中也表述了极为类似的观点，当我们说"下院由人民选出并代表人民"时，我们的意思是"尽管下院议员是由人民挑选和选举产生，但他们拥有与人民同样的制定法案的权力"。[2]

有时候议会派通过将下院议员描述成特殊的行动者，以进一步澄清他们的观点。他们有时将议员说成是"代表"（representatives），有时说成是"扮演者"（representers），后者似乎是他们第一次引入英语中的。[3] 帕克说他们是王国的"代表"（the Representatives）；[4] 赫勒则将他们称为"扮演者"（Representers），并认为他们所扮演的角色是"代表英格兰所有的平民"；[5] 亨顿也将混合宪法描述为国王和议会中"整个王国的代表"之间的关系。[6]

同时，这些作家经常清楚地表明，他们头脑中还有另外一个想法。当他们说议会代表人民时，那也意味着议会本身就是全体人民的一个可见的形象或类似物。他们经常表达这样的观点：两院可以说是提供

---

① Parker 1642b: 9 – 10.

② Hunton 1643: 47.

③ 他们对这个词的使用使得在 OED 中对于其用法的记录提前了，而且很可能是最早的记录。

④ Parker 1642b: 11.

⑤ Herle 1643b: 30.

⑥ Hunton 1644: 50.

了一个"象征"——一幅图画或肖像——来代表作为整体的人民。帕克在《观察》中用的正是这样的术语，将议会描述为"作为整体的人民"（real body of the people）的"象征"，以及规模更小的"整个国家"的"象征"。①《主权的赞美词》的作者与之遥相呼应，他同样将议会说成是"整个王国"的"象征"。② 随后，帕克的观点得到了更为广泛的响应，包括古德温、赫勒和亨顿，他们都将两院描述为王国、民族或全体人民的图像或象征。③

他们中的有些人很认真地考虑其隐喻的视觉内涵。帕克甚至将议会说成是一件艺术品，④ 称赞其"成分之纯净"、"结构之精美"，以及"令人惊异的沉稳冷静"的品质。⑤ 沿着这一思路，他指出议会至少有三种形象，每一种都带有强烈的政治寓意。

帕克所说的第一个形象来源于这样一个事实："作为整体的人民"不仅笨拙，而且其行动无章可循，因此，其自身不具备行动能力。⑥据此，他认为有效的代表不仅要能映现出作为整体的人民，而且其规模应该很小，其要旨是捕捉到人民全体的"精粹"所在。⑦ 正像他后来在《论人民的权利》（Ius populi）中解释的，英国议会就是这样一个人民的好"代表"，其原因在于选举过程通过人为的设计和精巧的机制，使"杂乱无章而粗俗的大多数"变得"井然有序"。⑧

帕克的第二个建议是，一个好的人民代表应该像一幅精美的肖像，它要有足够的相似性，保证每个细节都是按比例伸缩。他对英国的议会相当自信，认为在英国议会中这种比例性恰如其分地得以实现了。不仅下院的议员是从国家中"各个地区"中选出来的，而且，他们一

---

① Parker 1642b：15，45.
② *A Soveraigne Salve* 1643：8.
③ Goodwin（John）1642：2；Herle 1643b：12；Hunton 1643：47.
④ Parker 1642b：15.
⑤ Parker 1642b：15，23.
⑥ Parker 1642b：14–15.
⑦ Parker 1642a：4.
⑧ Parker 1644：18.

起又构成了一个"平等而合乎比例的"整体。在下院中，"所有的阶层都享有他们应得的部分"，其结果是，作为人民的代表，没有人可以在其中占有绝对优势。① 正像他后来在《论人民的权利》中补充的那样，它以一种"充分而准确的方式代表"了"真正的"全体人民。②

最后，帕克强调以拟制的方式来代表人民绝非是对其外部表征的简单复制，其机制要比复制巧妙得多。正像一幅好的绘画一样，必须着眼于创造栩栩如生的画面，越生动越好。这样的比喻还包含着这样的警告：人民不应选举和推选那些总的来说和自己一模一样的人来当下院的议员。我们不希望找普通的人来代理普通人。我们想"通过选举和代表机制来保证，为数不多的一些人可以成为全体人民的代表，明智之士可以替普通民众进行决策，全体的智慧都能汇聚到某些人身上，而他们的审慎将使全体人民受益"。③ 总之，我们想保证那些被选举出来的人都是"聪慧过人的饱学深思之士"。④ 帕克接着补充道，在英格兰，"代表"的理想已经"在议会这一令人崇敬的机构"中成功地得以实现了。⑤

帕克及其追随者不是将"议会代表人民"这一主张中所包含的两个元素简单地拼接在一起，就像我以上所做的那样。其代议制政府理论的核心是他们将这两个元素结合起来的方式。他们提出的核心观点是，一旦我们抓住了二者结合的性质，我们就会发现——正像《主权的赞美词》的作者所说的——议会的决定"在政治上绝对可靠"，这一点是真实不虚的。⑥ 无论是两院决定采取什么行动，他们都不会违背全体人民的利益。⑦

---

① Parker 1642b: 11, 23.
② Parker 1644: 19.
③ Parker 1642b: 15.
④ Parker 1642b: 11.
⑤ Parker 1642b: 15.
⑥ *A Soveraigne Salve* 1643: 22.
⑦ For this contention see also Herle 1642: 16–17.

这正是保皇党在批评他们时所着力要予以驳斥的核心观点。他们想知道这种神秘的信念如何可能得到证明?① 在回应这一批评时,议会派到达了他们的代议制政府理论的核心。首先,他们提醒我们,当人民最初授权议会以他们的名义发言和行动之时,他们成立了一个机构,这个机构准确而逼真地按照比例反映了全体人民的真实状况。据此,当这一被选举出来的机构行动之时,其行动不可能不是按照全体人民自己所可能采取的方式来进行。简言之,议会不可能不按人民的最大利益而行动,其原因就在于议会完全是人民"活生生的"再现。

帕克在《观察》的后半部分转而论述英国的王权和议会之间的纷争时,他给出的正是这样的论证思路。他明确地告诉我们"任何通过自由选举而产生的议会"都不可能"伤害整个王国,或实行专制统治"。② 设想这种情况的出现不仅背离了常识,而且是对议会性质的误解。③ 之所以产生这样的误解,是由于没有看到:"借助代表机制",议会可以被看做是"整个国家"本身。代表的"作用"或力量就在于,它使议会成为"整个王国本身的一种拟制"。④

帕克及其追随者们用"拟制的"(virtually)一词来描述议会的权力,并以此减缓其语气,这一点也不令人感到吃惊。在他们那一代人中,任何人将议会说成是全体人民的"拟制",那就等于是说议会"几乎"或"实际上相当于"全体人民本身。⑤ 与之对照,帕克的意思是"通过代表机制"——也就是,通过创造一个逼真的图像,并借助其力量——议会所代表的"既不是一部分人,也不是少数人",而就是"国家本身"。⑥ 说议会几乎就是人民,这也就是说就其根本属性

---

① 这一指责最早是被《批评》的作者提出的(*Animadversions* 1642:4,10),后来被许多人重提。

② Parker 1642b:22.

③ Parker 1642b:45.

④ Parker 1642b:28.

⑤ OED 对该词的使用可以追溯到 17 世纪 50 年代到 60 年代,其标准用法是指某物几乎(但事实上不是)等同于他物。

⑥ Parker 1642b:34.

和权力而言，议会与人民没有什么两样。它的声音可以被看做是"整个王国的声音"，它的建议可被看做是全体人民的意见。①

对议会绝对可靠性进行辩护的这种思路，一开始并没有被追随帕克的宣传家们所采用，他们甚至都没有清晰地理解这种辩护。② 后来，帕克在1643年1月发表的《反对复辟》（*Contra-Replicant*）③ 中又重申了这一观点，这才使其得到了广泛的讨论并传播开来。《主权的赞美词》的作者在1643年4月写道（他感到这样可以打消其读者的疑虑）："议会不可能篡夺（即使它想这么做）"人民的权利。这是因为通过"代表机制"，议会就是"整个王国"本身，因此，当议会掌握主权权力时，主权仍然掌握在"人民自己手中"。④ 一个月以后，赫勒在《对弗尼博士答覆的回应》中得出了同样的结论。他认为将主权完全委托给议会并无任何危险，因为"他们是代表我们的，他们所考虑的正是我们的利益"。⑤ 最后，帕克自己在1644年的《论人民的权利》中对此进行了进一步的阐述，他强调："议会与其所代表的人民有同样的利益"，其原因在于"议会不是别的什么东西，它就是人民本身的一个拟制"。⑥

在议会派作家的历史叙事中，混合君主政体是最好也是最稳定的政府形式。帕克在他的《观察》中以经典的形式清晰地阐明了这一理论，亨顿在其《君主论》中也做到了这一点。他们都主张在英国宪政体制中主权一般由国王和议会两院共同掌握，任何议案要想成为法律都必须得到三者的一致同意。⑦ 然而在内战爆发以后，一些宣传者开

---

① Parker 1642b：37，39。

② For a partial exception see Goodwin (John) 1642：2，28。

③ 参见 Parker 1643：16："议会不是别的，它就是整个英格兰……通过代表更加紧密地团结在一起。"

④ *A Soveraigne Salve* 1643：4，8，17。

⑤ Herle 1643b：12。

⑥ Parker 1644：18－19。

⑦ Parker 1642：16. 但是帕克补充道，在紧急情况下，两院可以在国王不在场的情况下通过法案（pp. 16，34）。请比较亨顿的观点，他认为即使是在紧急情况下，任何一方都不能支配另一方。Hunton 1643：27－29。

始追随查尔斯·赫勒，采用在他 1642 年 12 月发表的《完整的答覆》中所阐述的更加激进的理论。赫勒同意在原则上这三者必须共同工作，但是他又坚持认为，当发生异议时，两院的意志必须高于国王的意志。这一思路所导致的主要结果就是议会主权论。正像赫勒所总结的："国家判断的最终结果"必须总是寓于"议会的两院"之中。①

III

虽然以上所勾勒的理论在内战过程中已经发展得非常系统，但仍然遭到直接而猛烈的攻击。为君主的神圣权利进行辩护的宗教贵族们一浪高过一浪地批判议会派的每一个前提。奥索里的大主教格里菲斯·威廉斯是其中的首要代表②，他的《大逆不道的造反》（*Vindiciae Regum*）对帕克和古德温 1643 年的著作进行了猛烈的攻击。他宣称没有任何权力是来自于人民的。上帝是"王权的直接来源"，因此，"国王的权力和权威源自并且主要的就是上帝的命令（就像圣·保罗所说的那样）"。③ 而且，这一命令赋予了现任的国王以绝对的权威，任何反抗他的行为都"毫无疑问是对上帝的亵渎"。④ 在这样的一幅画面中，如果我们要问国王和议会之间是什么关系，威廉斯会小心翼翼地回答说：议会当然是"整个国家的代表"。⑤ 但是，由于它仅仅是一个隶属于国王的实体，因此，它绝不可能行使任何实质性的权力，最多只是一个咨询机构。"既然国王有召集议会的权力，因此，他也就有解散议会的权力。而且，任何时候他想解散议会就可以解散它，他还必须有按照其意愿进行否决的权力。"⑥

---

① Herle 1642：2.

② 里菲斯·威廉斯（Griffith Williams）：1589 – 1672，英国国教主教，强烈反对清教。1643 年发表的《大逆不道的造反》是他反对议会派的名作，为他赢得了巨大的名声。议会公开下令将其焚烧，古德温撰文对之进行反驳。——译注

③ Williams 1643：48 – 49.

④ Williams 1643：52.

⑤ Williams 1643：63，67.

⑥ Williams 1643：67.

不久，平等派也对之发起了更为猛烈攻击，但其攻击和宗教贵族们的攻击一样凋谢了。平等派通常会做更多的让步，他们首先会承认议会派的观点是一个很好的理想。例如，理查德·奥弗顿（Richard Overton）① 在 1647 年发表的《诉求》（Appeale）中一开篇就赞同如下的观点：人民生来就是自由的，并拥有主权，而且人民授权议会，让议会来行使其原始主权。② 他还认为议会的决定之所以具有权威，其原因不仅仅是因为人民赋予议会以权威，而且还是因为被授权的议会与人民自己惟妙惟肖。这第二个条件被认为是必不可少的："因为正像那些被代表的，必须是这些而不是那些人来充当代表，必须以这样的比例、表现形式和形象来代表；否则，它就不是人民的代表，而是其他人或事物的代表了。"③

然而，奥弗顿接下来就开始批评如下的观点：现实中的议会形象地反映了人民的状况，代表了人民的意志。他公开指责这种观点是虚伪的，他反驳道：人民的基本意愿是他们的安全和自由能得到保障。但是两院中"有如此众多的议员已经背叛这一宗旨，他们背叛了人民的福祉和安全"④。这就意味着他们"不能成为英格兰自由民的代表"，因为"自由民的代表必须真正为自由而行动"⑤。进一步的推论是，议会目前的行为缺乏任何合法性。两院已经"堕落，他们已经丧失了人民所赋予它们的权威，他们已不再是人民的代理人或受托人，除非专制和压迫就是他们受托的实质和目的"⑥。

在议会派的反对者中，没有人能够像托马斯·霍布斯在《利维坦》中那样，如此顽强地纠缠于他们的论证，并且给予他们以如此敌

---

① 理查德·奥弗顿（Richard Overton）：1599–1664，英国内战时期政治小册子作家、平等派。他是人民主权的狂热信徒，并鼓吹废除君主制，曾因宣传其观点遭到两度入狱，1655 年逃到佛兰德斯。——译注

② Overton 1647：3，10.

③ Overton 1647：12.

④ Overton 1647：9（recte p. 13）.

⑤ Overton 1647：12.

⑥ Overton 1647：12.

意的回应。在考察霍布斯的回应之前，值得我们注意的是，霍布斯只有在《利维坦》中才将自己和这些宣传者们关联在一起，他后来在《贝希摩斯》（*Behenmoth*）中轻蔑地称他们为"民主先生"。① 当他在1640年发表《论法律原理》（*Elements of Law*）和1642年初出版《论公民》时，还没有任何议会派的理论可供他批判。相反，根据我的上述分析，我们可以毫不夸张地说，霍布斯在《利维坦》中提出的整个关于合法政府的理论就是对议会派理论的批评。

这并不是说霍布斯在每一个方面都是与民主先生们针锋相对的。恰恰相反，他不厌其烦地强调他完全赞同民主先生们的基本前提，如他们对神圣权利的否定，以及自然状态必须是一个所有的人都享有平等自由的状态。② 他还同意他们所描述的人在自然状态中所享有的自由的基本特征。正像他在第21章所宣称的那样，"绝对的自然自由"在于"免遭法律的干涉"，他后来补充道："也就是自然法所赋予我们的自由"。③

霍布斯也完全同意我们的自然自由可以合法地被臣服于政府的状态所代替。他在第18章中说道：唯一合法的机制是"被授予主权的某一个人或某一些人所有的权利和职能"必须是"由群聚的人一致同意授予的"（p. 121）。④ 在其后的一系列段落中，霍布斯一再重强调了同样的观点。在"论民约法"一章中霍布斯又重复道：无论是哪种类型的共和国，主权都必须"通过每一个人的同意才得以建立起来"；在"论赏罚"这一章中他又说："所有的主权一开始都是由每一个臣民的同意所赋予的。"⑤

任何读过《论公民》和《论法律原理》的读者都不会对霍布斯的上述观点感到陌生。在这里，他已经强调了自然状态是完全的"自然

① Hobbes 1969b：26.
② Hobbes 1996：90.
③ Hobbes 1996：147，154，200
④ 从这里开始，在引用《利维坦》的原话时，我将在引文后面的括号中注明页码。
⑤ Hobbes 1996：189，219.

自由"①的状态，而且唯一能合法地剥夺这些自由的方法只能是明确的同意，即人们同意将自己置于政府的统治之下。②然而，他在后来的《利维坦》中对于这一论证做了一个令人惊讶的补充。当他在讨论我们通过何种方式来表达我们的同意时，他认可并继续使用议会派在17世纪40年代所发展的这一套政治词汇。他赞同这样的观点：我们作为政治权威的所有者而行动，而且我们以如下的方式缔结合约——指定某些人或机构来代表我们，授予他们以权利和权威，使他们能以我们的名义发言和行动。③

霍布斯沿着这一思路继续向前，其观点和议会派遥相呼应，都将人民作为所有权力的所有者。他欣然承认当我们按约建立国家时，我们就变成了"按约建立的主权者一切行为与裁断的授权者"（p.124）。除非我们是我们所臣服于其下的权力的所有者，否则，这些权力就不具合法性。其原因是"任何人本人不是授权人时，就不会受所订信约的约束。因之，违反其所赋与的授权或在这种授权范围之外订立的信约，他也是不受约束的"（pp.112–113）。

霍布斯也同意那些将政治权威授予他人的授权行为的特殊性质。当我缔约时，我做出的承诺是"我承认这个人或这个集体，并放弃我管理自己的权利，把它授与这人或这个集体，但条件是你也把自己的权利拿出来授与他，并以同样的方式承认他的一切行为"（p.120）。接着，在18章讨论主权者的权利时，他一开篇就对此做了进一步的分析。他补充道，我们可以说当一个代表被选出来时，一个国家就按约建立了。在这个基础上，"每一个人，无论是赞成还是反对（谁来充当代表），都将对（作为代表的）这个人或这个集体的一切行为和裁断授权"（p.121）。

授权某人以我们的名义发言和行动，这到底是什么意思？在这个

---

① Hobbes 1969a：71，73；Hobbes 1983：94.

② Hobbes 1969a：101，103；Hobbes 1983：133–134.

③ 霍布斯只在他所谓的"按约建立的国家"而不是"以力取得的国家"中完成了这一分析的。参见 Hobbes 1996：121。因此，我的评论也仅限于前一种情况。

问题上，霍布斯继续跟随议会派。在第16章中，他从西塞罗从戏剧角度关于这一问题的讨论开始。首先，他提醒我们在拉丁文中"人格"（persona）这个词是"人在舞台上装扮成的某人的化装或外表，有时则专指装扮脸部的面具或面甲"（p. 112）。他接着解释道，这就是为什么"代表某人就是承当他的人格，或以他的名义行事"。而且他还引用了《论演说家》中的段落，在其中西塞罗谈到代表所承担的三重人格："我自己、我的对手和法官"（p. 112）。霍布斯的第一个结论就是：给某人授权就是赋予他们扮演另一个人的权利。

然而，正像他所正确观察到的，最初源于戏剧的这一术语最终被普遍地应用于"任何行动与言论的代表，就像在法庭和剧院中一样"（p. 112）。因此，所谓给某人授权，其含义就是任命这样一个"扮演者"或者"代表"。他解释道："人格"就是让某人"代表他自己或别人行动"，所以，一个代表就是一个行动者，"他拥有言论和行动的自由：在这种情况下，行动者根据授权而行动"（p. 112）。而且，现在人们用不同的术语来称呼这些被授权的行动者，霍布斯所开列的清单中包括"律师、代理人、代诉人"等。但是值得注意的是，在他所开列的清单中打头的是"扮演者"（Representer）这个词，该词最早是由议会派和平等派引入相关问题的讨论当中的（p. 112）。

这些论证对早些时候《论法律原理》和《论公民》中的分析进行了拓展。在那里他没有提及所有者，也没有提及授权，更没有提到扮演和代表。他只是简单地将政治契约描述为一个协议，通过这个协议人们放弃自己的权利，并将自己置于政府的统治之下。① 以前人们在

---

① 这不是说《论法律原理》和《论公民》缺乏授权和代表的概念。霍布斯在这些作品中强调每一个人的意志都"包括"在主权者的意志中，而且，国王"就是"人民，此时他已经将国王看做被授权的代表了。例如 Hobbes 1969a：124 – 125 和 Hobbes 1983：190。我的观点是，霍布斯从未使用授权和代表这样的词汇，在上述两个著作中，霍布斯都将缔约行为描述为放弃我们权利的行为。参见 Hobbes 1969a：104 和 Hobbes 1983：134。可以补充的一点是：在这些较早的著作中，授权和代表这样的观念是暗含的，它们的出现会与霍布斯明确的论点——缔约行动仅仅包括权利的让渡——存在张力。

评论霍布斯的《利维坦》时，常常认为其理论极具原创性，并认为他在最初的论述中一定会碰到某些弱点、困难，乃至矛盾，并且肯定下定决心要重新塑造其理论，以应对那些困难。① 这些假设大多是猜测性的，并将一些需要探究的问题视为理所当然，与此不同，我接下来的主要目标是试图修正上述观点，并给出新的解释。在我看来，关键之处在于霍布斯对他的对手议会派所发展出来的独特的政治语汇进行了修正，并在此基础上发展出自己的理论。我将表明他所做的正是要努力使对手的观点变得不可信，但其手段则是通过证明如下的观点：我们可以在接受其基本理论结构的同时，拒斥议会派从中引申出来的各种激进的结论。这是《利维坦》所采取的一种新的修辞策略，正是通过这种方式霍布斯阐发了一种非常独特的代表性政府理论，而这也是我们接下来需要考察的内容。

IV

为了弄清霍布斯是如何实施其新的策略，我们需要从一个关键之处开始，那就是他与民主先生们在"合法政府的起源"这一问题上的分歧。如前所述，议会派假设政治联合体最初是从自由的，同时也是自然的群落和共同体中产生的，并且，人民全体必须被看做是（在帕克的意义上）主权权力的"恰当主体"。② 在霍布斯看来，这是大错特错的。在《利维坦》第13章中，他对自然状态进行了戏剧化的描述，其目的之一就是指出这一错误。他反驳道，根本就没有"全体人民"这样一种东西。在政治联合体之外，我们所能发现的只有"群众"（throng）或由"单个的人"组成的"乌合之众"（multitude），除此之外别无他物（p. 90）。而且，在这种乌合之众的状态中，每个人的欲望和力量都是相似的，人与人之间相互"分离"，而且"人人相互为敌"（p. 89）。其结果就是，在自然状态中，不仅人处于"孤独"状

---

① See, for example, Gauthier 1969：99，120，126；Zarka 1999：325，333.
② Parker 1642b：44.

态，而且既没有"自然的群落"，也没有"习俗和共同体"；它实际上是一个永久的"所有人对所有人"的战争状态。①

根据霍布斯的看法，由于没有认识到自然状态的这种令人惊恐的事实，民主先生们误入歧途，错误地理解了政治契约的性质。如前所述，他们认为全体人民可以像"单个人"那样行动，与他们指定的统治者签订契约，并一致同意臣服于他的统治。霍布斯彻底否定了议会派的这种观点。他反驳道：在臣服于主权权力之前，人民还不是"一个人"。他们仅仅是一个个单独的个体，相互仇视，换言之，他们还是"一群没有团结起来的乌合之众"（p. 122）。如果假设人类在自然状态中是另外一种情形，那就误解了人类的自然状况。

如果政治契约不是由全体人民和他们指定的统治者之间所签订的协议，那它可能以什么形式出现呢？霍布斯的创造性回答是，它是由这群乌合之众中的每一个人和每一个人之间签订的一项契约。他们自己之间相互同意"将他们所有的权力和力量付托给某一个人或一个能通过多数的意见把大家的意志化为一个意志的多人组成的集体"。他们订立协约，也就是"通过每一个人与每一个人之间的契约"来选定一个人或集体作为他们主权的代表。每个人都与其他人订约，"大家都把自己的意志服从于他的意志，把自己的判断服从于他的判断"，其结果就是主权者从"国家的每一个个体"那里获得自己的权威（p. 120）。

一旦这群乌合之众中的个体成员都同意臣服于主权者，这一行为最终将纯粹的"乌合之众"锻造成了一个"人"，这才是事实。因为他们现在有了单一的意志和声音——那就是他们的主权代表的意志和声音——它被当做是所有人的声音。正像霍布斯总结的那样，"一群乌合之众，当他们由一个人或单一的人格来代表时，就变成了一个人"（p. 114）。缔约的结果是"全体真正统一于唯一的人格之中"（p. 120）。然而，正像霍布斯不断强调的，这是一群乌合之众能被视

---

① Hobbes 1996：88，89，90 and cf. p. 171.

为一个统一的全体人民的唯一方式。他通过批判性地分析其对手议会派的观点来得出自己的结论。"这人格之所以成为单一，是由于代表者的统一性而不是被代表者的统一性"（p. 114）。对此，他还补充道，不能像通常所相信的那样，"将一群乌合之众理解为一个统一的整体"（p. 114）。

到此为止，《论法律原理》和《论公民》的读者仍不应对霍布斯对人民主权理论所进行的攻击感到陌生。在那里霍布斯早已论证，人民在自然状态中仅仅是一群乌合之众；① 政治契约是由"每个单独的个体"之间签订的协议；② 而且，仅仅是创立一个主权者这一行为就能将一群乌合之众转变成一个统一的整体。③ 然而，如果我们现在回到《利维坦》就会发现，在此基础上霍布斯的论证转向了一个全新的领域。他认为，一旦我们认识到没有所谓的全体人民这样的东西存在，我们就有希望驳倒议会派在 17 世纪 40 年代提出的关于授权和代表的所有观点。

如前所述，议会派关于授权和代表的理论通常是以历史推测的形式来解释合法政府是如何产生的。在他们的解释中，其起点是原始状态中的全体人民或人民共同体认识到他们需要法律秩序，因此和他们指定的一个统治者订立契约，并授权给他，让他代表全体人民发言和行动。所有的合法政府都必须得到明确的授权，霍布斯对此并没有异议。然而，他所不能接受的是，向主权代表进行授权的行为是由作为整体的全体人民来完成的。正像他在第 16 章中所驳斥的——霍布斯扬弃了议会派的观点——这一观点忘记了"一群乌合之众天然地不是一个整体"，而是"杂多的"。因此，"对于他们的代表者以他们的名义所说的每一句话或所做的每一件事，都不能理解为一个授权人，而只能理解为许多授权人"（p. 114）。因为在政治联合体之外，除了"乌合之众"别无他物。主权只能由乌合之众中的每一个个体成员进行授

---

① Hobbes 1969a：104，108－109；Hobbes 1983：136－7.

② Hobbes 1969a：119；cf. Hobbes 1983：133.

③ Hobbes 1969a：103，108－109；Hobbes 1983：133－134.

权的方式，"每一个人都以个人的身份对共同的代表者授权，当授与代表者的权无限制时，他们便要承认他一切的行为"（p. 114）。根据霍布斯的社会本体论，主权没有可能以其他任何方式被授予。

当霍布斯转而考察议会派将全体人民理解为所有权力的原初所有者的观点时，他此前对契约性质的讨论所具有的意义就昭然若揭了。正像我们所看到的，议会派的第一个推论是：当人民和君主缔约时，全体人民或人民共同体必须保留比君主更高的地位。霍布斯在《论法律原理》或《论公民》中对此没有做任何评论，但是，在《利维坦》中，他通过方法论个体主义的方法对授权契约进行了分析，并将其弃置一边。他轻蔑地回答道："有些人说主权君主的权力虽然比每一个臣民单独说来大，但比全体臣民总合起来的权力小，这种说法是没有根据的"（p. 128）。

这一观点之所以没有根据，是因为根本没有全体人民这回事，对此，我们可以从两个角度来加以理解，但这两种方式均不能令人满意。其一，假设当议会派谈到与"每一个人"相对的"全体"时，他们所指的不是一群乌合之众在授权给一个主权者时将他们自己转变成了一个单一的人格，而仅仅是指乌合之众本身。但是如果真的是这样，那么他们的论证将是无效的。"因为他们所说的全体，如果不是如同一个人一样的集体，那么全体一词和每一个人一词所指的便是同一回事，这句话便荒谬不通了"（p. 128）。唯一的可能是，假设当他们说"全体"时，他们确实是指一群乌合之众在授权给一个主权者时将他们自己转变成了一个单一的人格。但是，即便如此，他们也会被驳倒。因为"如果他们所谓的全体所指的是把全体臣民当成一个人看待，而这一人格又由主权者承当，那么全体的权力和主权者的权力便是同一回事，在这种情形下，这话便也是不通的"（p. 128）。

议会派的第二个推论是，当人民给主权者进行授权时，他们可以就主权的含义和条件与主权者进行谈判，而且，正像霍布斯所指出的，人民事先将这些条件施加在主权者的身上（p. 122）。霍布斯在第 18 章转向这一观点，他企图证明这一观点更加荒谬。假设一群乌合之众的每一个成员都与指定的统治者单独订立信约，那么，在统治者取得了统治权以后，他可能"破坏"最初订立的信约吗（p. 123）？当统治者取得他的主权权利，其结果就是他的每一个臣民都必须心甘情愿地"承认"并"承担"这个主权者以他们的名义所做的一切行为。因为这行为"是代表他们每一个人的人格，并根据他们每一个人的权利作出的"（p. 123）。但是，这就意味着无论他事先接受任何对其行为的限制，这些协议现在都将变得空洞而无效，因为，"不论任何行为如果能被其中的任何一个人声称为破坏信约的行为的话，这一行为便既是他自己的行为，也是所有其他人的行为"（p. 123）。而更可笑的是，现在任何一个臣民如果抱怨主权者的行为，那就是在控告他自己。正像霍布斯在"论臣民的自由"一章中所说的，"主权代表人不论在什么口实之下对臣民所做的事情，没有一件可以确切地被称为不义或侵害的；因为每一个臣民都是主权者每一行为的授权人；因此，他对任何事务都决不缺乏权利"。①

议会派最后的也是最具争议的推论是，如果一个君主没有能够履行其统治的条件，其臣民可以反抗他；在必要的情况下，甚至可以剥夺其权力。霍布斯再次对其论敌关于授权的理论展开分析，并指出其荒谬之处。他认为这一观点涉及对在职君主的废黜和对其惩罚，甚至于处死他。他首先指出"将他们自己的人格从承当者身上转移到另一个人或另一个集体身上"（p. 122），这本身就是自相矛盾的。因为他们已经将他们自己绑在了一起，"他们人人相互订约，承认已成为自己的主权者的人所做的一切，以及他认为适于做出的一切"（p. 122）。将其废黜就会陷入一面对其授权一面又对之进行批判的混乱之中。如果想对在职君主进行惩罚乃至处死他，也同样会陷入自相矛盾之中。由于"每一个臣民都是主权者所作的一切事情的授权人"，对君主进行惩罚就会导致与前面同样的混乱。任何臣民如果企图惩罚其主权者，他将由于这种企图而遭到惩办，而"这一惩办行为也是由他自己授权

---

① Hobbes 1996：148. 这一论证后来又被反复提及。See Hobbes 1996：156，158，172.

的"（p. 124）。

对于议会派历史推测的第二部分，霍布斯没有提出更好的意见。正像前面我们所看到的，议会派认为，为了防止君主专制，人民最终将议会确立为他们自己的象征和代表，并授权议会以全体人民的名义发言和行动。对于议会作为代表机构这一主张，霍布斯并没有异议；而且，他还赞同集体可以像个人一样被授权充当主权的代表。[1] 然而，他所不能接受的是，议会可以被当做全体人民的象征和代表。正像他在第 16 章中所解释的那样，并不存在所谓的全体人民，由此也就不存在它需要被代表这回事。因为在自然状态中除了"乌合之众"外，别无他物，除了"乌合之众中的每一个个体之外"，没有其他的东西需要被代表（p. 114）。

这些观点促使霍布斯质疑议会派关于人民代表的整个分析。他的贡献之一是消极意义上的，它所采取的形式可以被说成是一种沉默式嘲弄。议会派以及后来的平等派不断地争论这样一个问题：理想的人民代表应该是什么样的？那些社会群体应该被囊括其中？如果要想有效地为全体人民说话和行动，代表机构的规模应该多大？如何保证代表机构能准确地反映被代表的全体人民的特征？这些问题背后的预设——政治联合体是从早已存在的、统一的人民全体中被创造出来的——恰好是霍布斯所极力否认的，因此，他甚至都没有承认这一预设所可能导致的争论。他的沉默一定使他同时代的人感到很震惊，而且，现有的各种对其代表理论的评论都没有注意到这一点，这不能不说是一个弱点。

霍布斯的方法论个体主义预设也使他能积极地介入论战，因此也更具有挑战性。正像我们所看到的，议会派想当然地认为，理想的全体人民的象征或代表其自身就是一个集体。在 17 世纪 40 年代末期，这一假设变得如此的根深蒂固，我们发现"代表"被用来指任何有权

---

[1] Hobbes 1996: 120, 121, 129.

以更大的集体的名义行动的集体——这种意义现在已被废弃不用。①
也就是说，他们假设全体人民被代表的意思就是一个较小的集体以他
们的名义行动。

霍布斯反驳道，既然除了"乌合之众中的每一个个体"之外，没
有任何其他的东西将被代表，那就没有理由要求代表必须由集体而不
是个体来担当（p. 129）。当他转入《利维坦》第 19 章关于合法政府
形式的讨论时，他马上就直接得出了与议会派相反的结论："很显然，
如果他们愿意的话，处于绝对自由状况下的人可以把他们的权力赋与
一个人，使之代表他们之中的每一个人，同时也可以赋与任何多数人
组成的集体。因之，当他们认为有利时，便可以对君主和对任何其他
代表者同样绝对臣服"（p. 130）。

霍布斯在提出这一观点时，丝毫没有放弃如下的观点：某人或某
事的代表必须与它们所代表的人或物在外在形象上保持相似性。相反，
在《利维坦》的开篇他明确地告诉我们，所谓"代表"就等同于"表
现"（p. 13）。当他在第 45 章中公开指责异教徒的偶像崇拜时，我们
进一步发现他将异教徒所崇尚的图像和象征描绘成所谓上帝的"代
表"。② 当他更具体地谈到政治代表时，他同样主张任何官员都可以被
描述成一个"代表"，并因此是主权者的一个"象征"（p. 448）。他补
充道，任何主权者都可以被描述成人民的"代表"，但是他又警告说，
这样的主权者不允许同一群人再创造出任何其他的代表来。③

对于霍布斯来说，关键在于当我们谈到给人民一个代表时，此处
的"人民"不是一个统一的整体，而是一群乌合之众中的个体成员。
如果是这样的话，那就没有理由否认"代表"这一行动可以由具有代
表性质的个体来完成。霍布斯的核心概念是"代表性"（representa-

---

① 请参考 the Act Abolishing the Office of King，该文载于《清教革命时期宪政文件选
编》，文中指出人民的权利"被他自己的代表或国会所支配"，并且宣称"最高权威"存在
于"这些以及相继的人民代表中"。Gardiner, 1906：386，387.

② Hobbes 1996：445，454.

③ Hobbes 1996：130，162.

tiveness）。他认为代表乌合之众中的个体成员（为他们而行动和发言）的方式之一就是指定一个人，这个人可以代表（为其提供一个象征或肖像）那个个体成员。按照这种分析，一个理想的"代表者"只能是一个具有代表性的个人，他作为每一个被代表者的象征而出现。

霍布斯对此是如此自信，以至于他完全不会像法团主义者那样去追问：这种思想是否渊源有自。一个令人感兴趣的可能性是，他可能受到 17 世纪早期英国契约论神学家的影响。① 包括保罗·贝恩（Paul Bayne）、威廉·布里奇和理查德·西布斯（Richard Sibbes）在内的一批清教牧师，他们从路德教会的思想中发展出一种理论：亚当和基督是代表全人类的"普遍人格"（common persons）。这些作家中的先驱是威廉·帕金（William Perkins），但是，这一思想脉络中最具启发性的发展则是由托马斯·古德温做出的，他于 1642 年发表的《基督启程》一文的思想与霍布斯在《利维坦》中对代表性的分析惊人地相似。

在古德温看来，亚当的形象是第一个"代表全人类的普遍人格"，而基督则是第二个"代表我们的普遍人格"。② 他们是普遍人格的含意之一就是他们身上体现了我们所有人的共同特征。③ 因此，我们所有的人都可以说被"包含在他们之中"，同时，他们也可以说"代表了所有其他的人"，而其他人则由他们"表现出来"。④ 换句话说，他们确立了我们每一个人的形象或代表。正像古德温清楚地阐释的那样，亚当"不应该仅仅被看作是一个人，而应该被视为以代表的形式出现的所有人。"⑤

---

① For this suggestion see Hill 1986：318 – 319 and Martinich 1992：147 – 150.
② Goodwin（Thomas）1642：48，49.
③ 同时参见 Bridge 1649：117，他将亚当描述成"普遍人格"，因为"他由灵魂和肉体构成；我们也是。他的身体包括腿、手臂以及其他部分；而我们也有相应的各个部分；我们的头对应他的头；我们的手臂对应他的手臂；我们的大腿对应他的大腿；并且，他犯了原罪，我们也因为他的罪而有罪，因为他的骄傲而骄傲，并且因为他的背信而背信"。
④ Goodwin（Thomas）1642：57，58.
⑤ Goodwin（Thomas）1642：59.

古德温继续指出，由于他们具有代表性，亚当和基督得以代表我们，也就是说，他们承载着我们的人格，并以我们的名义行动。他甚至说基督"来到这个世界的唯一目的，就是来承载我们的人格，并代表我们行动"。① 换句话说，他能够以我们所有人的名义行动。正是因为我们可以将基督想成"一个代表我们的普遍人格"，我们才可以将我们自己想象成"通过基督，以一种虚拟的、象征性的形式进入神圣之域"。②

虽然这些段落看起来非常有说服力，但是将霍布斯的思想看做是这些神学文献的翻版仍令人难以置信。③ 如果说其思想有更具有冲击力的来源的话，那可能就是达德利·迪格斯（Dudley Digges）1643 年发表的《臣民反抗的非法性》（*Unlawfulnesse of Subjects taking up Armes*）中关于政治代表的分析。④ 在反驳议会派的观点时，迪格斯谈到国王的代表性。议会派认为君主"作为个体崇高无比，但面对全体仍自惭形愧"，迪格斯指出这一观点"显然是错误的"，因为任何一个最高统治者，当他拥有大众的全部权力时，他就"代表了所有人"，以及"法律意义上的全体人民"。⑤ 后来，他在谈到英格兰国王与全体相比并不低人一等时又重复了这一观点。⑥ 他说，"在真实的全体和作为代表的全体之间有着很大的差别"。国王作为绝对君主，"他就是英国人民（*Populus Anglicanus*），即法律意义上的英格兰民族"，而且，在这种情形下，我们可以说"国王就是全体人民，其所作所为在法律意义上就是人民的行为"。⑦

---

① Goodwin（Thomas）1642：60，58.

② Goodwin（Thomas）1642：73.

③ 然而从《利维坦》第 24 章中来看，显然，在 17 世纪 40 年代霍布斯必须将自己的学说置于更广阔的神学背景中。

④ 同时参见 *An Answer to a Printed Book* 1642——这本书被归于达德利·迪格斯——该文讨论了"法律拟制"问题，通过法律拟制，人们接受并确实以他们的名义制定法律（pp. 13 – 14）。

⑤ Digges 1643：33.

⑥ Digges 1643：149.

⑦ Digges 1643：151 – 152.

让我们回到《利维坦》，我们发现霍布斯几乎连措辞都和古德温、迪格斯一模一样。他热情地欢迎这一关键性假设：单个的人可以表现出普遍的代表性。他强调作为主权者的君主可以成为"一个具有代表性的个人"，可以成为"人格代表"，"乌合之众中每一个人的人格代表"。① 也就是说，君主一个人可以成为"所有人的代表"，他能成为他们所有人的典型或范例（p. 155）。他用类似神学契约论的语言补充道，"任何国家的国王"都可以被视为一个"公共人格"，他是"他自己所有臣民的代表"（p. 285）。

在此，霍布斯和神学契约论一样想当然地认为，一群乌合之众的面貌需要被描绘和表现出来，这对于每一个人来说都是一样的，无论男人还是女人。由此得出一个推论便是，当朝女王可以像国王一样成为乌合之众的代表。《利维坦》扉页上的插图显示，霍布斯自己的偏好可能更倾向于代表是一个男性。② 但是，他小心地承认女性也一样可以成为我们所有人的人格代表。③ 他甚至认为由于女性有时候比男性更审慎，而且审慎显然是代表所应有的品质，因此，在某些情况下女性可能比男性更合适当统治者（p. 139）。

霍布斯也同意，由于个人可以成为我们所有人的象征或代表，因此，这样的一个人就可以充当他所谓的"普遍象征"或"普遍代表"，在这一点上他再次和神学契约论保持一致。④ 在此，霍布斯提出了两个观点，一个更加普遍，一个则更加具体。其更具普遍性的观点是，任何一个自然人都可以被授予以我们所有人的名义发言和行动的权利，因此也就可以充当"具有全部意志和目的绝对代表"。⑤ 如前所述，霍布斯相信当一群乌合之众的成员授权给某人，让其成为他们的主权代表时，这一决定就能将他们转变成一个人，因为这一行为能够使他们

---

① Hobbes 1996：167，228，129.

② 但是可能主权的首领被认为是男人，仅仅是因为人们是如此期望的。

③ 霍布斯在第20章中谈到女王作为主权者（p. 140），在第47章中还特别提及英格兰的伊丽莎白女王（p. 479）。请参见 Hobbes，1996。

④ Hobbes 1996：114，185；cf. also p. 160.

⑤ Hobbes 1996：114，156.

具有同一个意志和同一个声音。其更加具体的观点则是，主权者的人格——据此人格他获得了以全体的名义发言和行动的权利——是乌合之众通过协议产生的。正像他在第18章的开头所说的，主权者被授予了"表现该人格的权利"，这一人格是由乌合之众所造就的（p. 121）。

议会派的历史推测所导致结论是：最好的政府形式是混合君主制。他们还补充道，英格兰人民已经成功地建立了这样的君主制。在这样的君主制之中，人民可以创立一个代表机构来对国王的权力进行制衡。霍布斯在面对最后的这一论证时再也无法保持其一贯客观冷静的写作风格，他似乎真的愤怒了，不惜以严厉的语气来驳斥议会派。他说这一观点完全忽视了查理一世作为继承人被确立为君主的行为已经是一个向代表进行授权的行为。他反驳道："我真不知道，像这样明显的一条真理，近来为什么这样不被人注意，以致出现这样一种情形：在一个君主国中，原先君王的主权是从六百年的王统中获得的，唯有他被称为主权者，每一个臣民都称他为陛下，毫无疑问地尊他为王，然而他却不被认为是臣民的代表者。"[1]

如果我们承认查理一世确实是其所有臣民的代表，我们会欣然同意霍布斯的看法：民主先生们所提出的混合君主制理论确实是令人困惑的。霍布斯的分析从该理论最常见的版本开始，正像他轻蔑地指出的那样，根据这一理论，"立法权"仰仗于一个人和两个分离的代表机构之间"偶然的同意"。[2] 它要求"国王代表人民的人格"，同时，"下院也代表人民的人格"，而"上院则代表一部分人民的人格"（p. 228）。但是，这种制度安排不能被视为一个可操作的"混合君主制"系统，因为它完全不是一个可行的政府系统（p. 228）。其结果是它所创立的"不是一个人格、一个主权者，而是三个人格和三个主权者"，因此，它所创立的"不是一个独立的国家，而是三个独立的派别"，这无疑是内战和动乱之源（p. 228）。

然而，霍布斯也承认这不是民主先生们最推崇的混合君主制形式。

---

[1] Hobbes 1996：130.

[2] Hobbes 1996：228. 霍布斯第一次提及该版本的情况请参见 pp. 115 and 127.

他们通常强调在混合君主制中有两个元素：国王和议会。而且，议会作为主权人民的代表机构，其地位要高于国王。霍布斯认为这完全是在重复同样的错误。当英格兰人民创立君主制时，他们授予其国王"代表他们所有人的人格的权利"（p. 121）。但是，"在已经建立主权的地方，除开在某些特殊目的方面受到主权者限制的代表者以外，同一人民便不可能有其他代表者"（p. 130）。霍布斯提醒我们，否则的话"就是建立两个主权者，同时也使每一个人都由两个代理人代表自己的人格"（p. 130）。其结果只能是使大家重新陷入战争状态，这一结果"与一切按约建立主权的宗旨相违背"。[1]

那么，在世袭君主制中议会真正的地位应该是怎样的呢？在第22章霍布斯转入对这个问题的讨论，他又一次强调如下观点——代表机构有以每一个人的名义独立地发言和行动的权利——是荒谬的。其原因是君主已经是"全体臣民的绝对代表者"，因此，"除开他准许的以外，就没有其他人能成为任何部分的代表者"（p. 156）。霍布斯的结论是：议会从来就只能是一个纯粹的咨询机构，当君主恰好需要什么信息或建议的时候，他就可以随时召集开会。

这真是一个令人震惊的反动回答。暂且不论当时正在发生的一切，霍布斯其实回到了我们在本文开头时所看到的立场上：那些为君权神授进行辩护者在内战开始时所持有的立场。但毫无疑问，他非常希望尽量低调地来对抗在那个动乱的年代已深入人心的议会主权理论。当然，他也乐意允许主权君主做出选择（如果哪个君主恰巧愿意的话），"下令各城市以及境内其他各地区，派遣代表呈述臣民的情况与需要，或为制定良法提供咨询意见等等"（p. 162）。霍布斯甚至愿意承认，我们可以将这些代理人视为人民的代表，这样，当人民被召集到一起的时候，他们可以说是创建了"代表着每一个臣民的政治团体"（p. 162）。但是，他坚定地认为我们不能将议会想象成这样一种机构：它在任何时候都独立地拥有代表全体人民发言和行动的权利。他不知

---

[1] Hobbes 1996: 130; cf also p. 156.

疲倦地提醒我们，一旦赋予议会这样的地位，"同一人民便会有两个主权者；他们的和平也就不保了"（p. 162）。

V

表面上看起来，霍布斯关于代表政府的理论可能给他造成了一个棘手的困难。根据他的理论，主权者是谁呢？或者换一种方式来问这个问题——正像亨利·帕克所做的那样——谁是主权权力"合适的臣民"呢？① 君权神授论者的回答是，主权毫无疑问是属于君主的。但是根据霍布斯的观点，没有哪个君主的地位高于被授权的代表。议会派曾反驳道，全体人民才是主权的原始和自然的主体。但是根据霍布斯的看法，并不存在全体人民这样的东西。然而，如果主权既不属于君主所有，也不属于人民所有，那谁还可能拥有它呢？

对于这一谜团，霍布斯给出了一个划时代的回答。为了搞清楚他是怎么得到这一结论的，我们需要从他对契约的两个显著特征的分析开始。契约的第一个特征是，当乌合之众的成员授权给一个人或集体，使其成为他们的代表时，他们就从简单的聚集转变成一个人，因为他们现在拥有统一的意志和声音（p. 114）。霍布斯的另一个独特的观点是，主权者是这群乌合之众通过协议生成或"产生"出来的人格代表。简而言之，当一群乌合之众的成员创立一个主权时，他们一方面是他们自己变成了一个人，另一方面也获得一个代表，它"承载""支撑"或"表现"了这个人的人格。②

因此，我们需要知道的是，这群乌合之众通过协议给代表授权时所产生的人格的名称。它才是主权的真实主体，主权代表仅仅有权利行使它而已。在第17章最后的关键而华丽的段落中，霍布斯向我们揭示了这一秘密，他描述了政治契约发生的那一时刻。当一群乌合之众的"每一个成员相互之间"同意授权给一个人或集体来代表他们，这

---

① Parker 1642b：44. Quentin Skinnerr Blackwell Publishing Ltd. 2005.
② See Hobbes 1996：120 for "bear" and p. 121 for "carry" and "present"．

样产生的人格的名称就是"共和国"（COMMON-WEALTH），在拉丁文中称为城邦（CIVITAS）（p. 120）。随后，霍布斯立即用两个至关重要的界定来总结其观点：第一，"共和国"或者"国家"（拉丁文中是城邦）① 可以被定义为"一大群人相互订立信约、每人都对它的行为授权的一个人格"（p. 121）。而"承载"或"支撑"这一人格的这个人就称为主权者，因此，他可以说是将共和国或国家的"人格展现了出来"（p. 121）。正像霍布斯后来所强调的，主权者可以被视为一种"公共人格"，它充当了"共和国的象征"（p. 399）。

确实，作为主权者的具体的人总是易被共和国的纯粹虚拟人格所遮蔽。正像霍布斯所强调的，"如果没有主权，一个共和国不过是一句空话，既没有实质内容，亦不能保持久远"（p. 245）。但是这一考虑仅仅使他更加急切地坚持主权者不是别的什么东西，它只是代替国家行动的行动者。② 当一个自然人或集体获得授权来代表一个国家时，他们以国家的名义所采取的任何行动都将归之于国家本身。在第 26 章的开头，霍布斯在讨论民约法时明确地提出了这一观点。尽管"国家不是人，除开通过代表者以外也无法做出任何事情"，但是，国家仍然是立法者，而且，"发布命令的人的名称"就是"国家法人，即国家的人格"。③ 由此，我们可能说——霍布斯在整章中不断重复这一段落——民约法就是"国家的命令"，而且，只有"国家和它的命令才能制定法律"。④

霍布斯在《利维坦》的献辞中告诉我们："我说的不是人，而是要（在理论上）阐明权力寄之于何处"（p. 3）。他坚持认为权力所依托的不是任何自然人或集体，而是无形无质的虚拟人格，其通用的名

---

① 这一归纳请参见 Hobbes 1996：9.

② 参见 Hobbes 1996：172，此处对主权者和国家进行了清晰的区分，并指出主权者个人常常体现了国家的人格。

③ Hobbes 1996：171，183 – 184.

④ Hobbes 1996：185，187，199. For similar phrases see Hobbes 1996：236，245，253，472.

称就是"国家"。① 然而，他仍然足够传统地相信，正像任何合法联姻的后代一样，从一群乌合之众的联合中"产生"出来的人格也应该有他自己的名称。根据他关于婚姻和生育的比喻，他随之适时地为它举行了命名仪式。他用庄严的语调宣称："这就是伟大的利维坦（Leviathan）的诞生，——用更尊敬的方式来说，这就是活的上帝的诞生；我们在永生不朽的上帝之下所获得的和平和安全保障就是从它那里得来的"（p. 120）。

霍布斯提到了《约伯记》第 41 章中描述的海中怪兽，他将其作为可怕而具有压倒性力量的象征。我们需要臣服于这种绝对的权力形式，1649 年 3 月这一主张在新的下院《公告》中被提了出来，议会警告道："这样一个缺乏责任感的政府"将变成"人类有史以来最奇特的怪兽"。②

霍布斯毫不犹豫对这种辱骂进行了回应，其政治理论的主要任务就是为了说明，如果我们想享有安全与和平的生活的话，除了准许我们的主权者扮演这样的一个怪兽之外，我们别无选择。

参考文献

Ambrose. 1845. "Epistola XV." in J. -P. Migne ed. *Patrologiae Cursus Completus*, First Series, 16, cols. Paris：Vrayet. pp. 955 – 959.

Animadversions upon those Notes which the Late Observator hath Published. 1642. London.

Answer to a Printed Book, An. 1642. Oxford.

Baumgold, Deborah. 1988. *Hobbes's Political Theory*. Cambridge：Cambridge University Press.

Bridge, William. 1643a. *The Wounded Conscience Cured, the Weak One strengthened, and the doubting satisfied*. London.

---

① 在朗西曼（Runciman）2000 年的著作中，他令人信服的论证了霍布斯的国家是一个"虚拟"的人格。

② A Declaration 1649：14.

Bridge, William. 1643b. *The Truth of the Times Vindicated*. London.

Bridge, William. 1649. *Grace for Grace in The Works of William Bridge*, vol. 2. London.

Charles I. 1643. "His Majesties Answer to a Printed Book." in E. Husbands, T. Warren and R. Best eds. *An Exact Collection of all Remonstrances, Declarations ⋯ and other Remarkable Passages*. London, pp. 282 – 299.

Cicero. 1534. *The thre bookes of Tullyes officyes* ⋯translated by Roberte Whytinton. London.

Cicero. 1913. *De officiis*, trans. Walter Miller. London: William Heinemann..

Cicero. 1942. *De oratore*, trans. H. Rackham, 2 vols. London: William Heinemann.

Cicero. 1949. *De inventione*, trans. H. M. Hubbell. London: William Heinemann.

Cicero. 1999. *Letters to Atticus*, trans. D. R. Shackleton Bailey, 4 vols. Cambridge, Mass: Harvard University Press.

Declaration of the Parliament of England, A. 1649. London.

Digest of Justinian, by. Theodor Mommsen and Paul Krueger, 1985, translation ed. Alan Watson, 4 vols. Pennsylvania: University of Pennsylvania Press.

Digges, Dudley. 1643. *The Unlawfulnesse of Subjects taking up Armes against their Soveraigne, in what case soever*. Oxford.

Gardiner, S. R. 1906. T*he Constitutional Documents of the Puritan Revolution*, 1625 – 1660, 3rd edn. Oxford: The Clarendon Press.

Gauthier, David P. 1969. *The Logic of Leviathan: The Moral and Political Theory of Thomas Hobbes*. Oxford: The Clarendon Press.

Goodwin, John. 1642. *Anti-Cavalierisme*. London.

Goodwin, Thomas. 1642. *Christ Set Forth*. London.

Gregory I （1887 – 1899）. "Epistola I." in P. Edwald and L. M. Hartmann eds. *Registrum Epistolarum*, 2 vols., vol. 1, Berlin: Weidmann, pp. 1 – 2.

Herle, Charles. 1642. *A Fuller Answer to A Treatise Written by Doctor Ferne*. London.

Herle, Charles. 1643a. *An Answer to Mis-led Doctor Fearne*. London.

Herle, Charles. 1643b. *An Answer to Doctor Fernes Reply*, *Entitled Conscience Satisfied*. London.

Hill, Christopher. 1986. *The Collected Essays of Christopher Hill*, *Volume Three: People and*

Ideas in 17th Century England. Brighton: Harvester Press.

Hobbes, Thomas. 1969a. *The Elements of Law Natural and Politic*. ed. Ferdinand Tönnies, second edition, Introd. M. M. Goldsmith. London: Cass.

Hobbes, Thomas. 1969b. *Behemoth or the Long Parliament*. ed. Ferdinand Tönnies, second edition Introd. M. M. Goldsmith. London: Cass.

Hobbes, Thomas. 1983. *De Cive: The Latin Version*. ed. Howard Warrender. Oxford, The Clarendon Edition, vol. II.

Hobbes, Thomas. 1996. *Leviathan*, *or The Matter*, *Forme*, *& Power of a Common-wealth Ecclesiasticall and Civill*, ed. Richard Tuck. Cambridge: Cambridge University Press.

Hunton, Philip. 1643. *A Treatise of Monarchie*. London.

Hunton, Philip. 1644. *A Vindication of the Treatise of Monarchy*. London.

Jaume, Lucien. 1986. *Hobbes et l'E'tat représentatif moderne*. Paris: Presses Universitaires de France.

Junius, Franciscus. 1638. *The Painting of the Ancients*, *in three Bookes*. London.

Maximes Unfolded. 1643. London.

Martinich, A. P. 1992. *The Two Gods of Leviathan: Thomas Hobbes on Religion and Politics.* Cambridge: Cambridge University Press.

Overton, Richard. 1647. *An Appeale From the degenerate Representative Body.* London.

Parker, Henry. 1642a. *Some Few Observations.* London.

Parker, Henry. 1642b. *Observations upon some of his Majesties late Answers and Expresses.* London.

Parker, Henry. 1643. *The Contra-Replicant, His Complaint To His Maiestie.* N. p.

Parker, Henry. 1644. *Jus Populi.* London.

Pitkin, H. F. 1967. *The Concept of Representation.* Berkeley, Cal.: University of California Press.

Pitkin, H. F. 1989. "Representation." in T. Ball, J. Farr and R. L. Hanson eds. *Political Innovation and Conceptual Change.* Cambridge: Cambridge University Press, pp. 132 – 154.

Pliny. 1952. *Natural History Books XXXIII-XXXV*, trans. H. Rackham. London: William Heinemann.

Prynne, William. 1643. *The Soveraigne Power of Parliaments and Kingdomes: Divided into Foure Parts.* London.

Runciman, David. 2000. "What Kind of Person is Hobbes's State? A Reply to Skinner." *The Journal of Political Philosophy* 8, pp. 268 – 278.

Soveraigne Salve to Cure the Blind. A. 1643. London.

Vindiciae, Contra Tyrannos. 1579. Edinburgh.

Williams, Gryffith. 1643. *Vindiciae Regum.* Oxford.

Zarka, Yves Charles. 1999. *La décision métaphysique de Hobbbes: Conditions de la politique*, 2nd edn. Paris: J. Vrin

施米特的政治代表理论[*]

邓肯·凯利／文　陈高华／译　谈火生／校

Ⅰ　政治代表

"代表就是将那些并没有真正在场的东西给呈现出来。"① 汉娜·皮特金（Hanna Pitkin）在她关于这一主题的大作中提出的这一定义，与关于政治代表的绝大多数现代论述形成了强烈对照，后者无一例外地把他们的关注点集中于选举和问责的技术性问题上。② 有些理论家已然发现（公共）权威有必要"凝练"成代议制政府这种体现着古典德性的形式，但是，即使是他们对政治代表的看法也是依赖于上述定义中所勾勒的贫乏的政治代表观念。③ 正如皮特金自己所示，政治代表探究的是"人民（或选民）即使表面上没有亲自行动，也能在政府的行动中得以呈现"④ 的方式。本文考察的是卡尔·施米特（Karl Schmitt）对于政治代表的这一困境的"解决方案"，这一方案表明，

＊ Duncan Kelly, "Carl Schmitt's Political Theory of Representation," *Journal of the History of Ideas*, Volume 65, Number 1 （January 2004）, pp. 113 – 134. ——译注

① Hanna Pitkin, *The Concept of Representation* （Berkeley, 1967）, p. 144.

② Cf. Bernard Manin, Adam Przeworski and Susan Stokes （eds.）, *Democracy, Accountability and Representation* （Cambridge, 1999）; Albert Weale, "Representation, Individualism and Collectivism," *Ethics*, 91 （1981）, pp. 457 – 465; David Plotke, "Representation is Democracy," *Constellations*, 4 （1999）, pp. 19 – 34.

③ George Kateb, *The Inner Ocean* （Ithaca, 1992）, pp. 36 – 56; cf. Nadia Urbinati, "Representation as Advocacy," *Political Theory* 28 （2000）, pp. 758 – 786.

④ Pitkin, *The Concept of Representation*, 221f; cf. Edmund Burke, "Speech to the Electors of Bristol" （1774）, *On Empire, Liberty and Reform*, ed. David Bromwich （New Haven, 2000）, 54f.

354

代表能形成国家的政治统一，但只有当国家本身是主权者身份或人格的适当代表时才行。①

为了确定和说明代表在施米特政治思想中的中心位置——这一点在关于施米特的论述中常常被忽略②，本文的讨论将集中于他对两种代表观念——十足的"人格主义"代表观念和霍布斯式的代表观念——进行调和的努力，他试图通过这种调和来证成他对魏玛共和国总统制（Reichspräsident）的支持。施米特借助于埃贝·西耶斯（Abbé Sieyès）的宪政共和主义的洞见，将人民的制宪权作为代议制民主的基础。本文的论证发展并修正了博肯福德（Böckenförde）的假设：施米特著名的《政治的概念》——1927 年首次以演讲的形式发表——为理解他于随后一年所出版的《宪法学说》（Verfassungslehre）提供了"一把钥匙"。③ 相反，施米特的代表概念为理解他那结构密实的宪法立论提供了钥匙。④ 因此，为了表明他对这一主题的长期关注，本文首先将勾勒施米特代表观念的早期神学和人格主义根源，然后再讨论西耶斯和霍布斯关于代表问题的核心论点，以及他们对施米特政治学

---

① Carl Schmitt, *Verfassungslehre* (Berlin, [1928] 1933⁸), p. 90; Carl Schmitt, *The Concept of the Political* (1932 ed.), trans. George Schwab (Chicago, [1927] 1996), p. 19.

② Renato Cristi, *Carl Schmitt and Authoritarian Liberalism* (Cardiff, 1998), p. 81, 101ff, 116 – 25, 133, 135f; John P. McCormick, *Carl Schmitt's Critique of Liberalism* (Cambridge, 1997), esp. ch. 4; Pasquale Pasquino, "Pouvoir Constituant bei Sieyes und Schmitt," in H. Quaritsch (ed.), *Complexio Oppositorum* (Berlin, 1985), pp. 371 – 385; Stefan Breuer, "Nationalstaat und Pouvoir Constituant bei Schmitt und Sieyes," *Archiv für Rechts-und Sozialphilosophie*, 70 (1984), pp. 495 – 517. 在这一文本中，根据 A. Mathiez 所勾勒的关于正确拼字法的评注，Sieyes 被拼成没有重音，见其"L'orthographe du nom Sieyes", *Annales historiques de la Revolution Française*, 2 (1925), p. 487.

③ Ernst-Wolfgang Böckenförde, "The Concept of the Political: A Key to Understanding Carl Schmitt's Constitutional Theory" (1986), in D. Dyzenhaus (ed.), *Law as Politics* (Durham, 1998), pp. 37 – 55.

④ Ibid., 49ff; cf. Ellen Kennedy, "Hostis not Inimicus: Towards a Theory of the Public in the Work of Carl Schmitt," *Canadian Journal of Law and Jurisprudence*, 10 (1997), pp. 35 – 47, esp. pp. 44 – 47.

说和宪法学说的影响。① 施米特为证成他对总统制的支持，曾以意识形态的方式对现代代议制民主理论进行了挪用，而本文的解释将大大减轻其意识形态挪用的政治含义。

II 资本主义、合理性与代表：代表的身份

在施米特 1923 年的论文"罗马天主教与政治形式"中，他宣称现代资本主义的技术—经济的合理性及其占主导地位的政治表达—自由主义，与天主教会的真正政治权力不一致。② 施米特集中于阐明天主教会作为一个对立复合体（complexio oppsitorum）所具有的特殊的"代表"特征，天主教通常是作为非世俗的"他者"与禁欲而勤勉的新教相对，以至于认为它反对那种"从中滋生出反对教皇制度、耶稣会主义和教权主义的斗争的反罗马倾向，这场斗争曾集结了众多的宗教和政治势力，几个世纪以来一直推动着欧洲历史的发展"，施米特所勾勒的天主教形象与这种典型的表象正好相反。③

即使是在"议会制和民主时代的 19 世纪"，天主教也被定义为"一种彻头彻尾的机会主义"。然而，施米特认为这样的界定忽视了天主教作为一种对立复合体的基本特征，即"罗马天主教的这种形式性特点乃是建立在代表原则完全实现的基础之上。代表原则的特殊性最明显地体现在，它与今日居于主导地位的经济—技术思维针锋相对"。④ 施米特主张，某种为天主教代表所独有的东西使得它可以通过

---

① Quentin Skinner, "Hobbes and the Purely Artificial Person of the State," *Journal of Political Philosophy* 7 (1999), pp. 1–29; David Runciman, "What Kind of Person is Hobbes's State? A Reply to Skinner," *Journal Political Philosophy* 8 (2000), pp. 268–278, 霍布斯在这方面的论述复杂难解，上述文献是近年来关于这一问题最杰出的阐释。

② Gray L. Ulmen, "Introduction," Carl Schmitt, *Roman Catholicism and Political Form* (rev. 1925 ed.), trans. G. L. Ulmen (Westport, Conn., [1923] 1996), xix; cf. Gary Ulmen, "Politische theologie und Politische Ökonomie", in Quaritsch (ed.), *Complexio Oppositorum*, pp. 350–360.

③ Schmitt, *Roman Catholicism*, p. 3.

④ Ibid., p. 4, 8.

"代表"某物而使该物的真实本性得以"呈现"出来。此外，由于
"代表观念完全取决于个体权威的概念，因此，无论是代表，还是被
代表者，都必须保持个体的尊严——这不是一个物质主义概念。唯有
个体才能引人注目地履行代表功能……一个拥有权威的个人，或者一
个观念，一旦被代表，它就具备了人格特征。"①

　　因此，尽管天主教会与各种具体的行政事务纠缠在一起，甚至在
表面上对"非理性主义的"思想具有吸引力，但它有自己的"逻辑"。
它"基于一种特殊的思维模式，其证明方法是一种独特的法学家逻
辑，其关注的焦点是对人的社会生活进行规范指导"。② 天主教会有其
自身的合理性，它与各种具体的政体并不矛盾，而与压倒一切的现代
资本主义经济合理性正好反对。③ 确实，"天主教的突出特征就是其政
治性，这与将经济事务上升到绝对地位的现代资本主义根本不同"。④
在讨论法的性质以及当代形式主义法学之局限性时，施米特甚至提出，
天主教会是"罗马法体系的真正继承者"，其目标比那种单纯关注于
维护合法律性（legality）的形式主义法学高远得多。⑤

　　施米特认为，自由主义的发展历史表明它忽视了政治代表的人格
主义特征。⑥ 因此，施米特早期关于代表的论述旨在阐明作为对立复
合体的天主教会的合理性，这种合理性"建立在它是权威的绝对实
现"，而这种权威奠基于"采取这种形式或其他任何形式的权力，仅
仅因为它拥有代表的能力"。⑦ 此外，这种代表能力又寓于一种特殊形

---

①　Schmitt, *Roman Catholicism*, p. 21, 17.

②　Ibid., p. 12.

③　Ibid., p. 24; cf. Schmitt, *Concept of the Political*, pp. 41 – 42, n. 17.

④　Schmitt, *Roman Catholicism*, pp. 16.

⑤　Ibid., pp. 18. 也见 Carl Schmitt, *Legalität und Legitimität*（1932），重印于他的 *Verfas-sungsrechtliche Aufsätze aus den Jahren* 1924 – 1954（Berlin, 1958³），pp. 263 – 350.

⑥　Ibid. 也见 Carl Schmitt, "The Age of Neutralizations and Depoloticizations"（1929），trans. J. p. McCormick and M. Konzett, *Telos*, 96（1993），p. 131："技术的反宗教性已经在俄国的土地上付诸实践。" 也见 131 – 135，关于他的一般历史理论的论纲。

⑦　见 Schmitt, *Roman Catholicism*, pp. 18 – 19; *Verfassungslehre*, pp. 208 – 212. 也见 Kennedy, "*Hostis* not *Inimicus*", *passim*.

式的个人权威之中，这种权威既高贵又有价值。很显然，他的论述与早期的代表理论和主权者的"两个身体"理论紧密相关，① 这些理论支撑着他的如下观点："现代国家学说的所有重要概念都是世俗化的神学概念。"②

与之相应，施米特认为这种实质性的或"卓越"代表"只能出现在公共领域"，即主权的栖息之所。③ 这一观点也建立在他的如下信念之上：当前占主导地位的资本主义技术—经济思维是以个体行动的"私人化"为其前提的。这种私人化的第一步就是针对个人的宗教信仰。在施米特看来，自由主义与现代国家相互依赖——它们均产生于宗教改革和关于宗教宽容的论争——这种相互依赖性与某种观念的兴起遥相呼应，这种观念后来麦克弗森将其称之为"占有式个人主义"（possessive individualism），这一理论现在已经是众所周知了。④ 施米特抗辩说："天主教会的法理基础在公共领域之中，与此相反，自由主义的根基则寓于私人领域之中。"⑤ 此外，这一点在他的如下观点中得到了更为详尽的阐释，即正是新教和加尔文教反抗理论的早期变种在事实上促成了这种变化，并将代表特征从政治中剥离下来：

> 教会被承认是基督的新娘（教皇是它的教宗⑥）；他代表着基督的君临天下、统治和征服。教会的声望和尊严有赖于卓越的代表观念。⑦

---

① Ernst Kantorowicz, *The King's Two Bodies* (Princeton [1957], 1997), 192f, pp. 207 – 232; cf. Francis Oakley, "Natural Law, the *Corpus Mysticum*, and Consent in Conciliar Thought from John of Paris to Matthias Ugonis," *Speculum* (1981), pp. 786 – 810.

② Carl Schmitt, *Political Theology* (1932 ed.), trans. George Schwab (Cambridge, Mass. , [1922] 1985), p. 37.

③ Schmitt, *Verfassungslehre*, p. 208.

④ James Tully, "After the Macpherson thesis," in his *Approaches to Political Philosophy: Locke in Contexts* (Cambridge, 1993), pp. 71 – 95.

⑤ Schmitt, *Roman Catholicism*, p. 29.

⑥ Ibid. , p. 14.

⑦ Ibid. , p. 31, 32.

同样，麦考米克（McCormick）评论道，韦伯的观点"预示了施米特的论题"，因为在韦伯看来，"天主教今天必须把加尔文教看作它真正的对手"。① 但是，韦伯和施米特之间的关联也许比麦考米克想象的更为密切。因为，尽管我们可以说韦伯和施米特都认为，一种特殊的职业人"类型"的兴起部分是由于所谓的新教"伦理"，他们二人都诊断出其兴盛所带来的大量负面的"意想不到的结果"。然而，施米特事实上把当代的去政治化（depoliticized）时期回溯到新教的影响。② 在谈到当代代议制政府的"扭曲"时，他指出：

> 代表原则最朴素的涵义是，议员是全体人民的代表，因而拥有不受选民支配的独立权威。他们的权威不是来自个别的选民，而是始终来自全体人民。"议员不接受指导和命令，而只对自己的良心负责"。这意味着人民的人格化和议会（作为人民的代表）的统一性，这种统一性至少隐含着一种对立复合体的观念，也就是说，它隐含着多样性的利益和党派能够统一起来。这只能是按照代表的思路而非经济的思路来加以构想。③

当今议会制的根基是一种代理人的代表，他们由政党候选人来充任，它早已远离了恰当的政治代表观念——至少在施米特看来是如此④。它是通过否定代表所必需的人格性或卓越的特征来实现这一点的，施米特认为现代国家一旦转变为一个"利维坦"，就意味着它实际上已经变成了一个实体的象征，而这个实体"我们已经不能称之为代表"了。这是因为夸张而令人畏惧的"霍布斯式利维坦"，通过自

---

① Schmitt, *Roman Catholicism*, p. 10；McCormick, *Schmitt's Critique of Liberalism*, 93, note 31；Max Weber, *The Protestant Ethics and the "Spirit" of Capitalism* (1904 – 5) trans. T. Parsons (London, 1994), p. 87.

② Schmitt, "Age of Neutralizations," 135；Ellen Kennedy, "Introduction：Carl Schmitt's *Parlamentarismus* in Its Historical Context," in Schmitt, *Parliamentary Democracy*, xxxix.

③ Schmitt, *Roman Catholicism*, p. 26.

④ Cf. Bernard Manin, *The Principles of Representative Government* (Cambridge, 1997).

由主义和资本主义已经转变为一台纯粹的机器。① 正如他在《宪法学说》中所提出的：

> 代表就是通过一个公开呈现的实体，将一个不可见的实体呈现出来，使其可见……不是随便哪个实体都可以充当代表的，作为代表的存在物必须具备某种特殊的性质。②

自由主义努力"消灭那个非经济思维时代的残余（即作为一种对立复合体的议会代表观念）"。取而代之的是，议会制"强调议会代表仅仅只是使者和代理人"。在此，"'全体'人民仅仅停留在观念之中，整个经济过程才是决定性的现实"。③ 在施米特看来，如此看待代表问题是完全错误的，在其著名的关于议会制历史—思想状况的著作中，这些主张得到了更深入的考察。④ 施米特的论证表明，人民意志的核心地位的不断衰落与人民主权的普遍性原则相悖，而以技术—经济为核心的资本主义合理性从根本上扭曲了代议制政府的恰当位置。事实上，他认为在当代，代表要真正成为代表，他就不得不站到议会的对立面。⑤ 要理解这样一种立场如何可能在理论上得到辩护——尽管是为了支持一种主权代表的形象——就需要说明在一个以人民意志为基础建立起来的现代民主国家中，人民如何能够得到适当代表。通过对

---

① Christopher Pye, "The Sovereign, the Theater, and the Kingdome of Darkness: Hobbes and the Spectacle of Power," *Representations*, 8 (1984), p. 91. 其中明确地论述了霍布斯"夸张的"代表观念。这也涉及到施米特对政治多元主义的批判。见 Schmitt, *Verfassungslehre*, 209; Carl Schmitt, "Staatsethik und pluralistischer Staat," *Kant-Studien*, 35 (1930), pp. 28 – 42.

② Schmitt, *Verfassungslehre*, p. 209.

③ Schmitt, *Roman Catholicism*, pp. 26 – 27.

④ Carl Schmitt, *The Crisis of Parliamentary Democracy* (1926 ed.), trans. Ellen Kennedy (Cambridge, Mass., [1923] 1985).

⑤ Schmitt, *Verfassungslehre*, 314f.

埃贝·西耶斯著作的解读，施米特提出了这样一种辩护思路。①

III 代表、制宪权与实定宪法：埃贝·西耶斯

埃贡·茨威格（Egon Zweig）曾写了一部关于制宪权和法国革命的著作，在这部非凡著作的开篇，他就提出制宪权的起源远不是美国革命和法国革命时代，其开端可以追溯到柏拉图和亚里士多德，在他们那里已经基于一种非常明确的理由提出了制宪权问题。制宪权预设了"法"的原初和基础概念与日常的法令和法规之间的区别。② 这种原初的法律概念或法律秩序，可以理解为一种宪法（Verfassung）。显然，对于他的分析而言，拥有"制宪权"的特定机构或主体是非常重要的，茨威格尤其感兴趣的是，从启蒙运动的普遍原则、特别是法国革命中凝练而成的"理性"概念对现代关于制宪权的讨论所产生的影响。卡尔·施米特受法国革命的影响也至为深远，不过，最能代表其宪法思想之根本基础的莫过于他对实定"宪法"（positive "constitution"）和宪法律（constitutional law）的区分。也正是基于这一区分，他才得以展开其关于代表的论述，因为：

> ……"成文宪法与不成文宪法"之间的区分，实际上就是（实定意义上的）宪法与作为其根基的宪法律之间的对立。③

施米特的这一区分几乎原封不动地继承了埃贝·西耶斯的观点，西耶斯写道，"宪法不是宪制权（constituted power）的产物，而是制

---

① 见 John P. McCormick, "Fear, Technology and the State: Carl Schmitt, Leo Strauss and the Revival of Hobbes in Weimar and National Socialist Germany," *Political Theory*, 22（1994）, p. 626, 644–645.

② Egon, Zweig, *Die Lehre vom Pouvoir Constituant*（Tübingen, 1904）, p. 9.

③ Schmitt, *Verfassungslehre*, p. 386.

宪权（constituent power）的产物"，对他而言就是国家。① 西耶斯对于国家与制宪权之间相互关系的论述对施米特的《宪法学说》产生了深刻的影响，它为那些关于魏玛共和国性质的实践观点提供了一个完整的理论先导。然而，绝大多数关于制宪权的历史考察和政治论述都注意到了如下的分裂现象：一方面是一个假定的"代代相传的"或"古代的"宪法观念，另一方面是一个"真实的"或成文的宪法文本。相关的例证不仅可以在后梭伦时代希腊人的政治思想中找到，也可以在17世纪英国革命中找到，同样，还可以在托马斯·潘恩《论人的权利》（The Rights of Man）中尖刻的和准西耶斯式的评论中找到。请注意，这三个时期都是典型的立宪时刻。② 对施米特来说，实定宪法和宪法律之间的区分比上述分裂现象更为根本。③

"实定"宪法是纯粹的制宪权，而施米特把"制宪权"直接界定为"政治意志"。实际上，他进一步认为，"针对具体问题进行最终决定"的权力或权威——它关乎政治存在的"类型和形式"——就是这种"政治意志"的表达。因此，在"实定的"意义上来理解，"政治意志"决定了宪法的性质和形式。而且，"政治意志"或制宪权无法通过抽象或规范性的论证来加以辩护。相反，要正确地理解它就意味着，一切宪法的有效性都必须建立在真正的"存在"的基础上。④

施米特关于法国大革命的简洁论述主要集中在两个问题上：其一，法国大革命导致人们从实定法的角度来思考宪法问题；其二，人民观念与民族观念之间的汇聚——事实上的是叠合——其结果就是形成了

---

① Emmanuel Sieyes, *Qu'est-ce que le Tiers état?* ed. R. Zapperi (Geneva, [1789] 1971), 180f.

② Cf. Ernest Barker, *Greek Political Theory* (London, 1918), 51ff; J. G. A. Pocock, *The Ancient Constitution and the Feudal Law* (Cambridge, 1987); Janelle Greenberg, *The Radical Face of the Ancient Constitution* (Cambridge, 2000); Thomas Paine, *The Rights of Man*, in M. Foot and I. Kramnick (eds.), *The Thomas Paine Reader* (London, 1987), pp. 285–307.

③ Ernst-Rudolf Huber, "Verfassung und Verfassungswirklichkeit bei Carl Schmitt," in his *Bewahrung und Wandlung* (Berlin, 1972), p. 19.

④ Schmitt, *Verfassungslehre*, 75f.

一种"民族民主"（national democracy）的观念。① 根据施米特的说法，现代的混合宪法以及与之相伴而生的自由和民主这两种元素都是在法国大革命中诞生的。人民是制宪权的"承载者"，他们能够以民族国家为中介形成政治统一体的自我意识，并作为一个整体而采取"行动"，这一观念也是随法国大革命而诞生的。至于"民族"这一概念，施米特写道，应理解为"因具有特殊的政治意识而被赋予了独特品格的人民"。② 在现代，人民及其制宪权是以民族的形式出现的，否则的话，人民在民主理论中就会被理解为无组织的"大众"（mass）或霍布斯笔下的乌合之众（multitude），他们唯一能做的就是以喝彩的方式对政治决断说"是或否"。③ 前文已述，代表只能寓于公共领域之中，与此相关，施米特宣称"人民的概念只有在公共领域中才能存在"。确实，"人民只在公共领域出现，而且，也正是通过人民才第一次产生了公共领域；人民与公共领域是同时并生的"。④ 通过更进一步地发展这些观念，施米特提出，每一部宪法都必然预设了形成它的制宪权的统一性和不可分割性，1789 年之后，对这种统一性最经典的看法是它源于民族国家内连成一体的人民。⑤ 这种统一性又构成了当代大多数基本预设——人民主权、民族主义和人民的制宪权——的基础。⑥ 施米特对此的评论是，在一个现代民主政体或国家中，人民与宪法之间的关系有三种可能的构想方式：第一，作为纯粹制宪权的人民"先于"和"高于"宪法；第二，人民作为选民存在于宪法"之中"；第三，人民作为制宪权的承载者，与宪法"并肩而立"，承担着

① Schmitt, *Verfassungslehre*, p. 231.
② Ibid., p. 231.
③ Ibid., p. 277, 251.
④ Schmitt, *Verfassungeslehre*, p. 243; cf. Kennedy, "*Hostis* not *Inimicus*," p. 46.
⑤ Schmitt, *Verfassungeslehre*, 49ff.
⑥ Bernard Yack, "Popular Sovereignty and Nationalism," *Political Theory*, 29 (2001).

在正常的政治秩序中形成"自发的大众动员形式之中介力量"。①

这些相互关系不仅符合并且进一步发展了施米特的观点，即事实上只存在两种政治形式的"原则"——同一性（identity）或代表。从宽泛的意义上讲，不同国家所采用的形式都可以被归结于它们之中的某一种。② 因此，同一性原则预设了人民"无需借助任何中介"即可连成一体；而代表原则则假定，尽管每一种国家形式都预设了统治者与被统治者之间在结构上的"同一性"，但是，这样的同一性在实践中从未得到完全的实现。同样，由于从未存在一个"纯粹的"代表体系，因此，国家只能被理解为一个政治统一体，因为它"源于这两种相互对立的规范原则之间的相互关系"。③ 为了阐明这一论题，施米特写道：

> 国家作为政治统一体，建立在两项对立的转化原则相结合的基础上：其一是认同原则（也就是说，人民自身具备政治意识和民族意志，从而能区分敌我，并据此意识到他们同属一个政治统一体）；其二是代表原则（根据这项原则，政治统一体是经由政府而建立）。④

代表能够"产生作为一个整体的政治统一体"，因为代表权力在这里只能被应用于进行统治的机关（谁统治）。⑤ 统治权威与代表权力之间的这种关系基于施米特的一个更为基本的假设，即代表"属于政治领域，因而本质上具有存在的意涵"。⑥ 因此，通过代表原则的世俗

---

① Schmitt, *Verfassungslehre*, pp. 238 – 252. Cf. Andreas Kalyvas, "Carl Schmitt and The Three Moments of Democracy," *Cardozo Law Review*, 21（2000），1530f, Wilfried, Nippel, "Ancient and modern republicanism: 'mixed constitution' and 'ephors'," in B. Fontana（ed.）, *The Invention of the Modern Republic*（Cambridge, 1994），pp. 24 – 25.

② Schmitt, *Verfassungslehre*, pp. 204 – 208.

③ Ibid., p. 214.

④ Ibid.

⑤ Ibid., p. 205; cf. 212.

⑥ Ibid., p. 211.

化，施米特把前面所勾勒的真正代表的实质性标准，与现代国家和政治领域关联在一起。相应地，他也认为，事实上存在着两个主要的制宪权"主体"：君主（他的权力最初是源自上帝）或（通过民族而统一起来的）人民。这涉及到宪法正当性的两个主要原则，王朝正当性或民主正当性。① 因此，当君主是制宪权的主体时，"宪法"就发源于他"圆满的权力"，这是施米特喜欢使用的中世纪政治神学的语言。相反，如果人民是制宪权的主体，那么，如何判断政治存在的性质和形式就纯粹取决于他们（自由的）政治意志。因此，法国革命的主要成果，就是把民主供奉为现时代民族国家体系中的指导性政治原则——民族主权。这样，"一切决断只对那些自身参与了决断的人有效，这属于民主的本质。这里必须忽略被压倒的少数，否则，就会导致理论上明显的困难"。②

施米特援引卢梭来支持自己的观点，认为公意（volonté générale）具有约束力。这一点对于他的论证非常关键，因为他要论证的就是民主最终依赖于统治者与被统治者之间的"同一性"，当然，这种同质性在根源上无需基于种族或人种。事实上，"在不同的民主政体下，在不同的时代，（民主）平等的实质本身会有所不同"。③ 然而，施米特确实曾认为，把民族理解为具有政治意识和统一性的人民，这为民主的同质性提供了主要的"实质性内容"。施米特思想中这一更为抽象的民族概念是得益于埃贝·西耶斯。

西耶斯曾为他那著名的小册子《第三等级是什么？》写过一篇评论，本打算匿名寄给出版社的，后来这份珍贵的草稿被保留了下来。帕斯夸莱·帕基诺（Pasquale Pasquino）引述了该草稿，讨论西耶斯对于民族与制宪权之间关系问题的独特理解，以下就是西耶斯的大致

---

① Schmitt, *Verfassungslehre*, 77 ff, pp. 87 – 99, cf. 81 ff.

② Schmitt, *Parliamentary Democracy*, p. 25.

③ Schmitt, *Verfassungslehre*, p. 228; cf. McCormick, *Schmitt's Critique of Liberalism*, 187, n. 35; Peter Caldwell, *Popular Sovereignty and the Crisis German Constitutional Law* (Durham, N. C., 1997), p. 102.

观点：

> ……我们必须称之为宪法的决不是民族的一个特质，而是只属于它的政府。它所构成的是政府，而不是民族……我也清楚，宪制权与制宪权决不能被混淆。因此，普通的人民代表机关，也就是那些被委托对一般的法律进行立法的人，一旦插手宪法，就会陷入矛盾和荒谬的境地。①

　　主要是基于其政治经济学研究，西耶斯将现代商业社会与古代社会严格区分开来。② 这一个区分为他从"政治－宪法"角度对代表进行评价提供了合理性。西耶斯强调古代人与现代人之间基本上是不可比的，他们之间存在历史的断裂，他勾勒了现代性中大量新的"要素"，比如商业、农业的发展和欧洲国家的兴起。他认为现代人关心的是基于劳动分工基础上的生产和消费，这与古人所关心的"好生活"（good life）观念迥然不同。③ 然而，正如休厄尔（Sewell）指出的那样，西耶斯关于"市民社会"领域劳动分工的观点与其关于国家领域中劳动分工的观点之间存在着一致性。在市民社会领域，"作为劳动分工之结果的代表制的确立"是"社会中自由之自然增长"的基础；在狭义的政治领域，西耶斯指出，"对于那些尊重理性甚于书本的人而言……只能有一种合法政府的形式。它可以通过两种不同的形式表现出来"，而这两种不同类型与施米特所谓的政治形式的两个原

---

① Emmanuel Sieyès, "Compte rendu de *Qu'est-ce que le Tiers État*? (1789)," in Pasquale Pasquino, *Sieyes et l'invention de la constitution en France* (Paris, 1998), pp. 167 – 170.

② Marcel Dorigny, "La Formation de la Pensée Économique de Sieyès d'après ses Manuscrits (1770 – 1789)," *Annales historiques de la Révolution Française*, 60 (1988), pp. 29 – 31.

③ Pasquale Paquino, "Emmanuel Sieyes, Benjamin Constant et le 《gouvernement des modernes》. Contribution à l'histoire du concept de representation politique," *Revue française de science politique*, 37 (1987), pp. 219 – 220, 222 – 223; Murray Forsyth, *Reason and Revolution: The Political Thought of the Abbé Sieyes* (New York, 1987), p. 138.

则极其相似。① 人民可以在一种充满民主活力的状态下自己统治自己，或基于由劳动分工而来的共同利益；服膺于一种代表制度，服膺于专业化的自治政府。此外，西耶斯还认为，由于劳动分工自然会带来进步（和各种益处），"即使在最小的国家"中，纯粹的民主"也远不能适应社会的需要，远非有益于政治联合的目标"。②

西耶斯预示了现代关于"政治阶级"的观点，同时，他将这一观念建立在霍布斯的基本思路之上：建立一种新的、"理性的"政治科学，以阐明政治统治的"技艺"。③ 他将代议制政府看做大众民主与政治统治之间的中介因素，使得统治者与被统治者在现代商业社会中能保持一定的距离；同时，"社会国家"（état social）公认的目标是通过政治上的劳动分工来促进个人自由的发展。④ 然而，尽管西耶斯确实对人民代表感兴趣，但是，他最关心的问题还是共同利益，当然，他对共同利益的理解与卢梭关于"公意"的讨论是非常不同的。⑤ 西耶斯是通过一种独特的国家概念和劳动分工的"自然"效应来阐述其观点的，因此，我们可以将其置于大革命前法兰西的思想史背景——长期以来关于商业贵族（noblesse commerçante），以及"公民美德"与贵族之间关系的争论——中来对之进行定位。⑥

这些争论一直延续到大革命后，并使第三等级在大众中的形象发生了转变，认为第三等级肩负着重要的历史使命，它是软弱的国王和

---

① Emmanuel Sieyes, quoted by William H. Sewell, *A Rhetoric of Bourgeois Revolution: The Abbé Sieyes and what is the Third Estate?* (*Durham*, *N. c.*, 1994), 90*f.*

② Ibid.

③ Forsyth, *Reason and Revolution*, 66f; also Antony Black, "The Juristic Origins of Social Contract Theory," *History of Political Thought*, 14 (1993), pp. 57 – 76.

④ Emmanuel Sieyes, "Bases de l'Order Social" (1794/95), repr. in Pasquino, *Sieyes et l'invention*, esp. p. 185; Forsyth, *Reason and Revolution*, pp. 60 – 63, 142f.

⑤ Colette Clavreul, "Sieyès et la genes de la répresentation moderne," *Droits*, 6 (1986), p. 47.

⑥ Pasquino, *Sieyes et l'invention de la constitution*, 45; Jay M. Smith, "Social Categories, the Language of Patriotism and the Origins of the French Revolution: The Debate over *noblesse commerçante*," *Journal of Modern History*, 72 (2000), pp. 339 – 374, esp. 357 ff; Richard Whatmore, *Republicanism and the French Revolution* (Oxford, 2000).

寄生贵族的对立面。① 从它在旧制度（ancien régime）下的悲惨处境出发，西耶斯试图通过民族制宪权将一个四分五裂的国家重新整合起来。他利用宗教意象和抽象的比喻，从理论上实现了从"国王的奇迹身体"向"永远以选举来形成国家代表机构"的转换。② 他关于制宪权的讨论为这一转换奠定了基础。

西耶斯区分了制宪权（pouvoir constituant）、授予权（pouvoir commettant）与宪制权（pouvoir constitué）。后者涉及的是普通的人民代表在法律的框架内所开展的日常活动。制宪权的功能，尤其是其立法和执行因素，则直接涉及法律的准备（制定）。授予权和制宪权"让全部规则（宪法）各安其位、井然有序，据此确立国家（它的政府，在前卢梭时期的意义上理解这个术语）的政治基础，并且……通过授权机制来保障"宪制权的合法化及其约束力。③ 制宪权涉及的是法律和宪法的基础及其正当性，而授予权是完全由"人民"所拥有的权力，人民作为积极的公民团体高于他们在政府中的代表。正是拥有授予权的整个公民团体选举产生了他们的代表。在这三种权力形式中，宪制权和授予权所涉及的是普通的、日常的法律秩序。而制宪权则只有在例外状态或特别的情形中才会出现，例如，在国家形成的过程中，或者，在第三等级中选举"特别"代表来代表国家时。

授予权通过选举的形式来进行授权，人民通过选举产生其代理人，并由他们来制定实际的法律，据此，人民对自己的权力进行限制。这是立法代表的基础，按照西耶斯的说法，这是唯一合法的代表形式。建国这种例外行为是制宪权最为纯粹的形式，因为它是"自由的个体

① 关于这一形象，杰出的论述见 Antonie de Baecque, *The Body Poilitc: Corporeal Metaphor in Revolution France*, 1770 - 1800, trans. Charlotte Mandell (Stanford [1993], 1997). 也见 Christopher Hodson, "'In Praise of the Third Estate': Religious and Social Imagery in the Early French Revolution," *Eighteenth-Century Studies*, 34 (2001), pp. 337 - 362; Antonie de Baecque, "The Citizen in Caricature: Past and Present," in R. Waldinger, P. Dawson, and I. Woloch (eds.), *The French Revolution and the Meaning of Citizenship* (Westport, Conn., 1993) esp. p. 66.
② de Baecque, *The Body Politic*, p. 101.
③ Pasquino, "Sieyes, Constant," p. 225.

通过一个根本性的契约来形成统一体，并构建一个公共秩序"。此外，在西耶斯看来，国家的形成是"自然法"的结果，因为其基础在于劳动分工和（政治）联合的自由，而它们正是政治生活的根源。[1] 因此，国家不能臣服于"实定宪法"，因为国家在本质上就是宪法本身，它不能自己反对自己，国家若违反它自己的意志就会在逻辑上陷入矛盾。[2] 私人的、个人的自由是代议制政府的结果，因为"社会国家不会确立一种不公正的权利不平等，使之与自然的财富不平等相应"。[3] 事实上，"正好相反，它保护权利的平等，使之免受自然但却有害的财富不平等的侵犯"。[4] 沿着积极公民与消极公民的区分，这样的推理使得西耶斯关于国家的观点和雅各宾派区别开来，并凸显了他对"共和国"之"再现"（re-presentation）的关注，以及它与"总体化"（re-totale）——即任何政体都会造成社会的总体化——之间的对立。[5] 按照一般的说法，西耶斯尽管持有共和主义的立场，但他担心把一种"古代的"共和主义模式强加于现代的、后革命的法兰西，因而试图通过他自己的社会科学来证成这一立场。[6]

在关于魏玛共和国之基础的论述中，施米特几乎逐字逐句地吸收了这些观念。他写道，人民废除了在德国革命之前占主导地位的君主制原则（其典型的例证是 1814 年复辟的波旁王朝宪法的导言），因

---

[1] Forsyth, *Reason and Revolution*, esp. pp. 74 – 77.

[2] Ibid.

[3] Emmanuel Sieyes, "Fragmaents Politiques," *Des Manuscrits de Sieyès*, ed. Christian Fauré (Paris, 1999), p. 471.

[4] Jeremy Jennings, "The *Déclaration de Droits de l' Homme et du Citoyen* and its Critics in France: Reaction and Idéologie," *Historical Journal*, 35 (1992), p. 842.

[5] Istvan Hont, "The Permanent Crisis of a Divided Mankind: 'Contemporary Crisis of the Nation State' in Historical Perspective," in J. Dunn (ed.), *Contemporary Crisis of the Nation State?* (Oxford, 1994), pp. 166 – 231, esp. 203 – 206; Emmanuel Sieyes, "Contre la Ré-totale," in Pasquino, *Sieyes et l'invention*, pp. 175 – 176; Robert Wokler, "Contextualizing Hegel's Phenomenology of the French Revolution," *Political Theory*, 26 (1998), 42f.

[6] Whatmore, *Republicanism and the French Revolution*, esp. pp. 23 – 31; Hont, " 'Contemporary Crisis of the Nation State'," 204ff; Forsyth, *Reason and Revolution*, 177ff; Keith Michael Baker, "Transformations of Classical Republicanism in Eighteenth-Century France," *Journal of Modern History*, 73 (2001), pp. 32 – 53.

此，制宪权的主体也由此而发生改变。根本上来说，德国的立宪君主制"类型"——无论是理解为有机体还是理解为一个"法"人——说明，在一个国家里君主的权力显然有悖于民主原则。[1] 确实，博肯福德写道，"实际上君主制原则只是一个历史事实"，但在 1918 年之后它就不再"作为一种可以不证自明地获得自身正当性的政治形式原则"。[2] 因此，在施米特看来，德国革命后的制宪权的转换，可以仿照西耶斯的方式来加以理解，西耶斯曾从理论上阐明了第三等级如何从"什么也不是"到"它就是一切"的转换。第三等级及其在制宪国民大会中的成员表明，在革命的法兰西，是什么力量曾经（在不同的背景下）努力要"废除封建制"的。在法国，封建制指的是国王和贵族的政治统治，他们的世袭权力从未真正地"代表"人民的意志。[3]

西耶斯此处的观点显然为施米特后来的论述开了先河，施米特曾讨论 1919 年 1 月国民大会的选举和魏玛共和国的建立，他认为其中的代表再现了人民的制宪权。他在《宪法学说》中还论述了其中的理论蕴含，[4] 他写道——再次回应西耶斯——"实定意义上的宪法通过制宪权行为产生"，并且，德国人民在选择一种与君主制相对的民主制宪法时所凭借的，正是这样的制宪权。[5] 1918 年 11 月 9 日到 1919 年 8 月期间，有"三部宪法或者可能是四部宪法"，这种混乱的情形让人

---

① Ernst-Wolfgang Böckenförde, "The German Type of Constitutional Monarchy in the Nineteenth-Century," *State*, *Society and Liberty*, trans. J. A. Underwood (Leamington Spa, 1991), pp. 87 – 114; Phillipe Lauvaux, "Le principe monarchique en Allemagne," in O. Beaud and P. Wachsmann (eds.), *La science juridique française et la science juridique allemande* 1870 – 1914 (Strasbourg, 1997), pp. 65 – 78; Christoph Schönberger, *Das Parlament im Anstaltstaat* (Frankfurt am Main, 1997), pp. 70 – 82.

② Böckenförde, "German Type of Constitutional Monarchy," p. 89, 93, 95, 103, 111.

③ Forsyth, *Reason and Revolution*, p. 89; Jeremy Jennings, "Conceptions of England and its Constitution in Nineteenth-Century French Political Thought," *Historical Journal*, 29 (1986), pp. 65 – 85, esp. 79f; Pasquino, *Sieyes et l'invention*, p. 88.

④ Schmitt, *Verfassungslehre*, 57; cf. Roberto Zapperi, "Sieyes et l'abolition de feodalité," *Annales historiques de la Révolution Française*, 44 (1972), pp. 321 – 351.

⑤ Schmitt, *Verfassunslehre*, p. 21, though cf. 93.

想起 1793 年的法国和 1848 年的德国。① 在施米特看来，实定宪法应反映民主原则，这一观念在魏玛宪法的导言中得到体现，这表明德国人民"为自己制定了"宪法，而一切国家权威都源自于人民。② 不过，唯有主权者身份能把国家再现为"一个民族的政治统一体"，而为了阐明这种代表的性质，施米特不得不回到霍布斯的著作。

IV　霍布斯与国家人格

默里·福赛斯（Murray Forsyth）论证说，霍布斯关于现代国家的解释和西耶斯一样，其基础是"人民的制宪权"和代表的概念。③ 如果说西耶斯是基于霍布斯，那么，施米特则力图将二者结合起来，因此，要充分理解施米特关于现代国家的观念，就必须清晰地勾勒出霍布斯代表观念的基本轮廓。施米特显然是沿着霍布斯的思路来论证，在魏玛共和国，作为国家主权承载者的帝国总统所具有的权力，但其论证似乎用人民团体取代了制宪权。在此，他把主权的解释与"国家"和"政治"这两个概念的相融合紧密相连，这一点在其同义反复式的表述中表现得非常明显："国家不仅是一个统一体，而且是一个有决断力的统一体，这一点取决于其政治的性质"。④ 由于国家的概念是以政治的概念为前提，要正确地理解这两个概念就必须将它们关联在一起来考虑；政治领域是一个精确地划定了权威的领域，凭藉这一权威能够对关键的问题——何人或何物对国家、政治领域和公共领域

---

① Carl Schmitt, *Die Diktatur* (Berlin [1921, rev. 1928], 1978⁴), p. 205.

② Schmitt, *Verfassungslehre*, 58; see Elmar M. Hucko (ed.), *The Democratic Tradition: Four German Constitutions* (Leamington Spa, 1987), pp. 149 – 190.

③ Murray Forsyth, "Thomas Hobbes and the Constituent Power of the People," *Political Studies*, 29 (1981), pp. 191 – 203, esp. 193; Skinner, "Artificial Person," 4, m. 12. David Runciman, *Pluralism and the Personality of the State* (Cambridge, 1997), pp. 12 – 13, n. 13, and Skinner, "Artificial Person," p. 21, 批评了他把一种"潜在的"团体人格归于国家的观点。

④ Schmitt, *Concept of the Political*, p. 44.

的构成了威胁——做出决断。① 因此："敌人是公敌（hostis），而不是宽泛意义上的私仇（inimicus）。"②

施米特的政治概念建基于他关于浪漫主义和主权的论述。③ 他最关注的是决断时刻，并且其论证的焦点集中在制宪权与日常法律秩序的交叉点上，因为"只有当主权人民的决断得到了表达，他才能够努力去制定政策并执行之"。④ 正如施米特在《政治神学》中所清楚表述的那样，"主权者就是在例外状态时能做决断的人"，他赋予主权者的形象是：有能力在敌友之间做出公共决断，也有能力在宪法外时刻进行决断。然而，施米特在这里显然省略了国家概念与主权者人格之间的区别，这一点与霍布斯极为相似，在霍布斯那里，主权者常常被当作国家的同义语。此外，尽管施米特认为国家是最高形式的政治联合，并强调这一点极为重要，尽管他认为当代国家的统一面临着威胁，但是很显然，名为"国家"的实体无法在任何显而易见的意义上采取"行动"。它是一种人造物，一种抽象物。尽管如此，却公然存在着名为国家的东西。考虑到施米特曾明言一切现代的国家概念都是神学概念的世俗化，那么，他转向霍布斯关于"有朽的上帝"的观点——它是我们俗世忠诚的皈依之所——就一点也不让人感到意外了。⑤

在霍布斯看来，对代表主权者行为的恰当说明，可以探明国家的性质。这里的中心问题是，国家——作为纯粹的人造物——如何能被授权以人民之名行动，这一问题在《利维坦》一书的扉页就提出来

---

① Schmitt, *Concept of the Political*, p. 33; Meier, *Schmitt and Strauss*, 23f.

② Schmitt, *Concept of the Political*, 28f. and n. 9; cf. Simon Critchley, "The Other's Decision in Me (What Are the Politics of Friendship?)," *Ethics*, *Politics*, *Subjectivity* (London, 1999), pp. 254 –286; Kennedy, "*Hostis* not *Inimicus*", esp. pp. 44 –47.

③ Carl Schmitt, *Political Romanticism*, trans. G. Oakes (Cambridge, Mass., [1919] 1991).

④ Cristi, *Authoritarian Liberalism*, p. 121; Caldwell, *Popular Sovereignty*, 227 n. 109; "（施米特）只能想象资产阶级 Rechtsstaat（法治国）和共产主义革命两种方案"。

⑤ Schmitt, *Political Theology*, p. 37.

了。① 根据霍布斯最著名的说法,"所谓人,若不是言语或行为被认为发自其本身的个人,便是其言语和行为被认为代表着别人或(以真实或虚构的方式归之于他的)任何其他事物的言语和行为的个人"。而且,"言语和行为被认为发自其本身的个人就称为自然人,被认为代表了他人的言语和行为时就是拟人或虚拟人"。② 霍布斯指出,"有些拟人的言行得到被代表者的承认,于是他便称为代理人;承认他的言行的人就是授权人:在这种情形下,代理人根据授权而行动的。这种授权者在货物与财产方面称为所有者"。因此,如果代理人"占有"所完成的行动,他就有"权",授权"便始终是指做出任何行动的权利,根据授权行事就是根据具有这种权利的人的委托或准许行事"。③易言之,人:

> ……如同舞台上和普通谈话中的演员;代表就是扮演或代表他自己或其他人;代表某人就是承当他的人格或以他的名义行事。④

一个人如果与代理人或代表者订立了一项契约,那么,对代理人的授权会使授权者受到约束,他要承担代理人行为的后果,因此,一个人只有当他是订约者时才会受到契约的约束。这样的授权——它对于代表来说是必需的——就伴随着一种义务,正是通过这种义务才能保证契约的各项条件得以实现,而这些条件是根据民法所确立的正义标准来制定的。⑤ 这是因为自然人之间的一切契约都是人为的建构,只有存在着一种"强制性力量"时,"民法"才具有约束力,而"在

---

① Noel Malcolm, "The Titlepage of *Leviathan*, Seen in a Curious Perspective," *The Seventeenth Century*, 13 (1998), pp. 124 – 159, esp. p. 148.

② Thomas Hobbes, *Leviathan*, ed. Richard Tuck (Cambridge [1651], 1996), p. 111.

③ Ibid. , p. 111.

④ Ibid. , p. 112.

⑤ Hobbes, *Leviathan*, p. 112.

国家建立之前，这种力量是不存在的"。① 尽管民法守护着一种向往和平舒适生活的渴望，但只有主权者的权力能够（通过他们自己的建国行动所确立起来的权威）迫使人们遵纪守法。② 因此，人们为了逃避自然状态而订立契约，其结果就是人们"放弃了他们自己的"自由，而将行动的自由授权给一个拟人化的国家，据此，自由就转变为一种服从主权者权力的义务，因为正是人们自己对主权者的行动进行了授权。甚至是"在单纯的自然条件下出于恐惧而订立的契约，那也是义务"。③

霍布斯关于授权行为的主要结论是，通过授权，代表的行为可以被视为授权者本人的行为，即使授权者并没有亲自参与该行为。确实，关键在于授权者"有义务对行为的后果负责"，因为他们"就像自己亲自完成这些行为那样拥有它们的后果"。④ 在此，值得注意的问题主要有两个：第一，当讨论法人（artificial person，国家就是这样的虚拟人格）时，霍布斯的一个主要任务是，表明这样的虚拟人格如何能够被代表。因为，尽管他们能够"言说和行动"，但是这些法人"无法像授权者那样以自然人所独有的方式来行动，因此，他们也就无法给他们自己的代表授权"。也就是说，他们不能立约；第二，因此，"他们有（言说和行动）的可能……其前提是他们的言说和行动是建立在如下的基础之上：某个个人或集体被授权以他们的名义行动，此时这些言语和行动才能有效地归之于他们"。⑤

显然，霍布斯的解释非常宽泛，几乎任何实体都可以是这样一种虚拟人格，尽管如此，他对什么构成一个"自然"人的解释实际上却十分严格。因此，在他关于法人的论述（用大卫·库普〔David Copp〕

① Hobbes, *Leviathan*, 100f.
② Ibid. , p. 185.
③ Ibid. , 150 Cf. A. J. Simmons, *Moral Principles and Political Obligations* (Princeton, 1979). 关于霍布斯的意志理论，见 Patrick Riley, *Will and Political Legitimacy* (Cambridge, Mass. , 1982), pp. 23 – 60, esp. p. 58.
④ Hobbes, *Leviathan*, p. 10.
⑤ Ibid. , p. 14.

的话说，这些虚拟人格所完成的是一种"二阶行为"（*secondary actions*①）中，这两种主要的授权行为类型——"无论是真实的还是虚构的"——之间的区别才是关键。霍布斯关于虚构授权的解释中所包含的戏剧性暗示常常为人们所论及。② 不过，正如斯金纳所论证的那样，它对霍布斯的论证——通过真实的授权赋予国家以行动的权利——来说极为重要。根据霍布斯的论述，法人——诸如桥梁和医院——能够通过"院长、所有者或管理人"（在国家之中就是主权者）被真实地代表，代表他们授权和行动。③ 这是一种权利的自愿转让，"一旦立约，你就必须把你的权利转让给你的代表，他现在拥有你的行动权；他在以你的名义行动时，是根据他的判断来行使这一权利的"。④ 库普对此的归纳十分清晰：这种类型的法人"是代理人，其行动的授权是由其他的代理人赋予的。集体在行动时就是一个法人"。⑤ 根据这种解释，国家作为虚拟人其行为就是一种二阶行为。然而，人们仍然会心存疑惑，虚拟人格并无生命，这种授权是如何发生的？另外，国家和一座桥梁不一样，在民众相互立约之前它根本不存在。在斯金纳看来，霍布斯提出的方案是这样的：行动所必需的授权必须真实地（而不是虚构地）落到虚拟人的头上，这就要求"授权行为与关涉到纯粹虚拟人之所有权的事务之间保持一种恰当的关系"。⑥ 霍布斯所说的"所有权"包括各种情况：例如对财产的拥有，统治者与受其照料者的关系，母亲对孩子的支配，或国家的统治。在所有这些情况中，他认为后者最为重要，因为国家的本质就体现在主权者的身

---

① David Copp, "Hobbes on Artificial Persons and Collective Actions," *The Philosophical Review*, 89 (1980), pp. 579 – 906, esp. 583.

② Skinner, "Artificial Person," 15f; cf. Runciman, "What Kind of Person is Hobbes's State?" pp. 268 – 278, esp. 175f; Pye, "Sovereign, Theater," *Passim*.

③ Copp, "Artificial Persons and Collective Actions," esp. pp. 589 – 593.

④ Skinner, "Artificial Person," p. 9.

⑤ Copp, "Artificial Persons and Collective Actions," p. 583, 595.

⑥ Skinner, "Artificial Person," 17f.

份中。①

当施米特说政治统一体只有通过代表才能达成时，其真正所指就是霍布斯的上述观点，因为若没有这种象征性的统一，以自然形式存在的人类群体不可能具有主权这种特殊的政治性质，而且，若没有这种象征性的统一，政治领域本身亦会受到威胁。② 正如霍布斯曾经论证的那样，国家的形成就是：

> 一大群人相互订立信约、每人都对它的行为授权，以便使它能按其认为有利于大家的和平和共同防卫的方式运用全体的力量和手段的一个人格。
>
> 承担这一人格的人就称为主权者，并被说成是具有主权，其余的每个人都是他的臣民。③

然而，正如斯金纳指出的那样，该议题还有一个困难之处。因为"民众经由他们同意任命一个代理人而使一群人转换成一个人，因之产生的那个人的名字不是主权者而是国家"，而且国家是一个虚拟人。因此，霍布斯认为国家是一个虚拟人格，"承担这一人格的就叫主权者，他拥有主权权力"。④ 主权者有效地扮演或代表了国家的虚拟人格。由于国家无法给自己的代表授权，所以，代表必须通过其他的人——那些与所有权保持恰当关系的人，以及那些有权缔约、有权采取授权行为的自然人——来授权。显然，在霍布斯式的通过授权建立的国家中，只有主权者（作为国家的代表）的公共行为已经由形成国家的民众之间的相互立约而授权，这些主权者的行为才能真实地归之于人民。正如朗西曼（Runciman）所示，《利维坦》所述之国家形成

---

① 总之，见 Horst Bredekamp, *Thomas Hobbes Visuelle Strategien* (Berlin, 1999), esp. pp. 18 – 26.

② Schmitt, *Verfassungslehre*, p. 210.

③ Hobbes, *Leviathan*, p. 121, 120.

④ Skinner, "Artificial Person," p. 20, 19; Runciman, "What Kind of Person is Hobbes's State?" p. 272; Hobbes, *Leviathan*, pp. 120 – 121.

的情形，允许"（行动的）所有权寓于被代表的事物当中"，在此，所谓的"被代表的事物"就是国家。因此，民众的相互立约使得"如下的虚拟——他们能够作为一个统一体而行动——成为可能，并促使他们努力通过真实的行动来维护这一虚拟"。① 如果国家是一个虚拟的人格，那么，国家的行动如何可能真正地被归之于那些实际上拥有这些行动的人民呢？库普的分析化解了这一难点，他认为"一些法人能采取某些行动，但他们却不是这些行动的授权者。也就是说，一些人可以拥有归因于他们的行动，但这些行动是由别人完成的，哪怕前者并没有给后者授权"。② 这准确地抓住了霍布斯思想中国家的位置。它直接涉及一种常识性的理解：国家的行动可以真实地归因于那些对其行动进行授权的人，至少根据霍布斯的说法，国家不是那种能够对自己的行动进行自我授权的人格类型。若没有一个主权者，国家就无法行动，实际上它不能"做任何事"，因为主权者才是"唯一的立法者"。③

施米特认为，如果议会在一个"更高的"代表——比如一位君主——面前将国家"人格化"，那么，它就是一种实质性代表或政治代表。但是，如果议会代表只是指在投票基础上的议席分配，如果它只是精英们为了数量上的优势而展开的竞争，那么，这样类型的代表就没有任何"独特性"可言——而独特性是真正的代表的一个决定性特征。④ 其循环论证值得再一次引起我们的注意。从人格权威中衍生而出的主权体现为一位统治者；主权与政治紧密相连；主权者代表了人民在政治上的统一；因此，人格主义的代表产生了政治统一体。通过这种论证形式——将他针对技术－经济思维对议会主义的影响所展开的批判与他对代表作为实质性和人格性权威形式之性质的坚定信仰结合在一起——使得施米特能够基于魏玛宪法第48条来证明，他支持

---

① Ibid., p. 273.

② Copp, "Artificial Persons and Collective Actions," p. 593.

③ Hobbes, *Leviathan*, p. 184.

④ Schmitt, *Roman Catholicism*, p. 25.

强有力的共和国总统这种制度设计是正确的。① 他通过调和霍布斯和西耶斯的观点，指出唯有主权者的身份才能恰当地代表人民在政治上的统一，并由此在理论上证明他的上述观点。这样的统一是通过人民的制宪权与恰当的政治代表观念之间的相互作用而产生的，尽管当代政治理论对二者之间的关系仍存在诸多争议。②

V　卡尔·施米特的政治代表理论

理论上来看，施米特认为西耶斯提供了一种人民制宪权的"民主"理论，它源于西耶斯对绝对君主制的反对，后者将一种"反民主"的代表理论和不受人民控制的主权结合在一起。因此，施米特从西耶斯的代表理论中获得了丰富的营养。我曾指出施米特所吸收的那些相关论点对于他的代表理论和宪法学说都特别重要。而且，尽管西耶斯的思想最好能放在当时的论争中来加以理解，不过施米特肯定对这些论争进行了提炼，从而将一些核心观点从当时的争论抽离出来。③其中，有一个核心问题，即宪法的代表性质，或者说，国家——建立在作为民族的人民的制宪权基础之上的国家——的代表性质。公平地讲，尽管施米特肯定不是直接的大众统治的提倡者，西耶斯肯定也不是。正如索南夏尔（Sonenscher）所言，西耶斯奋力争取"通过第三等级的代表以主权联盟的名义夺取政权"，（并通过巧妙地将其与法国财政赤字的讨论关联在一起）事实上为国家挽回了信誉。④

---

① Duncan Kelly, *The State of the Political: Conceptions of Politics and the State in the Thought of Max Weber, Carl Schmitt and Franz Neumann* (Oxford, 2003), ch. 4; David Dyzenhaus, "Legal Theory in the Collapse of Weimar: Contemporary Lessons?" *American Political Science Review*, 91 (1997), pp. 121 – 134.

② Anne Phillips, *The Politics of Presence* (Oxford, 1995).

③ Michael Sonenscher, "The Nation's Debt and the Birth of the Modern Republic: The French Fiscal Deficit and the Politics of the Revolution of 1789. Part II," *History of Political Thought*, 18 (1997), p. 289.

④ Michael Sonenscher, "The Nation's Debt and the Birth of the Modern Republic: The French Fiscal Deficit and the Politics of the Revolution of 1789. Part I," *History of Political Thought*, 18 (1997), p. 70; Sonenscher, "The Nation's Debt, Part II," pp. 305 – 308.

　　此外，当西耶斯自己进一步展开霍布斯关于代表的观点时，他非常有效地将各种观点整合起来，使之进一步巩固了许多关于现代民族国家之特性的假设。根据沃克勒（Wokler）的说法，霍布斯在《利维坦》中关于"代表者的统一体"的论述，为西耶斯在法国大革命期间理解现代国家铺平了道路，在西耶斯看来"被代表者——即作为整体的人民——也应该是一个道德人格"。① 更具体地说，索南夏尔认为西耶斯的民族概念和"霍布斯的'国家'概念和卢梭的'公意'概念是同义词"，也就是说，民族是"一个抽象之物，它只能通过某种实体来代表"。② 但是，西耶斯坚决反对卢梭对代表的批评，而且，"其代表理论的要旨在于，国民大会代表全体人民发言，而且绝不允许人民自己对之进行压制"。③ 对西耶斯来说，国家和民族概念是由人民的制宪权支撑起来的，这一观念对施米特影响至深，他将现代国家理解为"人民的政治统一体"。基于此，在施米特的国家理论乃至其整个政治理论中，代表观念扮演了一个令人难以置信的重要角色。简而言之，施米特认为当代"自由主义并不是代表原则的最佳实现形式"，"相反，它是对代表原则的违背"。④ 后来他为政治领袖（共和国总统）的代表身份进行辩护，认为他能将国家统一起来，而不是像自由主义的"总体国家"那样软弱无力，其基本思路在很大程度上是源于霍布斯。但是，只有当他将这一观念与西耶斯的观点结合在一起，用现代宪政主义的语言来熔铸其政治代表的观念之后，施米特才真正将这一观念铺展开来。

---

　　① Robert Wokler, "The Enlightenment Project, the Nation State and the Primal Patricide of Modernity," in R. Wokler and N. Geras (eds.), *The Enlightenment and Modernity* (London, 2000), p. 178.

　　② Sonenscher, "The Nation's Debt, Part II," p. 313, 314; cf. Tracy Strong, "How to Write Scripture: Words, Authority, and Politics in Thomas Hobbes," *Critical Inquiry*, 20 (1993), esp. 156ff.

　　③ Wokler, "Enlightenment, Nation-State," p. 178; cf. Gregory Dart, *Rousseau, Robespierre and English Romanticism* (Cambridge, 1999), pp. 25 – 29.

　　④ McCormick, *Schmitt's Critique*, p. 187; cf. Volker Neumann, *Der Staat im Bürgerkrieg* (Frankfurt am Main, 1980), p. 25.